Schriften zum Klimaschutzrecht

herausgegeben von

Prof. Dr. Anne-Christin Mittwoch
Prof. Dr. Birgit Peters, LL.M.
Prof. Dr. Helmut Satzger
Prof. Dr. Sabine Schlacke
Prof. Dr. Marc-Philippe Weller

Band 2

Lara van Leeuwen

Klimawandel und Grundgesetz – Umfang und Grenzen eines verfassungsrechtlichen Anspruchs auf Klimaschutz

Nomos

Onlineversion
Nomos eLibrary

Die Deutsche Nationalbibliothek verzeichnet diese Publikation in der Deutschen Nationalbibliografie; detaillierte bibliografische Daten sind im Internet über http://dnb.d-nb.de abrufbar.

Zugl.: Marburg, Universität, Diss., 2023

ISBN 978-3-7560-0691-5 (Print)

ISBN 978-3-7489-4217-7 (ePDF)

1. Auflage 2023

Vorwort

Die Arbeit wurde im April 2023 als Dissertation von dem Fachbereich Rechtswissenschaften der Philipps-Universität Marburg angenommen. Das Manuskript dieser Arbeit wurde Mitte Januar 2023 abgeschlossen. Einschlägige Rechtsprechung, Literatur und aktuelle Entwicklungen konnten bis Anfang April 2023 größtenteils noch Berücksichtigung finden.

In erster Linie danke ich Frau Prof. Dr. Monika Böhm für die Betreuung der Arbeit in all ihren Phasen, für die wertvollen Anregungen, den fachlichen Austausch und die interessante Zeit am Lehrstuhl. Zudem danke ich Herrn Prof. Dr. Steffen Detterbeck für die ausgesprochen zügige Erstellung des Zweitgutachtens und die hilfreichen Hinweise zur Arbeit.

Daneben gilt mein Dank meiner Familie, vor allem meinen Eltern, meinem Bruder Etienne und Felix, auf deren Unterstützung ich immer zählen konnte. Im Übrigen danke ich Freundinnen und Freunden, Kolleginnen und Kollegen, die in den letzten Jahren auf unterschiedlichste Weise zum Entstehen der Arbeit beigetragen haben.

Außerdem bedanke ich mich bei Prof. Dr. Anne-Christin Mittwoch, Prof. Dr. Birgit Peters, LL.M., Prof. Dr. Helmut Satzger, Prof. Dr. Sabine Schlacke und Prof. Dr. Marc-Philippe Weller für die Aufnahme der Arbeit in die Schriftenreihe.

Kassel, Mai 2023 — Lara van Leeuwen

Inhaltsverzeichnis

1. Teil: Einleitung und Gang der Untersuchung

Der Klimawandel stellt eine große Bedrohung für Mensch und Umwelt dar. Gleichzeitig ist er schwer greifbar, da er sich in einem schleichenden und komplexen Prozess vollzieht, der zu großen Teilen nicht direkt spürbar ist. Dennoch rücken die Folgen des Klimawandels immer weiter in die öffentliche Diskussion. Extremwetterereignisse wie Hitzewellen oder Starkregen oder auch die Zunahme von Waldbränden machen deutlich, welche Auswirkungen der Klimawandel bereits hat. Auch in der Rechtswissenschaft bekommt er mittlerweile sehr viel Aufmerksamkeit.

Anlass für diese Arbeit, die Ende 2019 begonnen wurde, gab eine Entscheidung des Verwaltungsgerichts Berlin von Oktober 2019, in der zum ersten Mal in Deutschland über eine sog. Klimaklage entschieden wurde. Im Mittelpunkt der Diskussion stand die Verletzung verfassungsrechtlich garantierter Rechtspositionen durch vermeintlich unzureichenden Klimaschutz.

Seit Beginn dieser Arbeit bekam die Thematik ‚Klimawandel und Grundgesetz' eine immer größere Bedeutung und Dynamik. Zu Beginn des Jahres 2020 wurden drei Verfassungsbeschwerden gegen das Ende 2019 in Kraft getretene Klimaschutzgesetz erhoben, eine weitere Verfassungsbeschwerde war bereits seit 2018 anhängig. Neben den verfassungsrechtlichen Beschwerden folgten Klagen vor dem OVG Berlin-Brandenburg. Das Thema wurde breit in der Literatur diskutiert und schließlich entschied das Bundesverfassungsgericht im Frühjahr 2021 in einer epochalen Entscheidung (im Folgenden: Klimabeschluss 2021) über die vier Verfassungsbeschwerden. Auch zwei Jahre nach dem Klimabeschluss gibt es stetig neue Veröffentlichungen, was die Reichweite und Bedeutung dieser Entscheidung untermalt. In Anlehnung an ihn folgten 2022 weitere Verfassungsbeschwerden.[1]

Das Thema ‚Klimawandel und Grundgesetz' ist trotz der Entscheidungen noch lange nicht abschließend behandelt. Insbesondere hat der Klimabeschluss 2021 viele Fragen aufgeworfen, die im Rahmen dieser Arbeit aufgegriffen und eingeordnet werden sollen. Ein Schwerpunkt liegt auf der Untersuchung der verfassungsrechtlichen Beurteilung des Klimawandels

1 Überblick über alle Beschwerden und Klagen in Teil 3.

durch das Bundesverfassungsgericht. Im Mittelpunkt dieser Arbeit steht dabei die Frage, welche Vorgaben für Klimaschutz aus dem Grundgesetz folgen und damit auch, ob und in welchem Umfang einzelnen Personen ein verfassungsrechtlicher Anspruch auf Klimaschutz zusteht.

Im zweiten Teil geht es zunächst um die Grundlagen zur Entstehung des Klimawandels, seine Folgen und die wissenschaftlichen Erkenntnisse zu seiner Begrenzung. Wie wichtig die wissenschaftlichen Grundlagen sind, verdeutlichte der Klimabeschluss 2021. Zudem werden die rechtlichen Konsequenzen in Form von Temperaturgrenzen und Treibhausgasreduktionszielen (Klimaschutzziele) im Mehrebenensystem (Völkerrecht, Europarecht, Bundesrecht, Landesrecht und Kommunalrecht) dargestellt.

Im dritten Teil erfolgt eine Bestandsaufnahme zum Klimaschutz vor Gericht. Es werden die bereits genannten öffentlich-rechtlichen Klimaklagen und soweit vorhanden, die ergangenen Entscheidungen vorgestellt und die Entwicklungen nachgezeichnet, wobei Klagen sowie Entscheidungen in bzw. aus Deutschland im Mittelpunkt stehen. Zudem wird auf die europäische Ebene und die dortigen öffentlich-rechtlichen Klimaklagen eingegangen, die ihrerseits Anregungen für die Auslegung des Grundgesetzes liefern können. Im Zivilrecht spielt das Thema der Klimaklagen ebenfalls sowohl international[2], als auch auf deutscher Ebene[3], eine große Rolle. Der zivilrechtlichen Seite kann in dieser Arbeit jedoch nicht weiter nachgegangen werden.[4] Die Untersuchungen zum Verfassungsrecht haben aber auch für das Zivilrecht Relevanz, da die Grundrechte zwischen Privaten zumindest im Rahmen der mittelbaren Drittwirkung gelten.[5]

---

2 Ein Urteil des Bezirksgerichts Den Haag verpflichtete das Ölunternehmen Shell zur Reduktion von CO2 um 45 % gegenüber 1990 bis 2030, Rechtbank Den Haag, Urt. v. 26.05.2021 - C/09/571932 / HA ZA 19-379, ECLI:NL:RBDHA:2021:5339; siehe dazu *Verheyen/ Franke*, ZUR 2021, 634 ff.; siehe ausführlich zu der Entscheidung und zu weiteren internationalen zivilrechtlichen Klagen *Franzius*, in Rodi (Hrsg.), KlimaschutzR-HdB, § 7, Rn. 5-13.

3 Vor dem OLG Hamm klagt ein peruanischer Landwirt wegen der Folgen des Klimawandels gegen RWE auf Haftung, Az. I-5 U 15/17; siehe dazu etwa *Chatzinerantzis/ Appel*, NJW 2019, 881; *Ekardt*, LTO 01.12.2017; zudem sind insbesondere Klagen gegen deutsche Autokonzerne relevant, die jedoch in erster Instanz erfolglos blieben, siehe LG Stuttgart, Urt. v. 13.09.2022 – Az. 17 O 789/21, LG München, Urt. v. 07.02.2023 – 3 O 12581/21, LG Braunschweig, Urt. v. 14.02.2023 – 6 O 3931/21 und LG Detmold, Urt. v. 24.02.2023 – 1 O 199/21; siehe zu den Klagen gegen deutsche Unternehmen und ihre Erfolgsaussichten etwa *Boerstra/ Römling*, EurUP 2022, 30 ff.

4 Näher zu Klimaklagen im Zivilrecht etwa *Giesberts/ Haas*, KlimaRZ 2022, 3, 5 ff.

5 Dazu *Klinger*, EurUP 2022, 20, 27 ff.; zu den Auswirkungen der Verfassung auf zivilrechtliche Klagen auch *Gärditz*, EurUP 2022, 45 ff.

Der vierte Teil behandelt anschließend die grundlegende Frage, inwieweit Klimaschutz durch die abwehrrechtliche Grundrechtsfunktion und/oder die Schutzpflichtfunktion der Grundrechte gewährt wird. In den Klimaklagen wurden unterschiedliche Wege beschritten und auch in der Literatur werden beide Möglichkeiten diskutiert. Zudem sorgte der Klimabeschluss 2021, insbesondere durch die Anerkennung der Rechtsfigur der intertemporalen Freiheitsrechte, für weitere Diskussionen zu dieser Frage.

In Teil fünf werden die einzelnen verfassungsrechtlichen Normen auf ihren konkreten materiell-rechtlichen Klimaschutzgehalt hin untersucht. Im Schwerpunkt geht es um die neue Konstruktion der intertemporalen Freiheitssicherung, um die Staatszielbestimmung aus Art. 20a GG und um Art. 2 II 1 GG und Art. 14 I GG. Überdies werden Art. 12 I GG, das ökologische Existenzminimum, Art. 11 GG und der Einfluss der EMRK angesprochen.

Der sechste Teil beleuchtet anschließend den Gerichtszugang. Im Mittelpunkt steht dabei die Beschwerdebefugnis vor dem Bundesverfassungsgericht. Außerdem wird der verfassungsrechtliche Einfluss auf den Zugang zu den Verwaltungsgerichten untersucht.

Die Arbeit schließt in Teil sieben mit einer Zusammenfassung der wesentlichen Aussagen und einem Ausblick.

2. Teil: Grundlagen – Menschengemachter Klimawandel und Klimaziele im rechtlichen Mehrebenensystem

A. Entstehung des Klimawandels

Zu Beginn der Arbeit wird kurz auf die Entstehung des Klimawandels eingegangen, da das Verständnis zugleich den entscheidenden Ansatzpunkt für die Bekämpfung des Klimawandels liefert. Es sei darauf hingewiesen, dass diese Arbeit nicht die komplexen physikalischen Grundlagen darstellen kann, die den Klimawandel beeinflussen. Daher werden nur grob die zentralen Aspekte aufgegriffen, die verdeutlichen, dass der Klimawandel menschengemacht ist und die demnach belegen, dass Menschen den Klimawandel auch begrenzen können.[6]

Das Klima der Erde, das durch ein Gleichgewicht zwischen absorbierter Sonnenstrahlung und in das All zurückgestrahlter Wärmestrahlung entsteht, kann sich auf drei Weisen verändern.[7] Zunächst strahlt die Sonne selbst unterschiedlich stark und zusätzlich ändert die Erde ihre Umlaufbahn um die Sonne, wodurch mehr oder weniger Sonnenstrahlen auf der Erde ankommen. Weiterhin gibt es Schwankungen in der Menge an Wärmestrahlungen, die von der Erde wieder in das All zurückgespiegelt wird (Maßeinheit dabei ist die sog. Albedo). Die Rückstrahlung ist zum Beispiel davon abhängig, welcher Anteil der Erde mit Eis bedeckt ist, da eine helle Oberfläche mehr Strahlung zurückstrahlt. Zuletzt kommt es vor allem auf die in der Atmosphäre enthaltenen Treibhausgase an, die die von der Erdoberfläche zurückgegebene Wärmestrahlung bei geringerer Konzentration durchlassen und bei höherer Konzentration innerhalb der Atmosphäre halten. Kann die Wärmestrahlung bei hoher Treibhausgaskonzentration nicht mehr in das All zurückgestrahlt werden, verbleibt die Wärme auf der Erde, die Temperatur steigt und es kommt zum sog. Treibhauseffekt.[8]

Diese drei Vorgänge bedingen sich natürlicherweise gegenseitig, bilden eine Art Kreislauf und haben im erdgeschichtlichen Verlauf für die ver-

---

6 Siehe zum Klimawandel *Rahmstorf/ Schellnhuber,* Der Klimawandel.

7 Siehe dazu und zu den drei Punkten im Folgenden *Rahmstorf/ Schellnhuber,* Der Klimawandel, S. 12 f.

8 *Rahmstorf/ Schellnhuber*, Der Klimawandel, S. 30 ff.

schiedenen klimatischen Bedingungen und den Wechsel von Eis- und Warmzeiten gesorgt.[9] Grundsätzlich ist auch der Treibhauseffekt ein vollkommen normaler und wichtiger Vorgang, der dafür sorgt, dass auf der Erdoberfläche im Mittel 15 Grad plus und nicht 18 Grad minus herrschen, die es wären, wenn die gesamte Strahlung, die auf der Erde ankommt, ohne das Dazwischentreten von Treibhausgasen wieder zurückgespiegelt werden würde.[10]

Da die Menschen jedoch durch die Verbrennung fossiler Energieträger einen erheblichen Anstieg der CO2-Konzentration in der Atmosphäre verursacht haben, der nichts mehr mit den natürlichen Vorkommnissen zu tun hat und Albedo und Sonnenstrahlung ebenfalls keine Faktoren sind, mit denen sich die Klimaänderungen erklären lassen, kann die aktuelle Klimaentwicklung zum größten Teil auf die in der Atmosphäre enthaltenen Treibhausgase zurückgeführt werden.[11]

B. Anthropogene Treibhausgasemissionen und Erwärmung

Um die wichtigsten Erkenntnisse zum Klimawandel darzulegen, wird in dieser Arbeit überwiegend auf die Berichte des Weltklimarates (Intergovernmental Panel on Climate Change, kurz IPCC) zurückgegriffen, wobei der Sechste Sachstandsbericht als aktuellster Bericht eine besondere Rolle spielt. Der IPCC ist eine UN-Institution und wurde im Jahr 1988 vom Umweltprogramm der UN (United Nations Environmental Programme, kurz UNEP) und der Weltorganisation für Meteorologie (World Meteorological Organization, kurz WMO) gegründet. Im IPCC sind Wissenschaftler*innen aus der ganzen Welt, die Staaten, die der UN oder der WMO angehören und Beobachter*innen vertreten. Der IPCC betreibt keine eigene Forschung, sondern fasst Forschungsergebnisse zusammen und stellt diese in sog. Sachstandsberichten und Sonderberichten dar.[12]

---

9 Siehe dazu das erste Kapitel aus *Rahmstorf/ Schellnhuber*, Der Klimawandel, S. 9 ff.

10 *Rahmstorf/ Schellnhuber*, Der Klimawandel, S. 32.

11 *Rahmstorf/ Schellnhuber*, Der Klimawandel, S. 32 ff., 38 ff.

12 Der Weltklimarat IPCC, abrufbar unter www.de-ipcc.de/media/content/De-IPCC_Flyer_Der_Weltklimarat_IPCC_BITV.PDF (alle in den Fußnoten angegebenen Internetquellen wurden zuletzt abgerufen am 05.04.2023). Die Sachstandsberichte des IPCC bestehen jeweils aus drei Teilen. Der erste Teil des Sechsten Sachstandsberichts fasst die wissenschaftlichen und physikalischen Grundlagen zum Klimawandel zusammen. Der zweite Teil des Sechsten Sachstandsberichts behandelt die Themen

Daneben wird auf Studien des Umweltbundesamtes (UBA) als nationale Umweltbehörde im Geschäftsbereich des Bundesministeriums für Umwelt, Naturschutz, nukleare Sicherheit und Verbraucherschutz (§ 1 I UBAG) und des Sachverständigenrates für Umweltfragen (SRU) als wissenschaftliches Beratungsgremium der Bundesregierung abgestellt.

Die Konzentration der Treibhausgase[13] in der Atmosphäre wird 2019 im Jahresdurchschnitt für Kohlenstoffdioxid (CO2) mit 410 ppm (parts per million), für Methan (CH4) mit 1866 ppb (parts per billion) und für Lachgas (N2O) mit 332 ppb angegeben.[14] Der Wert für CO2 war seit mindestens 2 Millionen Jahren nicht mehr so hoch wie 2019, die Werte von Methan und Lachgas waren mindestens 800.000 Jahre nicht mehr so hoch wie 2019.[15] Dem IPCC zufolge hängt die Erwärmung des Klimas nahezu linear mit den anthropogen verursachten CO2-Emissionen zusammen und es kann von einer Erwärmung zwischen 0,27 und 0,63 Grad (bester Schätzwert 0,45 Grad) pro 1.000 Gigatonnen kumulativer CO2-Emissionen ausgegangen werden.[16] Die Treibhausgaskonzentration hat dazu geführt, dass

---

Folgen, Anpassung und Verwundbarkeit. Der dritte Teil behandelt die Minderung des Klimawandels. Die Originalberichte sind in Englisch auf der Internetseite des IPCC abrufbar, www.de-ipcc.de/250.php. In dieser Arbeit werden jeweils die verfügbaren Zusammenfassungen für die politische Entscheidungsfindung zitiert. Auch das BVerfG hat in seinem Beschluss v. 24.03.2021 (Klimabeschluss) die Erkenntnisse des IPCC herangezogen, BVerfGE 157, 30, 50 ff.; für einen überzeugenden Umgang des BVerfG mit den wissenschaftlichen Erkenntnissen *Gärditz*, RuP 2021, 308 ff.

13 Treibhausgase, die sich auf das Klima auswirken sind neben CO2 in Anlehnung an das Kyoto-Protokoll Methan, Lachgas und die fluorierten Treibhausgase (F-Gase): wasserstoffhaltige Fluorkohlenwasserstoffe (HFKW), perfluorierte Kohlenwasserstoffe (FKW) und Schwefelhexafluorid (SF6); Verteilung der Treibhausgase in Deutschland 2020: 87,1 % CO2, 6,5 % Methan, 4,6 % Lachgas, ca. 1,7 % F-Gase, zitiert nach www.umweltbundesamt.de/themen/klima-energie/klimaschutz-energiepolitik-in-deutschland/treibhausgas-emissionen/die-treibhausgase; siehe zur Definition der Treibhausgase auf deutscher Ebene: § 2 Nr. 1 KSG.

14 IPCC, 2021: Zusammenfassung für die politische Entscheidungsfindung. In: Naturwissenschaftliche Grundlagen. *Beitrag von Arbeitsgruppe I zum Sechsten Sachstandsbericht des IPCC,* A.1.1.

15 IPCC, 2021: Zusammenfassung für die politische Entscheidungsfindung. In: Naturwissenschaftliche Grundlagen. *Beitrag von Arbeitsgruppe I zum Sechsten Sachstandsbericht des IPCC,* A.2.1.

16 IPCC, 2021: Zusammenfassung für die politische Entscheidungsfindung. In: Naturwissenschaftliche Grundlagen. *Beitrag von Arbeitsgruppe I zum Sechsten Sachstandsbericht des IPCC,* D.1.

die letzten vier Jahrzehnte wärmer waren als alle Jahrzehnte seit 1850.[17] Die globale durchschnittliche Oberflächentemperatur war zwischen 2011 und 2020 um 1,09 Grad wärmer als zur vorindustriellen Zeit zwischen 1850 und 1900, wobei der Wert über Land bei 1,59 Grad und über den Ozeanen bei 0,88 Grad liegt.[18] Von der Gesamterwärmung entfallen etwa 1,07 Grad auf menschlichen Einfluss.[19] Der IPCC beschreibt es als „eindeutig", dass der Mensch für die Erwärmung der Erde verantwortlich ist.[20]

C. Folgen des Klimawandels

I. Aktuelle Auswirkungen

Neben der Erwärmung nennt der IPCC weitere Änderungen im Klimasystem wie beispielsweise die Zunahme von Niederschlägen, das Schmelzen von Gletschern, die Erwärmung der Ozeane und den Anstieg des Meeresspiegels[21], wobei alle bisherigen Veränderungen als „beispiellos" eingeordnet werden.[22] Die Temperatur stieg etwa in den letzten 50 Jahren so schnell wie die letzten 2.000 Jahre nicht mehr und der Meeresspiegel stieg ebenfalls seit 1900 schneller als in den vergangenen Jahrhunderten seit 3.000 Jahren.[23]

---

17 IPCC, 2021: Zusammenfassung für die politische Entscheidungsfindung. In: Naturwissenschaftliche Grundlagen. *Beitrag von Arbeitsgruppe I zum Sechsten Sachstandsbericht des IPCC,* A.1.2.

18 IPCC, 2021: Zusammenfassung für die politische Entscheidungsfindung. In: Naturwissenschaftliche Grundlagen. *Beitrag von Arbeitsgruppe I zum Sechsten Sachstandsbericht des IPCC,* A.1.2.

19 IPCC, 2021: Zusammenfassung für die politische Entscheidungsfindung. In: Naturwissenschaftliche Grundlagen. *Beitrag von Arbeitsgruppe I zum Sechsten Sachstandsbericht des IPCC,* A.1.3.

20 IPCC, 2021: Zusammenfassung für die politische Entscheidungsfindung. In: Naturwissenschaftliche Grundlagen. *Beitrag von Arbeitsgruppe I zum Sechsten Sachstandsbericht des IPCC,* A.1.

21 IPCC, 2021: Zusammenfassung für die politische Entscheidungsfindung. In: Naturwissenschaftliche Grundlagen. *Beitrag von Arbeitsgruppe I zum Sechsten Sachstandsbericht des IPCC,* A.1.4-A.1.7.

22 IPCC, 2021: Zusammenfassung für die politische Entscheidungsfindung. In: Naturwissenschaftliche Grundlagen. *Beitrag von Arbeitsgruppe I zum Sechsten Sachstandsbericht des IPCC,* A.2.

23 IPCC, 2021: Zusammenfassung für die politische Entscheidungsfindung. In: Naturwissenschaftliche Grundlagen. *Beitrag von Arbeitsgruppe I zum Sechsten Sachstandsbericht des IPCC,* A.2.2, A.2.4.

Den bisher verursachten Klimawandel ordnet der IPCC als Ursache für Wetter- und Klimaextreme ein.[24] Es gilt als „praktisch sicher", dass beispielsweise Hitzewellen öfter vorkommen, intensiver sind und es in den letzten zehn Jahren Ereignisse gab, die ohne den menschlichen Einfluss „äußerst unwahrscheinlich" gewesen wären.[25] Wie verwundbar Menschen und Ökosysteme sind, ist stark ortsabhängig und wird durch viele weitere Aspekte, etwa sozialer Art, bestimmt.[26] Hierbei sind zwischen 3,3 und 3,6 Milliarden Menschen besonders vom Klimawandel bedroht.[27]

II. Zukünftige Auswirkungen

Aufgrund der Klimasensitivität, einem Wert, mit dem ermittelt werden kann, welchen Einfluss Treibhausgase auf das Klima haben, indem die Strahlung in Watt pro Quadratmeter gemessen wird und die der IPCC auf 3 Grad[28] festlegt, können Prognosen für die zukünftige Entwicklung des Klimawandels abgegeben werden.[29] Erfolgen keine strengen Reduktionsmaßnahmen, wird die globale Temperatur in diesem Jahrhundert eine Erwärmung von 1,5 Grad und von 2 Grad überschreiten.[30] Verschärft man

---

24 IPCC, 2021: Zusammenfassung für die politische Entscheidungsfindung. In: Naturwissenschaftliche Grundlagen. *Beitrag von Arbeitsgruppe I zum Sechsten Sachstandsbericht des IPCC*, A.3.

25 IPCC, 2021: Zusammenfassung für die politische Entscheidungsfindung. In: Naturwissenschaftliche Grundlagen. *Beitrag von Arbeitsgruppe I zum Sechsten Sachstandsbericht des IPCC*, A.3.1.

26 IPCC, 2022: Zusammenfassung für die politische Entscheidungsfindung. In: Klimawandel 2022: Folgen, Anpassung und Verwundbarkeit. *Beitrag der Arbeitsgruppe II zum Sechsten Sachstandsbericht des IPCC*, B.

27 IPCC, 2022: Zusammenfassung für die politische Entscheidungsfindung. In: Klimawandel 2022: Folgen, Anpassung und Verwundbarkeit. *Beitrag der Arbeitsgruppe II zum Sechsten Sachstandsbericht des IPCC*, B.2.

28 IPCC, 2021: Zusammenfassung für die politische Entscheidungsfindung. In: Naturwissenschaftliche Grundlagen. *Beitrag von Arbeitsgruppe I zum Sechsten Sachstandsbericht des IPCC*, A.4.

29 IPCC, 2021: Zusammenfassung für die politische Entscheidungsfindung. In: Naturwissenschaftliche Grundlagen. *Beitrag von Arbeitsgruppe I zum Sechsten Sachstandsbericht des IPCC*, A.4.1-A.4.4; siehe zur Klimasensitivität auch *Rahmstorf/ Schellnhuber*, Der Klimawandel, S. 41 ff.

30 IPCC, 2021: Zusammenfassung für die politische Entscheidungsfindung. In: Naturwissenschaftliche Grundlagen. *Beitrag von Arbeitsgruppe I zum Sechsten Sachstandsbericht des IPCC*, B. 1.

nicht die Maßnahmen, die bis Ende 2020 eingeführt wurden, wird die Erderwärmung bis 2100 3,2 Grad betragen.[31]

Für die Zukunft prognostiziert der IPCC fünf verschiedene Klima-Szenarien[32], deren Eintreten davon abhängig ist, wie viele Treibhausgase jeweils emittiert werden.[33] Die durchschnittliche globale Oberflächentemperatur zwischen 2081 und 2100 wird zwischen 1,0-5,7 Grad mehr betragen, als sie im Vergleich zum Zeitraum zwischen 1850 und 1900 betrug, abhängig davon, welches Treibhausgasszenario man zugrunde legt.[34] Nur unter Verfolgung der Berechnung mit dem geringsten Treibhausgasausstoß kann die Temperaturgrenze von 1,5 Grad Erwärmung am Ende dieses Jahrhunderts mit einer Wahrscheinlichkeit von > 50 % bis 100 % eingehalten werden („eher wahrscheinlich als nicht").[35] Alle Treibhausszenarien erreichen die 1,5 Grad-Grenze jedoch nach besten Schätzungen des IPCC zunächst zwischen 2021 und 2040.[36]

Der Zusammenhang zwischen der voranschreitenden Erderwärmung und den Folgen für das Klimasystem ist belegbar.[37] Pro weiterer Erwärmung um 0,5 Grad werden Hitzewellen und Hitzeextreme in ihrer Anzahl und Intensität deutlich erkennbar zunehmen, vergleichbar sind die Auswir-

---

31 IPCC, 2022: Zusammenfassung für die politische Entscheidungsfindung. In: Klimawandel 2022: Minderung des Klimawandels. *Beitrag der Arbeitsgruppe III zum Sechsten Sachstandsbericht des IPCC*, C.1.

32 Zwei Szenarien mit „hohen" und „sehr hohen" Treibhausgasemissionen [Verdopplung der Emissionen gegenüber dem heutigen Stand bis 2100 bzw. bis 2050]; ein Szenario mit „mittleren" Emissionen [Verbleib der Emissionen auf heutigem Niveau bis Mitte dieses Jahrhunderts] und zwei Szenarien mit „sehr niedrigen" und „niedrigen" Emissionen [netto Null „um" bzw. nach 2050].

33 Dazu Kapitel B. in IPCC, 2021: Zusammenfassung für die politische Entscheidungsfindung. In: Naturwissenschaftliche Grundlagen. *Beitrag von Arbeitsgruppe I zum Sechsten Sachstandsbericht des IPCC.*

34 IPCC: Zusammenfassung für die politische Entscheidungsfindung. In: Naturwissenschaftliche Grundlagen. *Beitrag von Arbeitsgruppe I zum Sechsten Sachstandsbericht des IPCC*, B.1.1.

35 IPCC, 2021: Zusammenfassung für die politische Entscheidungsfindung. In: Naturwissenschaftliche Grundlagen. *Beitrag von Arbeitsgruppe I zum Sechsten Sachstandsbericht des IPCC*, B.1.3.

36 IPCC, 2021: Zusammenfassung für die politische Entscheidungsfindung. In: Naturwissenschaftliche Grundlagen. *Beitrag von Arbeitsgruppe I zum Sechsten Sachstandsbericht des IPCC*, Tabelle S. 19.

37 IPCC, 2021: Zusammenfassung für die politische Entscheidungsfindung. In: Naturwissenschaftliche Grundlagen. *Beitrag von Arbeitsgruppe I zum Sechsten Sachstandsbericht des IPCC*, B.2.

kungen auf Starkniederschläge und Dürren.[38] Im Hinblick auf Starkniederschläge kann berechnet werden, dass die Wahrscheinlichkeit für extreme Tagesniederschläge pro einem Grad zusätzlicher Erwärmung um 7 % ansteigt.[39] Es wird außerdem eine Zunahme von tropischen Wirbelstürmen und das Auftauen von Permafrostböden erwartet.[40]

Welche Folgen eine globale Erwärmung um 1,5 Grad hat und auch, wie das Ziel zu erreichen ist, hat der IPCC bereits in einem Sonderbericht 2018 untersucht.[41] Im Sechsten Sachstandsbericht wurden die Angaben jedoch aktualisiert, denn im Sonderbericht von 2018 nahm der IPCC beispielsweise noch an, dass die 1,5 Grad-Grenze erst zwischen 2030 und 2052 erreicht wird.[42] Schon 2018 hat der IPCC allerdings festgestellt, dass die Auswirkungen bei einer Erderwärmung um 1,5 Grad geringer sind als bei einem Anstieg der globalen Durchschnittstemperatur um 2 Grad.[43] Auch im Sechsten Sachstandsbericht arbeitete der IPCC heraus, dass beim Überschreiten der 1,5 Grad-Grenze, im Vergleich zu einer Begrenzung des Temperaturanstiegs auf 1,5 Grad, zusätzliche schwere Risiken für Mensch und Natur auftreten würden.[44]

Einige der Veränderungen, insbesondere die des Ozeans, der Eisschilde und des Meeresspiegelanstiegs sind „über Jahrhunderte bis Jahrtausende"

---

38 IPCC, 2021: Zusammenfassung für die politische Entscheidungsfindung. In: Naturwissenschaftliche Grundlagen. *Beitrag von Arbeitsgruppe I zum Sechsten Sachstandsbericht des IPCC*, B.2.2.

39 IPCC, 2021: Zusammenfassung für die politische Entscheidungsfindung. In: Naturwissenschaftliche Grundlagen. *Beitrag von Arbeitsgruppe I zum Sechsten Sachstandsbericht des IPCC*, B.2.4.

40 IPCC, 2021: Zusammenfassung für die politische Entscheidungsfindung. In: Naturwissenschaftliche Grundlagen. *Beitrag von Arbeitsgruppe I zum Sechsten Sachstandsbericht des IPCC*, B.2.4, 2.5.

41 IPCC, 2018: Zusammenfassung für politische Entscheidungsträger. In: 1,5 C globale Erwärmung. Ein IPCC-Sonderbericht, S. 8; zu den Unterschieden außerdem IPCC, 2021: Zusammenfassung für die politische Entscheidungsfindung. In: Naturwissenschaftliche Grundlagen. *Beitrag von Arbeitsgruppe I zum Sechsten Sachstandsbericht des IPCC*, insbes. Kapitel B, C.

42 IPCC, 2018: Zusammenfassung für politische Entscheidungsträger. In: 1,5 C globale Erwärmung. Ein IPCC-Sonderbericht, A.1.

43 IPCC, 2018: Zusammenfassung für politische Entscheidungsträger. In: 1,5 C globale Erwärmung. Ein IPCC-Sonderbericht, A.3.

44 IPCC, 2022: Zusammenfassung für die politische Entscheidungsfindung. In: Klimawandel 2022: Folgen, Anpassung und Verwundbarkeit. *Beitrag der Arbeitsgruppe II zum Sechsten Sachstandsbericht des IPCC*, B.3, B.6.

irreversibel.[45] So wird etwa der Meeresspiegel innerhalb der nächsten 2.000 Jahre bei einer Begrenzung der Erderwärmung auf 1,5 Grad um 2-3 Meter, bei einer Erwärmung auf 2 Grad um 2-6 Meter weiter ansteigen.[46]

Neben den Auswirkungen auf die Natur untersuchte ein Bericht der Weltbank die Auswirkungen des Klimawandels auf Migration und kam zu dem Ergebnis, dass es bis 2050 über 200 Millionen „Klimaflüchtlinge" geben könnte.[47]

Ein Report des Deutschen Wetterdienstes greift die Folgen des Klimawandels und Prognosen für die Zukunft konkret für Deutschland auf, etwa hinsichtlich der Temperaturveränderung, des Niederschlags, des Sonnenscheins, des Meeresspiegels, des Pflanzenwachstums und der Extremwetterereignisse.[48] Auch das Umweltbundesamt untersucht die bereits in Deutschland auftretenden Folgen des Klimawandels, um die Öffentlichkeit und Entscheidungsträger*innen zu informieren.[49] Der Bericht geht dabei auf verschiedene Bereiche wie etwa die menschliche Gesundheit, Land- und Forstwirtschaft oder Gebäude und Infrastruktur ein. Er stellte beispielsweise einen Anstieg der Temperatur in Deutschland um 1,5 Grad bis zum Jahr 2018, Veränderungen in Ökosystemen, das vermehrte Vorkommen von niedrigen Grundwasserständen und einen signifikanten Meeresspiegelanstieg von Nord- und Ostsee und damit zusammenhängend eine höhere Intensität von Sturmfluten fest.[50]

III. Begrenzung der Auswirkungen

Die Folgen des Klimawandels können aus wissenschaftlicher Sicht begrenzt werden, wenn Treibhausgase nur in einem bestimmten Umfang zugelassen werden und dadurch eine entsprechende Temperaturgrenze eingehalten

45 IPCC, 2021: Zusammenfassung für die politische Entscheidungsfindung. In: Naturwissenschaftliche Grundlagen. *Beitrag von Arbeitsgruppe I zum Sechsten Sachstandsbericht des IPCC*, B.5.

46 IPCC, 2021: Zusammenfassung für die politische Entscheidungsfindung. In: Naturwissenschaftliche Grundlagen. *Beitrag von Arbeitsgruppe I zum Sechsten Sachstandsbericht des IPCC*, B.5.4.

47 *Clement/ Rigaud/ de Sherbinin (et al.)*, Groundswell Part 2, 2021, World Bank.

48 DWD, Nationaler Klimareport.

49 UBA, Monitoringbericht 2019, Stand November 2019. Der nächste Bericht erscheint voraussichtlich 2023; siehe auch BMWK, Klimaschutz in Zahlen, S. 12 f.

50 UBA, Monitoringbericht 2019, Stand November 2019, S. 6 ff.

wird (Treibhausgasbudget).[51] Um die globale Erwärmung mit einer Wahrscheinlichkeit von 83 % auf 1,5 Grad zu begrenzen, berechnete der IPCC ein globales CO2-Budget von 300 Gigatonnen ab 2020 (für eine Erwärmung um 1,7 Grad verbleiben bei einer Wahrscheinlichkeit von 83 % 550 Gigatonnen CO2, für eine Erwärmung um 2,0 Grad verbleiben bei einer Wahrscheinlichkeit von 83 % 900 Gigatonnen CO2).[52] Würden die Treibhausgasszenarien des IPCC mit niedrigen oder sehr niedrigen Treibhausgasemissionen verfolgt werden, würde sich die Treibhausgaskonzentration innerhalb von Jahren ersichtlich verändern.[53]

Es gibt Berechnungen des SRU, wie daraus ein nationales Budget für Deutschland abzuleiten ist.[54]

Der Sechste IPCC-Bericht stellte fest, dass die Auswirkungen des Klimawandels wie etwa der Meeresspiegelanstieg und das Vorkommen von Starkregen, Überschwemmungen oder gefährlicher Temperaturen bei umfangreichen Emissionsreduktionen im Vergleich zu geringen Reduktionsanstrengungen weniger ausgeprägt ausfallen und nicht so viele Regionen betreffen.[55]

IV. Kipppunkte im Klimasystem

Eine besondere Gefahr des Klimawandels liegt in den sog. Kipppunkten des Klimasystems.[56] „Einige Teilsysteme des Klimasystems haben […] kri-

---

51 IPCC, 2021: Zusammenfassung für die politische Entscheidungsfindung. In: Naturwissenschaftliche Grundlagen. *Beitrag von Arbeitsgruppe I zum Sechsten Sachstandsbericht des IPCC*, D.1.1.

52 IPCC, 2021: Zusammenfassung für die politische Entscheidungsfindung. In: Naturwissenschaftliche Grundlagen. *Beitrag von Arbeitsgruppe I zum Sechsten Sachstandsbericht des IPCC*, Tabelle SPM.2, S. 42. Dort werden auch Budgets berechnet, die die Temperaturschwellen mit einer geringeren Wahrscheinlichkeit erreichen.

53 IPCC, 2021: Zusammenfassung für die politische Entscheidungsfindung. In: Naturwissenschaftliche Grundlagen. *Beitrag von Arbeitsgruppe I zum Sechsten Sachstandsbericht des IPCC*, D. 2.

54 Dazu im Einzelnen unten 5. Teil, B. IV. 1. a).

55 IPCC, 2021: Zusammenfassung für die politische Entscheidungsfindung. In: Naturwissenschaftliche Grundlagen. *Beitrag von Arbeitsgruppe I zum Sechsten Sachstandsbericht des IPCC*, D. 2.4.

56 Dazu Sondergutachten des SRU, Demokratisch regieren in ökologischen Grenzen, S. 39 ff. m.w.N.; *Lenton/ Rockström/ Gaffney (et al.)*, Nature 575 2019, 592 ff.; *Wolf/ Wunderling*, KlimR 2022, 216 ff.; *Schulz/ Simon*, in Traidl-Hoffmann/ Schulz/ Herrmann/ Simon (Hrsg.), Planetary Health, S. 8 ff.

tische Schwellenwerte, bei deren Überschreiten es zu starken und teils unaufhaltsamen und unumkehrbaren Veränderungen kommt."[57] Die Existenz von Kipppunkten gilt als sicher, allerdings lässt sich nicht genau sagen, wo sie liegen, weshalb das Eintreten von Kipppunkten nur im Rahmen von sog. Risikobereichen vorhergesagt werden kann.[58] Jedoch kann in den Berichten des IPCC beobachtet werden, dass dieser die Grenze des Eintritts immer weiter herabsetzt. So wurde ursprünglich angenommen, Kipppunkte drohen erst bei einer globalen Erwärmung von 5 Grad, wobei mittlerweile das Überschreiten von Kipppunkten bei einer Erwärmung von 1 oder 2 Grad für möglich gehalten wird.[59] Als Kippelemente gelten beispielsweise das abschmelzende Meereis, die antarktischen Eisschilde, Gebirgsgletscher, Korallenriffe, Monsunsysteme, die Atlantikzirkulation (teilweise auch als Golfstrom bekannt), der Amazonas-Regenwald oder die Permafrostböden.[60]

Der IPCC geht im Sechsten Sachstandsbericht auf den Zusammenbruch von Eisschilden, eine Änderung der Ozeanzirkulation, das Zusammenfallen von Extremwetterereignissen und sehr weit ansteigende Temperaturen ein, deren Eintreten zumindest nicht ausgeschlossen werden kann.[61] Dass Kipppunkte nicht ausgeschlossen werden können, stellt der IPCC mit hohem Vertrauen fest.[62]

Als wichtiges Kipppunktereignis gilt das vollständige Schmelzen des grönländischen Eisschildes. Dies wird bei einem Temperaturanstieg von 0,8 Grad bis 3,2 Grad gegenüber dem vorindustriellen Niveau für möglich gehalten und würde zu einem Meeresspiegelanstieg von sieben Metern innerhalb mehrerer tausend Jahre führen.[63] Der IPCC stellte in seinem

---

57 *Rahmstorf/ Levermann/ Winkelmann (et al.),* Kipppunkte im Klimasystem, S. 1.

58 *Rahmstorf/ Levermann/ Winkelmann (et al.),* Kipppunkte im Klimasystem, S. 2; siehe dazu und zu Frühwarnzeichen *Wolf/ Wunderling,* KlimR 2022, 216, 218 f.

59 *Lenton/ Rockström/ Gaffney (et al),* Nature 575 2019, 592 ff.

60 Siehe zu allen *Rahmstorf/ Levermann/ Winkelmann (et al.),* Kipppunkte im Klimasystem; siehe dazu auch Sondergutachten des SRU, Demokratisch regieren in ökologischen Grenzen, S. 39 ff. m.w.N.; siehe auch *Wolf/ Wunderling,* KlimR 2022, 216, 217 f.

61 IPCC, 2021: Zusammenfassung für die politische Entscheidungsfindung. In: Naturwissenschaftliche Grundlagen. *Beitrag von Arbeitsgruppe I zum Sechsten Sachstandsbericht des IPCC,* C.3, C.3.2.

62 IPCC, 2021: Zusammenfassung für die politische Entscheidungsfindung. In: Naturwissenschaftliche Grundlagen. *Beitrag von Arbeitsgruppe I zum Sechsten Sachstandsbericht des IPCC,* C.3.2.

63 Zitiert nach SRU, Demokratisch regieren in ökologischen Grenzen, S. 40 m.w.N.; siehe dazu auch mit ausführlicher Erklärung *Wolf/ Wunderling,* KlimR 2022, 216, 217.

Sonderbericht fest, dass die kritische Schwelle bereits bei einer Erwärmung um 1,5 Grad bis 2 Grad erreicht sein könnte.[64]

Zudem ist es möglich, dass sich die Kipppunkte gegenseitig verstärken, so kann das Abschmelzen von Eis Einfluss auf die Strömungen haben, was wiederum Einfluss auf das Klimasystem haben kann.[65]

Ein weiterer Kipppunkt ist das Auftauen der Permafrostböden, die eine bedeutende Menge Kohlenstoff gespeichert haben und deren Auftauen „eine für Jahrhunderte nicht zu kontrollierende Quelle von Treibhausgasemissionen [...] schaffen [...] [würde]."[66]

Aufgrund der drohenden Kipppunkte empfiehlt die Wissenschaft eine Begrenzung der Erderwärmung auf 1,5 Grad.[67] Teilweise wird vorgebracht, die Folgen seien zu unerforscht und es brauche einen IPCC-Bericht zu den schlimmsten Folgen des Klimawandels, um sich besser darauf einstellen zu können.[68]

V. Zusammenfassung

Es gibt mittlerweile einen breiten wissenschaftlichen Konsens zum Klimawandel. Die Ursachen sind erforscht. Es mangelt auch nicht an Erkenntnissen zu den Folgen. Die Folgen sind wissenschaftlich messbar und zum Teil unter der Angabe von Wahrscheinlichkeiten vorherzusagen. Noch ist es aus wissenschaftlicher Sicht möglich, den Klimawandel und seine Folgen zu begrenzen. Es ist wissenschaftlich belegt, wie viele Treibhausgase noch emittiert werden können, um eine bestimmte Temperaturschwelle zu erreichen. Wichtig ist das Vermeiden von Kipppunkt-Ereignissen, um keine starken, sich gegenseitig bedingenden und schlimmstenfalls irreversiblen Folgen auszulösen.

---

64 IPCC, 2018, Zusammenfassung für politische Entscheidungsträger. In: 1,5 C globale Erwärmung. Ein IPCC-Sonderbericht, B. 2.2.

65 SRU, Demokratisch regieren in ökologischen Grenzen, S. 40; *Wolf/ Wunderling*, KlimR 2022, 216, 217 ff.

66 *Rahmstorf/ Levermann/ Winkelmann (et al.)*, Kipppunkte im Klimasystem, S. 5; dazu auch *Wolf/ Wunderling*, KlimR 2022, 216, 217 m.w.N.

67 *Lenton/ Rockström/ Gaffney (et al.)*, Nature 575 2019, 592 ff.

68 *Kemp/ Xu/ Depledge/ Lenton*, PNAS Vol. 119, No 34, 01.08.2022.

D. Überblick – Rechtliche Vorgaben in Form von Klimazielen

Das Klimaschutzrecht wird mittlerweile als eigenständiges Rechtsgebiet eingeordnet.[69] Es handelt sich dabei um „Querschnittsrecht“, da alle Emissionsquellen relevant sind, was sich in der Vielzahl an Gesetzen, die das Klima schützen, zeigt.[70] An dieser Stelle geht es jedoch in erster Linie „nur“ um die übergeordneten Ziele in Form von Treibhausgasreduktionsquoten und Temperaturzielen, die im Folgenden von der völkerrechtlichen Ebene absteigend zur kommunalen Ebene vorgestellt werden.[71]

Es stellt sich die Frage, inwieweit die Vorgaben und Ziele sich gegenseitig bedingen. Die Ziele sind auch an sich in der Kritik, da sie unter wissenschaftlichen Aspekten in ihrer Wirksamkeit angezweifelt werden.[72] Die inhaltliche Ausrichtung der Ziele wird einen Schwerpunkt im weiteren Verlauf dieser Arbeit bilden und insbesondere in Teil 5 untersucht. In diesem Teil stellt sich aber zunächst vielmehr unter dem Stichwort der Kohärenz die Frage, inwieweit die Vorschriften grundsätzlich aufeinander abgestimmt sein müssen und an welcher Stelle ein Abweichen möglich ist.[73]

I. Völkerrechtliche Ebene

Den Bemühungen um mehr Klimaschutz auf internationaler Ebene liegt die in New York am 09.05.1992 verabschiedete Klimarahmenkonvention der UN (United Nations Framework Convention on Climate Change, kurz UNFCCC), die ebenfalls 1992 in Rio de Janeiro unterschrieben wurde, zugrunde.[74] Gem. Art. 2 der Konvention ist das Ziel, „die Stabilisierung der Treibhausgaskonzentrationen in der Atmosphäre auf einem Niveau zu erreichen, auf dem eine gefährliche anthropogene Störung des Klimasystems verhindert wird.“ Die Konvention trat am 21.03.1994 in Kraft.

In Art. 7 IV der Konvention verpflichten sich die Parteien zu Tagungen, die grundsätzlich einmal im Jahr stattfinden sollen (Conference of the Parties, kurz COP). Gem. Art. 7 II der Konvention stellt die Konferenz das

69 *Kloepfer/ Durner*, Umweltschutzrecht, § 10, Rn. 2.
70 *Kloepfer/ Durner*, Umweltschutzrecht, § 10, Rn. 4.
71 Dazu auch umfassend *Schlacke*, NVwZ 2022, 905 ff.
72 Zu den wissenschaftlichen Erkenntnissen oben unter C.
73 Siehe zu dem Thema *Kreuter-Krichhof*, KlimR 2022, 43 ff.
74 Abrufbar unter http://unfccc.int/resource/docs/convkp/convger.pdf; dazu UBA, Klimarahmenkonvention der Vereinten Nationen, 09.03.2017; *Schlacke*, Umweltrecht, § 16, Rn. 7.

oberste Gremium des Übereinkommens dar, überprüft die Durchführung und fasst Beschlüsse, die das Übereinkommen fördern.

Die erste Vertragsstaatenkonferenz fand im Frühjahr 1995 in Berlin statt.[75] Die nächste wichtige Konferenz war die dritte Konferenz der Vertragsstaaten (COP 3) in Japan, auf der am 11.12.1997 das Kyoto-Protokoll beschlossen wurde, das am 16.02.2005 in Kraft trat und zum ersten Mal einzuhaltende Emissionsziele festlegte.[76]

Vom 07.12.2009 bis zum 18.12.2009 kam auf der Klimakonferenz in Kopenhagen (COP 15) das 2-Grad Ziel ins Gespräch, das eingehalten werden sollte, um einer gefährlichen Veränderung des Klimas vorzubeugen.[77] Es wird davon gesprochen, dass das 2-Grad Ziel ab der Klimakonferenz in Kopenhagen zum „Weltmaßstab" wurde.[78] Auf der 16. Vertragsstaatenkonferenz 2010 in Cancún wurde unter Verweis auf den Vierten Sachstandsbericht des IPCC das 2-Grad Ziel erneut aufgenommen.[79] Zudem wurde 2010 in Cancún zum ersten Mal in den UNFCCC-Dokumenten das 1,5 Grad Ziel erwähnt.[80]

Das Kyoto-Protokoll wurde durch das Pariser Klimaabkommen von 2015 ersetzt, das auf der Klimakonferenz in Paris am 12.12.2015 (COP 21) von 195 Staaten und der EU verabschiedet wurde.[81] Auf völkerrechtlicher Ebene ist das Pariser Klimaabkommen die zentrale Grundlage für den Klimaschutz.

Nach Art. 2 I a) zielt das Pariser Übereinkommen „darauf ab, durch Verbesserung der Durchführung des Rahmenübereinkommens einschließlich seines Zieles die weltweite Reaktion auf die Bedrohung durch Klimaänderungen im Zusammenhang mit nachhaltiger Entwicklung und den Bemühungen zur Beseitigung der Armut zu verstärken, indem unter anderem [...] der Anstieg der durchschnittlichen Erdtemperatur deutlich unter 2

75 UBA, Klimarahmenkonvention der Vereinten Nationen, 09.03.2017.

76 Abrufbar unter https://unfccc.int/sites/default/files/kpeng.pdf; dazu UBA, Klimarahmenkonvention der Vereinten Nationen, 09.03.2017; dazu und auch zu den anderen COPs ausführlicher und m.w.N. *Flasкühler*, Föderale Klimaschutzgesetzgebung in Deutschland, S. 70 ff.; auch näher zum Kyoto-Protokoll *Schlacke*, Umweltrecht, § 16, Rn. 8.

77 Copenhagen Accord, www.bmu.de/fileadmin/Daten_BMU/Download_PDF/Gesetze/cop15_cph_auv_bf.pdf, *1*.

78 *Flaskühler*, Föderale Klimaschutzgesetzgebung in Deutschland, S. 73.

79 https://unfccc.int/resource/docs/2010/cop16/eng/07a01.pdf, S. 4.

80 Zitiert nach www.ipcc.ch/site/assets/uploads/2020/07/SR1.5-FAQs_de_barrierefrei.pdf, S. 6.

81 Text abrufbar unter www.bmu.de/fileadmin/Daten_BMU/Download_PDF/Klimaschutz/paris_abkommen_bf.pdf.

°C über dem vorindustriellen Niveau gehalten wird und Anstrengungen unternommen werden, um den Temperaturanstieg auf 1,5 °C über dem vorindustriellen Niveau zu begrenzen, da erkannt wurde, dass dies die Risiken und Auswirkungen der Klimaänderungen erheblich verringern würde". Es trat am 04.11.2016 in Kraft.

Vom 31.10.2021-13.11.2021 fand die COP 26 in Glasgow statt.[82] Auf dem Klimagipfel wurde insbesondere das 1,5 Grad-Ziel geschärft.[83] In der Abschlusserklärung der COP 26 wurde das Ziel, die Erwärmung auf 1,5 Grad zu beschränken, bekräftigt.[84] Bis 2030 soll der CO2-Ausstoß um 45 % gegenüber 2010 verringert werden und Mitte dieses Jahrhunderts soll der CO2-Ausstoß auf „netto Null" reduziert werden.[85] Es wird geschätzt, dass durch die Umsetzung des in Glasgow Beschlossenen eine Begrenzung der Erderwärmung auf 1,8 bis 2,4 Grad erfolgen würde.[86]

Im November 2022 tagte die 27. UN-Klimakonferenz (COP 27) in Ägypten. Das Ziel des Pariser-Klimaabkommens, die Erderwärmung auf deutlich unter zwei Grad, möglichst 1,5 Grad zu begrenzen, wurde bestätigt, eine Verschärfung des Ziels jedoch abgelehnt. Die Staaten haben außerdem die Einführung eines Ausgleichsfonds zur Abfederung finanzieller Schäden durch den Klimawandel beschlossen, dessen Ausgestaltung jedoch noch nicht feststeht.[87]

2023 soll die COP 28 in den Vereinigten Arabischen Emiraten stattfinden.

Bereits auf völkerrechtlicher Ebene wird ersichtlich, dass es Ziel der Temperaturgrenze ist, die Auswirkungen des Klimawandels möglichst gering zu halten. Zudem zeigt sich, dass sich die Klimaziele immer weiter verschärft haben. Jedoch wird die oberste Temperaturgrenze nach wie vor im Rahmen einer Spanne angegeben.

---

82 Siehe dazu *Mehling/ Bausch*, KlimR 2022, 22 ff.

83 Siehe dazu und zu den weiteren Einigungen des Gipfels *Frenz*, UPR 2022, 17 ff.

84 Zitiert nach *Mehling/ Bausch*, KlimR 2022, 22, 23.

85 Zitiert nach *Mehling/ Bausch*, KlimR 2022, 22, 23.

86 *Mehling/ Bausch*, KlimR 2022, 22, 25.

87 Zitiert nach KlimR 2022, 373; dazu *Frenz*, NuR 2023, 101 ff., der den Fonds grundsätzlich positiv bewertet, das Fehlen konkreter und verpflichtender Maßnahmen und Standards jedoch kritisiert.

II. Europäische Ebene

Die EU ist ihrerseits als Unterzeichnerin des Pariser Klimaabkommens bestrebt, das Abkommen umzusetzen und hat sich eigene Klimaschutzziele gesetzt. In den Klimaschutzzielen der EU ist insbesondere aufgrund von Legislativvorschlägen der EU-Kommission viel Bewegung. In diesem Teil geht es primär um die Reduktionsziele an sich. Daneben gibt es weiteres Sekundärrecht, das seinerseits zum Klimaschutz beiträgt, auf das jedoch im Einzelnen nicht eingegangen werden kann.[88]

1. Kompetenzen der EU

Das Ziel zur Bekämpfung des Klimawandels wurde durch den Vertrag von Lissabon in Art. 191 I AEUV, der die umweltpolitischen Ziele der EU enthält, primärrechtlich verankert. Gem. Art. 192 I AEUV beschließen das Europäische Parlament und der Rat gemäß dem ordentlichen Gesetzgebungsverfahren und nach Anhörung des Wirtschafts- und Sozialausschusses sowie des Ausschusses der Regionen über das Tätigwerden der Union zur Erreichung der in Art. 191 AEUV genannten Ziele. Im Bereich Umwelt teilen sich die Mitgliedstaaten und die EU gem. Art. 4 II e) AEUV die Zuständigkeit. Im Rahmen der geteilten Zuständigkeit können gem. Art. 2 II 1 AEUV sowohl die Mitgliedstaaten als auch die EU Gesetze erlassen. Die EU ist dabei an das Verhältnismäßigkeits- und das Subsidiaritätsprinzip gebunden.[89] Gem. Art. 193 AEUV hindern Maßnahmen, die aufgrund von Art. 192 AEUV getroffen werden, die Mitgliedstaaten nicht daran, stärkere Schutzmaßnahmen beizubehalten oder zu ergreifen. Sowohl die drei Rechtsakte mit den ursprünglichen Klimaschutzzielen der EU (dazu nachfolgend unter 2.) als auch das EU-Klimaschutzgesetz (dazu nachfolgend unter 4.) stützte die EU insbesondere auf Art. 192 I AEUV.

2. Ursprüngliche Klimaziele der EU

Bis zum Erlass des EU-KSG im Jahr 2021 war es das Gesamtziel der EU, bis 2030 40 % der EU-weiten Emissionen gegenüber 1990 zu reduzieren. Es ging zurück auf eine Tagung des Europäischen Rates vom

88 Siehe dazu im Überblick etwa *Germelmann*, in FS Danner, S. 467, 477 ff.
89 Siehe dazu in Bezug auf das EU-KSG *Schuelken/ Sichla*, UPR 2021, 1 f.

23. und 24.10.2014.[90] Zunächst gab es keinen einheitlichen Rahmen auf EU-Ebene, stattdessen waren mehrere Rechtsakte für die Reduktionsziele entscheidend, insbesondere eine Richtlinie und zwei Verordnungen.[91]

a) Emissionshandelsrichtlinie 2018

Der europäische Emissionshandel (EU-ETS), der insbesondere die Sektoren Energie, Industrie und Luftverkehr betrifft, wurde in der ETS-Richtlinie vom 14.03.2018 geregelt.[92] Die Anlagen, die vom Emissionshandel erfasst sind, verursachen zusammen ca. 40 % der Treibhausgase in Europa, wobei neben der EU auch das Vereinigte Königreich, Norwegen, Island und Liechtenstein am Emissionshandel teilnehmen.[93] Um das Gesamtziel der Union, bis 2030 gegenüber 1990 die Treibhausgase um mindestens 40 % zu reduzieren, zu erreichen, sollte der Emissionshandel gem. Erwägungsgrund (2) der Richtlinie eine Reduktion von 43 % gegenüber 2005 bis 2030 erreichen.

b) Klimaschutzverordnung 2018

Daneben gibt es die Europäische Klimaschutzverordnung, die sog. Effort-Sharing-Regulation (ESR)[94], die, wie der Name schon sagt und wie es auch Erwägungsgrund (3) und Art. 1 zum Ausdruck bringen, der Erfüllung des bereits oben genannten Pariser Klimaabkommens dient. Die Klimaschutzverordnung erfasst Bereiche, die nicht unter den Emissionshandel fallen

---

90 Europäischer Rat, EUCO 169/14, 24.10.2014, www.consilium.europa.eu/uedocs/cms_data/docs/pressdata/de/ec/145424.pdf.

91 Siehe dazu im Folgenden und näher *Wickel*, in Säcker/ Ludwigs, BerlKommEnR, Bd. III, § 1 KSG, Rn. 13 ff.

92 Richtlinie (EU) 2018/410 DES EUROPÄISCHEN PARLAMENTS UND DES RATES vom 14. März 2018 zur Änderung der Richtlinie 2003/87/EG zwecks Unterstützung kosteneffizienter Emissionsreduktionen und zur Förderung von Investitionen mit geringem CO2-Ausstoß und des Beschlusses (EU) 2015/1814.

93 Zitiert nach www.umweltbundesamt.de/daten/klima/der-europaeische-emissionshandel#teilnehmer-prinzip-und-umsetzung-des-europaischen-emissionshandels.

94 Verordnung (EU) 2018/842 DES EUROPÄISCHEN PARLAMENTS UND DES RATES vom 30. Mai 2018 zur Festlegung verbindlicher nationaler Jahresziele für die Reduzierung der Treibhausgasemissionen im Zeitraum 2021 bis 2030 als Beitrag zu Klimaschutzmaßnahmen zwecks Erfüllung der Verpflichtungen aus dem Übereinkommen von Paris sowie zur Änderung der Verordnung (EU) Nr. 525/2013.

und gibt den Mitgliedstaaten gem. Art. 1 von 2021-2030 für die in Art. 2 genannten Sektoren Minderungsziele vor, um die Emissionen in diesen Bereichen um 30 % gegenüber 2005 zu reduzieren. Gem. Anhang I der Verordnung muss Deutschland auf den umfassten Gebieten (Art. 4 I 3) bis 2030 eine Reduktion um 38 % gegenüber 2005 erreichen.

c) Landnutzungsverordnung 2018

Als dritten Rechtsakt gibt es die sog. Landnutzungsverordnung (land use, land use change and forestry, kurz: LULUCF).[95] Sie dient gem. ihrem Art. 1 ebenfalls der Erfüllung des Pariser Klimaabkommens und dem Erreichen des innereuropäischen Ziels, die Emissionen von 2021 bis 2030 entsprechend zu reduzieren. Art. 7 der Klimaschutzverordnung gestattet den Mitgliedstaaten bei einer Überschreitung der jährlichen Emissionszuweisung unter gewissen Voraussetzungen eine Gutschrift von Emissionen.

3. European Green Deal 2019

Am 11.12.2019 stellte die Europäische Kommission den sog. Green Deal vor.[96] Der Green Deal soll unter anderem eine „Antwort“ auf die Herausforderungen des Klimawandels darstellen und enthält eine „Wachstumsstrategie, mit der die EU zu einer fairen und wohlhabenden Gesellschaft mit einer modernen, ressourceneffizienten und wettbewerbsfähigen Wirtschaft werden soll.“[97] Das übergeordnete Ziel der EU besteht darin, bis 2050 klimaneutral zu sein.[98] Als wichtigste Maßnahmen des Green Deals nannte die Kommission unter anderem die Schaffung eines Europäischen Klimaschutzgesetzes, um das Ziel der Klimaneutralität bis 2050 festzusetzen,

95 Verordnung (EU) 2018/841 DES EUROPÄISCHEN PARLAMENTS UND DES RATES vom 30. Mai 2018 über die Einbeziehung der Emissionen und des Abbaus von Treibhausgasen aus Landnutzung, Landnutzungsänderung und Forstwirtschaft in den Rahmen für die Klima- und Energiepolitik bis 2030 und zur Änderung der Verordnung (EU) Nr. 525/2013 und des Beschlusses Nr. 529/2013/EU.

96 Europäische Kommission, Mitteilung der Kommission, Der europäische Grüne Deal, Brüssel, den 11.12.2019, COM(2019)640 final; siehe dazu *Franzius*, KlimR 2022, 2 ff.

97 Europäische Kommission, Mitteilung der Kommission, Der europäische Grüne Deal, Brüssel, den 11.12.2019, COM(2019)640 final.

98 Europäische Kommission, Mitteilung der Kommission, Der europäische Grüne Deal, Brüssel, den 11.12.2019, COM(2019)640 final.

das Anheben des Reduktionsziels für Treibhausgase auf 50-55 % bis 2030 gegenüber 1990 und die Anpassung der Legislativakte, um diese Ziele zu erreichen.[99]

4. Das EU-Klimaschutzgesetz

Mit Verordnung vom 30.06.2021 wurde das Klimaschutzgesetz der EU (im Folgenden EU-KSG), gestützt insbesondere auf Art. 192 I AEUV und gem. des ordentlichen Gesetzgebungsverfahrens nach Art. 288 II AEUV, beschlossen.[100]

Gem. Art. 2 I EU-KSG ist es das Ziel der EU, bis 2050 eine Treibhausgasreduktion auf netto null zu erreichen. Art. 4 EU-KSG legt die Zwischenziele fest. Nach dessen Absatz 1 gilt es, bis 2030 die Treibhausgase gegenüber 1990 um mindestens 55 % zu reduzieren. Gem. Art. 3 EU-KSG greift die Union auf einen wissenschaftlichen Beirat zurück, der sich auf neuste wissenschaftliche Erkenntnisse stützt und insbesondere die Daten des IPCC beachtet. Gem. Art. 4 II EU-KSG sollte die EU-Kommission bis 30.06.2021 die Rechtsvorschriften der EU, mit denen die Ziele erreicht werden sollen, überprüfen.

5. „Fit for 55"

Im Jahr 2021 stellte die Kommission das „Fit for 55"-Paket vor. Darin werden die Ziele, die im Green Deal festgelegt wurden, in Vorschläge für Legislativmaßnahmen „übersetzt", um die Rechtsgrundlagen der EU auf die neuen Ziele auszurichten.[101]

---

99 Die wichtigsten Maßnahmen sind nachzulesen im Anhang der Mitteilung der Kommission, Der europäische Grüne Deal, Brüssel, den 11.12.2019, COM(2019)640 final; siehe näher zu den Folgen der Zielverschärfung *Schlacke/ Köster/ Wentzien/ Thierjung*, EnWZ 2021, 7 ff.

100 Verordnung (EU) 2021/1119 des Europäischen Parlaments und des Rates vom 30.Juni 2021 zur Schaffung des Rahmens für die Verwirklichung der Klimaneutralität und zur Änderung der Verordnung (EG) Nr. 401/2009 und (EU) 2018/1999 („Europäisches Klimagesetz"); siehe zu Problemen, die das EU-KSG bereits während seiner Entstehung aufwarf, etwa hinsichtlich des anzuwendenden Gesetzgebungsverfahrens oder den Kompetenzen der Kommission *Schuelken/ Sichla*, UPR 2021, 1 ff.

101 Zitiert nach www.consilium.europa.eu/de/policies/green-deal/.

Im November 2022 erfolgte eine vorläufige politische Einigung zwischen dem Rat und dem Europäischen Parlament, das Reduktionsziel der Klimaschutzverordnung auf 40 % gegenüber 2005 bis 2030 anzuheben[102], wobei Deutschland die Emissionen des Bereichs um 50 % senken müsste, statt bisher um 38 %.[103] Außerdem kam es zu einer vorläufigen Einigung zur Stärkung des LULUCF-Sektors, indem ein Gesamtziel zum Abbau von Treibhausgasen festgesetzt wurde.[104]

Ende Dezember 2022 einigten sich zudem das Europäische Parlament und der Rat auf eine Verschärfung des Emissionshandels, womit die Emissionen des ETS-Sektors bis 2030 um 62 % gegenüber 2005 gesenkt werden müssen, statt bisher um 43 %.[105]

6. Die Bedeutung der EU-Ebene

Den europäischen Vorgaben kommt besondere Bedeutung zu, da sie aufgrund des Anwendungsvorrangs des Europarechts entscheidende Auswirkungen auf die Ebene der Mitgliedstaaten und damit auch auf Deutschland haben.[106] Bei einem Verstoß gegen die EU-Klimaschutzverordnung könnten zudem finanzielle Risiken auf die Mitgliedstaaten zukommen.[107]

Gleichzeitig stellen die Klimaschutzvorschriften der EU wegen Art. 193 AEUV keine Grenzen für die Klimaschutzbemühungen der Mitgliedstaaten dar, wie es etwa im umweltrechtlichen Bereich zu beobachten ist, wenn Regelungen aufgrund ihrer Produktbezogenheit auf Art. 114 AEUV gestützt

102 Rat der EU, Pressemitteilung v. 08.11.2022, „Fit für 55“: EU verschärft die Emissionsreduktionsziele für die Mitgliedstaaten, abrufbar unter www.consilium.europa.eu/de/press/press-releases/2022/11/08/fit-for-55-eu-strengthens-emission-reduction-targets-for-member-states/.

103 Zitiert nach www.consilium.europa.eu/de/infographics/fit-for-55-effort-sharing-regulation/.

104 Rat der EU, Pressemitteilung v. 11.11.2022, „Fit für 55“: Vorläufige Einigung auf ehrgeizige CO2-Abbauziele im Sektor Landnutzung, Landnutzungsänderung und Forstwirtschaft, abrufbar unter www.consilium.europa.eu/de/press/press-releases/2022/11/11/fit-for-55-provisional-agreement-sets-ambitious-carbon-removal-targets-in-the-land-use-land-use-change-and-forestry-sector/.

105 Europäisches Parlament, Pressemitteilung v. 19.12.2022, Klimaschutz: Einigung über ehrgeizigeren EU-Emissionshandel (ETS), abrufbar unter www.europarl.europa.eu/news/de/press-room/20221212IPR64527/klimaschutz-einigung-uber-ehrgeizigeren-eu-emissionshandel-ets.

106 Dazu *Frenz*, EnWZ 2021, 201, 203 ff.

107 Siehe zum Risiko für Deutschland Bundesregierung, Klimaschutzbericht 2022, S. 6.

werden.[108] Nach Art. 193 AEUV können die Mitgliedstaaten strengere Vorschriften ergreifen, wohingegen für strengere Maßnahmen in Bereichen, die auf Art. 114 AEUV gestützt wurden, durch Art. 114 IV, V AEUV für die Mitgliedstaaten nahezu unüberwindbare Hürden bestehen.[109]

Es wird eingewandt, dass Maßnahmen Deutschlands, die über die EU-Verpflichtungen hinausgehen, letztendlich nichts zum globalen Klimaschutz beitrügen, da die Einsparungen durch den Gesamtrahmen der EU letztlich „verpuffen" würden, da sie schlicht ein anderer Mitgliedstaat emittieren würde.[110] Es ist jedoch nicht sicher, dass eingesparte Emissionen tatsächlich von anderen Mitgliedstaaten verbraucht werden würden.[111] Zunächst einmal trägt jede Tonne CO2, die eingespart wird, zum Klimaschutz bei und schafft Platz im CO2-Budget.[112] Dem Pariser Klimaschutzvertrag liegt das wechselseitige Vertrauen zugrunde.[113] Insofern sind Verweise auf Emissionen anderer Mitgliedstaaten zur Rechtfertigung eigener Zurückhaltung bei der Emissionsminderung nicht zulässig.[114] Zudem spricht auch die Verantwortung Deutschlands für einen Großteil der Emissionen für eine besonders starke Rolle im Klimaschutz, denn Deutschland verursacht 21 % der europäischen Emissionen.[115]

Im Ergebnis muss Art. 193 AEUV als Chance begriffen werden, dass einzelne Mitgliedstaaten die Möglichkeit haben, zu Antreiberinnen des Klimaschutzes zu werden.[116] „Verpuffen" diese Einsparungen, weil andere Mitgliedstaaten mehr emittiert haben, dann ist dem Klima möglicherweise trotzdem geholfen, da diese Mitgliedstaaten ihre Ziele unter Umständen ohnehin überschritten hätten.

---

108 Siehe dazu und zu den vertanen Chancen für das Umweltrecht *Böhm*, in Kahl/ Ludwigs (Hrsg.), HVwR, Bd. III, § 84, Rn. 9-14.

109 Kritisch dazu und mit Verbesserungsvorschlag *Böhm*, in Kahl/ Ludwigs (Hrsg.), HVwR, Bd. III, § 84, Rn. 13 f.

110 *Frenz*, EnWZ 2021, 201, 203 f.

111 Vgl. die Urteilsbegründung eines Niederländischen Gerichts in einer zivilrechtlichen Klage, Rechtbank Den Haag, Urt. v. 26.05.2021 - C/09/571932 / HA ZA 19-379, ECLI:NL:RBDHA:2021:5339, Rn. 4.4.49 f.; zu der Entscheidung im Überblick sogleich 3. Teil; dazu außerdem *Rodi/ Kalis*, KlimR 2022, 5, 6, 9 f.

112 Rechtbank Den Haag, Urt. v. 26.05.2021 - C/09/571932 / HA ZA 19-379, ECLI:NL:RBDHA:2021:5339, Rn. 4.4.49.

113 BVerfGE 157, 30, 142 f.

114 Dazu näher in Teil 5, B. II. 2.

115 Zitiert nach SRU, Für eine entschlossene Umweltpolitik, Umweltgutachten 2020, S. 71 f.

116 Zum Spielraum der Mitgliedstaaten mit Betonung der Möglichkeiten auf nationaler Ebene *Franzius*, KlimR 2022, 2, 3 ff.

7. Zusammenfassung und Fazit

Das ursprüngliche Klimaschutzziel der EU, das auf das Jahr 2014 zurückging, konnte das Pariser-Klimaschutzziel aus dem Jahr 2015 nicht berücksichtigen, weswegen die Anhebung der europäischen Klimaschutzziele zu begrüßen ist. Ihre genaue Ausgestaltung bleibt noch abzuwarten. Die EU-Klimaschutzziele haben durch den Vorrang des Europarechts einen erheblichen Einfluss auf die Klimaziele der einzelnen Mitgliedstaaten. Die Möglichkeit der Mitgliedstaaten nach Art. 193 AUEV strengere Maßnahmen zu ergreifen, sollte als Chance betrachtet werden, die einzelne Mitgliedstaaten zu Vorreiterinnen machen kann. Ein Verzicht auf strengere Maßnahmen einzelner Mitgliedsstaaten nur unter dem Verweis, dass es möglich wäre, dass andere Mitgliedstaaten mehr emittieren könnten, wird dem globalen Problem des Klimawandels nicht gerecht.

Die Europäische Kommission beschließt jährlich Fortschrittsberichte für den Klimaschutz. Am 30.11.2020 nahm sie den Fortschrittsbericht für 2019 an.[117] Die Emissionen der 27 Mitgliedstaaten sind nach diesem Bericht im Vergleich zu 2018 um 3,7 % gesunken. Im Vergleich zu 1990 bedeutet das eine Reduktion um 24 %. Emissionen, die unter den Emissionshandel fallen, wurden 2019 im Vergleich zu 2018 um 9,1 % reduziert. In nicht-EHS Sektoren gab es im Vergleich zum Vorjahr keine Reduktionen.

Am 26.10.2021 hat die Kommission den Fortschrittsbericht für 2020 verabschiedet, demzufolge der Emissionsrückgang in 2020 gegenüber 1990 bei 31 % lag, wobei ein Großteil des Rückgangs auf die COVID-19-Pandemie zurückzuführen war.[118]

Die Zahlen zeigen, vor was für einer großen Herausforderung die EU steht: Es hat etwa 30 Jahre gedauert, um die Emissionen um knapp 30 % zu senken. Bis 2030 fehlen noch etwa 25 % gegenüber 1990, um das Reduktionsziel von 55 % zu erreichen. Es stehen dabei nur noch weniger als zehn Jahre zur Verfügung.

---

117 Europäische Kommission, EU-Fortschrittsbericht über den Klimaschutz 2020, Brüssel, den 30.11.2020, COM(2020) 777 final.

118 Europäische Kommission, EU-Fortschrittsbericht über den Klimaschutz 2021, Brüssel, den 26.10.2021, COM(2021) 960 final.

III. Deutschland – Bundesebene

Auch auf deutscher Ebene gibt es sehr viele Vorschriften, die dem Klimaschutz dienen.[119] An dieser Stelle geht es jedoch primär nur um die Klimaschutzziele.

1. Klimaschutzgesetze

a) Vorgeschichte

Im Vergleich zur völkerrechtlichen Ebene war die 2-Grad-Grenze in Deutschland schon länger in der Diskussion.[120]

Bereits im März 1995 stellte der Wissenschaftliche Beirat der Bundesregierung Globale Umweltveränderungen (WBGU) in seiner Stellungnahme zur ersten Vertragsstaatenkonferenz der Klimarahmenkonvention in Berlin weltweite CO2-Reduktionsziele vor.[121] Unter Zugrundelegung von noch tragbaren „Belastungen für Mensch und Natur“ durch den Klimawandel[122] berechnete er, mit welchen Reduktionsquoten die entsprechende Temperatur eingehalten werden kann, wobei daraus folgend für jedes einzelne Land eine Reduktionsverpflichtung abgeleitet werden konnte.[123] Dieses sog. „Temperaturfenster“, um das sich die globale Temperatur noch erhöhen kann, legte der WBGU aufgrund der damaligen weltweiten Durchschnittstemperatur von 15,3 Grad auf noch 1,3 Grad fest, wobei unter Bezugnahme auf wirtschaftliche Kosten für Anpassung an den Klimawandel und seine Folgekosten eine Obergrenze von 0,2 Grad Erwärmung pro Dekade festgelegt wurde.[124]

Unter Verweis auf den Bericht von 1995 sprach eine Stellungnahme des WBGU zur dritten Vertragsstaatenkonferenz der Klimarahmenkonvention in Kyoto aus dem Jahr 1997 ausdrücklich von einer globalen Temperaturer-

119 Überblick bei *Frenz*, Grundzüge des Klimaschutzrechts; siehe etwa zum Brennstoffemissionshandelsgesetz (BEHG) oder zum Klimaschutz im Steuerrecht *Palme*, Klimaschutzrecht für Wirtschaft und Kommunen, S. 101 ff.

120 Näher zur Entstehungsgeschichte und zu den Klimaschutzinstrumenten *Saurer*, in Rodi (Hrsg.), KlimaschutzR-HdB, § 10, Rn. 2 f.

121 WBGU, Szenario zur Ableitung globaler CO2-Reduktionsziele.

122 Noch tragbare Belastungen nahm der WBGU 1995 bis zu einer weltweiten Durchschnittstemperatur von 16,6 Grad (S. 8) an.

123 WBGU, Szenario zur Ableitung globaler CO2-Reduktionsziele, S. 4 f.

124 WBGU, Szenario zur Ableitung globaler CO2-Reduktionsziele, S. 7 f.

höhung um mehr als zwei Grad gegenüber dem vorindustriellen Zeitalter/ einer Erwärmung von über 0,2 Grad pro Jahrzehnt, die es unbedingt zu vermeiden gelte, da ansonsten nicht mehr tragbare Folgen einträten.[125]

Auch die Koalitionsverträge der 16. Wahlperiode des Bundestages von 2005[126] und der 17. Wahlperiode des Bundestages von 2009[127] enthielten bereits das Ziel, die Erwärmung der Erde auf maximal zwei Grad zu begrenzen, wobei im Koalitionsvertrag von 2009 das Ziel bekräftigt wurde, gegenüber dem Jahr 1990 40 % der Treibhausgase bis 2020 zu reduzieren.[128]

2010 legte das Bundesministerium für Wirtschaft und Technologie (BMWi) ein Energiekonzept vor, das Reduktionsziele für Treibhausgase von 55 % bis 2030, 70 % bis 2040 und 80 % bis 95 % bis zum Jahr 2050 enthielt.[129]

Am 03.12.2014 beschloss die Bundesregierung das „Aktionsprogramm Klimaschutz 2020". Damit wurde das Treibhausgas-Reduktionsziel von 40 % gegenüber 1990 bis 2020 festgelegt.[130]

Im November 2016 wurde der sog. Klimaschutzplan 2050 von der Bundesregierung beschlossen.[131] Das Ziel war eine „weitgehende Treibhausgasneutralität bis 2050".[132] Im Klimaschutzplan wurden Treibhausgasminderungsziele im Vergleich zu 1990 für verschiedene Sektoren[133] vereinbart. Zum Beispiel sollte die Energiewirtschaft bis 2030 62-61 % ihrer Treibhausgase einsparen, der Verkehr 42-40 % und der Gebäudesektor 67-66 %,

125 WBGU, Ziele für den Klimaschutz 1997, S. 15 ff.

126 Gemeinsam für Deutschland. Mit Mut und Menschlichkeit. Koalitionsvertrag von CDU, CSU und SPD, abrufbar unter http://library.fes.de/pdf-files/bibliothek/down l/05_11_11_koalitionsvertrag_langfassung_navigierbar-1.pdf, S. 65.

127 WACHSTUM. BILDUNG. ZUSAMMENHALT. Der Koalitionsvertrag zwischen CDU, CSU und FDP, www.kas.de/c/document_library/get_file?uuid=83dbb842-b2f 7-bf99-6180-e65b2de7b4d4&groupId=252038, S. 25 f.

128 WACHSTUM. BILDUNG. ZUSAMMENHALT. Der Koalitionsvertrag zwischen CDU, CSU und FDP, S. 26.

129 BMWi, Energiekonzept, 2010, S. 5.

130 Bundesministerium für Umwelt, Naturschutz, Bau und Reaktorsicherheit, Aktionsprogramm Klimaschutz 2020.

131 Bundesministerium für Umwelt, Naturschutz, Bau und Reaktorsicherheit, Klimaschutzplan 2050.

132 Bundesministerium für Umwelt, Naturschutz, Bau und Reaktorsicherheit, Klimaschutzplan 2050, S. 7.

133 Energiewirtschaft, Gebäude, Verkehr, Industrie, Landwirtschaft, Sonstige.

sodass insgesamt auf allen Sektoren eine Gesamtminderung von 56-55 % erreicht werden würde.[134]

Weiterhin hat das Bundesministerium für Umwelt, Naturschutz und nukleare Sicherheit (BMU) das Klimaschutzprogramm 2030 entwickelt, welches das Kabinett am 09.10.2019 beschlossen hat und in dem Maßnahmen für das Erreichen der 2030-Ziele festgelegt wurden, die den Klimaschutzplan 2050 konkretisieren sollten.[135]

b) KSG a.F.

In der Folge trat am 18.12.2019 das Klimaschutzgesetz in Kraft, welches als erstes formelles Bundesgesetz die Klimaschutzziele festschrieb.[136] Der Bund stützte sich dafür auf die ihm zustehende konkurrierende Gesetzgebungskompetenz aus Art. 70 I, 72 I, 74 I Nr. 24 GG. Dass Treibhausgasreduktionsvorschriften unter den Begriff der Luftreinhaltung fallen, ist nahezu unumstritten.[137]

Das Reduktionsziel lag nach § 3 I 2 KSG a.F. bei 55 % bis 2030 gegenüber 1990. Um das Ziel in § 3 I KSG a.F. zu erreichen, enthielt § 4 I 3 i.V.m. der Anlage 2 KSG a.F. jährliche Emissionsmengen für verschiedene Sektoren (Energiewirtschaft, Industrie, Verkehr, Gebäude, Landwirtschaft, Abfallwirtschaft und Sonstiges), welche nach § 4 I 1, 2 i.V.m. der Anlage 1 KSG a.F. abgegrenzt und zugeordnet wurden.

c) KSG – Novelle 2021

Durch den Klimabeschluss des Bundesverfassungsgerichts vom 24.03.2021 verpflichtete das Bundesverfassungsgericht die Gesetzgebung ausdrücklich

---

134 Bundesministerium für Umwelt, Naturschutz, Bau und Reaktorsicherheit, Klimaschutzplan 2050, S. 8, Tabelle 1, S. 33, Tabelle 2.

135 BMU, Klimaschutzprogramm 2030; siehe zu den Maßnahmen S. 20 ff., insbes. Förderprogramme und Anreize, CO2-Bepreisung, Entlastung für Bürger*innen und regulatorische Maßnahmen.

136 Bundesklimaschutzgesetz, G. v. 12.12.2019 BGBl. I S. 2513; zum Gesetzentwurf siehe BT-Drs. 19/14337, 22.10.2019; siehe zum Klimaschutzgesetz von 2019 etwa *Albrecht*, NuR 2020, 370 ff.; *Scharlau/ von Swieykowski-Trzaska/ Keimeyer (et al.)*, NVwZ 2020, 1 ff.

137 BVerfG, Beschl. v. 05.03.2018 – 1 BvR 2864/13, NVwZ 2018, 972, 974; siehe nur *Wickel*, in Säcker/ Ludwigs, BerlKommEnR, Bd. III, § 14 KSG, Rn. 2 m.w.N.

zum Fortschreiben der Klimaziele über 2030 hinaus bis Ende 2022.[138] Innerhalb kurzer Zeit hat die Bundesregierung das Klimaschutzgesetz überarbeitet und am 12.05.2021 das geänderte Gesetz vorgelegt.[139] Der Bundestag stimmte dem Entwurf der Regierung mit 351 Ja-Stimmen von Mitgliedern der CDU/ CSU und der SPD am 24.06.2021 zu.[140] Das neue KSG gilt seit 31.08.2021.[141]

Nach § 1 S. 1 KSG ist es weiterhin Zweck des Gesetzes, die Erfüllung der nationalen und europäischen Klimaschutzziele zu gewährleisten, um vor den Auswirkungen des Klimawandels zu schützen. Gem. § 1 S. 3 KSG ist die Grundlage das Übereinkommen von Paris und damit das Ziel, die globale Durchschnittstemperatur auf deutlich unter 2 Grad und möglichst auf 1,5 Grad gegenüber dem vorindustriellen Niveau zu begrenzen, um die Auswirkungen des weltweiten Klimawandels so gering wie möglich zu halten.[142]

§ 3 I KSG enthält die verschärften Minderungsziele, nach denen bis 2030 eine Minderung um mindestens 65 % und bis 2040 um mindestens 88 % vorgesehen ist, jeweils im Vergleich zu 1990. Somit wurde das Ziel bis 2030 um 10 % angehoben.[143] Das Ziel bis 2040 wurde neu eingefügt, denn das KSG a.F. enthielt keine Ziele, die über 2030 hinausgingen. Gem. § 3 II KSG sollen Netto-Treibhausgasneutralität 2045 und negative Treibhausgasemissionen 2050 erreicht werden. Auch das ist ein verschärftes Ziel, denn § 1 S. 3 KSG a.F. sah noch vor, Treibhausgasneutralität bis 2050 als langfristiges Ziel zu verfolgen. Sollten aufgrund internationaler oder europäischer Ziele höhere Ziele nötig sein, leitet die Bundesregierung nach § 3 IV 1 KSG die nötigen Schritte ein.

§ 4 I i.V.m. Anlage 1, 2 KSG teilt die Treibhausgasemissionen auf die Sektoren Energiewirtschaft, Industrie, Verkehr, Gebäude, Landwirtschaft, Abfallwirtschaft und Sonstiges auf und legt die jährlichen Emissionsmengen bis 2030 fest. Die zulässigen Jahresemissionsmengen bis 2030 in Anlage 2 haben sich durch die Überarbeitung des Klimaschutzgesetzes ab dem

---

138 BVerfGE 157, 30, 176; zum Beschluss unten 3. Teil, C. V.

139 www.bundesregierung.de/breg-de/themen/klimaschutz/klimaschutzgesetz-2021-1913672; siehe zum Gesetzentwurf BT-Drs. 19/30230, 02.06.2021.

140 www.bundestag.de/parlament/plenum/abstimmung/abstimmung/?id=747.

141 Erstes Gesetz zur Änderung des Bundes-Klimaschutzgesetzes v. 18.08.2021, BGBl. I S. 3905; siehe zum Klimaschutzgesetz von 2021 etwa *Jope*, EWeRK 2021, 145 ff.; zu den Vorschriften im Einzelnen *Wickel*, in Säcker/ Ludwigs, BerlKommEnR, Bd. III.

142 Auf das Klimaziel wird näher eingegangen im 5. Teil, B. III. 2.

143 Siehe zur Verfassungsmäßigkeit der Vorschriften unten Teil 5.

Jahr 2023 verschärft, wobei sich die Reduktionen stark nach Sektoren unterscheiden. So sind beispielsweise im Verkehrssektor erst ab 2028 Verschärfungen vorgesehen. Bis 2030 sind durch die verschärften Jahresemissionsmengen in Anlage 2 folgende Einsparungen in den Sektoren gegenüber der ursprünglichen Anlage 2 von 2019 vorgesehen: Energiesektor: 67 Millionen Tonnen CO2-Äquivalente weniger; Industrie: 22 Millionen Tonnen CO2-Äquivalente weniger; Gebäude: 3 Millionen Tonnen CO2-Äquivalente weniger; Verkehr: 10 Millionen Tonnen CO2-Äquivalente weniger; Landwirtschaft: 2 Millionen Tonnen CO2-Äquivalente weniger; Abfallwirtschaft und Sonstiges: 1 Million Tonnen CO2-Äquivalente weniger.[144] Werden alle Sektor-Einsparungen zusammengerechnet, ergibt sich durch die KSG-Verschärfung von 2021 eine zusätzliche Ersparnis von 105 Millionen Tonnen CO2-Äquivalente bis 2030.

Durch die Novelle wurde dem KSG eine Anlage 3 hinzugefügt, die jährliche Minderungsziele von 2031 bis 2040 enthält, dabei aber keine Aufteilung auf die verschiedenen Sektoren vornimmt. Bis 2031 sollen die Treibhausgase um 67 %, bis 2032 um 70 %, bis 2033 um 72 %, bis 2034 um 74 %, bis 2035 um 77 %, bis 2036 um 79 %, bis 2037 um 81 %, bis 2038 um 83 %, bis 2039 um 86 %, bis 2040 um 88 % jeweils gegenüber 1990 gemindert werden.[145]

Gem. § 5 I, II KSG erstellt das Umweltbundesamt die Daten der ausgestoßenen Treibhausgasemissionen für die jeweiligen Sektoren jährlich bis zum 15. März für das vergangene Jahr.

Ergibt sich, dass zulässige Jahresemissionsmengen überschritten werden, muss die zuständige Stelle gem. § 8 I KSG ein Sofortprogramm vorlegen. Gem. § 9 KSG beschließt die Bundesregierung mindestens nach jeder Fortschreibung des Klimaschutzplans ein Klimaschutzprogramm. Zudem muss bei einer Zielverfehlung eine Aktualisierung des Programms vorgenommen werden, um die Maßnahmen nach § 8 II KSG zu ergänzen. Im Klimaschutzprogramm wird nach § 9 I 2 KSG festgelegt, welche Maßnahmen zur Erreichung der nationalen Ziele ergriffen werden. Die Bundesregierung wird durch § 10 I KSG zu jährlichen Klimaschutzberichten verpflichtet, die die Entwicklung der Treibhausgasemissionen, den Stand der Umsetzung der Klimaschutzprogramme und der Sofortprogramme sowie eine zukünftige Prognose zur Treibhausgasminderungswirkung enthalten.

---

144 Vergleich Anlage 2 KSG a.F. mit Anlage 2 der KSG-Novelle 2021.

145 Kritisch zur Festlegung einzelner Reduktionsziele *Kreuter-Kirchhof*, KlimR 2022, 43, 46 f.

Gem. §§ 11, 12 KSG ist ein Expertenrat für Klimafragen einzurichten, der die zugrunde liegenden Daten prüft und Berichte veröffentlicht. § 13 KSG enthält ein Berücksichtigungsgebot, wonach Träger*innen öffentlicher Aufgaben den Zweck des Gesetzes und seine Ziele berücksichtigen müssen.

2. EU-Konformität

Teilweise wird angenommen, dass die Verschärfung der Reduktionsziele des KSG bis 2030 nicht auf den Klimabeschluss des Bundesverfassungsgerichts zurückzuführen sei, sondern lediglich auf die Erhöhung der europäischen Ziele.[146] Durch die Verschärfung des europarechtlichen Klimaschutzziels von ursprünglich 40 % Reduktion gegenüber 1990 bis 2030 auf 55 % Emissionsreduktion bis 2030 gegenüber 1990 mussten auch die deutschen Klimaschutzziele erhöht werden.[147] Zumindest vor Erhöhung der europäischen Klimaschutzziele wurden die Klimaschutzziele des KSG a.F. für vereinbar mit den europäischen Zielen gehalten, sofern sie eingehalten worden wären.[148]

3. Kritik am KSG und aktuelle Umsetzung der Klimaschutzziele

Zunächst ist das Klimaziel im KSG selbst Kritik ausgesetzt, da es für zu großzügig gehalten wird. Statt einer Begrenzung des Temperaturanstiegs auf deutlich unter 2 Grad und möglichst auf 1,5 Grad gem. § 1 S. 3 KSG solle die Erwärmung auf 1,5 Grad beschränkt werden.[149] Daneben werden auch Maßnahmen, die das Ziel umsetzen sollen, für unzureichend gehalten.[150]

---

146 Siehe nur die Gesetzesbegründung, die sowohl den Klimabeschluss als auch die europäischen Ziele als Gründe für die Anhebung nennt, BT Drs. 19/30230, 02.06.2021, S. 18; vertieft zum Klimabeschluss des BVerfG unten 3. Teil, B. V.

147 So auch die Bundesregierung, www.bundesregierung.de/breg-de/themen/klimaschutz/mehr-klimaschutz-in-der-eu-1790042.

148 SRU, Für eine entschlossene Umweltpolitik, Umweltgutachten 2020, S. 74; siehe jedoch zur Umsetzungslücke und zu den drohenden Kosten einer Zielverfehlung SRU, Für eine entschlossene Umweltpolitik, Umweltgutachten, S. 75 f.; BMU, Klimaschutzprogramm 2030, S. 14.

149 Darauf wird im Laufe dieser Arbeit eingegangen. Der materiell-rechtliche Gehalt der Verfassungsnormen für Klimaschutz und damit die Frage, „wie viel Klimaschutz" aus der Verfassung folgt, stellen einen Schwerpunkt dieser Arbeit dar.

150 Siehe zu beiden Punkten bereits kritisch SRU, Für eine entschlossene Umweltpolitik, Umweltgutachten 2020, S. 71 ff.

Zu letzterem Punkt gibt es Studien, die belegen, dass Maßnahmen der Bundesregierung für die Einhaltung der Klimaziele nicht genügen. Ein vom Bundeswirtschaftsministerium in Auftrag gegebenes Gutachten untersuchte die Wirkungen des Klimaschutzprogramms 2030 und kam zu dem Ergebnis, dass das Klimaschutzprogramm zu einer zusätzlichen Reduktion von 133 Millionen Tonnen CO2-Äquvalenten bis 2030 führt, sodass für 2030 ein Ausstoß von 598 Millionen Tonnen CO2-Äquivalenten erwartet wird, was einer Reduktionsquote von nur 52,2 % statt 65 % gegenüber 1990 entspricht.[151] Ein weiteres Gutachten im Auftrag des Bundesministeriums für Umwelt, Naturschutz und nukleare Sicherheit sowie des Umweltbundesamtes geht von einer Reduktion bis 2030 um 51,0 % aus.[152]

Der im Oktober 2021 veröffentlichte sog. Projektionsbericht der Bundesregierung, der die Verpflichtung der Verordnung (EU) 2018/1999 des Europäischen Parlaments und Rates vom 11.12.2018 über das Governance-System für die Energieunion und für den Klimaschutz umsetzt und gleichzeitig die Verpflichtung nach § 10 II KSG erfüllt, arbeitet ebenfalls heraus, dass mit den Maßnahmen, die bis 31.08.2020 für den Klimaschutz getroffen wurden, die verschärften Klimaschutzziele der KSG-Novelle von 2021 für 2030 und 2040 verfehlt werden.[153] Der Bericht prognostiziert mit den Maßnahmen, die bis Ende August 2020 getroffen wurden, eine Minderung der Treibhausgase um 49 % bis 2030 und eine Minderung um 67 % bis 2040, jeweils gegenüber 1990.[154] Es bleiben weitere Studien abzuwarten, ob die Maßnahmen, die seit August 2020 ergriffen wurden und noch ergriffen werden, geeignet sind, die Ziele einzuhalten.

Neben den Prognosen für die Zukunft werden auch die aktuellen Emissionen überwacht. Das erste Mal veröffentlichte das UBA gem. § 5 II KSG am 15.03.2021 Daten zu ausgestoßenen Treibhausgasen in Deutschland.[155] Der Emissionsrückgang betrug im Jahr 2020 40,8 % gegenüber dem Jahr

151 Prognos AG, Energiewirtschaftliche Projektionen und Folgeabschätzungen 2030/2050, S. 12.

152 UBA, Treibhausgasminderungswirkung des Klimaschutzprogramms 2030 (Kurzbericht), S. 5.

153 Öko-Institut/ Fraunhofer ISI/ IREES GmbH/ Thünen-Institut, Projektionsbericht 2021 für Deutschland.

154 Öko-Institut/ Fraunhofer ISI/ IREES GmbH/ Thünen-Institut, Projektionsbericht 2021 für Deutschland, S. 2.

155 UBA, Gemeinsame Pressemitteilung von Umweltbundesamt und Bundesumweltministerium v. 15.03.2021, Treibhausgase sinken 2020 um 8,7 Prozent, abrufbar unter www.umweltbundesamt.de/presse/pressemitteilungen/treibhausgasemissionen-sinken-2020-um-87-prozent.

1990, wobei etwa 1/3 der Reduktionen auf die Folgen der COVID 19-Pandemie zurückzuführen sind.[156] Zum selben Ergebnis kam auch der von der Bundesregierung jährlich zu veröffentlichende Klimaschutzbericht gem. § 10 I KSG.[157] Auch dem Bericht zufolge sanken die Treibhausgasemissionen zwischen 1990 und 2020 um 40,8 % auf ca. 739 Millionen Tonnen CO2-Äquivaltente, wobei 1/3 der Treibhausgasminderungen in 2020 der Corona-Pandemie geschuldet sind.[158] Außer im Gebäudesektor haben alle Sektoren im Jahr 2020 die Ziele des KSG unterschritten.[159] Für die Prognosen bis 2030 und 2040 greift der Klimaschutzbericht auf die Zahlen im Prognosebericht zurück, wobei bis 2030 aufgrund der Preise im Emissionshandel von einer Minderung um 51 % ausgegangen wird.[160]

Im Jahr 2021 stiegen die Treibhausgasemissionen wieder um 4,5 % gegenüber 2020 an, sodass im Jahr 2021 ein Emissionsrückgang gegenüber 1990 von nur 38,7 % zu verzeichnen war, was das Umweltbundesamt gem. § 5 I KSG am 15.03.2022 berichtete.[161] Zum gleichen Ergebnis kam der gem. § 10 I KSG vorzulegende Klimaschutzbericht 2022 der Bundesregierung.[162] Der Sektor „Verkehr“ stieß 2021 148 Millionen Tonnen CO2-Äquivalente aus, etwa 3 Millionen Tonnen über dem, was das KSG zuließ und der Sektor „Gebäude“ stieß 2021 115 Millionen Tonnen CO2-Äquivalente aus, was etwa 2 Millionen Tonnen über dem liegt, was das KSG vorsah.[163]

Die zuständigen Ministerien stellten am 13.07.2022 Sofortprogramme nach § 8 KSG vor, wie die Klimaziele erreicht werden sollen.[164] Der Expertenrat für Klimafragen, der gem. § 12 II KSG die Vorschläge prüft, kam für den Gebäudesektor zum Ergebnis, dass das vorgelegte Programm die

156 UBA, Gemeinsame Pressemitteilung von Umweltbundesamt und Bundesumweltministerium v. 15.03.2021, Treibhausgase sinken 2020 um 8,7 Prozent.

157 Der Bericht wurde am 03.11.2021 verabschiedet, Bundesregierung, Klimaschutzbericht 2021.

158 Bundesregierung, Klimaschutzbericht 2021, S. 4, 10 ff.

159 Bundesregierung, Klimaschutzbericht 2021, S. 4, 10 ff.

160 Bundesregierung, Klimaschutzbericht 2021, S. 4 f., 20 ff.

161 UBA, Gemeinsame Pressemitteilung von Umweltbundesamt und Bundesministerium für Wirtschaft und Klimaschutz v. 15.03.2022, Treibhausgase stiegen 2021 um 4,5 Prozent, abrufbar unter www.umweltbundesamt.de/presse/pressemitteilungen/treibhausgasemissionen-stiegen-2021-um-45-prozent.

162 Bundesregierung, Klimaschutzbericht 2022, S. 3 ff.

163 UBA, Gemeinsame Pressemitteilung von Umweltbundesamt und Bundesministerium für Wirtschaft und Klimaschutz v. 15.03.2022, Treibhausgase stiegen 2021 um 4,5 Prozent.

164 Siehe dazu www.bundesregierung.de/breg-de/themen/klimaschutz/sofortprogramme-klimaschutz-gebaeude-verkehr-2061972.

zu viel emittierten Emissionen ausgleichen und die Anforderungen an ein Programm i.S.v. § 8 KSG damit erfüllen kann, dass die Umsetzung allerdings nur „teilweise wahrscheinlich“ sei.[165] Im Bereich Verkehr attestierte der Expertenrat, dass das Programm nicht ausreiche, die zu viel emittierten Emissionen einzusparen und demnach die Anforderungen des § 8 KSG nicht erfülle.[166]

In seinem ersten Zweijahresgutachten 2022 gem. § 12 IV KSG, in dem der Expertenrat für Klimafragen die bisherigen Entwicklungen der Treibhausgasemissionen, Trends bezüglich der Jahresemissionsmengen und die Wirksamkeit von Maßnahmen mit Blick auf die Zielerreichung begutachtet, stellte der Rat fest, dass die Reduktionsziele nicht ausreichen, um die Klimaziele im Jahr 2030 zu erreichen, weder insgesamt noch für die verschiedenen Sektoren.[167]

Am 15.03.2023 berichtete das UBA über die Treibhausgasemissionen im Jahr 2022 und stellte fest, dass die Treibhausgase leicht um 1,9 % gesunken sind, was eine Gesamtreduktion von 40,4 % gegenüber 1990 bedeute.[168] Die Sektoren Verkehr und Gebäude verfehlten laut UBA-Prognose erneut die Ziele des KSG.

Im Ergebnis zeigt sich, dass es Umsetzungsprobleme des KSG gibt. Reformpläne der Koalition, welche die Aufweichung der Sektorenziele betreffen, werden kritisch gesehen.[169]

4. Zusammenfassung und Fazit

Die gesetzgeberischen Tätigkeiten im Bereich des Klimaschutzes auf Bundesebene sind grundsätzlich zu begrüßen. Aus unverbindlichen Zielsetzungen hat sich mittlerweile ein formelles Gesetz herausgebildet. Die neuen Klimaschutzziele werfen jedoch noch viele Fragen auf. Zunächst stehen die Ziele an sich in der Kritik, was einen Schwerpunkt der weiteren Arbeit bilden wird (insbesondere Teil 5). Die Ziele orientieren sich an dem, was

165 Expertenrat für Klimafragen, Prüfbericht zu den Sofortprogrammen 2022 für den Gebäude- und Verkehrssektor, 25.08.2022, S. 5.

166 Expertenrat für Klimafragen, Prüfbericht zu den Sofortprogrammen 2022 für den Gebäude- und Verkehrssektor, 25.08.2022, S. 5.

167 Expertenrat für Klimafragen, Zweijahresgutachten 2022, 04.11.2022, S. 15 ff.

168 UBA, UBA-Prognose: Treibhausgase sanken 2022 um 1,9 Prozent v. 15.03.2023, abrufbar unter www.umweltbundesamt.de/presse/pressemitteilungen/uba-prognose-treibhausgasemissionen-sanken-2022-um.

169 Siehe etwa *Bitz*, LTO 31.03.2023; *Wiedmann*, Verfassungsblog 30.03.2023; siehe außerdem Teil 5, B. IV. 3.

das Europarecht fordert. Jedoch wurde bereits aufgezeigt, dass es den Mitgliedstaaten grundsätzlich durch europäisches Recht nicht verwehrt wird, strengere Ziele festzusetzen. Dem Bund stehen dafür Gesetzgebungskompetenzen zu. Aber auch bei den aktuell geltenden Zielen wird es auf deren Umsetzung ankommen. Insoweit bestehen jedoch erhebliche Defizite.

IV. Deutschland – Länderebene

1. Überblick über die verschiedenen Ziele

Die Landesebene ist deswegen interessant, da auf ihr die ersten Klimaschutzgesetze beschlossen wurden.[170] Auch an dieser Stelle soll es wie auf den anderen Ebenen primär um die Reduktionsziele der Bundesländer gehen.[171] Nordrhein-Westfalen verabschiedete am 23.01.2013 als erstes Bundesland ein Klimaschutzgesetz.[172] Es folgten Baden-Württemberg und Rheinland-Pfalz in 2013 und 2014.[173] Zwar gab es bereits in Hamburg 1997 ein Klimaschutzgesetz, dieses enthielt jedoch keine konkreten Reduktionsziele.[174]

In Nordrhein-Westfalen wurde das Klimaschutzgesetz 2021 überarbeitet. Das Klimaschutzziel liegt gem. § 3 I Klimaschutzgesetz NRW bei einer Reduktion von mindestens 65 % bis 2030 und mindestens 88 % bis 2040, jeweils gegenüber 1990, wobei gem. § 3 II bis 2045 Treibhausgasneutralität erreicht werden soll.[175] Das Klimaschutzgesetz in Baden-Württemberg wurde in den letzten Jahren mehrfach überarbeitet[176] und sieht in § 10 I KlimaG

---

170 Siehe zur Gesetzgebung auf Landesebene auch *Kohlrausch*, ZUR 2020, 262.

171 Siehe etwa zum Klimaschutz in den Landesverfassungen *Böhm*, in Kahl/ Ludwigs (Hrsg.), HVwR, Bd. III, § 84, Rn. 73 ff.; siehe umfassend zu den Klimagesetzen auf Landesebene *Wickel*, in Säcker/ Ludwigs, BerlKommEnR, Bd. III, Teil 2 A. 2., S. 465 ff.; zu den Unterschieden im Vergleich zur Bundesebene *Schlacke*, NVwZ 2022, 905, 910 f.

172 Klimaschutzgesetz Nordrhein-Westfalen v. 29.01.2013; siehe dazu *Flaskühler*, Föderale Klimaschutzgesetzgebung in Deutschland, S. 96 f.

173 Klimaschutzgesetz Baden-Württemberg v. 23.07.2013 (GBl. S. 229); Landesgesetz zur Förderung des Klimaschutzes v. 19.08.2014 (GVBl.2014, 188); siehe dazu *Flaskühler*, Föderale Klimaschutzgesetzgebung in Deutschland, S. 98 f.

174 Siehe dazu *Flaskühler*, Föderale Klimaschutzgesetzgebung in Deutschland, S. 99 f.; *Kohlrausch*, ZUR 2020, 262, 263.

175 Gesetz zur Neufassung des Klimaschutzgesetzes Nordrhein-Westfalen v. 08.07.2021.

176 Mittlerweile Klimaschutz und Klimawandelanpassungsgesetz Baden-Württemberg (KlimaG BW) v. 07.02.2023 (Gbl. S. 26).

BW ebenfalls eine Reduktion der Treibhausgase um 65 % bis 2030 gegenüber 1990 vor, strebt jedoch die Netto-Treibhausgasneutralität bereits für das Jahr 2040 an. In Rheinland-Pfalz[177] wird in § 4 LKSG eine Minderung um 40 % bis 2020 und Treibhausgasneutralität bzw. eine Minderung um mindestens 90 % bis 2050 jeweils gegenüber 1990 vorgesehen[178], wobei eine Verschärfung der Ziele erfolgen soll.

Weitere „Quoten-Gesetze“ gibt es in:[179] Bremen seit 2015[180], Berlin seit 2016[181], Schleswig-Holstein seit 2017[182], Thüringen seit 2018[183], Hamburg

177 Landesgesetz zur Förderung des Klimaschutzes (Landesklimaschutzgesetz – LSKG) vom 19. August 2014, Fundstelle GVBl. 2014, 188.

178 An dieser Stelle zeigt sich bereits, dass die Klimaschutzgesetze stark davon abhängig sind, zu welcher Zeit sie erlassen wurden: vor dem KSG 2019, nach dem KSG 2019 oder nach der Novellierung des KSG in 2021, siehe dazu *Wickel*, in Säcker/ Ludwigs, BerlKommEnR, Bd. III, Teil 2 A. 2., Rn. 43 ff.

179 Siehe zu Bremen, Berlin und Schleswig-Holstein *Flaskühler,* Föderale Klimaschutzgesetzgebung in Deutschland, S. 100.

180 Bremisches Klimaschutz- und Energiegesetz v. 24.03.2015 (BremKEG), das in § 1 II BremKEG Emissionen durch Endenergieverbrauch mit Ausnahme der Stahlindustrie bis 2020 um mindestens 40 % gegenüber 1990 senken will. Zudem gilt als Leitziel die Reduktion von 80-95 % bis 2050 gegenüber 1990. Bis Ende 2018 sollen Ziele für 2030 und bis Ende 2028 für 2040 festgelegt werden. Am 14.02.2023 hat der Bremer Senat einen Gesetzentwurf für die Novellierung des Gesetzes beschlossen und an die Bremische Bürgerschaft übersandt.

181 Das Berliner Energiewendegesetz (EWG Bln) wurde 2021 überarbeitet und sieht in § 3 I EWG Bln vor, die CO2-Emissionen bis 2020 um mindestens 40 %, bis zum Jahr 2030 um mindestens 70 %, bis zum Jahr 2040 um mindestens 90 % und im Jahr 2045 um mindestens 95 % im Vergleich zu 1990 zu senken.

182 Das Gesetz zur Energiewende und zum Klimaschutz in Schleswig-Holstein v. 07.03.2017 wurde ebenfalls Ende 2021 geändert (G. v. 02.12.2021, GVOBl. S. 1339) und sieht in § 3 I vor, die Gesamtsumme der Treibhausgasemissionen in Schleswig-Holstein bis 2030 um mindestens 65 % und bis zum Jahr 2040 um mindestens 88 % zu senken und bis 2045 national Netto-Treibhausgasneutralität zu erreichen.

183 Das Thüringer Gesetz zum Klimaschutz und zur Anpassung an die Folgen des Klimawandels (ThürKlimaG) v. 18.12.2018 sieht in § 3 I ThürKlimaG vor, bis 2030 eine Reduktion der Treibhausgasemissionen um 60 %-70 %, bis 2040 um 70 %-80 % und bis zum Jahr 2050 um 80 %-95 % jeweils gegenüber 1990 zu erreichen.

seit Anfang 2020[184], Bayern seit Ende 2020[185] und Niedersachsen, ebenfalls seit Ende 2020[186].

Im Saarland wurde Anfang 2023 der Entwurf eines Klimaschutzgesetzes vorgestellt.[187] In Brandenburg, Mecklenburg-Vorpommern, Sachsen und Sachsen-Anhalt gibt es keine Klimaschutzgesetze.[188]

In Hessen gibt es seit Januar 2023 ein Klimaschutzgesetz mit verbindlichen Treibhausgasreduktionszielen.[189] Es sieht vor, dass gem. § 3 I die Emissionen bis 2025 um 40 %, bis 2030 um 65 % und bis 2040 um 88 %, jeweils gegenüber 1990, gemindert werden sollen. Gem. § 3 II HKlimaG soll bis zum Jahr 2045 Netto-Treibhausgasneutralität erreicht werden. Nach dem Jahr 2050 sollen negative Treibhausgasemissionen erzielt werden.

Durch die vorgestellten Reduktionsquoten und insbesondere durch die Verschärfungen der Klimaschutzgesetze in vielen Bundesländern wird ersichtlich, dass die Länder bemüht sind, Klimaschutz zu verwirklichen. Teilweise gehen die Bemühungen über die Ziele des KSG auf Bundesebene hinaus. Dennoch unterscheiden sich die Landesregelungen in ihren Klimaschutzzielen wie aufgezeigt stark voneinander. Auch in ihren Zielsetzungen,

---

184 Das Hamburgische Gesetz zum Schutz des Klimas (HmbKliSchG) v. 20.02.2020, HmbGVBl. 2929, S. 148, sieht in § 4 I HmbKliSchG eine CO2-Reduktion von 55 % bis 2030 und um 95 % bis 2050 gegenüber 1990 vor. Am 14.02.2023 hat der Senat eine Novellierung beschlossen.

185 Das Bayerische Klimaschutzgesetz (BayKlimaG) v. 23.11.2020 (GVBl. S. 598, 656), dessen Novelle zum 01.01.2023 in Kraft trat, sieht in Art. 2 I BayKlimaG als Minderungsziel eine Reduktion je Einwohner bis 2030 um mindestens 65 % gegenüber dem Durchschnitt von 1990 vor. Gem. Art. 2 II BayKlimaG soll Bayern bis 2040 klimaneutral sein.

186 Niedersächsisches Gesetz zur Förderung des Klimaschutzes und zur Minderung der Folgen des Klimawandels (Niedersächsisches Klimagesetz – NKlimaG) v. 10.12.2020, Fundstelle Nds. GVBl. 2020, 464. Das Gesetz wurde in 2022 verschärft (G. v. 28.06.2022, GVBl. S. 388) und gem. § 3 Nr. 1 NKlimaG ist es das Ziel, bis 2030 die Gesamtemissionen um 65 %, bis 2035 um 76 % und bis 2040 um 86 % gegenüber 1990 zu mindern und 2045 Klimaneutralität zu erreichen.

187 Der Entwurf sieht in § 4 I eine Emissionsminderung um 55 % bis 2030 und Treibhausgasneutralität bis zum Jahr 2045 vor, abrufbar unter www.saarland.ihk.de/ihk-saarland/Integrale?SID=711EA1154B9BBA100A8F513BFBA2A87D&MODULE=Frontend.Media&ACTION=ViewMediaObject&Media.PK=9223&Media.Object.ObjectType=full.

188 In Mecklenburg-Vorpommern ist ein Klimaschutzgesetz in der Diskussion, www.sueddeutsche.de/wissen/umwelt-neustrelitz-landesregierung-startet-buergerdialog-zum-klimaschutzgesetz-dpa.urn-newsml-dpa-com-20090101-220625-99-795935.

189 Hessisches Gesetz zur Förderung des Klimaschutzes und zur Anpassung an die Folgen des Klimawandels (HKlimaG), v. 26.01.2023 (GVBl. S. 42).

den erfassten Treibhausgasen oder den Reduktionspfaden bestehen erhebliche Unterschiede.[190]

2. Gesetzgebungskompetenzen

Die Bundesgesetzgebung hat das Bundes-Klimaschutzgesetz auf Art. 74 I Nr. 24 GG gestützt.[191] Gem. Art. 72 I GG haben die Länder im Bereich der konkurrierenden Gesetzgebung die Befugnis zur Gesetzgebung, solange und soweit der Bund von seiner Kompetenz nicht durch Gesetz Gebrauch gemacht hat. Hat der Bund abschließend von einer ihm zustehenden konkurrierenden Gesetzgebungskompetenz Gebrauch gemacht, können die Länder abweichende Regelungen auf den in Art. 72 III GG genannten Gebieten treffen. Die Luftreinhaltung ist in Art. 72 III GG nicht genannt, weswegen sich die Kompetenz für die Länder nicht aus den Art. 70 ff. GG ergibt.

Die Bundesgesetzgebung hat das Problem erkannt und im KSG eine Öffnungsklausel für die Bundesländer eingefügt, sodass gem. § 14 I KSG die Länder zum Erlass von Klimaschutzgesetzen ermächtigt werden und auch bestehende Klimaschutzgesetze fortgelten.[192] Begründet hat dies die Bundesgesetzgebung damit, dass Landesklimaschutzgesetze auch im Interesse des Bundes sind, da sie dazu beitragen, die nationalen Klimaziele zu erreichen.[193] Jedoch wird auch festgelegt, dass bestehende und neue Gesetze auf Landesebene mit dem Bundes-Klimaschutzgesetz und sonstigem Bundesrecht vereinbar sein müssen.[194] Das Bundesverfassungsgericht hat bisher offen gelassen, „inwiefern die Landesgesetzgeber überhaupt über die erforderlichen Gesetzgebungskompetenzen verfügten, um zur Eindämmung künftiger Grundrechtseingriffe für ihr Bundesland jeweils einen die jetzigen Klimaschutzanstrengungen effektuierenden Emissionsreduktionspfad

190 Siehe dazu im Einzelnen *Wickel*, in Säcker/ Ludwigs, BerlKommEnR, Bd. III, Teil 2 A. 2., Rn. 37 ff.; *Knauff*, KlimR 2022, 47, 48 ff.

191 BT-Drs. 19/30230, 02.06.2021, S. 13.

192 Zu dem Problem etwa *Kohlrausch*, ZUR 2020, 262, 263; *Knauff*, KlimR 2022, 47 f.; *Wickel*, in Säcker/ Ludwigs, BerlKommEnR, Bd. III, Teil 2 A. 2., Rn. 35; zu dem Problem vor Inkrafttreten des KSG *Flaskühler*, Föderale Klimaschutzgesetzgebung in Deutschland, S. 125 f.

193 BT Drs. 19/14337, 22.10.2019, S. 38.

194 BT Drs. 19/14337, 22.10.2019, S. 38.

vollständig zu regeln".[195] Es nennt als Problem den beschränkten Einfluss der Landesregelungen gegenüber dem Bundesrecht.[196]

3. Bedeutung der Landesebene und offene Fragen

Die Landesebene ist grundsätzlich entscheidend für die Umsetzung der Klimaziele, da keine Ebene für sich die Kompetenzen besitzt, die Klimaziele allein zu erreichen.[197] Entscheidende Möglichkeiten der Länder können etwa im Raumordnungs- und Bauordnungsrecht gesehen werden oder darin, dass die Länder im Gegensatz zum Bund den Kommunen Aufgaben übertragen können.[198] Es gibt die Forderung, der Bund müsse die Reduktionslasten auf die Länder verteilen, ähnlich wie es die EU mit den Mitgliedstaaten im Rahmen der Lastenteilungsverordnung macht.[199]

Problematische Aspekte bestünden dabei allerdings darin, dass verschiedene Verteilungsmöglichkeiten denkbar sind. So wäre es einerseits möglich, dass die Bundesländer die gleichen Reduktionsziele wie die Bundesebene festlegen müssen.[200] Dann würden alle Landes-Klimaschutzgesetze, die in ihren Reduktionszielen nicht so weit gehen wie das KSG (65 % bis 2030, 88 % bis 2040 und Netto-Treibhausgasneutralität bis 2045), eine Unvereinbarkeit mit dem KSG i.S.v. § 14 I 1 KSG darstellen.[201] Landes-Klimaschutzgesetze, die über die Ziele des KSG hinausgehen, wären unproblematisch.[202] Da auf Bundesebene die Treibhausgasreduktionsziele jedoch auf Sektoren aufgeteilt werden, wäre auch eine andere Verteilung, gekoppelt an die Sektoren und die Gegebenheiten im jeweiligen Bundesland, denkbar.[203]

Im Ergebnis zeigt sich, dass den Ländern eine wichtige Bedeutung im Kampf gegen den Klimawandel zukommt und die Länder ihrerseits bestrebt sind, zum Klimaschutz beizutragen. Durch die Aufnahme der Öffnungsklausel in das KSG ist davon auszugehen, dass die Bundesgesetz-

195 BVerfG, Beschl. v. 18.01.2022 – 1 BvR 1565/21 u. a., NJW 2022, 844, 845 f.
196 BVerfG, Beschl. v. 18.01.2022 – 1 BvR 1565/21 u. a., NJW 2022, 844, 845 f.
197 *Klinger*, EurUP 2022, 20, 25 f.
198 *Klinger*, EurUP 2022, 20, 25 ff.; *Köck/ Kohlrausch*, ZUR 2021, 610, 613 f.
199 *Klinger*, EurUP 2022, 20, 26 m.w.N.; Verfassungsbeschwerde Geulen & Klinger Rechtsanwälte, 24.01.2022, S. 150 f.
200 Zu dieser Überlegung *Köck/ Kohlrausch*, ZUR 2021, 610, 615.
201 Vgl. *Köck/ Kohlrausch*, ZUR 2021, 610, 615.
202 *Köck/ Kohlrausch*, ZUR 2021, 610, 615.
203 *Köck/ Kohlrausch*, ZUR 2021, 610, 615; dafür *Wickel*, in Säcker/ Ludwigs, BerlKommEnR, Bd. III, § 14, Rn. 6 m.w.N.

gebung die Schaffung von Klimaschutzgesetzen durch die Länder fördern will. Wie jedoch die Landesebene mit der Bundesebene abgestimmt werden kann bzw. muss, ist offen.[204]

V. Deutschland – Kommunale Ebene

Die Bekämpfung des Klimawandels auf kommunaler Ebene ist wichtig, „weil ca. 75 % der globalen Energie- und Materialflüsse in Städten verbraucht werden."[205] Die Städte und Gemeinden haben, soweit ersichtlich, keine eigenen Klimaschutzgesetze wie die Landes- oder Bundesebene. Viele Kommunen reagierten dagegen mit dem Ausrufen des sog. Kommunalen Klimanotstandes.[206] Als Beispiel kann auf die Stadt Marburg verwiesen werden, die bis 2030 klimaneutral sein und auf das Erreichen der 1,5 Grad-Grenze hinwirken möchte.[207]

Problematisch sind jedoch die begrenzten Handlungsmöglichkeiten der Kommunen, da ihnen zum einen Kompetenzen fehlen, die bei der EU, dem Bund oder den Ländern liegen und sie zum anderen durch die kommunale Selbstverwaltungsgarantie aus Art. 28 I 2 GG eingeschränkt werden.[208] Andererseits gibt es viele Bereiche, in denen die Kommunen klimaschützend tätig werden können, wie dem Verkehr, der Bauleitplanung, der Energieversorgung, im Rahmen des Gebäudebestandes, der Finanzpolitik oder der Klimaanpassung.[209]

Auf kommunaler Ebene zeigt sich somit eine größere Abhängigkeit vom höherrangigen Recht, als es auf den anderen Ebenen der Fall war. Dennoch kann auch die kommunale Ebene, etwa durch das Anstreben der „Klimaneutralität" bis 2030 oder der Verfolgung der 1,5 Grad-Grenze ambitionierter vorangehen als etwa die Bundesebene und insofern als Vorreiterin für den Klimaschutz agieren.

---

204 Siehe dazu vertiefend die Entscheidung des BVerfG zu den Landesklimagesetzen sogleich in Teil 3, B. VI.; außerdem *Shirvani/ Mihatsch*, UPR 2022, 366 ff.

205 *Palme*, Klimaschutzrecht für Wirtschaft und Kommunen, S. 788.

206 Siehe dazu *Schink*, UPR 2020, 201 ff.

207 Beschluss der Stadtverordneten, Stadt Marburg ruft den Klimanotstand aus, Meldung vom 28.06.2019, abrufbar unter www.marburg.de/portal/meldungen/stadt-marburg-ruft-den-klimanotstand-aus-900005503-23001.html.

208 *Palme*, Klimaschutzrecht für Wirtschaft und Kommunen, S. 789 f., explizit zu den Begrenzungen durch die Länder S. 790 ff.

209 *Schink*, UPR 2020, 201, 204 ff.; zu den Handlungsmöglichkeiten und ihren Grenzen auf kommunaler Ebene auch *Böhm*, JZ 2022, 820 ff.

Eine noch stärkere Rolle würde den Kommunen zukommen, wenn sie mehr Unterstützung durch den Bund erhalten könnten und dieser größere verfassungsrechtliche Spielräume hätte. Es wird für problematisch erachtet, dass der Einfluss des Bundes auf die Kommunen einerseits verfassungsrechtlich beschränkt ist, etwa durch das Verbot der Aufgabenübertragung aus Art. 84 I 7 GG oder auch hinsichtlich der finanziellen Förderung durch Art. 104a GG, er aber andererseits Klimaziele erreichen muss, deren Umsetzung zu großen Teilen auf kommunaler Ebene erfolgen könnte.[210] Zwar können Kommunen auf Förderprogramme zurückgreifen, die Möglichkeiten direkter Finanzierungen durch den Bund gelten hingegen als außerordentlich strittig.[211] Aus verfassungspolitischer Sicht wird zur Aufhebung dieser Beschränkungen vorgeschlagen, Klimaschutz und -anpassung in Orientierung an Art. 91e GG zu einer Gemeinschaftsaufgabe zu machen.[212]

VI. Zusammenfassung und Fazit

Alle Regelungen, unabhängig von den Ebenen, verfolgen das Ziel, die Auswirkungen des Klimawandels zu begrenzen. Es bestehen grundsätzlich überall Kompetenzen zum Erlass von Klimaschutzzielen.

Auf allen Ebenen gibt es allerdings Kritik, dass die Ziele an sich aus wissenschaftlicher Sicht nicht genügen, um die Folgen zu begrenzen. Auf diese Problematik wird noch näher einzugehen sein. An dieser Stelle ist entscheidend, inwieweit sich die Ziele grundsätzlich gegenseitig entsprechen müssen und wo Abweichungen möglich sind.

Das oberste Ziel bestimmt das Völkerrecht mit dem Pariser Klimaabkommen und der Begrenzung der globalen Temperatur auf einen Anstieg von 2 Grad, möglichst 1,5 Grad. Es zeigt sich bereits, dass das Ziel aufgrund der Spanne von 0,5 Grad keine exakte Orientierung bietet.

Das EU-Recht muss sich dennoch am Völkerrecht orientieren und für das deutsche Recht gilt wiederum das Völker- und Europarecht. Bereits unter dem Gesichtspunkt der Kohärenz, aber auch unter Beachtung der

---

210 *Rodi*, in Rodi (Hrsg.), KlimaschutzR-HdB, § 1, Rn. 28; *Rodi/ Paul*, in Rodi (Hrsg.), KlimaschutzR-HdB, § 12, Rn. 24.

211 *Rodi/ Paul*, in Rodi (Hrsg.), KlimaschutzR-HdB, § 12, Rn. 23 m.w.N. auch zu erfolgreichen Klimaschutzprogrammen.

212 *Rodi*, in Rodi (Hrsg.), KlimaschutzR-HdB, § 1, Rn. 28; *Rodi/ Paul*, in Rodi (Hrsg.), KlimaschutzR-HdB, § 12, Rn. 24.

wissenschaftlichen Erkenntnisse zum Klimaschutz müssen die unteren Regelungen insoweit an den höherrangigen Regelungen ausgerichtet sein, als sie das höherrangige Ziel nicht verfehlen dürfen, da ansonsten der Klimaschutz nicht gewährleistet ist.[213] Nach dem IPCC-Bericht ist es allerdings *wahrscheinlich*, dass mit den Beiträgen, die auf der COP 26 beschlossen wurden, bis 2030 das 1,5 Grad-Ziel verfehlt wird.[214] Insofern kann es nötig werden, die Beiträge zum völkerrechtlichen Ziel zu verschärfen.

Auch die Vorgaben des Landesrechts haben gezeigt, dass sie nicht einheitlich auf die Normen des Bundesrechts ausgerichtet sind. Andererseits stellt sich die Frage, ob man auch von fehlender Kohärenz sprechen kann, wenn die unteren Ebenen über die Ziele der oberen Ebenen hinausgehen. Wie aufgezeigt, bestehen auf allen Stufen rechtliche Möglichkeiten, strengere Klimaschutzziele zu ergreifen, als die jeweils höhere Ebene festlegt. Diese Möglichkeiten für strengere Maßnahmen sollten als Chance für mehr Klimaschutz verstanden werden. Die unteren Ebenen haben damit die Möglichkeit, zu Vorreiterinnen für Klimaschutz zu werden, statt sich auf den Zielen der übergeordneten Regelungen „auszuruhen". Zwar kann gesagt werden, der Beitrag eines einzelnen Staates, eines Bundeslandes oder einer Kommune ist gering im Vergleich zum globalen Geschehen.[215] Dennoch trägt jede eingesparte Tonne CO2 zum Klimaschutz bei und jede „Übererfüllung" der Ziele würde für andere Stellen mindestens einen Puffer schaffen. Zudem ist die Umsetzung der Vorschriften keineswegs gewiss. Im Ergebnis müssen die unteren Normen mindestens das leisten, was durch die oberen Normen vorgegeben ist. Strengere Maßnahmen sind jedoch immer möglich, da letztlich der Klimaschutz gefördert wird.

E. Fazit

Die Entstehung des Klimawandels und seine Rückführbarkeit auf menschliches Verhalten sind belegt. Konkrete Auswirkungen und Schadensereignisse können auf den Klimawandel zurückgeführt werden und im Rahmen von Wahrscheinlichkeiten auch vorhergesagt werden. Wie stark die Auswirkungen sind und sein werden, hängt von der Erwärmung ab.

---

213 *Kreuter-Kirchhof*, KlimR 2022, 43.

214 IPCC, 2022: Zusammenfassung für die politische Entscheidungsfindung. In: Klimawandel 2022: Minderung des Klimawandels. *Beitrag der Arbeitsgruppe III zum Sechsten Sachstandsbericht des IPCC*, B.6.

215 *Kreuter-Kirchhof*, KlimR 2022, 43, 46.

Grenzwerte und Treibhausgasreduktionsziele zur Bekämpfung des Klimawandels gibt es auf völkerrechtlicher, europäischer, nationaler, föderaler und kommunaler Ebene. Zwar kommt es letztendlich auf die Umsetzung der Ziele an, allerdings ist das zugrunde liegende Ziel von besonderer Wichtigkeit, denn wenn das Ziel nicht richtig gewählt ist, kann der Klimawandel nicht begrenzt werden und beim Überschreiten von Kipppunkten drohen schlimmstenfalls irreversible Zustände.[216] Die Mindest-Ausrichtung der unteren Ziele am oberen Ziel ist wichtig, um die übergeordneten Ziele erreichen zu können. Gehen die unteren Ziele weiter als die höherrangigen Ziele, ist darin eine Chance für den Klimaschutz zu sehen. Die rechtlichen Möglichkeiten dafür sind auf allen Ebenen vorhanden.

216 Siehe zur Bedeutung der Klimaschutzziele auch *Franzius,* ZUR 2021, 131 ff.

3. Teil: Bestandsaufnahme: Klimaschutz vor Gericht

Befürchtete Folgen des Klimawandels etwa für Leben, Gesundheit oder Eigentum und als unzureichend eingestufte Klimaschutzmaßnahmen führten in den letzten Jahren zu immer mehr gerichtlichen Verfahren auf dem Gebiet des Öffentlichen Rechts, in denen es darum geht, Klimaschutz einzuklagen.[217]

Die Verfahren, die in Bezug zum Klimaschutz stehen, werden in dieser Arbeit als „Klimaklagen" bezeichnet.[218] In diesem Teil und auch im Verlauf der Arbeit stehen Klagen und Beschwerden im Fokus, in denen es um die Klimaziele und Schutzmaßnahmen im Allgemeinen geht.[219] Es gab in Deutschland Klimaklagen gegen die öffentliche Gewalt, die darauf gerichtet waren, dass überhaupt Maßnahmen zum Klimaschutz ergriffen werden.[220] Weiterhin existierten Klagen, die darauf abzielten, dass bereits bestehende und ergriffene Maßnahmen verschärft werden.[221] Zudem wurde und wird dafür geklagt, dass festgelegte Ziele eingehalten werden.[222]

Ziel dieser Arbeit ist es, im weiteren Verlauf verfassungsrechtliche Vorgaben für den Schutz des Klimas zu untersuchen.

Bei den Klimaklagen handelt es sich um ein mittlerweile weltweites Phänomen.[223] In diesem Teil werden die wesentlichen öffentlich-rechtlichen Klimaklagen mit Schwerpunkt auf Klagen in Deutschland im Überblick vorgestellt. Soweit es eine Entscheidung zum Verfahren gibt, wird auch diese aufgegriffen. Zudem wird auf Klimaklagen auf europäischer Ebene

---

217 Zu Klimaklagen als Form der strategischen Prozessführung siehe *Wieland*, in FS Dörr, S. 167 ff.; umfassend zur gerichtlichen Überprüfbarkeit von Klimaschutz auch *Kalis*, Justitiabler Klimaschutz in Deutschland.

218 Siehe zum Begriff *Rodi/ Kalis*, KlimR 2022, 5 f.; *Fellenberg*, NVwZ 2022, 913.

219 Weitere Verfahren im Öffentlichen Recht, die auch im weitesten Sinne unter den Begriff der Klimaklagen fallen können, weil sie den Klimaschutz betreffen, werden in Teil 5, A. VI. und B. IV. 4. und 5. aufgegriffen.

220 In diesem Teil näher B. I.; B. VI.

221 In diesem Teil näher B. II.; B. III.; B. IV.; B. VII.

222 In diesem Teil näher unter A.

223 Einen Überblick über die Verfahren in den USA und auch global gibt die Columbia University unter http://climatecasechart.com/non-us-climate-change-litigation/; positiv dazu *Graser*, ZUR 2019, 271 ff.; kritisch zu Klimaklagen *Wegener*, ZUR 2019, 3 ff.; *ders.*, NJW 2022, 425 ff.; *Breuer*, NVwZ 2022, 1233 ff., insbesondere auch zur Rolle des BVerfG im Klimabeschluss.

eingegangen, wobei sich die Frage stellt, inwieweit Entscheidungen in den dargestellten Fällen Einfluss auf deutsche Klimaklagen haben könnten.

A. Klimaklagen vor deutschen Verwaltungsgerichten

Auf deutscher Ebene können die Klimaklagen im Öffentlichen Recht in Klagen vor den Verwaltungsgerichten und Beschwerden vor dem Bundesverfassungsgericht unterteilt werden. Im Rahmen der verwaltungsgerichtlichen Klagen war und ist das Ziel das Einhalten der bereits existierenden Grenzwerte, auch wenn diese ihrerseits teilweise für ungenügend gehalten werden.[224]

I. Verwaltungsgericht Berlin

Die erste Entscheidung auf deutscher Ebene erging vor dem VG Berlin am 31.10.2019.[225] Dort verklagten drei Bauernfamilien und die Organisation Greenpeace die Bundesregierung auf die Einhaltung des sog. Klimaschutzziels 2020 und das Ergreifen dazu nötiger Maßnahmen.[226] Das Ziel folgte aus einem Kabinettsbeschluss vom 03.12.2014 und enthielt die Vorgabe, bis 2020 40 % der Treibhausgasemissionen im Vergleich zu 1990 einzusparen. Die allgemeine Leistungsklage wurde jedoch mangels Klagebefugnis als unzulässig abgewiesen.[227]

Die Mitglieder der Familien beriefen sich dabei auf ihre Grundrechte aus Art. 2 II 1 GG, Art. 12 I GG und Art. 14 I GG, welche sie durch einen mittelbar faktischen Eingriff des Staates durch das Missachten der Klimaziele als verletzt ansahen.[228] Hilfsweise beriefen sie sich auf eine staatliche Schutzpflicht hinsichtlich Art. 2 GG und Art. 14 GG, die aus den Grundrechten und Art. 20a GG folge und die der Staat dadurch verletze, dass er das gebotene Untermaß in Form des Klimaschutzziels 2020 nicht gewährleiste.[229] Die Kläger*innen fürchten gesundheitliche Schäden durch

224 Siehe zu Letzterem die Verfassungsbeschwerden unter B.
225 VG Berlin, Urt. v. 31.10.2019, Az.10 K 412.18.
226 Klageschrift Rechtsanwälte Günther, 25.10.2018; zum Tatbestand VG Berlin, Urt. v. 31.10.2019, Az.10 K 412.18, Rn. 1-44 (juris).
227 VG Berlin, Urt. v. 31.10.2019, Az.10 K 412.18, Rn. 45 ff. (juris).
228 VG Berlin, Urt. v. 31.10.2019, Az.10 K 412.18, Rn. 17 (juris).
229 VG Berlin, Urt. v. 31.10.2019, Az.10 K 412.18, Rn. 19 (juris).

den Klimawandel und machten geltend, dass sie durch den fortschreitenden Klimawandel ihre Höfe nicht mehr betreiben könnten, denn bereits jetzt würden sie mit Extremwetterereignissen, Ernteeinbußen, Schädlingen, Viehschäden etc. kämpfen.[230]

Das Gericht sah jedoch die Klagebefugnis der Familien nach § 42 II VwGO als nicht gegeben an, da der Kabinettsbeschluss lediglich eine politische Absichtserklärung und keine rechtsverbindliche Regelung mit Außenwirkung darstelle, auf die sich die Kläger*innen berufen könnten.[231] Zudem verneinte das VG Berlin eine Verletzung von Grundrechten durch einen mittelbar-faktischen Eingriff.[232] Außerdem lehnte es einen Eingriff in die Grundrechte durch Verletzung der Schutzpflichten ab, da die Kläger*innen nach dem vom Gericht angelegten hohen Maßstab nicht dargelegt hätten, dass die Schutzpflichten verletzt seien, denn zum einen seien Maßnahmen nicht vollkommen ungeeignet und zum anderen sei das Untermaßverbot nicht verletzt, da das Klimaschutzziel 2020 nicht das von der Verfassung vorgeschriebene Minimum für den Klimaschutz darstelle.[233] Offen blieb in der Entscheidung, ob eine Berufung auf Art. 20a GG i.R.d. Grundrechte möglich ist.[234]

Greenpeace wollte als Umweltschutzverband subjektive Rechte im Rahmen eines prokuratorischen Klagerechts geltend machen und leitete ein Klagerecht aus der Protect-Rechtsprechung des EuGH ab (Art. 9 III AK, Art. 47 EU-GR-Ch), da die EU-Lastenteilungsentscheidung Nr. 406/2009/EG, aus der sich eine Reduktionspflicht um 14 % bis 2020 gegenüber 2005 für Deutschland ergibt, nach Art. 288 IV 1 AEUV verbindlich sei.[235] Das Gericht lehnte ein prokuratorisches Klagerecht[236] ab, da auch den Einzelpersonen kein Klagerecht zukomme.[237] Eine Klagebefugnis ließe

230 VG Berlin, Urt. v. 31.10.2019, Az.10 K 412.18, Rn. 4, 5, 17 (juris).

231 VG Berlin, Urt. v. 31.10.2019, Az.10 K 412.18, Rn. 56 (juris).

232 VG Berlin, Urt. v. 31.10.2019, Az.10 K 412.18, Rn. 66 (juris).

233 VG Berlin, Urt. v. 31.10.2019, Az.10 K 412.18, Rn. 81 (juris).

234 VG Berlin, Urt. v. 31.10.2019, Az.10 K 412.18, Rn. 75 (juris); vgl. auch *Sehl*, LTO 31.10.2019.

235 VG Berlin, Urt. v. 31.10.2019, Az.10 K 412.18, Rn. 22 f. (juris).

236 Das prokuratorische Klagerecht ist eine Rechtsfigur der Rechtsprechung des Bundesverwaltungsgerichts, die es Umweltverbänden ermöglichte, zwingende Vorgaben des Luftreinhalterechts unter Wahrnehmung fremder Interessen gerichtlich geltend zu machen, siehe dazu grundlegend BVerwG, Urt. v. 05.09.2013 – 7 C 21/12, NVwZ 2014, 64, 67 f.

237 VG Berlin, Urt. v. 31.10.2019, Az.10 K 412.18, Rn. 87 (juris).

sich außerdem nicht aus der Protect-Rechtsprechung des EuGH ableiten, denn das Klimaschutzziel beruhe nicht auf europäischen Vorgaben.[238]

II. OVG Berlin Brandenburg – September 2020[239]

Im September 2020 erhob die Deutsche Umwelthilfe e. V. (DUH) Klage vor dem OVG Berlin-Brandenburg mit dem Ziel, die Bundesregierung im Rahmen einer Leistungsklage zu verpflichten, ein Klimaschutzprogramm zu erlassen, das gewährleistet, die im KSG für den Verkehrssektor vorgesehenen jährlichen Treibhausgasreduktionsquoten einzuhalten.[240] Hilfsweise soll die Regierung zu einem Programm verpflichtet werden, das zumindest das Einhalten des Reduktionsziels bis 2030 für den Verkehrssektor gewährleistet.[241] Weiter wird hilfsweise beantragt, beides im Rahmen einer Feststellungsklage zu behandeln.

Die Ziele im KSG seien zwar nicht ausreichend, um die Pariser Klimaziele einzuhalten, dennoch müssten zumindest diese Ziele umgesetzt werden, was jedoch mit dem Klimaschutzprogramm 2030 nicht möglich sei und durch zwei Studien belegt werde.[242] Die DUH trägt einen Verstoß gegen das Klimaschutzgesetz a.F. vor, das auch auf EU-rechtlichen Grundlagen beruhe.[243] Die Klagebefugnis ergebe sich zum einen aus § 42 II 1. Hs. VwGO i.V.m. § 2 IV 1 Nr. 2 UmwRG und zum anderen aus dem Europarecht nach Art. 9 III AK i.V.m. Art. 47 GrCh.[244]

III. OVG Berlin Brandenburg – März 2021

Die DUH reichte im März 2021 eine weitere Klage vor dem OVG Berlin-Brandenburg ein. Die Bundesrepublik Deutschland soll verurteilt werden,

238 VG Berlin, Urt. v. 31.10.2019, Az.10 K 412.18, Rn. 89 (juris).

239 Beide Klagen vor dem OVG Berlin-Brandenburg (A. II. III.) richten sich gegen das KSG a.F.

240 Klageschrift Geulen & Klinger Rechtsanwälte, 11.09.2020; Az. OVG 11 A 22/20; zu den beiden Verfahren vor dem OVG Berlin-Brandenburg *Klinger*, EurUP 2022, 20, 29.

241 Zu den Begehren der Kläger*innen Klageschrift Geulen & Klinger Rechtsanwälte, 11.09.2020, S. 2 f.

242 Klageschrift Geulen & Klinger Rechtsanwälte, 11.09.2020, S. 6 m.w.N., 32 ff.

243 Klageschrift Geulen & Klinger Rechtsanwälte, 11.09.2020, S. 14.

244 Klageschrift Geulen & Klinger Rechtsanwälte, 11.09.2020, S. 14 ff.

ein Klimaschutzprogramm aufzustellen, mit dessen Maßnahmen die jährlich zugelassenen Treibhausgasemissionsmengen des KSG in den Sektoren Energiewirtschaft, Industrie, Gebäude und Landwirtschaft eingehalten werden können.[245] Die Klägerin stellte einen Hilfsantrag, durch welchen die Regierung verurteilt werden soll, ein Klimaschutzprogramm aufzustellen, durch dessen Maßnahmen die jährlichen Emissionsmengen eingehalten werden können (Nicht-Linearer Minderungspfad im Energiesektor).[246] Zudem soll die Regierung durch mehrere Anträge hilfsweise verurteilt werden, ein Programm aufzustellen, das die Klimaziele bis 2030 erreicht, wobei verschiedene Minderungspfade in Betracht kommen. Somit geht es in dieser Klage ebenfalls darum, ein planerisches Vorgehen zu erreichen, um wirksame Maßnahmen zu schaffen.[247]

Auch in dieser Klage soll sich die Klagebefugnis sowohl aus dem UmwRG als auch aus dem Europarecht ergeben.[248] Die Befugnis ergebe sich aus § 2 I 1 Nr. 3 b) UmwRG, wonach eine Umweltvereinigung i.S.v. § 3 UmwRG Rechtsbehelfe nach Maßgabe der VwGO gegen eine Entscheidung nach § 1 I Nr. 4 UmwRG einlegen kann, wenn sie gem. § 2 I 1 Nr. 3 b) UmwRG zur Beteiligung berechtigt war und sie sich in der Sache geäußert hat oder ihr keine Gelegenheit zur Äußerung gegeben worden ist. Es gehe um eine Entscheidung gem. § 1 I 1 Nr. 4 UmwRG, die sich auf das Aufstellen eines Klimaschutzprogramms beziehe, welches in § 35 I Nr. 2 UVPG i.V.m. Anlage 5 Nr. 2 genannt ist. In Anlehnung an die Entscheidung des Bundesverwaltungsgerichts zu den Luftreinhalteplänen[249] wird vorgetragen, dass die Möglichkeit eines Rechts zur Beteiligung genüge.[250] § 18 UVPG könnte verletzt sein. Es gehe wegen des KSG und der EU-Klimaschutzverordnung um Vorschriften mit Umweltbezug. Die Klagebefugnis sei auch nicht durch § 4 I 7 KSG a.F.[251] ausgeschlossen, weil die Vorschrift auf Umweltverbände nicht anwendbar sei bzw. sie andernfalls völker- und europarechtswidrig

---

245 Klageschrift Geulen & Klinger Rechtsanwälte, 08.03.2021.

246 Zu den Hilfsanträgen Klageschrift Geulen & Klinger Rechtsanwälte, 08.03.2021, S. 2 ff.

247 Klageschrift Geulen & Klinger Rechtsanwälte, 08.03.2021, S. 22 f.

248 Zur vorgetragenen Klagebefugnis Klageschrift Geulen & Klinger Rechtsanwälte, 08.03.2021, S. 25 ff.

249 BVerwG, Urt. v. 27.02.2020 - 7 C 3/19, NVwZ 2020, 1191 ff.

250 Klageschrift Geulen & Klinger Rechtsanwälte, 08.03.2021, S. 25 f.

251 Mittlerweile § 4 I 10 KSG.

sei.[252] Aus dem Europarecht sehen die Kläger*innen erneut Art. 9 III AK i.V.m. Art. 47 Gr-Ch als einschlägig an.

Die Kläger*innen rügen einen Verstoß gegen § 9 I KSG i.V.m. § 4 I 3, 6 i.V.m. Anlage 2 KSG a.F., indem ein Maßnahmenprogramm aufgestellt wurde, das nicht die Einhaltung der entsprechenden Ziele gewährleistet.[253]

IV. OVG Berlin-Brandenburg – September 2022

Die DUH hat am 05.09.2022 eine weitere Klage vor dem OVG Berlin-Brandenburg gegen die Bundesregierung eingereicht, in der sie sich gegen das am 13.07.2022 vorgestellte Klimaschutz-Sofortprogramm des Verkehrsministers Volker Wissing wendet, da das Sofortprogramm die Ziele des KSG verfehle.[254]

Das Sofortprogramm i.S.v. § 8 I KSG musste vorgelegt werden, da der Verkehrssektor die Emissionsziele in 2021 überschritten hat.[255] Die DUH will erreichen, dass die Regierung im Rahmen einer allgemeinen Leistungsklage verurteilt wird, ein Sofortprogramm aufzustellen, das geeignet ist, die Emissionsmengen aus Anlage 2 des KSG für den Verkehr einzuhalten.[256] Sie sieht sich als anerkannte Vereinigung nach § 3 I UmwGR gem. § 2 I 1 Nr. 1 UmwRG, § 1 I 1 Nr. 4 UmwRG als klageberechtigt an, da das Sofortprogramm ein Plan i.S.v. § 2 VII UVPG darstelle. Dass Sofortprogramme nach § 8 KSG nicht in Anlage 5 des UVPG genannt sind, stehe einer Klagebefugnis nicht entgegen, da § 1 I 1 Nr. 4 a) teleologisch zu reduzieren sei, was den europäischen Anforderungen entspreche.[257] Zudem komme der DUH ein prokuratorisches Klagerecht nach § 42 II Hs. 2 VwGO zu.[258]

252 Klageschrift Geulen & Klinger Rechtsanwälte, 08.03.2021, S. 26 f.

253 Klageschrift Geulen & Klinger Rechtsanwälte, 08.03.2021, S. 34 ff.

254 DUH Pressemitteilung v. 05.09.2022, abrufbar unter www.duh.de/presse/pressemitteilungen/pressemitteilung/deutsche-umwelthilfe-hat-heute-klimaklage-gegen-die-bundesregierung-fuer-ein-gesetzeskonformes-klimas/; siehe dazu LTO 05.09.2022, abrufbar unter www.lto.de/recht/nachrichten/n/ovg-berlin-brandenburg-klimaklage-duh-deutsche-umwelthilfe-klimaschutz-sofortprogramm-massnahmenpaket-wissing-verkehr-verkehrsministerium/.

255 Siehe dazu oben Teil 2. D. III. 3.

256 Klageschrift Geulen & Klinger Rechtsanwälte, 05.09.2022.

257 Klageschrift Geulen & Klinger Rechtsanwälte, 05.09.2022, S. 8 ff.

258 Klageschrift Geulen & Klinger Rechtsanwälte, 05.09.2022, S. 29 f.

B. Klimaklagen vor dem Bundesverfassungsgericht

Neben der Verwaltungsgerichtsbarkeit setzte sich auch das Bundesverfassungsgericht mit Klimaklagen auseinander. Die erste große Entscheidung des Bundesverfassungsgerichts, der Klimabeschluss 2021, erging am 24.03.2021.[259] Dem Beschluss lagen vier Verfassungsbeschwerden zugrunde, eine von Ende 2018[260] und drei von Anfang 2020[261]. Dem Beschluss folgten weitere Verfassungsbeschwerden. Alle Beschwerden und bisherigen Entscheidungen werden im Folgenden kurz vorgestellt.

I. Verfassungsbeschwerde vom 22.11.2018

Zum Zeitpunkt der Erhebung der ersten Klima-Verfassungsbeschwerde Ende 2018 gab es noch kein Bundes-Klimaschutzgesetz.[262] Die Beschwerdeführenden, elf Einzelpersonen, der Solarenergie-Förderverein (SFV) und der Bund für Umwelt und Naturschutz e. V. (BUND) wendeten sich gegen ein Unterlassen geeigneter Vorschriften und Maßnahmen zur Bekämpfung des Klimawandels durch die Bundesrepublik Deutschland.[263]

Die Beschwerdeführenden trugen eine Verletzung von Art. 2 II 1 GG (Bf. 1-7 und 11), eine Verletzung des Grundrechts auf Schutz aus Art. 14 I 1 GG (Bf. 1, 2, 4, 5, 7, 8, 10, 11), eine Verletzung des ökologischen Existenzminimums gem. Art. 2 I i.V.m. Art. 1 I 1 GG (Bf. 1-11) und der allgemeinen Handlungsfreiheit (Bf. 9) vor. Die Beschwerdeführenden 12 und 13 beriefen sich zudem auf Art. 2 I, 19 III GG i.V.m. Art. 20a GG

259 BVerfGE 157, 30; dazu bereits näher in diesem Teil B. V.

260 Verfassungsbeschwerde Baumann Rechtsanwälte, 22.11.2018, (Prozessbevollmächtigte: Baumann Rechtsanwälte und Prof. Dr. Felix Ekardt), 1 BvR 2656/18.

261 Verfassungsbeschwerde Geulen & Klinger Rechtsanwälte, 10.01.2020, (Verfahrensbevollmächtigte Dr. Reiner Geulen, Prof. Dr. Remo Klinger und Dr. Caroline Douhaire LLM); Verfassungsbeschwerde Geulen & Klinger Rechtsanwälte, 13.01.2020, (Verfahrensbevollmächtigte Dr. Reiner Geulen, Prof. Dr. Remo Klinger und Dr. Caroline Douhaire LLM); Verfassungsbeschwerde Rechtsanwälte Günther, 06.02.2020, (Verfahrensbevollmächtigte: Rechtsanwälte Günther Partnerschaft – Rechtsanwältin Dr. Roda Verheyen und Rechtsanwalt Dr. Ulrich Wollenteit).

262 Das Bundesklimaschutzgesetz ist am 18.12.2019 in Kraft getreten.

263 Verfassungsbeschwerde Baumann Rechtsanwälte, 22.11.2018, S. 2.

i.V.m. Art. 47 GrCh.[264] In der Verfassungsbeschwerde wurde zusätzlich eine Verletzung der Freiheitsrechte i.V.m. Art. 20 III GG vorgetragen, da der Wesentlichkeitsgrundsatz bzw. der Parlamentsvorbehalt verletzt werde.[265]

Die Beschwerdeführenden wollten erreichen, dass eine Verletzung ihrer Grundrechte festgestellt wird, weil aus ihrer Sicht keine ausreichenden Maßnahmen zur Umsetzung der damaligen Klimaziele und des Pariser-Klimaziels vorlagen. Außerdem sahen sie den Parlamentsvorbehalt als missachtet an, da es vor allem den Zielen an einer rechtlichen Grundlage fehlte. Das Bundesverfassungsgericht sollte den Bundestag, den Bundesrat und die Regierung dazu verpflichten, Maßnahmen zu ergreifen, um die durchschnittliche Erderwärmung auf 1,5 Grad, nach Möglichkeit weniger, zu begrenzen.[266] Das Verfahren wurde am 15.06.2020 nach Erlass des Bundesklimaschutzgesetzes ergänzt.[267] Das Begehren der Beschwerdeführenden wurde dahingehend konkretisiert, dass die Feststellung erfolgen soll, dass die Regierung es nicht schaffe, den Klimawandel auf ein tragbares, vom Grundgesetz garantiertes Niveau zu stabilisieren, welches die Treibhausgasneutralität in den nächsten ca. 20 Jahren voraussetze und dessen Grenze (Untermaßverbot) bei möglichst unter 1,5 Grad liege.[268]

II. Verfassungsbeschwerde vom 10.01.2020

Die zweite Klima-Verfassungsbeschwerde wurde über ein Jahr nach der ersten Verfassungsbeschwerde erhoben. Mit Verfassungsbeschwerde vom 10.01.2020 richteten sich 15 Beschwerdeführende aus Nepal und Bangladesch gegen Vorschriften des im Vormonat erlassenen KSG a.F. Angegriffen wurden §§ 3 I, 4 I i.V.m. Anlage 1 und 2 KSG a.F., die das nationale Klimaschutzziel von damals 55 % Emissionsreduktion gegenüber 1990 bis 2030 und die dafür jährlich zugelassenen Treibhausgasemissionsmengen enthiel-

264 Zu den vorgetragenen Verletzungen siehe Ergänzungsschriftsatz zur Verfassungsbeschwerde Baumann Rechtsanwälte, 15.06.2020, S. 19 f. und bereits die Verfassungsbeschwerde Baumann Rechtsanwälte, 22.11.2018, S. 2.

265 Verfassungsbeschwerde Baumann Rechtsanwälte, 22.11.2018, S. 2.

266 Siehe zu allem Verfassungsbeschwerde Baumann Rechtsanwälte, 22.11.2018, S. 2 f.

267 Ergänzungsschriftsatz zur Verfassungsbeschwerde Baumann Rechtsanwälte, 15.06.2020.

268 Siehe Ergänzungsschriftsatz zur Verfassungsbeschwerde Baumann Rechtsanwälte, 15.06.2020, S. 18 f.

ten.[269] Außerdem wendeten sich die Beschwerdeführenden gegen § 4 III, V, VI KSG a.F., §§ 8, 9 KSG und gegen das Unterlassen von Maßnahmen, die dazu geeignet wären, das verbleibende CO2-Budget von 3,465 Gigatonnen ab 2020 einzuhalten.[270] Gerügt wurden Verletzungen des Lebens und der körperlichen Unversehrtheit nach Art. 2 II 1 GG und des Eigentums nach Art. 14 I GG in Form einer Schutzpflichtverletzung.[271]

III. Verfassungsbeschwerde vom 13.01.2020

Drei Tage später wurde eine weitere Klima-Verfassungsbeschwerde erhoben. In der Verfassungsbeschwerde vom 13.01.2020 wendeten sich zehn Minderjährige und junge Erwachsene aus Deutschland gegen die bereits in der Verfassungsbeschwerde vom 10.01.2020 aufgeführten Beschwerdegegenstände.[272] Sie machten ebenfalls die Verletzung der Schutzpflichten aus Art. 2 II 1 GG und Art. 14 I GG geltend.[273]

IV. Verfassungsbeschwerde vom 06.02.2020

Die vierte Verfassungsbeschwerde, erhoben von neun Jugendlichen und jungen Erwachsenen zwischen 15 und 32 Jahren, unterstützt durch German Watch und Greenpeace, wendete sich gegen aus ihrer Sicht unzureichende Regelungen des Bundesklimaschutzgesetzes a.F. und das Unterlassen des Gesetzgebers durch ungenügende Vorschriften.[274] Sie machten Grundrechtsverletzungen der Menschenwürde (Art. 1 i.V.m. Art. 20a GG), des Lebens und der körperlichen Unversehrtheit nach Art. 2 II 1 GG i.V.m. Art. 20a GG, der Berufsfreiheit aus Art. 12 I GG und der Eigentumsfreiheit aus Art. 14 I 1 GG geltend. Zudem beriefen sie sich auf eine Verletzung der genannten Grundrechte i.V.m. Art. 20 III GG bzgl. Art. 2 EMRK und Art. 8

269 Siehe Verfassungsbeschwerde Geulen & Klinger Rechtsanwälte, 10.01.2020, S. 2.

270 Siehe Verfassungsbeschwerde Geulen & Klinger Rechtsanwälte, 10.01.2020, S. 2 f.; 117 ff.

271 Siehe Verfassungsbeschwerde Geulen & Klinger Rechtsanwälte, 10.01.2020, S. 3, 64 ff., 102 ff., 143 ff.

272 Siehe Verfassungsbeschwerde Geulen & Klinger Rechtsanwälte, 13.01.2020, S. 2.

273 Siehe Verfassungsbeschwerde Geulen & Klinger Rechtsanwälte, 13.01.2020, S. 3, 61 ff., 82 ff., 124 ff.

274 Verfassungsbeschwerde Rechtsanwälte Günther, 06.02.2020, S. 2, 89 ff.

EMRK.[275] Auch mit dieser Verfassungsbeschwerde sollte insbesondere festgestellt werden, dass durch die damalige Reduktionsquote des § 3 I KSG a.F. von 55 % bis 2030 gegenüber 1990 und die jährlichen Minderungsziele aus § 4 I i.V.m. Anlage 1, 2 KSG a.F. die Beschwerdeführenden in ihren Rechten verletzt wurden.[276] Um die Verletzung zukünftig zu unterlassen, sollte die Gesetzgebung verpflichtet werden, die Reduktionsquoten so zu regeln, dass möglichst wenig Treibhausgase ausgestoßen werden und dies nachvollzogen werden kann und verhältnismäßig ist.[277] Außerdem sollte festgestellt werden, dass die Übertragungsmöglichkeit nach § 4 III KSG a.F. unzulässig ist.[278] Durch die damaligen Regelungen habe der Gesetzgeber das Untermaßverbot verletzt, da das KSG evident ungeeignet sei, die globale Temperatur auf 1,5 Grad zu begrenzen und auch nicht dazu beitrage, die Treibhausgasemissionen „so gering wie verhältnismäßig möglich" zu halten.[279]

V. Entscheidung des Bundesverfassungsgerichts vom 24.03.2021 (Klimabeschluss)

Der erste Senat des Bundesverfassungsgerichts entschied auf 110 Seiten über die vier vorgestellten Klima-Verfassungsbeschwerden in Form eines Beschlusses (Klimabeschluss 2021).[280] Die Entscheidung wird für eine der bisher weitreichendsten Klimaentscheidungen gehalten. Ihr wird große in-

275 Zu den vorgetragenen Verletzungen Verfassungsbeschwerde Rechtsanwälte Günther, 06.02.2020, S. 2, 92 ff., 105 ff., 134 ff., 137 ff.

276 Verfassungsbeschwerde Rechtsanwälte Günther, 06.02.2020, S. 2, 89 ff.

277 Verfassungsbeschwerde Rechtsanwälte Günther, 06.02.2020, S. 2, 91.

278 Verfassungsbeschwerde Rechtsanwälte Günther, 06.02.2020, S. 92.

279 Verfassungsbeschwerde Rechtsanwälte Günther, 06.02.2020, S. 121 ff.

280 BVerfGE 157, 30; zum Klimabeschluss u. a. *Beckmann*, UPR 2021, 241 ff.; *Berkemann*, DÖV 2021, 701 ff.; *Burgi*, NVwZ 2021, 1401 ff; *Calliess*, ZUR 2021, 355 ff.; *Ehrmann*, UWP 2021, 139 ff.; *Eifert*, JA 2021, 1085 ff.; *Eisentraut*, RuP 2021, 316 ff.; *Ekardt/ Heß*, NVwZ 2021, 1421 ff.; *Ekardt/ Heß*, ZUR 2021, 579 ff.; *Ekardt/ Heß/ Wulff*, EurUP 2021, 212 ff.; *Faßbender*, NJW 2021, 2085 ff.; *Franzius*, KlimR 2022, 102 ff.; *Frenz*, DÖV 2021, 715 ff.; *Frenz*, EnWZ 2021, 201 ff.; *Hofmann*, NVwZ 2021, 1587 ff.; *Kahl*, EurUP 2022, 2 ff.; *Kloepfer/ Wiedmann*, DVBl 2021, 1333 ff.; *Markus*, ZUR 2021, 595 ff.; *Möllers/ Weinberg*, JZ 2021, 1069 ff.; *Muckel*, JA 2021, 610 ff.; *Polzin*, DÖV 2021, 1089 ff.; *Ruttloff/ Freihoff*, NVwZ 2021, 917 ff.; *Sachs*, DRiZ 2021, 228 ff.; *Seibert*, DVBl 2021, 1141 ff.; *Sinner*, UPR 2021, 281 ff.; *Stäsche*, EnWZ 2021, 193 f.; *Wahnschaffe/ Lücke*, DÖV 2021, 1099 ff.

ternationale Bedeutung zugesprochen.[281] Nachfolgend wird der Beschluss kurz dargestellt. Auf die einzelnen Aussagen wird danach an den jeweils relevanten Stellen dieser Arbeit eingegangen.

Die §§ 3 I 2 und 4 I i.V.m. Anlage 2 KSG a.F., die das nationale Klimaziel bis 2030 und die nationalen Jahresemissionsmengen enthalten, erklärte das Bundesverfassungsgericht insoweit für verfassungswidrig und nicht mit den Grundrechten der inländischen natürlichen Personen vereinbar, wie sie keine Regelungen über 2030 hinaus trafen, die dafür Sorge tragen, die „in späteren Zeiträumen möglicherweise sehr hohen -Emissionsminderungspflichten [sic] grundrechtsschonend [...] bewältigen [zu können]."[282] Die Gesetzgebung hat eine Frist bis zum 31.12.2022 bekommen, Minderungsziele ab 2031 zu schaffen.[283]

Im Abschnitt A I des Beschlusses geht das Bundesverfassungsgericht auf die bereits bestehenden Vorschriften zum Schutz des Klimas ein.[284] In Abschnitt A II, III folgt eine Auseinandersetzung mit den naturwissenschaftlichen Grundlagen zum Klimawandel und zum Klimaschutz mit Bezug auf die Erkenntnisse des IPCC.[285]

Der Abschnitt B behandelt die Zulässigkeit.[286] Das Bundesverfassungsgericht sah in den §§ 3 I 2, 4 I 3 i.V.m. Anlage 2 KSG a.F. den zulässigen Beschwerdegegenstand.[287] Im Rahmen der Beschwerdebefugnis der natürlichen Personen prüfte es die Schutzpflichten aus Art. 2 II 1, Art. 14 I und Art. 12 I GG, Art. 20a GG, das sog. ökologische Existenzminimum und das Recht auf eine menschenwürdige Zukunft, die intertemporale Freiheitssicherung und ein Grundrecht auf ein klima- und umweltschonendes Leben.[288] Bejaht hat das Bundesverfassungsgericht die Beschwerdebefugnis im Ergebnis für alle natürlichen Personen aufgrund einer möglichen Schutzpflichtverletzung aus Art. 2 II 1 GG und Art. 14 I GG und hinsichtlich der inländischen Beschwerdeführenden aufgrund einer zukünftigen Freiheitsgefährdung.[289] Die Verfassungsbeschwerden der beiden Verbände

281 *Seibert*, DVBl 2021, 1141; kritisch zum Klimabeschluss *Ladeur*, RuP 2021, 13 ff.; *Kotulla/ Kotulla*, NuR 2022, 1 ff.

282 BVerfGE 157, 30, 130.

283 BVerfGE 157, 30, 176.

284 BVerfGE 157, 30, 38-50.

285 BVerfGE 157, 30, 50-65.

286 BVerfGE 157, 30, 87-110.

287 BVerfGE 157, 30, 87 ff.; zu den Vorschriften bereits oben 2. Teil, D. III.

288 BVerfGE 157, 30, 90 ff.

289 BVerfGE 157, 30, 90 ff.

(des SFV und des BUND) aus 2018 wurden mangels Beschwerdebefugnis zurückgewiesen.[290]

Im Abschnitt C. erfolgte eine ausführliche Prüfung der Begründetheit.[291] Eine Verletzung der Schutzpflichten aus Art. 2 II 1 GG und Art. 14 I GG sowohl hinsichtlich inländischer als auch ausländischer Beschwerdeführenden lehnte das Bundesverfassungsgericht ab.[292] Jedoch seien Freiheitsrechte verletzt, indem die Treibhausgas-Minderungslasten durch die Normen des KSG auf die zukünftige Generation ab 2030 verschoben werden.[293] Die Verletzung sei zwar nicht aufgrund eines Verstoßes gegen Art. 20a GG anzunehmen[294], jedoch gäbe es keine Vorsorge für die Zeit nach 2030, um die drohenden Grundrechtseingriffe durch Treibhausgasreduktionspflichten verhältnismäßig auszugestalten.[295]

Für die Begründung der Verletzung zukünftiger Freiheitsrechte nahm das Bundesverfassungsgericht ein Treibhausgasbudget an, das noch zur Verfügung steht, um das Klimaschutzgebot des Art. 20a GG zu erfüllen.[296] Durch die Begrenztheit der noch zulässigen Treibhausgasemissionen entfalte das heutige Zulassen von Treibhausgasen im Rahmen des KSG eine „eingriffsähnliche Vorwirkung" auf zukünftige Freiheitsrechte.[297] Je mehr Treibhausgase heute emittiert werden, desto weniger Treibhausgase können in Zukunft emittiert werden, was wiederum zu erheblichen Freiheitseinschränkungen führen kann, weil ein großer Teil der Freiheitsbetätigung insbesondere mit dem Ausstoß von CO2 verbunden ist.[298]

Die Folgen des Klimabeschlusses sind noch nicht abzusehen. Sie werden in vielen Bereichen diskutiert.[299]

290 BVerfGE 157, 30, 107 f.
291 BVerfGE 157, 30, 110-175.
292 BVerfGE 157, 30, 110-130; zur Schutzpflichtverletzung ausführlich Teil 5, C. und D.
293 BVerfGE 157, 30, 130-175.
294 BVerfGE 157, 30, 137-163.
295 BVerfGE 157, 30, 163-175.
296 BVerfGE 157, 30, 130-133; zum Klimaschutzgebot und zu Art. 20a GG siehe ausführlich Teil 5, B.
297 BVerfGE 157, 30, 130-133.
298 BVerfGE 157, 30, 130-133.
299 Bspw. zu den Auswirkungen des Klimabeschlusses auf den Kohleausstieg *de Carvalho*, DVBl 2021, 1360 ff.

VI. Verfassungsbeschwerden gegen Landesgesetzgeber

Nach dem Klimabeschluss 2021 wurden die Landesgesetzgeber vor dem Bundesverfassungsgericht angegriffen.[300] Zunächst wurden im Juli 2021 Verfassungsbeschwerden gegen Bayern[301], Brandenburg[302] und zweimal gegen Nordrhein-Westfalen[303] erhoben. Am 13.09.2021 wurden Beschwerden gegen weitere fünf Bundesländer eingereicht: Hessen[304], Mecklenburg-Vorpommern[305], Sachsen[306], Sachsen-Anhalt[307] und das Saarland[308]. Im Dezember 2021 wurden zudem Verfassungsbeschwerden gegen Baden-Württemberg[309] und Niedersachsen[310] erhoben.

Die Verfassungsbeschwerden wurden von natürlichen Personen, darunter vielen Minderjährigen, eingereicht und richteten sich entweder gegen existierende Klimaschutzgesetze auf Landesebene (Bayern, NRW, Baden-Württemberg, Niedersachsen) oder das Unterlassen der Landesgesetzgeber, Reduktionspfade für die Einhaltung der Treibhausgasbudgets und Instru-

---

300 Zudem sei angemerkt, dass es weitere Klagen auf Landesebene gibt, die sich beispielsweise auf das Aufstellen von Klimaschutzplänen richten. Diese wurden aber nicht vor dem BVerfG erhoben und spielen für das hier im Mittelpunkt stehende Bundesverfassungsrecht keine Rolle, weswegen auf sie nicht weiter eingegangen wird. Die weiteren Klagen in den einzelnen Ländern können auf der Internetseite der Deutschen Umwelthilfe (DUH) eingesehen werden, www.duh.de/laenderklimaklagen/.

301 Verfassungsbeschwerde Geulen & Klinger Rechtsanwälte, 30.06.2021, (Az. 1 BvR 1566/21).

302 Verfassungsbeschwerde Geulen & Klinger Rechtsanwälte, 30.06.2021, (Az. 1 BvR 1565/21).

303 Verfassungsbeschwerde Geulen & Klinger Rechtsanwälte, 15.07.2021, (Az. 1 BvR 1669/21); die zweite Verfassungsbeschwerde gegen NRW wurde von einer Privatperson erhoben, (Az. 1936/21).

304 Verfassungsbeschwerde Geulen & Klinger Rechtsanwälte, 09.09.2021, (Az. 1 BvR 2055/21).

305 Verfassungsbeschwerde Geulen & Klinger Rechtsanwälte, 09.09.2021, (Az. 1 BvR 2054/21).

306 Verfassungsbeschwerde Geulen & Klinger Rechtsanwälte, 09.09.2021, (Az. 1 BvR 2058/21).

307 Verfassungsbeschwerde Geulen & Klinger Rechtsanwälte, 09.09.2021, (Az. 1 BvR 2056/21).

308 Verfassungsbeschwerde Geulen & Klinger Rechtsanwälte, 09.09.2021, (Az. 1 BvR 2057/21).

309 Verfassungsbeschwerde Geulen & Klinger Rechtsanwälte, 06.12.2021, (Az. 1 BvR 2574/21).

310 Verfassungsbeschwerde Geulen & Klinger Rechtsanwälte, 06.12.2021, (Az. 1 BvR 2575/21).

mente zur Umsetzung und Überprüfung der Klimaziele festzulegen (Brandenburg, Mecklenburg-Vorpommern, Hessen, Sachsen-Anhalt, Saarland, Sachsen).[311] Die Beschwerdeführenden rügten insbesondere eine Verletzung von Art. 2 I GG i.V.m. Art. 20a GG, indem ihnen große CO2-Minderungslasten durch bisher vermeintlich unzureichende Klimaschutzmaßnahmen auferlegt werden würden.[312] Teilweise rügten sie auch Schutzpflichtverletzungen aus Art. 2 II 1 GG und Art. 14 I GG. Die Rüge der Schutzpflichtverletzungen betraf in erster Linie die Bundesländer, die noch keinerlei Maßnahmen in Form von Klimaschutzgesetzen vergleichbar mit der Bundesebene ergriffen hatten.[313]

Das Bundesverfassungsgericht nahm alle elf Verfassungsbeschwerden nicht zur Entscheidung an.[314] In Anknüpfung an den Klimabeschluss betonte es, dass grundsätzlich eine eingriffsähnliche Vorwirkung geltend gemacht werden kann, wenn Klimaschutzmaßnahmen nicht ausreichen und deshalb zu einem späterem Zeitpunkt erhebliche staatliche Freiheitsbeschränkungen erforderlich werden würden.[315] Wie im Klimabeschluss griff das Bundesverfassungsgericht die Figur des Treibhausgasbudgets auf und verdeutlichte anhand dessen, dass das heutige Aufzehren des Budgets Freiheitsbeschränkungen für die Zukunft, in der wenig Budget bleibt, mit sich bringt.[316] Genau ein solches Budget, durch das eine „rechtlich vermittelte eingriffsähnliche Vorwirkung“ auf zukünftige Freiheitsrechte festgestellt werden könnte, existiere nicht für die einzelnen Bundesländer.[317] Weder auf verfassungsrechtlicher Ebene noch auf einfachgesetzlicher Ebene sei eine

311 Siehe dazu auch BVerfG, Beschl. v. 18.01.2022 – 1 BvR 1565/21 u. a., NJW 2022, 844 ff.

312 BVerfG, Beschl. v. 18.01.2022 – 1 BvR 1565/21 u. a., NJW 2022, 844.

313 Verfassungsbeschwerde Geulen & Klinger Rechtsanwälte, 09.09.2021, (Az. 1 BvR 2055/21), S. 44-46; Verfassungsbeschwerde Geulen & Klinger Rechtsanwälte, 09.09.2021, (Az. 1 BvR 2055/21), S. 54 f.; Verfassungsbeschwerde Geulen & Klinger Rechtsanwälte, 09.09.2021, (Az. 1 BvR 2054/21), S. 61-63; Verfassungsbeschwerde Geulen & Klinger Rechtsanwälte, 09.09.2021, (Az. 1 BvR 2058/21), S. 56 f.; Verfassungsbeschwerde Geulen & Klinger Rechtsanwälte, 09.09.2021, (Az. 1 BvR 2056/21), S. 55-57; Verfassungsbeschwerde Geulen & Klinger Rechtsanwälte, 09.09.2021, (Az. 1 BvR 2057/21), S. 54-56.

314 BVerfG, Beschl. v. 18.01.2022 – 1 BvR 1565/21 u. a., NJW 2022, 844 ff.; kritisch zur Entscheidung *Wiedmann*, ZUR 2022, 358 ff.; *Klinger*, ZUR 2022, 577 f.; ebenfalls kritisch und mit Verteilungsvorschlägen für die Landesebene *Erbguth*, DVBl 2022, 1001 ff.

315 BVerfG, Beschl. v. 18.01.2022 – 1 BvR 1565/21 u. a., NJW 2022, 844 f.

316 BVerfG, Beschl. v. 18.01.2022 – 1 BvR 1565/21 u. a., NJW 2022, 844 f.

317 BVerfG, Beschl. v. 18.01.2022 – 1 BvR 1565/21 u. a., NJW 2022, 844, 846.

Reduktionsvorgabe für die Länder enthalten.[318] Schutzpflichten hinsichtlich des Lebens, der körperlichen Unversehrtheit und der Eigentumsfreiheit sah das Bundesverfassungsgericht wie im Klimabeschluss 2021 nicht als verletzt an, da es bundesrechtliche Regelungen gebe.[319]

VII. Verfassungsbeschwerde vom 24.01.2022

Eine weitere Verfassungsbeschwerde, die sich gegen die KSG-Novelle von 2021[320] richtete, wurde in Anlehnung an den Klimabeschluss am 24.01.2022 erhoben.[321] Beschwerdeführende waren neun Minderjährige und junge Erwachsene aus Deutschland, die von der Deutschen Umwelthilfe unterstützt worden sind.

Sie richteten sich gegen § 3 I, II 1, § 3a, § 4 I 1-4, 6, III 1 i.V.m. Anlage 1, 2, 3 KSG und griffen insbesondere die Emissionszulassungen im Zeitraum von 2020 bis 2030 an, die zu hoch seien und sie dadurch in ihren Grundrechten i.V.m. Art. 20a GG verletzten. Außerdem brachten sie vor, dass der Bund keine Vorgaben zur Lastenteilung zwischen den einzelnen Bundesländern treffe und § 3a KSG keinen verbindlichen Pfad für die Senkensteigerung[322] enthalte. Sie strebten eine Verpflichtung der Gesetzgebung zur Festlegung von Reduktionsquoten im KSG nach wissenschaftlichen Treibhausgasbudgetrechnungen an. Zudem sollte die Frage der Lastenteilung zwischen den Bundesländern geregelt werden und verpflichtende Pfade zur Senkensteigerung beschlossen werden.

Diese Beschwerde wies das Bundesverfassungsgericht im Mai 2022 in einem Kammerbeschluss ohne Begründung ab.[323]

---

318 BVerfG, Beschl. v. 18.01.2022 – 1 BvR 1565/21 u. a., NJW 2022, 844, 846.

319 BVerfG, Beschl. v. 18.01.2022 – 1 BvR 1565/21 u. a., NJW 2022, 844, 846.

320 KSG, G. v. 18.08.2021, BGBl. I 3905, siehe oben 2. Teil, D. III. 1. c).

321 Verfassungsbeschwerde Geulen & Klinger Rechtsanwälte, 24.01.2022, (Verfahrensbevollmächtigte Rechtsanwälte und Rechtsanwältinnen Dr. Reiner Geulen, Prof. Dr. Remo Klinger, Dr. Caroline Douhaire LLM und Dr. Silvia Ernst).

322 Senken, wie zum Beispiel Böden oder Wälder, helfen beim Abbau bzw. bei der Speicherung von Treibhausgasen und spielen somit für die Einhaltung der Klimaziele eine große Rolle, siehe dazu *v. Weschpfennig*, in Fellenberg/ Guckelberger, Klimaschutzrecht Kommentar, § 3a KSG, Rn. 1. Gem. § 3a I KSG soll der Beitrag des LULUCF-Sektors zum Klimaschutz gestärkt werden.

323 BVerfG, Beschl. v. 25.05.2022 – 1 BvR 188/22 (juris); kritisch dazu *Klinger*, ZUR 2022, 577 f.

C. Klimaklagen auf europäischer Ebene

Die folgenden Klagen auf europäischer Ebene umfassen zum einen eine Klage gegen die EU selbst und zum anderen Klagen, die sich auf der Ebene einzelner Mitgliedstaaten bzw. der Schweiz abspielten und die zum Teil (mittlerweile) vor dem EGMR anhängig sind.

I. EuG und EuGH – Armando Carvalho et al.

Auf EU-Ebene wurde zunächst vor dem EuG, dann vor dem EuGH eine Klage gegen die EU selbst und ihre Klimaschutzziele geführt (sog. People´s Climate Case). Vor dem EuG bzw. dem EuGH klagten 37 Einzelpersonen aus Deutschland, Italien, Frankreich, Rumänien, Portugal, Fidji und Kenia, die überwiegend im Landwirtschafts- und Tourismussektor tätig sind. Außerdem klagte ein gemeinnütziger Verein (Saminuorra) indigener samischer Jugendlicher. Die indigenen Völker leben insbesondere auf der Kola-Halbinsel in Russland, in Norwegen, Finnland und Nordschweden. Die Kläger*innen wendeten sich gegen die Klimaschutzziele der EU und machten eine Verletzung ihrer Grundrechte (Art. 2, 3, 24, 15, 16, 17, 20 Europäische GR-Charta) geltend.[324]

Die Kläger*innen erhoben zum einen eine Nichtigkeitsklage nach Art. 263 AEUV gegen die „Treibhausgasemissions-Rechtsakte“[325], soweit diese zwischen 2021 und 2030 noch Treibhausgase in Höhe von 80 % des Wertes von 1990 zulassen und soweit die Treibhausgase im Jahr 2030 nur um 40 % gegenüber 1990 sinken.[326] Zudem machten sie Haftungsansprüche gem. Art. 268 und Art. 340 AEUV geltend und wollten erreichen, dass die EU Rechtsakte erlässt, die bis 2030 eine Treibhausgasreduktion gegenüber 1990 in Höhe von 50 % bis 60 % erzielen.[327]

Der EuGH wies die Klage letztinstanzlich am 25.03.2021 zurück, wodurch die erstinstanzliche Entscheidung des EuG aus Mai 2019[328] bestätigt

324 Einleitung des Verfahrens am 23.05.2018 vor dem EuG, Rs. T-330/18; Klage, eingereicht am 23. Mai 2018, Abl. C 285/34, 13.08.2018.

325 Siehe oben, 2. Teil, D. II. 2.; Verordnung (EU) 2018/842 (Klimaschutzverordnung); Verordnung (EU) 2018/841 (LULUCF); Richtlinie (EU) 2018/410 (Emissionshandelsrichtlinie, kurz ETS).

326 Klage, eingereicht am 23. Mai 2018, Abl. C 285/34, 13.08.2018.

327 Siehe dazu Klageschrift People´s Climate Case, 02.07.2018.

328 EuG, Beschl. v. 08.05.2019 – Rs. T-330/18, ECLI:EU:T:2019:324.

wurde.[329] Die Klage scheiterte nach Auffassung der Gerichte an der fehlenden individuellen Betroffenheit der Kläger*innen im Sinne der „Plaumann-Formel", da vom Klimawandel viele Menschen betroffen seien und sich die Kläger*innen nicht von ihnen unterscheiden würden.[330]

II. Hoge Raad Niederlande – NGO Urgenda

Auf Ebene der Mitgliedstaaten gilt eine Klage der niederländischen NGO Urgenda als „Vorreiterin". Der Name der NGO ist zusammengesetzt aus dem englischen Wort „urgente" [dringend] und Agenda und bedeutet so viel wie „Urgent Agenda", wobei sie sich für Umweltschutz einsetzt und Ende 2019 in dritter Instanz[331] erreicht hat, dass der niederländische Staat durch das oberste Zivilgericht zu einer Treibhausgasreduktion um mindestens 25 % bis 2020 gegenüber 1990 verpflichtet wurde.[332] Urgenda vertrat in der Klage die Interessen der niederländischen Bevölkerung und machte geltend, dass der Staat zu wenig unternehme, um den Klimawandel zu verhindern. Der Staat trage für die Emissionen, welche im weltweiten Vergleich übermäßig seien, die Verantwortung und verletze insoweit durch die Rechtswidrigkeit der Emissionen seine Fürsorgepflicht und Art. 2 und Art. 8 EMRK.[333] Gefordert wurde eine Reduktion zwischen 25 % und 40 % bis zum Jahr 2020 gegenüber 1990, um zum Ziel, die Erderwärmung auf 2 Grad zu begrenzen, beizutragen und um ein kosteneffektives Ziel zu haben.[334]

Das Gericht stellte fest, dass die niederländischen Gerichte gem. Art. 93, 94 der niederländischen Verfassung die EMRK anwenden müssen und auch verpflichtet sind, die Auslegung des EGMR zu beachten.[335] Der Hoge

329 EuGH, Urt. v. 25.03.2021 – Rs. C-565/19 P, ECLI:EU:C:2021:252.

330 EuG, Beschl. v. 08.05.2019 – Rs. T-330/18, ECLI:EU:T:2019:324, Rn. 49 ff.; EuGH, Urt. v. 25.03.2021 – Rs. C-565/19 P, ECLI:EU:C:2021:252; kritisch zur Entscheidung *Böhm*, in Kahl/ Ludwigs (Hrsg.), HVwR, Bd. III, § 84, Rn. 98.

331 Urteil der ersten Instanz: Rechtbank Den Haag, Urt. v. 24.06.2015 – C/09/456689 / HA ZA 13-1396, ECLI:NL:RBDHA:2015:7196 (englische Version); Urteil der zweiten Instanz: Gerechtshof Den Haag, Urt. v. 09.10.2018 – 200.178.245/01, ECLI:NL:GHDHA:2018:2610 (englische Version).

332 Hoge Raad, Urt. v. 20.12.2019 – 19/00135, ECLI:NL:HR:2019:2007 (englische Version); siehe ausführlich zur Entscheidung *Stürmlinger,* EurUP 2020, 169, 170 ff.

333 Hoge Raad, Urt. v. 20.12.2019 – 19/00135, ECLI:NL:HR:2019:2007, 2. (b) 2.2.1, 2.2.2.

334 Hoge Raad, Urt. v. 20.12.2019 – 19/00135, ECLI:NL:HR:2019:2007, 2.2.1, 2.2.2.

335 Hoge Raad, Urt. v. 20.12.2019 – 19/00135, ECLI:NL:HR:2019:2007, 5.6.1.

Raad berief sich auf Rechtsprechung des EGMR, wonach Art. 2 EMRK zu Maßnahmen verpflichten könne, wenn eine ernsthafte und unmittelbar bevorstehende Gefahr[336] droht, die Personen direkt betrifft, wobei auch Langzeitrisiken erfasst sind.[337] Art. 8 EMRK verpflichte dazu, Maßnahmen zu ergreifen, die Personen vor möglichen ernsthaften Schäden ihrer Umwelt schützen.[338] Der Schutz könne auch für die Bevölkerung als Ganze und präventiv gelten.[339]

Aus diesen Voraussetzungen schließt der Hoge Raad, dass Maßnahmen gegen die Gefahren des Klimawandels getroffen werden müssten, da durch den Klimawandel eine Gefahr für das Leben und das Wohlergehen der Niederländer drohe und Teile der Niederlande aufgrund eines steigenden Meeresspiegels unbewohnbar werden könnten.[340] Die Tatsache, dass es sich um ein globales Problem handelt, spreche nicht gegen die Bekämpfung des Klimawandels, sondern führe dazu, dass die Niederlande ihren Teil („its part") übernehmen müssen.[341] Hinsichtlich der Höhe der Reduktionsziele berief sich das Gericht auf den Konsens in der internationalen Gemeinschaft.[342]

Das Gericht ging zudem auf den Vorwurf ein, es sei nicht berechtigt, zur Gesetzgebung zu verpflichten und politische Überlegungen anzustellen.[343] Der Hoge Raad entschied, er könne Verpflichtungen aufgrund von Rechtsverletzungen aller Parteien feststellen, auch von Regierungen und berief sich dabei auf einen effektiven Rechtsschutz und ging darauf ein, dass er keine konkreten Maßnahmen vorgeschlagen habe, sondern die Verwirklichung des Ziels die alleinige Entscheidung des Staates sei.[344] Das Gericht

336 Der englische Wortlaut ist „real and immediate risk", wobei die Wörter als „genuine and imminent risk" verstanden werden sollen und „immediate" nicht meint, dass das Risiko innerhalb kurzer Zeit auftreten muss, sondern eher meint, dass Personen direkt bedroht sein müssen (5.2.2).

337 Hoge Raad, Urt. v. 20.12.2019 – 19/00135, ECLI:NL:HR:2019:2007, 5.6.1. mit Verweis auf 5.2.2.

338 Hoge Raad, Urt. v. 20.12.2019 – 19/00135, ECLI:NL:HR:2019:2007, 5.2.3, wobei der englische Wortlaut „possible serious damage" ist.

339 Hoge Raad, Urt. v. 20.12.2019 – 19/00135, ECLI:NL:HR:2019:2007, 5.3.1, 5.3.2.

340 Hoge Raad, Urt. v. 20.12.2019 – 19/00135, ECLI:NL:HR:2019:2007, 5.5.2.

341 Hoge Raad, Urt. v. 20.12.2019 – 19/00135, ECLI:NL:HR:2019:2007, 5.7.1.

342 Hoge Raad, Urt. v. 20.12.2019 – 19/00135, ECLI:NL:HR:2019:2007, 7.2.7.

343 Argumentation der Regierung, Hoge Raad, Urt. v. 20.12.2019 – 19/00135, ECLI:NL:HR:2019:2007, 8.1.

344 Hoge Raad, Urt. v. 20.12.2019 – 19/00135, ECLI:NL:HR:2019:2007, 8.2.1 ff.

könne aber überprüfen, ob sich Regierung und Parlament an den Rahmen halten, der ihnen durch Art. 2 und Art. 8 EMRK aufgegeben wird.[345]

III. Erfolgreiche Klagen in einzelnen Mitgliedstaaten

Neben diesem besonders bekannten niederländischen Urteil gibt es in vielen weiteren Mitgliedstaaten Urteile, die auf mehr Klimaschutz hinwirken. So verpflichtete der irische High Court die irische Regierung zur Verabschiedung eines neuen und genaueren Klimaplans 2050, nachdem die Organisation „Friends of the Irish Environment“ geklagt hatte.[346] Auch in Frankreich entschied das Verwaltungsgericht in Paris am 03.02.2021 nach Klagen von Umweltschutzorganisationen aus 2019, dass der Staat zumindest teilweise für fehlenden Klimaschutz die Verantwortung trage.[347] Am 15.06.2022 hatte eine erste Klimaklage in Tschechien Erfolg, nachdem ein Prager Gericht die Verletzung des Rechts auf eine positive Umwelt feststellte, indem es unterlassen wird, Treibhausgase bis 2030 um 55 % gegenüber 1990 zu reduzieren.[348]

IV. EGMR – „KlimaSeniorinnen Schweiz“

Neben Klagen innerhalb der Mitgliedstaaten sind mittlerweile drei Klimaklagen vor dem EGMR anhängig. Der Verein „KlimaSeniorinnen Schweiz“ klagte erfolglos in der Schweiz auf die Erhöhung der Schweizer Klimaziele und zog daraufhin 2020 vor den EGMR.[349] Er bringt die vergangene, gegenwärtige und zukünftige besondere Betroffenheit der Gesundheit älterer Frauen durch klimawandelbedingte Hitze vor.[350] Die Frauen tragen eine Verletzung von Art. 2 und Art. 8 EMRK vor, weil die

345 Hoge Raad, Urt. v. 20.12.2019 – 19/00135, ECLI:NL:HR:2019:2007, 8.3.1.

346 Siehe dazu näher unter http://climatecasechart.com/non-us-case/friends-of-the-irish-environment-v-ireland/.

347 Zitiert nach https://rsw.beck.de/aktuell/daily/meldung/detail/franzoesisches-gericht-staat-verantwortlich-fuer-klima-versaeumnisse.

348 Siehe dazu *Zuffová-Kuncová/ Kovalcík*, Verfassungsblog 03.09.2022.

349 Beschwerde Nr. 53600/20 Verein KlimaSeniorinnen Schweiz und andere gegen Schweiz an den Europäischen Gerichtshof für Menschenrechte, 26.11.2020.

350 Beschwerde Nr. 53600/20 Verein KlimaSeniorinnen Schweiz und andere gegen Schweiz an den Europäischen Gerichtshof für Menschenrechte, 26.11.2020, Rn. 6-13.

Klimaziele der Schweiz weder das überholte 2 Grad-Ziel, noch das 1,5 Grad-Ziel erreichen könnten.[351] Zudem werden bereits die ungenügenden Ziele nicht eingehalten.[352]

V. EGMR – Portugiesische Jugendliche

Eine weitere, vor dem EGMR anhängige Klage, stammt von sechs portugiesischen Jugendlichen aus dem Jahr 2020, die 33 Länder, unter ihnen Deutschland, wegen unzulänglicher Klimaschutzziele verklagten.[353] Auch sie bringen in erster Linie eine Verletzung von Art. 2 und Art. 8 EMRK vor und wollten erreichen, dass die Staaten strengere Reduktionsmaßnahmen ergreifen.

VI. EGMR – Deutsches Klimaschutzgesetz

Seit Oktober 2022 ist auch eine Klimaklage von deutschen Jugendlichen und jungen Erwachsenen vor dem EGMR anhängig, da das Bundesverfassungsgericht alle Verfassungsbeschwerden gegen das KSG abgewiesen hat und die Beschwerdeführenden das KSG weiterhin für unzureichend halten.[354] Die Beschwerdeführenden tragen zum einen eine Verletzung von Art. 2 und 8 EMRK durch unzureichenden Schutz vor Gefahren des Klimawandels vor, da das KSG nicht mit dem Pariser Klimaabkommen vereinbar sei.[355] Zudem machen sie eine Verletzung von Art. 8 EMRK in seiner „freiheitsrechtlichen Dimension" geltend, da das KSG eine eingriffsähnliche Vorwirkung durch Zulassung von CO2-Emissionen „auf die durch die

351 Beschwerde Nr. 53600/20 Verein KlimaSeniorinnen Schweiz und andere gegen Schweiz an den Europäischen Gerichtshof für Menschenrechte, 26.11.2020, Rn. 14-21, 32-40.

352 Beschwerde Nr. 53600/20 Verein KlimaSeniorinnen Schweiz und andere gegen Schweiz an den Europäischen Gerichtshof für Menschenrechte, 26.11.2020, Rn. 22.

353 Dazu LTO 03.09.2020, abrufbar unter www.lto.de/recht/nachrichten/n/egmr-umwetschutz-klimaziele-klage-portugal-waldbraende-kinder-jugendliche/; das "European Court of Human Rights – Application form" ist abrufbar unter https://youth4climatejustice.org/wp-content/uploads/2020/12/Application-form-annex.pdf.

354 Zu den Verfassungsbeschwerden in diesem Teil B.

355 *Klinger*/ DUH, EGMR Beschwerdebegründung, Rn. 28 ff., 44 ff.

EMRK umfassend geschützte zukünftige Freiheit der Beschwerdeführenden [entfalte], ohne dass hierfür eine Rechtfertigung besteht".[356]

D. Fazit und Zusammenfassung

Aufgezeigt werden konnte zunächst, wie viel Bewegung in den sog. Klimaklagen alleine im Öffentlichen Recht ist.

Auf der verwaltungsrechtlichen Ebene sind nach derzeitigem Stand Klagen von Umweltverbänden vor dem OVG-Berlin-Brandenburg anhängig, die sich auf die Einhaltung der Klimaziele beziehen. Das Verfassungsrecht steht in diesen Verfahren jedoch nicht im Mittelpunkt. Ob die Verfassung aber zukünftig Einfluss auf verwaltungsrechtliche Verfahren haben kann, ähnlich wie es vor dem VG Berlin geltend gemacht wurde, wird im weiteren Verlauf dieser Arbeit noch untersucht werden. Vor dem VG Berlin führten die vorgebrachten Beeinträchtigungen nicht zum Erfolg der Klage.

Vor dem Bundesverfassungsgericht sind mittlerweile – soweit ersichtlich – keine Klimaklagen mehr anhängig. Bislang ging es um die Klimaziele an sich, nicht um deren Einhaltung. Wie die verfassungsgerichtlichen Entscheidungen zu bewerten sind, wird eine große Rolle im weiteren Verlauf dieser Arbeit spielen. Grundsätzlich aber wurde gerichtlich anerkannt, dass unzureichender Klimaschutz verfassungsrechtlich garantierte Güter beeinträchtigen kann.

Von Interesse für die verfassungsrechtliche Ebene sind zudem die vorgestellten Verfahren vor dem EGMR. Durch die Rechtsprechung des Bundesverfassungsgerichts gilt die EMRK auf Ebene des einfachen Bundesrechts.[357] Die Gerichte sind nach Art. 20 III GG verpflichtet, die EGMR-Rechtsprechung zu berücksichtigen. Sollte es im Rahmen der Klimaklagen durch den EGMR weitreichendere Entscheidungen geben, kann das auch Einfluss auf Gerichte in Deutschland und das KSG haben.[358]

Eine Klage gegen die EU ist gescheitert, wodurch mit weitergehenden klimaschutzrechtlichen Impulsen seitens der EuGH-Rechtsprechung in nächster Zeit nicht zu rechnen ist.

---

356 *Klinger*/ DUH, EGMR Beschwerdebegründung, Rn. 55 ff.

357 BVerfGE 82, 106, 114.

358 Bisher ging die Rechtsprechung des EGMR nicht über die Rechtsprechung des BVerfG hinaus, *Durner*, in Herdegen/ Masing/ Poscher/ Gärditz (Hrsg.), VerfassungsR-HdB, § 26, Rn. 59.

4. Teil: Klimaschutz durch Abwehr- und/oder Schutzfunktion der Grundrechte?

Im Mittelpunkt dieser Arbeit steht die Frage, welche Vorgaben für Klimaschutz aus der Verfassung folgen und damit auch ob bzw. in welchem Umfang Einzelnen ein verfassungsrechtlicher Anspruch auf Klimaschutz zusteht. Anlass gaben die vorgestellten Klimaklagen, in denen verfassungsrechtliche Verletzungen vorgetragen wurden. Vor etwa zehn Jahren hat die globale Erwärmung auf verfassungsrechtlicher Ebene noch kaum eine Rolle gespielt.[359] Das hat sich heute stark verändert.

Bevor die einzelnen verfassungsrechtlichen Normen auf ihren konkreten materiell-rechtlichen Klimaschutzgehalt hin untersucht werden (Teil 5), wird in diesem Teil der grundlegenden Frage nachgegangen, inwieweit Klimaschutz in Form der Treibhausgasreduktion durch die grundrechtliche Abwehr- und/ oder die grundrechtliche Schutzfunktion gewährt wird. Es wurde bereits anhand der vorgestellten Klagen und Beschwerden ersichtlich, dass vor den Gerichten beide Wege beschritten wurden. In der Literatur gab es ebenfalls Diskussionen über die beiden Möglichkeiten. Nach dem Klimabeschluss des Bundesverfassungsgerichts im Jahr 2021 wurde darüber diskutiert, ob der gewählte Weg des Gerichts richtig war und wie die neue Konstruktion der intertemporalen Freiheitssicherung dogmatisch einzuordnen ist.

Generell handelt es sich bei den Funktionen der Grundrechte um ein sehr weites Feld mit vielen ungeklärten Streitigkeiten. Zu vielen der Streitgegenstände gibt es eigene Schriften.[360] Diese Arbeit stellt nicht den Anspruch, Antworten auf die dogmatischen Streitigkeiten zu finden. Vielmehr wird nur ein Überblick über die Grundstrukturen gegeben, um diese im Anschluss auf den Klimawandel anwenden zu können.

Grundsätzlich stehen die Grundrechte nach herkömmlichem Verständnis den Bürger*innen zu, um Eingriffe des Staates in die Grundrechte ab-

359 Siehe *Stern*, DÖV 2010, 241, 245.

360 Siehe zu der Abwehrfunktion *Poscher*, Grundrechte als Abwehrrechte; siehe zu den Schutzpflichten im Umweltrecht ausführlich etwa *Weinrich,* Die grundrechtlichen Umweltschutzpflichten des Staates.

wehren zu können[361], was auch als ihre „Grund- oder Urfunktion" bezeichnet werden kann.[362] Daneben ist mittlerweile überwiegend anerkannt, dass neben dem Schutz vor dem Staat auch eine Schutzfunktion der Grundrechte besteht, durch die der Staat bei Eingriffen Dritter zum Schutz von Rechtsgütern verpflichtet ist.[363]

Zunächst wird im Folgenden auf die abwehrrechtliche Funktion der Grundrechte (A.) und ihre Herkunft (I.) und die problematischen Aspekte der Funktion im Zusammenhang mit dem Klimawandel eingegangen (II.). Anschließend werden verschiedene Zurechnungsmöglichkeiten diskutiert (III.) und auch der Klimabeschluss 2021 wird in diesem Zusammenhang eingeordnet. Es folgt ein Fazit zur abwehrrechtlichen Funktion der Grundrechte und dem Klimaschutz (IV.).

In einem zweiten Schritt (B.) geht es um die Rolle der Schutzpflichtfunktion der Grundrechte für den Klimaschutz. Es wird ebenfalls zunächst auf die Herleitung in der Rechtsprechung des Bundesverfassungsgerichts eingegangen (I.) und darauf, inwiefern aus ihrer Verletzung ein subjektives Recht folgen kann (II.). Strittig ist insbesondere, in welchem Umfang Schutzpflichtverletzungen gerichtlich überprüft werden können. Es erfolgt deshalb eine Untersuchung der bisherigen Schutzpflichtenrechtsprechung des Bundesverfassungsgerichts im Umweltrecht vor dem Klimabeschluss 2021 (III.), um damit zusammenhängend die verschiedenen Prüfungsmaßstäbe aufzugreifen und einen gerichtlichen Prüfungsmaßstab für den Klimaschutz zu entwickeln (IV.).

A. Umfang des Klimaschutzes durch die abwehrrechtliche Grundrechtsfunktion

Die Bürger*innen können sich nach dem klassischen Grundrechtsverständnis durch die Abwehrfunktion der Grundrechte auch im Bereich des Umweltrechts gegen den Staat wenden, wenn dieser eine konkrete Rechtsposition, die durch Grundrechte geschützt ist, durch ein zurechenbares und

361 BVerfGE 7, 198, 204.

362 *Dietlein*, Die Lehre von den grundrechtlichen Schutzpflichten, S. 34 m.w.N.; kritisch hinsichtlich des klassisch-liberalen Verständnisses *Ekardt*, Theorie der Nachhaltigkeit, S. 260 ff. m.w.N.; ebenfalls kritisch *Kalis*, Justitiabler Klimaschutz in Deutschland, S. 117 ff.

363 Aus der Rspr. insbesondere BVerfGE 39, 1; auf die Schutzfunktion der Grundrechte wird im nächsten Abschnitt B eingegangen.

kausales Verhalten verletzt.[364] Der Staat darf im Allgemeinen aktiv nicht so handeln, dass Grundrechte verletzt werden, wie beispielsweise durch exzessives Polizeiverhalten.[365] Im Umweltrecht ist die abwehrrechtliche Grundrechtsfunktion etwa bei dem Bau von Autobahnen oder dem Betrieb von Müllverbrennungsanlagen denkbar.[366]

I. Herkunft der abwehrrechtlichen Funktion

Das Bundesverfassungsgericht begründet die Hauptfunktion mit „der geistesgeschichtlichen Entwicklung der Grundrechtsidee [so]wie [...] den geschichtlichen Vorgängen, die zur Aufnahme von Grundrechten in die Verfassung der einzelnen Staaten geführt haben."[367] Das Bundesverfassungsgericht stellt dazu auf die Idee von Freiheit und Gleichheit des 18. Jahrhunderts ab, deren „Grundgedanke [...] der Schutz des Einzelnen gegen den als allmächtig und willkürlich gedachten Staat" war.[368] Es geht somit darum, dass der Mensch vor der staatlichen Gewalt geschützt werden soll und Möglichkeiten hat, rechtswidrige Eingriffe staatlicherseits abwehren zu können.[369] Die Funktion geht zurück auf ein Verständnis, nachdem insbesondere Schutz vor dem Staat nötig ist, um Bürger*innen Freiheit zu gewähren.[370] Diese Abschirmung vor der Staatsgewalt gewährleistet zudem das Selbstbestimmungsrecht des Menschen, das ihm durch die Menschenwürdegarantie gewährt wird.[371]

II. Problematische Aspekte in Bezug auf den Klimawandel

Mittlerweile gehen Gefahren für Freiheitsrechte nicht mehr nur vom Staat aus, vielmehr gibt es immer öfter Bedrohungen durch Private.[372] Auch im

364 *Kahl/ Gärditz*, Umweltrecht, § 3, Rn. 16.
365 *Isensee*, in Isensee/ Kirchhof (Hrsg.), HStR, Bd. IX, § 191, Rn. 1.
366 *Steinberg*, NJW 1996, 1985, 1986.
367 BVerfGE 7, 198, 204 f.
368 BVerfGE 1, 97, 104.
369 Siehe zur geschichtlichen Entwicklung dieser Idee ausführlicher *Stern*, DÖV 2010, 241 f.
370 Vgl. BVerfGE 1, 97, 104.
371 Vgl. *Gärditz*, in Landmann/ Rohmer, Umweltrecht, Art. 20a GG, Rn. 73 m.w.N.
372 *Rixen*, in Sachs, GG, Art. 2, Rn. 24; siehe etwa zu den Folgen der Digitalisierung *Papier*, NJW 2017, 3025, 3026 f.; siehe zum Leerlaufen der abwehrrechtlichen Funkti-

Umweltrecht gehen viele Umweltbelastungen wie beispielsweise der Treibhausgasausstoß ebenfalls ganz überwiegend von Privaten und nicht vom Staat selbst aus[373], was einen abwehrrechtlichen Anspruch etwa hinsichtlich Gesundheits- oder Eigentumsschäden grundsätzlich ausschließt, da die Ursache des Schadens nicht in staatlichem Handeln liegt.[374] So wurde zumindest vor dem Klimabeschluss 2021 des Bundesverfassungsgerichts oft vorgebracht, die abwehrrechtliche Funktion der Grundrechte helfe im Bereich des Klimaschutzes und auch der Klimaklagen nicht weiter.[375] Es komme vielmehr auf die Schutzfunktion der Grundrechte an, um beispielsweise die körperliche Unversehrtheit oder das Eigentum vor den Folgen des Klimawandels zu schützen.[376]

Es werden aber seit langem einige Möglichkeiten diskutiert, wie auch private Störungen bzw. Gefährdungen von Freiheitsrechten dem Staat abwehrrechtlich zugerechnet werden können. Auch in der Klimaklage vor dem VG Berlin wurde versucht, Klimaschutz über die abwehrrechtliche Funktion einzuklagen. Zudem bringt der Klimabeschluss des Bundesverfassungsgerichts neue Impulse für diese Diskussion.[377] Insofern wird im Folgenden auf vorgebrachte Möglichkeiten eingegangen, wie private Belastungen dem Staat zugerechnet werden könnten (1. und 2.). Diese Möglichkeiten werden diskutiert und es wird ein kurzes Zwischenfazit gezogen (3. und 4.). Der Klimabeschluss des Bundesverfassungsgerichts wird anschließend in diese Diskussion eingeordnet (5.).

---

on auch *Volkmann*, in Herdegen/ Masing/ Poscher/ Gärditz (Hrsg.), VerfassungsR-HdB, § 16, Rn. 51 m.w.N.

373 Die insgesamt in Deutschland anfallenden Treibhausgas-Emissionen lassen sich auf sechs Sektoren aufteilen und machen folgende Anteile (in 2021) an den Gesamtemissionen aus: Energiewirtschaft (32 % der Gesamtemissionen), Industrie (24 % der Gesamtemissionen), Verkehr (19 % der Gesamtemissionen), Gebäude (15 % der Gesamtemissionen), Landwirtschaft (8 % der Gesamtemissionen), Abfall- und Kreislaufwirtschaft (1 % der Gesamtemissionen), zu den Zahlen BMWK, Klimaschutz in Zahlen, S. 22 ff.

374 Siehe dazu auch *Bickenbach*, in FS Dörr, S. 135, 138; *Kahl/ Gärditz*, Umweltrecht, § 3, Rn. 16.

375 Siehe etwa *Buser*, DVBl 2020, 1389, 1392; *Bickenbach*, JZ 2020, 168, 170; *Winkler*, Klimaschutzrecht, S. 76 f.; *Voßkuhle*, NVwZ 2013, 1, 6; *Kahl*, JURA 2021, 117, 118 f.

376 Die Schutzpflichten in Bezug auf den Klimawandel standen vor dem Klimabeschluss des BVerfG im Mittelpunkt der Diskussion, siehe etwa *Groß*, NVwZ 2020, 337 ff.; *Kahl*, JURA 2021, 117 ff.; *Meyer*, NJW 2020, 894 ff.; *Stürmlinger*, EurUP 2020, 169 ff.; *Voland*, NVwZ 2019, 114 ff.; ausführlich zu Schutzpflichten in Abschnitt B.

377 Im Einzelnen wird auf die Auswirkungen des Klimabeschlusses in Bezug auf einzelne Grundrechte in Teil 5 eingegangen.

III. Zurechnungsmöglichkeiten

1. Staat als Verantwortlicher durch Genehmigungen und Unterlassen

Seit langem existieren Auffassungen, die auch im Rahmen der „verfassungsrechtlichen Klimaschutzdiskussion" immer wieder aufgegriffen werden[378], die die von Privaten ausgehenden Belastungen dem Staat zurechnen, da dieser sie zulässt.[379]

Im Umweltrecht erfolge die Zurechnung daraus, dass der Staat Rechtsgrundlagen schaffe und darauf beruhende Genehmigungen erteile, wodurch er Risiken zulasse.[380] Zum anderen sollen ihm auch nicht verbotene Tätigkeitsfolgen zugerechnet werden, da das nicht-Verbieten (Unterlassen) wie eine Erlaubnis wirke.[381] Der Eingriff in Freiheitsrechte anderer sei darin zu sehen, dass der Staat Verpflichtungen zur Duldung von Eingriffen auferlege.[382] Grundlage dieser Auffassung ist die Annahme, dass der Staat das Gewaltmonopol trage und es den Menschen dadurch verboten sei, sich selbst zu wehren, weswegen sie den Eingriff hinnehmen müssten.[383]

Zur Begründung dieser Ansicht wird auch auf die Mühlheim-Kärlich Entscheidung des Bundesverfassungsgerichts abgestellt.[384] In dieser Entscheidung von 1979 hat das Bundesverfassungsgericht entschieden, dass der Staat eine Mitverantwortung für die Gefahren eines Kernkraftwerks trägt, da „ein Kernkraftwerk trotz des in ihm verkörperten außerordentlichen Gefährdungspotentials im Allgemeininteresse an der Energieversorgung

---

378 Siehe statt vieler *Kahl,* JURA 2021, 117, 118.

379 Grundlegend *Schwabe*, Probleme der Grundrechtsdogmatik, S. 213 ff.; *Murswiek,* Die staatliche Verantwortung, S. 62 ff., 91 ff.; zu beidem ausführlicher *Dietlein*, Die Lehre von den grundrechtlichen Schutzpflichten, S. 35 ff.; dazu auch *Isensee*, in Isensee/ Kirchhof (Hrsg.), HStR, Bd. IX, § 191, Rn. 256 ff.

380 *Murswiek,* Die staatliche Verantwortung, S. 62 ff., 88 ff.; zum Eingriffscharakter staatlicher Genehmigungen *Lübbe-Wolff*, Die Grundrechte als Eingriffsabwehrrechte, S. 178 ff.; an die Klima-Situation anknüpfend *Ekardt/ Heß*, ZUR 2021, 579, 581; siehe zur Problematik auch *Weinrich*, Die grundrechtlichen Umweltschutzpflichten des Staates, S. 175 ff.

381 *Murswiek*, Die staatliche Verantwortung, S. 64 ff.

382 *Murswiek,* Die staatliche Verantwortung, S. 91 m.w.N.; *Winkler,* Klimaschutzrecht, S. 79 m.w.N.

383 *Murswiek,* Die staatliche Verantwortung, S. 62 ff., 93.

384 Siehe dazu auch *Dietlein*, Die Lehre von den grundrechtlichen Schutzpflichten, S. 35 f.

genehmigt“ werde und Bürger*innen keinen Einfluss auf die Gefahren für ihre Rechtsgüter nehmen könnten.[385]

An die vorgestellten Argumentationsmuster anlehnend[386] begründeten die Kläger*innen vor dem VG Berlin 2018[387] einen mittelbar-faktischen Grundrechtseingriff. Sie brachten vor, dass die Bundesrepublik Deutschland nicht selbst emittiere, sondern Dritten durch das Nicht-Einhalten des Klimaschutzziels 2020 weitere Emissionen ermögliche.[388]

Sie griffen für ihre Begründung auch auf eine Entscheidung des Bundesverfassungsgerichts zur Stationierung amerikanischer Atomwaffen in Deutschland[389] zurück.[390] In dem Verfahren brachte die Beschwerdeführerin vor, dass sie durch das Stationieren von US-Atomwaffen auf einem Luftwaffenstandort in Rheinland-Pfalz möglicherweise Terrorangriffen ausgesetzt sein könnte, was ihre Grundrechte verletze. Sie wollte erreichen, dass die USA ihre Atomwaffen abziehen. Das Bundesverfassungsgericht führte in der Entscheidung aus, dass es für einen Grundrechtseingriff einen zurechenbaren Eingriff braucht und dass Grundrechtseingriffe nicht nur final, sondern auch mittelbar und faktisch erfolgen können, wenn sie „in Zielsetzung und Wirkung“ mit diesen vergleichbar sind.[391] Bei Gefährdungen durch Dritte oder durch komplexe Geschehensabläufe müsse die Beeinträchtigung zur Annahme eines mittelbaren und faktischen Eingriffs für den Staat eine „vorhersehbare Folge“ sein und „zumindest in Kauf“ genommen werden.[392] „Ist er aus rechtlichen oder tatsächlichen Gründen gehindert, auf den Geschehensablauf Einfluss zu nehmen, kann ihm dieser verfassungsrechtlich nicht als Folge eigenen Verhaltens zugerechnet werden“, wobei die Grenze der Verantwortung bei fremder Macht liege.[393] Einen mittelbar-faktischen Eingriff verneinte das Gericht daraufhin, da das Risiko für die von der Beschwerdeführerin vorgebrachten befürchteten

385 BVerfGE 53, 30, 58.

386 So etwa *Buser* DVBl 2020, 1389, 1392. Man kann im Argumentationsmuster vor dem VG Berlin zumindest dann eine Anlehnung an die abwehrrechtliche Lösung sehen, wenn man das Klimaschutzziel und dessen Aufgeben als „Zulassung“ (nicht im genehmigungsrechtlichen Sinn) von weiteren Treibhausgasemissionen sieht.

387 Dazu 3. Teil, A. I.

388 Klageschrift Rechtsanwälte Günther, 25.10.2018, S. 77 ff.

389 BVerfG, Beschl. v. 15.03.2018 – 2 BvR 1371/13, NVwZ 2018, 1224 ff.

390 Klageschrift Rechtsanwälte Günther, 25.10.2018, S. 80 ff.

391 BVerfG, Beschl. v. 15.03.2018 – 2 BvR 1371/13, NVwZ 2018, 1224 f.

392 BVerfG, Beschl. v. 15.03.2018 – 2 BvR 1371/13, NVwZ 2018, 1224 f.

393 BVerfG, Beschl. v. 15.03.2018 – 2 BvR 1371/13, NVwZ 2018, 1224 f.

terroristischen Angriffe auf die in Deutschland stationierten Atomwaffen dem deutschen Staat nicht zugerechnet werden könne.[394]

Die Konstruktion eines mittelbar-faktischen Eingriffs wurde in der ersten auf deutscher Ebene entschiedenen Klimaklage vom VG Berlin abgelehnt, da auch die Treibhausgasemissionen dem Staat nicht zurechenbar seien.[395] Das VG Berlin betonte dabei die Wichtigkeit der dogmatischen Trennung von Abwehr und Schutz und sah keinen Ansatzpunkt, die Eingriffe des Staates weiter zu fassen.[396]

Vergleicht man die Atomwaffen-Stationierung mit den ausgestoßenen Treibhausgasen, zeigen sich erhebliche Unterschiede in Bezug auf die zu verantwortende Gefährdung. Es ist in der Sache etwas völlig anderes, ob der Staat ein potentielles Risiko eines terroristischen Anschlags tragen soll, der möglicherweise erfolgen kann, oder ob der Staat die Verantwortung für Treibhausgasemissionen übernehmen soll, die definitiv ausgestoßen werden und für die der Staat Rechtsgrundlagen schafft, deren Ausstoß also für den Staat vorhersehbar ist. Zudem ist der Staat in Bezug auf die Treibhausgase auch rechtlich und tatsächlich nicht gehindert, Einfluss zu nehmen, sodass sich zeigt, dass die beiden Fälle inhaltlich sehr weit auseinanderliegen und die Voraussetzungen, die das Bundesverfassungsgericht in der Atomwaffen-Entscheidung aufstellte, grundsätzlich auf den Klimawandel übertragbar wären.

Das VG Berlin griff jedoch zur Ablehnung des mittelbar-faktischen Eingriffs in seiner Begründung auf eine Entscheidung des Bundesverfassungsgerichts von 1998 hinsichtlich der sog. Waldschäden zurück.[397] Die Entscheidung betrifft ein Vorgehen einer Privatperson in den 80er- und 90er Jahren gegen die Bundesregierung und das Land Baden-Württemberg.[398] Der Beschwerdeführer, der die Klage vorinstanzlich vor den Zivilgerichten führte, verlangte zunächst Schadensersatz[399] und machte dann eine

394 BVerfG, Beschl. v. 15.03.2018 – 2 BvR 1371/13, NVwZ 2018, 1224, 1227.

395 VG Berlin, Urt. v. 31.10.2019, Az.10 K 412.18.

396 VG Berlin, Urt. v. 31.10.2019, Az.10 K 412.18, Rn. 67 (juris).

397 VG Berlin, Urt. v. 31.10.2019, Az.10 K 412.18, Rn. 66 (juris).

398 Neben dieser Entscheidung gibt es weitere Rechtsprechung im Bereich der sog. Waldschäden, worauf im Rahmen der Schutzpflichtenrechtsprechung im Umweltrecht unter B. III. 2. vertieft eingegangen wird. Auch die hier angesprochene Entscheidung des BVerfG von 1998 ist zusätzlich hinsichtlich der Schutzpflichten relevant und wird deshalb erneut unten aufgegriffen. An dieser Stelle ist die Entscheidung von 1998 nur für die fehlende abwehrrechtliche Zurechnung relevant.

399 Das letztinstanzliche Urteil des BGH erging erfolglos am 10.12.1987, BGHZ, 102, 350 ff.

Verletzung von Art. 14 I GG geltend. Er war Eigentümer eines Wirtschaftswaldes, welcher seine Existenz sicherte, der aber durch großräumige Luftverschmutzung aller Art, insbesondere durch Private, in den Jahren 1983 bis 1985 erhebliche Schäden erlitt.[400] Die Verfassungsbeschwerde scheiterte unter anderem daran, dass „ein dem Staat verfassungsrechtlich zurechenbarer Eingriff in geschütztes Eigentum nicht vorliegt."[401] Zudem gewährten die Grundrechte keinen Schutz gegen solche „Einwirkungen, die sich maßgeblich aus den grundrechtlichen Freiheiten der Bürger ergeben".[402]

Das VG Berlin führte unter Verweis auf die Rechtsprechung des Bundesverfassungsgerichts aus, dass zwar auch mittelbar faktische Beeinträchtigungen Grundrechte verletzen könnten, dass jedoch die von deutschem Boden ausgehenden Treibhausgase dem Staat nicht zurechenbar seien, da die „staatliche Präventivkontrolle der mit dem Ausstoß von Luftschadstoffen verbundene Techniknutzung [...] nicht als Anknüpfungspunkt für eine eigenverantwortliche Mitverantwortung des Staates für die Folgen der allgemeinen Luftverunreinigung dienen" könne.[403]

Somit wurde die bundesverfassungsgerichtliche Waldschadens-Entscheidung von 1998 auf den Klimaschutz übertragen und ein Grundrechtseingriff mangels Zurechenbarkeit der Emissionen vom VG Berlin abgelehnt.[404]

2. Staat als Zweckveranlasser

Eine weitere, ähnliche Zurechnungsmöglichkeit im Zusammenhang mit dem Klimaschutz, die zumindest im Verkehrssektor in der Literatur vorgebracht wird, ist die Figur des Zweckveranlassers. Der Staat schaffe insbesondere durch Straßen eine Infrastruktur, deren bestimmungsgemäßer Gebrauch zu immerhin 20 % der in Deutschland ausgestoßenen Treibhausgase führe, wodurch ein Eingriff angenommen werden könnte.[405] Diese

400 BVerfG, Beschl. v. 26.05.1998 – 1 BvR 180-88, NJW 1998, 3264 ff.
401 BVerfG, Beschl. v. 26.05.1998 – 1 BvR 180-88, NJW 1998, 3264 f.
402 BVerfG, Beschl. v. 26.05.1998 – 1 BvR 180-88, NJW 1998, 3264 f.
403 VG Berlin, Urt. v. 31.10.2019, Az.10 K 412.18, Rn. 66 (juris).
404 Siehe VG Berlin, Urt. v. 31.10.2019, Az.10 K 412.18, Rn. 66 (juris).
405 *Buser*, NVwZ 2020, 1253, 1254 f., der darauf verweist, dass dem Staat als Zweckveranlasser auch Immissionen von Altglas Containern und Sportstätten zugerechnet werden; *Buser,* DVBl 2020, 1389, 1392; ohne den Begriff des Zweckveranlassers zu verwenden für die Verantwortlichkeit des Staates von Immissionen des Verkehrs bereits *Murswiek*, Die staatliche Verantwortung, S. 60; *Dietlein*, Die Lehre von den grundrechtlichen Schutzpflichten, S. 99 m.w.N.; zu diesem Thema geht etwa der

Konstruktion wird jedoch letztendlich abgelehnt[406], da vom Verkehrssektor nur ein Teil deutscher Treibhausgase ausgehe und die Kausalität zwischen dem Ausstoß und einzelnen Verletzungen fraglich sei.[407]

Die Figur des Zweckveranlassers existiert bereits seit über 100 Jahren und wird meist im Rahmen des Polizeirechts relevant.[408] Von einem Zweckveranlasser wird gesprochen, wenn jemand die öffentliche Sicherheit willentlich oder durch unvermeidbare Konsequenz gefährdet bzw. stört oder „wenn das Verhalten, das die Störung durch Dritte auslöst, in einem untrennbaren Zusammenhang mit ihr steht und sie somit zwangsläufig verursacht wird. Zu berücksichtigen ist, daß der Zweckveranlasser die Störung oder Gefahr für die öffentliche Sicherheit oder Ordnung nicht unmittelbar verursacht, sondern diese durch ein Handeln Dritter herbeigeführt wird, das auf deren eigenständigem Willensentschluß beruht."[409]

Dass und in welchem Umfang der Staat den Verkehr an sich und damit die Treibhausgasemissionen willentlich in Kauf nimmt, zeigt sich eindrucksvoll anhand der Studien, die als Grundlage für den Bundesverkehrswegeplan (BVWP) 2030 erarbeitet wurden.[410] Der BVWP 2030 wurde von der Bundesregierung am 03.08.2016 beschlossen. Grundsätzlich gilt der BVWP als wichtigstes Planungsinstrument für die Verkehrsinfrastruktur und gibt die verkehrspolitische Richtung für ein bis zwei Jahrzehnte, in dem Fall bis 2030, vor.[411] Um den BVWP aufstellen zu können, wurden Studien angefertigt, die zuverlässige Prognosen für die zukünftige Verkehrsentwicklung in Deutschland bis 2030 erstellten.[412] Eine der Studien zeigt auf, dass zwar die Einwohner*innenzahl bis 2030 im Vergleich zu 2010 um 2,6 % auf 78.248.649 sinken wird, der PKW-Bestand jedoch bis 2030

BGH in seiner Rechtsprechung weiter, siehe dazu *Weinrich*, Die grundrechtlichen Umweltschutzpflichten des Staates, S. 175 f.

406 *Buser*, NVwZ 2020, 1253, 1254 f.

407 *Buser*, DVBl 2020, 1389, 1392.

408 Siehe dazu kritisch *Wobst/ Ackermann*, JA 2013, 916 ff. m.w.N., die die von der herrschenden Meinung vertretene Einstufung des Zweckveranlassers als Verhaltensstörer mangels gesetzlicher Grundlage und wegen eines Verstoßes gegen den Bestimmtheitsgrundsatz ablehnen.

409 VGH Mannheim, Beschl. v. 29.05.1995 – 1 S 442/95, NVwZ-RR 1995, 663.

410 Zweifelnd zur Verfassungsmäßigkeit des BVWP 2030 *Ekardt/ Heß/ Wulff*, EurUP 2021, 212, 221.

411 Zitiert nach www.bmvi.de/DE/Themen/Mobilitaet/Infrastrukturplanung-Investitionen/Bundesverkehrswegeplan-2030/bundesverkehrswegeplan-2030.html.

412 www.bmvi.de/SharedDocs/DE/Artikel/G/verkehrsprognose-2030.html.

im Vergleich zu 2010 um 8,4 % auf 45.707.650 steigen wird.[413] Insgesamt wird davon ausgegangen, dass es zu einem „Fahrleistungsanstieg“ von 16 % bis 2030 gegenüber 2010 kommen wird.[414] Der Bund ermittelt auf dieser Grundlage den „Straßenbedarf“ der Bevölkerung für die kommenden Jahre und stellt dann davon ausgehend den BVWP auf, der als Richtschnur für den zukünftigen Infrastrukturausbau und -erhalt dient. Demnach wird man sagen können, dass der Bund wissentlich und willentlich die Einrichtungen zum Treibhausgasausstoß schafft und er für die Infrastruktur als Zweckveranlasser verantwortlich ist und sogar von einem bestimmten Umfang der Nutzung ausgeht.

Nimmt man an, dass nicht allein der Verkehrssektor zur Verfehlung eines übergeordneten Klimaziels führt und die Regierung das Gesamtziel auch durch Reduktionen in anderen Sektoren erreichen kann, hilft der Ansatz des Zweckveranlassers wohl aber nicht über die Zurechnungsproblematik hinweg.[415] Stellt man dagegen auf die einzelnen Sektoren ab, die mittlerweile das KSG vorsieht und nimmt an, dass ein Überschreiten eines einzelnen Sektor-Jahresziels die öffentliche Sicherheit gefährdet, scheint die Anwendung der Figur des Zweckveranlassers nicht mehr ausgeschlossen.[416] Indem der Staat Straßen und sonstige Infrastruktur schafft und erhält, sorgt er dafür, dass Dritte durch die Nutzung der Infrastruktur Treibhausgase emittieren.[417]

3. Gleichsetzung oder Trennung der grundrechtlichen Abwehr- und Schutzfunktion?

Die grundsätzliche Trennung von Abwehr- und Schutzfunktion und damit auch die Ablehnung der Zurechnung privater Eingriffe zum Staat wird

413 BVU Beratergruppe/ Intraplan/ Ingenieurgruppe IVV/ Planco, Verkehrsverflechtungsprognose 2030, 30. April 2014, S. 134.

414 BVU Beratergruppe/ Intraplan/ Ingenieurgruppe IVV/ Planco, Verkehrsverflechtungsprognose 2030, 30. April 2014, S. 137.

415 So *Buser*, NVwZ 2020, 1253, 1255.

416 Siehe zu weniger strengen Kausalitätsanforderungen unten innerhalb Art. 20a GG, Teil 5, B. IV. 5.

417 Neben der Zurechnung aufgrund von Genehmigung und neben der Figur des Zweckveranlassers wird auch darüber diskutiert, inwieweit eine Zurechnung aufgrund von staatlicher finanzieller Förderung vertretbar ist, siehe etwa *Dietlein*, Die Lehre von den grundrechtlichen Schutzpflichten, S. 97 ff. Darauf kann an dieser Stelle jedoch nicht weiter eingegangen werden.

neben der Rechtsprechung auch in der Literatur überwiegend befürwortet.[418] Vorgebracht wird, dass die Grundrechte nach Art. 1 III GG nur die staatliche Gewalt, aber nicht Private binden. Diese im Grundgesetz ausgeschlossene unmittelbare Drittwirkung der Grundrechte würde jedoch erzeugt werden, wenn man eine Zurechnung privater Eingriffe auf Seiten des Staates annimmt.[419] Außerdem würde das rechtsstaatliche Verteilungsprinzip der Grundrechte umgedreht werden.[420] Die Ermöglichung von Freiheitsentfaltung würde in einen Eingriff umgedeutet werden, womit die Grundrechte „in ihr Gegenteil verkehrt" werden würden.[421] Gegen die Konstruktion, die private Eingriffe in Eingriffe des Staates aufgrund der Genehmigung oder eines Unterlassens umkehrt, lässt sich zudem einwenden, dass Zulassungen oder Genehmigungen gerade dazu dienen sollen, den Schutz der Bevölkerung zu erreichen.[422] In Bezug auf den Klimawandel geben auch die Klimaklagen im Zivilrecht Aufschluss darüber, weswegen eine Zurechnung zum Staat abzulehnen ist: Im Verfahren vor dem OLG Hamm geht der peruanische Bauer nicht etwa gegen den Staat vor, sondern gegen das Privatunternehmen RWE, das trotz staatlicher Genehmigung aus Sicht des Klägers selbst für die Folgen seiner Handlungen einstehen soll.[423] Der Vergleich mit dem Mühlheim-Kärlich Beschluss ist außerdem abzulehnen, da die Entscheidung zum einen dogmatisch nicht überzeugend ist und zum anderen im Atomrecht eine Besonderheit zu sehen ist.[424]

Teilweise wird angeführt, dass die Gleichwertigkeit von Abwehr und Schutz, so wie sie das Grundgesetz im Wortlaut von Art. 1 I 2 GG fordert

---

418 Siehe etwa *Dietlein,* Die Lehre von den grundrechtlichen Schutzpflichten, S. 92 f.; in Bezug auf den Klimawandel etwa *Frenz,* DÖV 2021, 715, 721 f.

419 *Kahl,* JURA 2021, 117, 118 f. m.w.N.

420 *Calliess/ Kallmayer,* JuS 1999, 785, 789; *Kahl/ Gärditz,* Umweltrecht, § 3, Rn. 17 m.w.N.

421 *Gärditz,* in Landmann/ Rohmer, Umweltrecht, Art. 20a GG, Rn. 74.

422 *Dietlein,* Die Lehre von den grundrechtlichen Schutzpflichten, S. 93 m.w.N.; *Buser,* DVBl 2020, 1389, 1392 m.w.N.

423 *Frenz,* DÖV 2021, 715, 721.

424 *Gärditz,* in Landmann/ Rohmer, Umweltrecht, Art. 20a GG, Rn. 75; siehe auch *Steinberg,* NJW 1996, 1985, 1986 m.w.N., wonach die Besonderheit darin liege, dass der Staat erst durch Finanzierung und Rechtsgrundlagen die Nutzung von Atomenergie möglich gemacht hat; siehe auch *Oexle/ Lammers,* NVwZ 2020, 1723, 1725, die die Konstruktion im Mühlheim-Kärlich Beschluss als nicht übertragbar auf den Klimawandel ansehen, weil der Klimawandel erst durch das Zusammenwirken von alltäglichem Verhalten verursacht wird.

(*„achten und zu schützen“*), dafür spricht, beides auch in der Prüfung gleichzusetzen.[425]

Das Argument überzeugt jedoch nicht, denn genauso gut lässt sich der Wortlaut, der explizit zwischen Abwehr und Schutz unterscheidet, dafür heranziehen, beides zu trennen. Gleichzeitig bedeutet die Differenzierung nicht, dass man die Schutzpflichten nur weniger umfangreich prüfen darf.[426] Vielmehr lässt sich auch hier der Wortlaut von Art. 1 I 2 GG heranziehen, der keine Abstufung zwischen der Wertigkeit von Abwehr- und Schutzpflichten schafft, was bedeutet, dass die Schutzplicht in der Sache nicht oberflächlicher geprüft werden darf.[427] Somit ist eine Unterscheidung vorzunehmen, jedoch bedarf es für die Überprüfung der Schutzpflichten eines Prüfungsmaßstabes, welcher sich am Rechtsgut orientiert.[428]

Für die weite staatliche Zurechnung privater Eingriffe (sog. abwehrrechtliche Lösung) und damit auch für die Gleichsetzung oder zumindest Annäherung von Abwehr- und Schutzpflichten wird ins Feld geführt, dass man oft nicht unterscheiden könne, ob der Staat handelt oder unterlässt, weil man auch in einem Unterlassen eine Erlaubnis sehen könne.[429] Dem lässt sich jedoch entgegenhalten, dass die Einordnung eines Unterlassens als Erlaubnis konstruiert ist und dieser Konstruktion das Verständnis zugrunde liegt, dass Bürger*innen Freiheit nur zukommt, wenn sie ihnen aktiv durch den Staat zugeteilt wird.[430] Geht man von einem Freiheitsverständnis in dem Sinne aus, dass Freiheit allen grundsätzlich zusteht, solange es kein Verbot gibt, kann die Ausübung von Freiheit keinen Eingriff darstellen.[431] In der Sache bestehen Unterschiede zwischen aktiven Eingriffen, die unterlassen werden sollen und Fällen, in denen kein ausreichender Schutz besteht und Handlungen des Staates begehrt werden.[432]

---

425 Siehe etwa *Ekardt/ Heß*, NVwZ 2021, 1421, 1423.

426 Die fehlende Prüfungstiefe wird oft als Argument gegen die Aufteilung von Abwehr- und Schutzpflicht vorgebracht, siehe *Ekardt*, Theorie der Nachhaltigkeit, S. 309 ff.; vgl. dazu auch *Winkler*, Klimaschutzrecht, S. 79.

427 Siehe etwa *Ekardt*, NVwZ 2013, 1105, 1107.

428 Dazu Teil 4, B. und den Prüfungsmaßstab im Rahmen der jeweiligen Grundrechte.

429 *Murswiek*, Die staatliche Verantwortung, S. 66.

430 Dazu *Isensee*, in Isensee/ Kirchhof (Hrsg.), HStR, Bd. IX, § 191, Rn. 258 m.w.N.

431 Vgl. *Gärditz*, in Landmann/ Rohmer, Umweltrecht, Art. 20a, Rn. 74; siehe zur Abgrenzung auch *Weinrich*, Die grundrechtlichen Umweltschutzpflichten des Staates, S. 178 f.

432 *Poscher*, Grundrechte als Abwehrrechte, S. 383; VG Berlin, Urt. v. 31.10.2019, Az.10 K 412.18, Rn. 67 (juris).

4. Zwischenfazit

Die Einordnung des Treibhausgasausstoßes als mittelbar-faktischen Eingriff durch staatliche „Zulassung" in Form von Reduktionszielen und damit eine Verletzung von Art. 2 II 1 GG und Art. 14 GG in ihrer Abwehrfunktion lehnt die Rechtsprechung bisher ab. Auch die staatliche Mitverantwortung, die im Bereich des Atomrechts entwickelt wurde, wurde bisher nicht auf den Klimaschutz übertragen. Die Ablehnung der Zurechnung trägt zur Trennung von Abwehr- und Schutzpflichten bei, für die grundsätzlich gute Gründe sprechen. Ansatzpunkte für eine solche Zurechnung ließen sich jedoch finden.

5. Aufweichung durch den Klimabeschluss des Bundesverfassungsgerichts?

Jedoch fragt sich, ob das Bundesverfassungsgericht selbst eine Aufweichung der dogmatischen Unterscheidung zwischen Abwehr- und Schutzpflichtfunktion im Klimabeschluss 2021[433] vorgenommen hat.[434] Den Anknüpfungspunkt stellt die Annahme einer eingriffsähnlichen Vorwirkung durch das Aufschieben von Treibhausgasreduktionslasten auf zukünftige Generationen dar.[435]

Nach dem oben Gesagten hätte das Bundesverfassungsgericht argumentieren können, dass der Staat zwar die Treibhausgase in Form der Reduktionsquoten „zulässt", diese aber letztendlich durch Private verursacht werden, weswegen sie ihm nicht zugerechnet werden können.[436] Stattdessen hat das Bundesverfassungsgericht eine eingriffsähnliche Vorwirkung auf zukünftige Freiheitsrechte angenommen und dem Staat damit die „Genehmigung" in Form von Treibhausgasreduktionszielen in gewisser Weise zugerechnet.[437] Insofern zeigt sich in der Entscheidung zumindest eine Annäherung an die oben genannte Argumentation und eine Möglichkeit, wie das Handeln Privater dem Staat aufgrund seiner Gesetzgebungstätigkeit zugerechnet werden kann.[438]

---

433 Siehe zur Entscheidung bereits 3. Teil, B. V.

434 Zur dogmatischen Kritik vertieft Teil 5, A. IV.

435 Vgl. BVerfGE 157, 30, 130 ff.

436 *Sachs*, JuS 2021, 708, 709 f.; *Sachs*, DRiZ 2021, 228, 230.

437 Siehe dazu ausführlich Teil 5, I.

438 So auch *Kloepfer/ Wiedmann*, DVBl 2021, 1333, 1339, die sogar einen Widerspruch zur herkömmlichen Dogmatik sehen.

Andererseits zeigt sich im Klimabeschluss des Bundesverfassungsgerichts auch, dass das Bundesverfassungsgericht gerade nicht die Trennung zwischen Abwehr- und Schutzpflichtfunktion aufgeben will, da es selbst an der Unterteilung in Abwehr- und Schutzpflicht festhält, indem es zusätzlich zur eingriffsähnlichen Vorwirkung die Verletzung von Schutzpflichten von Art. 2 II 1 GG und Art. 14 GG prüft.[439] Zudem stellte das Bundesverfassungsgericht in seiner Entscheidung zu den Landesklimaklagen 2022 ausdrücklich klar, dass es um zukünftige Eingriffe des Staates in Freiheitsrechte gehe, weswegen die Abwehrposition greife.[440]

Im Ergebnis ist aus dogmatischer Sicht zunächst festzuhalten, dass durch den Klimabeschluss Abwehr- und Schutzpflichtfunktion nicht gleichgesetzt werden sollen, womit die abwehrrechtliche Lösung ausscheidet. Vielmehr zeigt sich, dass es für die Einschlägigkeit der jeweiligen Funktion der Grundrechte auf das in Frage stehende Schutzgut ankommt.[441] Geht es um die Gefahren, die durch den Klimawandel drohen, sind die Schutzpflichten anzuwenden.[442] Geht es um die Verletzung zukünftiger Freiheitsrechte, ist die abwehrrechtliche Funktion wegen drohender staatlicher Eingriffe anwendbar.[443] An dieser Stelle geht jedoch die Rechtsprechung des Bundesverfassungsgerichts durch die Anerkennung einer eingriffsähnlichen Vorwirkung über die bisherige Rechtsprechung hinaus, wodurch es möglich wird, dem Staat privates Handeln zumindest in gewisser Weise zuzurechnen. Der Eingriffsbegriff erfährt eine enorme Ausdehnung.

IV. Fazit

Die abwehrrechtliche Funktion der Grundrechte hat in Bezug auf Gefahren für Leben, Gesundheit und Eigentum durch den Klimawandel bisher vor Gericht keinen Einfluss auf die Einklagbarkeit von Klimaschutzzielen gehabt, weil in der Festlegung und Überschreitung von Klimazielen kein Eingriff gesehen wurde. In der Literatur gibt es jedoch einige Ansätze, wie

439 BVerfGE 157, 30, 110 ff.

440 BVerfG, Beschl. v. 18.01.2022 – 1 BvR 1565/21 u. a., NJW 2022, 844, 845.

441 *Britz*, NVwZ 2022, 825, 830, 833.

442 So auch das BVerfG, BVerfGE 157, 30, 110 ff.

443 *Britz*, NVwZ 2022, 825, 830, 833; zu dieser Unterscheidung auch etwa *Ekardt/Heß*, NVwZ 2021, 1421, 1422 ff., die mit den Begriffen Freiheitsvoraussetzungsschutz und Schutz vor Klimapolitik auch zwischen diesen beiden Anknüpfungspunkten unterscheiden; vgl. auch *Winter*, ZUR 2022, 215 ff., der zwischen „Bewahrung“ und „Bewirtschaftung“ unterscheidet.

auch hinsichtlich Leben und Gesundheit ein Eingriff seitens des Staates durch Zurechnung privaten Handelns begründet werden könnte.

Die abwehrrechtliche Konstruktion wurde jedoch vom Bundesverfassungsgericht für eine eingriffsähnliche Vorwirkung auf zukünftige Freiheitsrechte herangezogen. Dabei erfolgte zumindest eine grobe Anlehnung an die schon länger diskutierte mögliche Zurechnung privater Eingriffe zum Staat. Zwar stellte das Bundesverfassungsgericht letztlich auf die drohenden staatlichen Eingriffe ab, aber dennoch wird dem Staat durch die Argumentation im Klimabeschluss 2021 eine Verantwortung für von Privaten emittierte Treibhausgase auferlegt, die zuvor stets abgelehnt wurde. Die Trennung zwischen Abwehr- und Schutzpflichtfunktion wurde jedoch beibehalten. Somit ist zwar keine Auflösung der bisherigen Dogmatik festzustellen, zumindest aber eine erhebliche Ausdehnung.

B. Umfang des Klimaschutzes durch die Schutzpflichtfunktion der Grundrechte

Neben der abwehrrechtlichen Funktion folgt aus den Grundrechten auch eine Schutzfunktion, durch die der Staat verpflichtet wird, Grundrechte vor Eingriffen Dritter zu schützen.[444] Durch die Funktion wird ein und dasselbe Gut geschützt, jedoch kommen die Bedrohungen für das Rechtsgut aus verschiedenen Richtungen.[445] Zum einen gibt es Schutz „*vor* dem Staat", zum anderen gibt es „Schutz *durch* den Staat".[446] Es geht darum, eine Ergänzung zur abwehrrechtlichen Funktion zu schaffen, sodass die Grundrechte umfassend verwirklicht werden können.[447] Zudem werden die Schutzpflichten nach der Rechtsprechung des Bundesverfassungsgerichts „nicht nur gegenüber dem Einzelnen, sondern auch gegenüber der Gesamtheit aller Bürger" begründet.[448] Schutzpflichten greifen grundsätz-

444 *Rixen*, in Sachs, GG, Art. 2, Rn. 24; *Isensee*, in Isensee/ Kirchhof (Hrsg.), HStR, Bd. IX, § 191, Rn. 1.
445 *Isensee*, in Isensee/ Kirchhof (Hrsg.), HStR, Bd. IX, § 191, Rn. 1.
446 *Isensee*, in Isensee/ Kirchhof (Hrsg.), HStR, Bd. IX, § 191, Rn. 1.
447 *Isensee*, in Isensee/ Kirchhof (Hrsg.), HStR, Bd. IX, § 191, Rn. 158.
448 BVerfGE 46, 160, 165.

lich bei jeder Gefahr, egal wovon sie ausgeht, somit auch bei Naturkatastrophen.[449]

Im Gegensatz zur abwehrrechtlichen Grundrechtsfunktion wurde die grundrechtliche Schutzfunktion vor Gefahren durch den Klimawandel für Leben, körperliche Unversehrtheit und Eigentum anerkannt.[450] Das Bundesverfassungsgericht bejahte das Bestehen der Schutzpflichten, verneinte jedoch deren Verletzung.[451] Als Maßstab für die inländischen Beschwerdeführenden stellte es auf, dass eine Schutzpflichtverletzung dann vorliegt, „wenn Schutzvorkehrungen entweder überhaupt nicht getroffen sind, wenn die getroffenen Regelungen und Maßnahmen offensichtlich ungeeignet oder völlig unzulänglich sind, das gebotene Schutzziel zu erreichen, oder wenn sie erheblich hinter dem Schutzziel zurückbleiben [...]."[452]

Die Frage, inwieweit das Einhalten von Schutzpflichten gerichtlich überprüft werden kann, ist strittig. Bevor in Teil 5 die Schutzpflichtverletzungen von Art. 2 II 1 GG und Art. 14 I GG durch vermeintlich unzureichenden Klimaschutz geprüft werden, wird in diesem Teil untersucht, welcher Prüfungsmaßstab zugrunde gelegt werden muss. Im Folgenden wird zunächst auf die Herleitung der Schutzpflichten in der Rechtsprechung des Bundesverfassungsgerichts eingegangen (I.). Anschließend geht es darum, inwieweit aus der Verletzung von Schutzpflichten ein subjektives Recht folgen kann (II.). Danach wird kritisch die bisherige Schutzpflichtenrechtsprechung im Umweltrecht vor dem Klimabeschluss nachgezeichnet (III.), bevor zuletzt unter Beachtung des Grundsatzes der Gewaltenteilung und der Rechtsprechung des Bundesverfassungsgerichts ein Prüfmaßstab für den Klimaschutz herausgearbeitet wird (IV.)

449 Das BVerfG ging im Klimabeschluss 2021 nicht auf das Problem ein. In der Literatur wird es jedoch häufig diskutiert. Siehe dazu ausführlich *Weinrich,* die grundrechtlichen Umweltschutzpflichten des Staates, S. 98-102 m.w.N.

450 BVerfGE 157, 30, 110 ff.; schon vor dem Klimabeschluss 2021 im Schrifttum etwa *Kahl*, JURA 2021, 117, 126; *Stürmlinger*, EurUP 2020, 169, 176; *Meyer*, NJW 2020, 894, 895 ff.; weit vor den Klimaklagen *Winkler*, Klimaschutzrecht, S. 78 ff.

451 BVerfGE 157, 30, 110 ff.; es stellte ebenfalls 2022 unter Verweis auf den Klimabeschluss 2021 keinen Schutzpflichtverstoß in Bezug auf die Landesklimaschutzgesetze hinsichtlich Art. 2 II 1 GG, Art. 14 I GG fest, BVerfG, Beschl. v. 18.01.2022 – 1 BvR 1565/21 u. a., NJW 2022, 844, 846.

452 BVerfGE 157, 30, 114 m.w.N.

I. Herleitung der Schutzfunktion

Einige Schutzverpflichtungen wie etwa den Schutz von Ehe und Familie, den Schutz der Jugend oder den Anspruch der Mutter auf Schutz und Fürsorge der Gemeinschaft sieht das Grundgesetz explizit vor.[453] Wie genau die Schutzpflichtfunktion der Grundrechte darüber hinaus dogmatisch begründet wird, wird unterschiedlich beurteilt.[454] Die Schutzpflichten wurden überwiegend von der Rechtsprechung hinsichtlich Art. 2 II 1 GG entwickelt, sie gelten jedoch auch für andere Grundrechte.[455] Da die stärksten Impulse aus der Rechtsprechung kamen, wird diese im Folgenden nachgezeichnet.

1. Grundlage: Lüth – BVerfGE 7, 198

Das Bundesverfassungsgericht sieht im Grundrechtsabschnitt des Grundgesetzes eine objektive Wertordnung.[456] Im Jahr 1958 stellte es fest, dass das Grundgesetz nicht lediglich eine „wertneutrale Ordnung“ darstellt, sondern vielmehr auch ein Wertesystem schafft, wodurch eine „Verstärkung der Geltungskraft der Grundrechte zum Ausdruck kommt“.[457] „Dieses Wertsystem, das seinen Mittelpunkt in der innerhalb der sozialen Gemeinschaft sich frei entfaltenden menschlichen Persönlichkeit und ihrer Würde findet, muß als verfassungsrechtliche Grundentscheidung für alle Bereiche des Rechts gelten;“.[458]

2. Selbstständige Rechtsfigur: Schwangerschaftsabbruch I – BVerfGE 39, 1

Auf die Wertordnung stützte sich das Bundesverfassungsgericht in der ersten Schwangerschaftsabbruch-Entscheidung (Fristenlösung) 1975 und

453 Siehe dazu *Unruh*, Zur Dogmatik der grundrechtlichen Schutzpflichten, S. 26 ff.

454 Überblick bei *Winkler*, Klimaschutzrecht, S. 78 ff.; siehe zur Herleitung umfassend *Weinrich*, Die grundrechtlichen Umweltschutzpflichten des Staates, S. 32 ff.

455 *Rixen*, in Sachs, GG, Art. 2, Rn. 25 m.w.N.; *Unruh*, Zur Dogmatik der grundrechtlichen Schutzpflichten, S. 75; siehe dazu auch *Volkmann*, in Herdegen/ Masing/ Poscher/ Gärditz (Hrsg.), VerfassungsR-HdB, § 16, Rn. 48 m.w.N., 59.

456 BVerfGE 7, 198, 205; kritisch zur Wertordnungslehre des BVerfG etwa *Ekardt*, ZUR 2015, 579, 581 f.; *Weinrich*, Die grundrechtlichen Umweltschutzpflichten des Staates, S. 71-80 m.w.N.

457 BVerfGE 7, 198, 205.

458 BVerfGE 7, 198, 205.

stellte fest, dass die Grundrechte neben den Abwehrrechten eine objektive Wertordnung enthielten.[459] „Ob und gegebenenfalls in welchem Umfang der Staat zu rechtlichem Schutz des werdenden Lebens von Verfassungs wegen verpflichtet ist, kann deshalb schon aus dem objektiv-rechtlichen Gehalt der grundrechtlichen Normen erschlossen werden."[460]

Die Entscheidung zur Fristenlösung gilt überwiegend als grundlegende Entscheidung für den Beginn der Schutzpflichtenrechtsprechung, in der die Schutzpflicht als „eigenständige Figur" entwickelt wurde.[461] Dass der Staat menschliches Leben schützen müsse, leite sich aus dem Wortlaut des Art. 2 II 1 GG ab.[462] Außerdem stellt das Bundesverfassungsgericht auf Art. 1 I 2 GG ab, der die Verpflichtung enthält, die Menschenwürde zu achten und zu schützen.[463]

Weiter entschied es, dass die „Schutzpflicht des Staates [...] umfassend [ist]. Sie verbietet nicht nur – selbstverständlich – unmittelbare staatliche Eingriffe in das sich entwickelnde Leben, sondern gebietet dem Staat auch, sich schützend und fördernd vor dieses Leben zu stellen, das heißt vor allem, es auch vor rechtswidrigen Eingriffen von Seiten anderer zu bewahren. An diesem Gebot haben sich die einzelnen Bereiche der Rechtsordnung, je nach ihrer besonderen Aufgabenstellung, auszurichten. Die Schutzverpflichtung des Staates muss umso ernster genommen werden, je höher der Rang des in Frage stehenden Rechtsguts innerhalb der Wertordnung des Grundgesetzes anzusetzen ist. Das menschliche Leben stellt, wie nicht näher begründet werden muß, innerhalb der grundgesetzlichen Ordnung einen Höchstwert dar; es ist die vitale Basis der Menschenwürde und die Voraussetzung aller anderen Grundrechte."[464]

---

459 BVerfGE 39, 1, 41.

460 BVerfGE 39, 1, 41 f.

461 *Bumke/ Voßkuhle*, Casebook Verfassungsrecht, S. 47, Rn. 176; siehe auch *Durner*, in Herdegen/ Masing/ Poscher/ Gärditz (Hrsg.), VerfassungsR-HdB, § 26, Rn. 55; differenzierter und mit Hinweisen auf frühere Entscheidungen des BVerfG, in der die Schutzpflichten Anklang gefunden haben *Unruh*, Zur Dogmatik der grundrechtlichen Schutzpflichten, S. 29 f. m.w.N.

462 BVerfGE 39, 1, 41.

463 BVerfGE 39, 1, 41; siehe zur Kritik an den zwei verschiedenen Begründungssträngen des BVerfG *Unruh*, Zur Dogmatik der grundrechtlichen Schutzpflichten, S. 33 ff. m.w.N.

464 BVerfGE 39, 1, 42.

a) Inhalt der Entscheidung von 1975

Der ersten Schwangerschaftsabbruch-Entscheidung des Bundesverfassungsgerichts lag ein Verfahren zugrunde, in dem 193 Mitglieder des Bundestages und die Landesregierungen von Baden-Württemberg, Bayern, Rheinland-Pfalz, des Saarlandes und Schleswig-Holstein § 218a StGB (i.d.F. d. 5. StrRG v. 18.06.1974, BGBl I S. 1297) angriffen, der i.R.d. sog. „Fristenlösung“ regelte, dass von Ärzt*innen vorgenommene Schwangerschaftsabbrüche bei Einwilligung der Schwangeren in den ersten zwölf Wochen straffrei waren.[465]

Im Kern entschied das Bundesverfassungsgericht, dass die Regelung aufgrund der Straffreiheit verfassungswidrig und nicht mit Art. 2 II 1 i.V.m. Art. 1 I GG vereinbar sei. Die Lebensschutzpflicht sei verletzt, wenn der Schwangerschaftsabbruch aus Gründen erfolge, „die vor der Wertordnung des Grundgesetzes keinen Bestand haben“.[466] Das aus der Menschenwürde der Frau abzuleitende Selbstbestimmungsrecht, das im Gesetzgebungsverfahren als Begründung für die Straffreiheit des Abbruchs in den ersten drei Monaten angeführt wurde, sah das Bundesverfassungsgericht als nicht „mit der grundgesetzlichen Wertordnung [...] vereinbar“ an.[467] Vielmehr dürfe „nicht das Selbstbestimmungsrecht der Frau zur alleinigen Richtschnur“ der Rechtsordnung gemacht werden.[468] „Der Staat muß grundsätzlich von einer Pflicht zur Austragung der Schwangerschaft ausgehen, ihren Abbruch also grundsätzlich als Unrecht ansehen. In der Rechtsordnung muß die Mißbilligung des Schwangerschaftsabbruchs klar zum Ausdruck kommen. Es muß der falsche Eindruck vermieden werden, als handle es sich beim Schwangerschaftsabbruch um den gleichen sozialen Vorgang wie etwa den Gang zum Arzt zwecks Heilung einer Krankheit oder gar um eine rechtlich irrelevante Alternative zur Empfängnisverhütung.“[469] Seither leitet das Bundesverfassungsgericht die Schutzpflichten aus der objektiv-rechtlichen Funktion der Grundrechte ab.[470]

465 Siehe BVerfGE 39, 1 ff.
466 BVerfGE 39, 1, 65.
467 BVerfGE 39, 1, 43 f. m.w.N.
468 BVerfGE 39, 1, 44.
469 BVerfGE 39, 1, 44.
470 BVerfGE 157, 30, 111 m.w.N., st. Rspr.

b) Kritik an der Entscheidung von 1975

Die Entscheidung erging nicht einstimmig. In einem Sondervotum wurden Bedenken gegen die Entscheidung vorgebracht. Insbesondere sahen die Richterin *Rupp-von Brünneck* und der Richter *Simon* die Gewaltenteilung durch die Mehrheitsentscheidung als verletzt an, da das Bundesverfassungsgericht der Gesetzgebung auf Antrag der Opposition die Verwendung des Strafrechts vorgeschrieben hat, was die Kontrollkompetenzen des Bundesverfassungsgerichts überschritten habe.[471] Der Gesetzgeber sei nicht gehindert gewesen, auf eine Strafvorschrift, deren Wirksamkeit nicht bestätigt war, zu verzichten und stattdessen mit anderen Mitteln den Lebensschutz zu verfolgen.[472]

Auch in der Literatur wird die Entscheidung inhaltlich mangels Berücksichtigung der Rechte der betroffenen Frauen sehr kritisch gesehen.[473] Durch die Pflicht, eine Schwangerschaft auszutragen, werde eine körperliche Beeinträchtigung der Frauen zugunsten Dritter geschaffen, die die Rechtsordnung nicht kenne, so gebe es beispielsweise keine Blutspende- oder Organspende-Pflicht zugunsten Dritter.[474]

3. Schwangerschaftsabbruch II – BVerfGE 88, 203

1993 gab es eine weitere Entscheidung des Bundesverfassungsgerichts zum Schwangerschaftsabbruch (Schwangerschaftsabbruch II).[475] Diese Rechtsprechung zählt neben der Schwangerschaftsabbruch-Entscheidung I zu den wesentlichen Urteilen, in denen das Bundesverfassungsgericht seine Schutzpflichtenrechtsprechung entwickelt hat. Die Bayerische Staatsregierung und 249 Bundestagsabgeordnete griffen in dem Verfahren insbesondere straf- und versicherungsrechtliche Normen an, die den Schwangerschaftsabbruch betrafen.[476] Das Bundesverfassungsgericht entwickelte in

471 Abweichende Meinung der Richterin *Rupp-v. Brünneck* und des Richters *Simon*, BVerfGE 39, 1, 68 ff.

472 Abweichende Meinung der Richterin *Rupp-v. Brünneck* und des Richters *Simon*, BVerfGE 39, 1, 68 ff.

473 *Sacksofsky*, in Rudolf (Hrsg.), Geschlecht im Recht, 2009, S. 191, 208 ff.

474 *Sacksofsky*, in Rudolf (Hrsg.), Geschlecht im Recht, 2009, S. 191, 211; *Wersing*, in Foljanty/ Lembke (Hrsg.), Feministische Rechtswissenschaft, § 9, S. 197 f.

475 BVerfGE 88, 203.

476 BVerfGE 88, 203, 213.

dieser Entscheidung das sog. Untermaßverbot als Prüfungsumfang für die Verletzung von Schutzpflichten.[477]

Es stellte fest, dass der Schutzpflicht „nicht dadurch genügt [ist], daß überhaupt Schutzvorkehrungen irgendeiner Art getroffen worden sind. Ihre Reichweite ist vielmehr im Blick auf die Bedeutung und Schutzbedürftigkeit des zu schützenden Rechtsguts [...] zu bestimmen [...]. [...] Art und Umfang des Schutzes im einzelnen zu bestimmen, ist Aufgabe des Gesetzgebers. Die Verfassung gibt den Schutz als Ziel vor, nicht aber seine Ausgestaltung im einzelnen. Allerdings hat der Gesetzgeber das *Untermaßverbot* zu beachten [...]; insofern unterliegt er der verfassungsgerichtlichen Kontrolle. Notwendig ist ein – unter Berücksichtigung entgegenstehender Rechtsgüter – angemessener Schutz; entscheidend ist, daß er als solcher wirksam ist. Die Vorkehrungen, die der Gesetzgeber trifft, müssen für einen angemessenen und wirksamen Schutz ausreichend sein und zudem auf sorgfältigen Tatsachenermittlungen und vertretbaren Einschätzungen beruhen [...].“[478] Anknüpfend an diesen Maßstab entschied das Bundesverfassungsgericht, dass Grundrechte der Frau nicht so weit reichen, dass „die Rechtspflicht zum Austragen des Kindes – auch nur für eine bestimmte Zeit – generell aufgehoben wäre.“[479] Das Untermaßverbot verbiete es, „auf den Einsatz auch des Strafrechts und die davon ausgehende Schutzwirkung für das menschliche Leben frei zu verzichten.“[480]

Neben der ersten Entscheidung zum Schwangerschaftsabbruch wird auch die zweite Entscheidung scharf kritisiert.[481] Beide Entscheidungen werden als die „unrühmlichsten Kapitel[...] der bundesverfassungsgerichtlichen Rechtsprechung“ bezeichnet.[482] Die Vertiefung dieser Debatte würde an dieser Stelle zu weit führen. Nimmt man aber das Merkmal der „Wirksamkeit“ ernst, welches das Bundesverfassungsgericht in dieser Entscheidung als Voraussetzung aufgestellt hat, ist fraglich, ob das Strafrecht tatsächlich die wirkungsvollste Form des Lebensschutzes ist, oder ob es nicht vielmehr effektivere Methoden gäbe, das Ziel zu erreichen. Mittlerweile gibt es Bestrebungen, Schwangerschaftsabbrüche anders zu behandeln. Zumin-

---

477 Dazu näher in diesem Teil unter IV.

478 BVerfGE 88, 203, 254.

479 BVerfGE 88, 203, 204.

480 BVerfGE 88, 203, 204.

481 *Sacksofsky*, in Rudolf (Hrsg.), Geschlecht im Recht, 2009, S. 191, 208 ff.; *Wersing*, in Foljanty/ Lembke (Hrsg.), Feministische Rechtswissenschaft, § 9, S. 197 ff.

482 *Sacksofsky*, in Rudolf (Hrsg.), Geschlecht im Recht, 2009, S. 191, 209.

dest das sogenannte „Werbeverbot“ für Schwangerschaftsabbrüche nach § 219a StGB wurde 2022 abgeschafft.[483]

4. Kritik an der Schutzpflichtenrechtsprechung des Bundesverfassungsgerichts

In der Literatur gibt es unterschiedliche Auffassungen zur Herleitung der Schutzpflichten und Kritik an der Rechtsprechung des Bundesverfassungsgerichts.[484] Diese können und sollen hier nicht im Einzelnen dargestellt werden. Auf die Ansätze der abwehrrechtlichen Lösungen wurde bereits eingegangen.[485] Die h.L. sieht den Ursprung der Schutzpflichten ebenfalls in der objektiv-rechtlichen Funktion der Grundrechte.[486] Die genaue dogmatische Herleitung ist für die Arbeit im Übrigen nicht weiter relevant, da die Schutzpflichten allgemein anerkannt sind. Dem Bundesverfassungsgericht ist zudem zuzugestehen, dass es sich vom Begriff der „Werte“ löst[487] und nunmehr, wie auch im Fall des Klimabeschlusses, auf die objektive Funktion abstellt.[488] Diese Funktion orientiert sich in ihrem Gehalt an den Schutzgütern, die die Verfassung selbst schützen will, sodass als Konsequenz die jeweiligen Rechtsgüter durch die übrige Gewalt zu berücksichtigen sind.[489]

---

483 Gesetz zur Änderung des Strafgesetzbuches – Aufhebung des Verbots der Werbung für den Schwangerschaftsabbruch (§ 219a StGB), zur Änderung des Heilmittelwerbegesetzes, zur Änderung des Schwangerschaftskonfliktgesetzes, zur Änderung des Einführungsgesetzes zum Strafgesetzbuch und zur Änderung des Gesetzes zur strafrechtlichen Rehabilitierung der nach dem 8.Mai 1945 wegen einvernehmlicher homosexueller Handlungen verurteilten Personen v. 11.07.2022, BGBl. 2022 Teil I Nr. 25, ausgegeben zu Bonn am 18.07.2022.

484 Siehe zu den in der Literatur existierenden Begründungen *Unruh*, Zur Dogmatik der grundrechtlichen Schutzpflichten, S. 37 ff., der auf die ideengeschichtliche Herleitung, die Wortlaut-Ableitung, die Ableitung aus der Menschenwürde, die abwehrrechtliche Lösung und auf die Grundrechtsschranken und das Sozialstaatsprinzip eingeht.

485 4. Teil, A. III.

486 *Papier*, NJW 2017, 3025, 3030; *Calliess/ Kallmayer*, JuS 1999, 785, 789; a. A. *Ekardt*, ZUR 2015, 579, 581 f.

487 *Volkmann*, in Herdegen/ Masing/ Poscher/ Gärditz (Hrsg.), VerfassungsR-HdB, § 16, Rn. 50.

488 Zu weiteren verwendeten Begrifflichkeiten *Dreier*, in Dreier, GG, Vorb. Art. 1 GG, Rn. 82 m.w.N.

489 Vgl. *Dietlein*, Die Lehre von den grundrechtlichen Schutzpflichten, S. 61.

5. Fazit

Es gibt immer noch keine einheitliche Beurteilung zur Herleitung der Schutzpflichten. Letztendlich sind diese durch die Rechtsprechung des Bundesverfassungsgerichts aber entwickelt und geprägt worden und allgemein anerkannt. Im Bereich des Schwangerschaftsabbruchs hat die Schutzpflichtfunktion zu weitreichenden Vorgaben des Bundesverfassungsgerichts an die Gesetzgebung geführt.

II. Subjektives Recht

Früher war strittig, ob im Falle einer vermeintlichen Schutzpflichtverletzung grundsätzlich gegen diese geklagt werden kann.[490] Der Unterschied zur unbestrittenen Möglichkeit, gegen eine Verletzung von Grundrechten in ihrer abwehrrechtlichen Funktion vorgehen zu können, ergibt sich daraus, dass es bei den Abwehrrechten um das Abwehren von staatlichem Tun geht, wohingegen bei den Schutzpflichten in der Regel ein Handeln begehrt wird.[491] Zur Erfüllung der Schutzpflicht können dabei viele Maßnahmen in Betracht kommen, für deren Auswahl der Gesetzgebung erheblicher Spielraum zukommt.[492]

Die C-Waffen-Entscheidung des Bundesverfassungsgerichts vom 29.10.1987[493] gilt mittlerweile[494] überwiegend als Beleg dafür, dass subjektive Rechte auf Achtung der Schutzpflicht bestehen.[495] Im Klimabeschluss des Bundesverfassungsgerichts wird die Möglichkeit, gegen eine Schutzpflichtverletzung klagen zu können, auch noch einmal durch die Feststel-

490 Siehe umfassend dazu *Jaeckel*, Schutzpflichten im deutschen und europäischen Recht, S. 58 ff.; *Calliess*, Rechtsstaat und Umweltstaat, S. 315 f. m.w.N.; *Steinberg*, NJW 1996, 1985, 1990 m.w.N.

491 *Unruh*, Zur Dogmatik der grundrechtlichen Schutzpflichten, S. 58, 65, wobei der Unterschied im Begehren im Ergebnis nicht für die unterschiedliche Anspruchsbegründung ausreiche.

492 *Jaeckel*, Schutzpflichten im deutschen und europäischen Recht, S. 58 f.

493 BVerfGE 77, 170, 214.

494 Etwa 10 Jahre nach der C-Waffen Entscheidung des BVerfG wurde sie nur als Beleg einer „Tendenz" zur Subjektivierung von Schutzpflichten angesehen, *Unruh*, Zur Dogmatik der grundrechtlichen Schutzpflichten, S. 58 f.

495 BVerfGE 157, 30, 111, st. Rspr.; *Bumke/ Voßkuhle*, Casebook Verfassungsrecht, S. 49, Rn. 187 ff.; *Rixen*, in Sachs, GG, Art. 2, Rn. 24 m.w.N.; *Steinberg*, NJW 1996, 1985, 1990.

lung betont, dass die Schutzpflicht für die zukünftige Generation („intergenerationelle Schutzverpflichtung") lediglich objektivrechtlich wirkt (argumentum e contrario).[496] In der Folge kann davon ausgegangen werden, dass die aktuelle Generation gegen eine Verletzung von Schutzpflichten klagen kann.

Dass gegen Schutzpflichtverletzungen vorgegangen werden kann, wird zu großen Teilen bejaht.[497] Durch die Einklagbarkeit kommt der individualrechtliche Charakter der Grundrechtsnormen zum Ausdruck.[498] Teilweise wird befürchtet, die Anerkennung des subjektiven Rechts führe zu erheblichen Eingriffen in den gesetzgeberischen Spielraum.[499] Das ist ein wichtiger, auf das Demokratieprinzip zurückzuführender Einwand.[500] Jedoch ist das keine Frage der Anerkennung eines subjektiven Rechts, sondern eine Frage des Prüfungsmaßstabs der Gerichte.[501]

III. Bisherige Schutzpflichtenrechtsprechung im Umweltrecht vor dem Klimabeschluss 2021

Im Folgenden werden zunächst wesentliche Entscheidungen des Bundesverfassungsgerichts zu Schutzpflichten im Umweltrecht vor dem Klimabeschluss 2021 unter kritischer Würdigung des Prüfungsmaßstabs dargestellt. Im Anschluss daran (IV.) wird ein Prüfungsmaßstab für den Klimaschutz erarbeitet. Die konkrete Prüfung einer Schutzpflichtverletzung erfolgt in Teil 5.

Die Entscheidungen, in denen das Bundesverfassungsgericht Schutzpflichten im umweltrechtlichen Bereich hergeleitet hat, sind bereits an vielen Stellen in der Literatur genannt, wobei es sich meist um den Schutz von

496 Vgl. BVerfGE 157, 30, 111 f.

497 Je nachdem, woraus die Schutzpflichten abgeleitet werden, wird aber das Bestehen eines subjektiven Anspruchs unterschiedlich begründet, siehe etwa *Winkler*, Klimaschutzrecht, S. 95 f. m.w.N. für die abwehrrechtliche Lösung; *Ekardt,* ZUR 2015, 579, 582; zu den ablehnenden Positionen hinsichtlich eines subjektiven Rechts siehe *Unruh*, Zur Dogmatik der grundrechtlichen Schutzpflichten, S. 59 ff. m.w.N.; *Winkler*, Klimaschutzrecht, S. 96 f. m.w.N.; gegen eine „gesicherte Rechtsvermutung" zugunsten der subjektiv-rechtlichen Einklagbarkeit *Stern*, DÖV 2010, 241, 248 m.w.N.

498 *Bumke/ Voßkuhke*, Casebook Verfassungsrecht, S. 49, Rn. 189; *Ekardt*, ZUR 2015, 579, 582.

499 Dazu *Unruh*, Zur Dogmatik der grundrechtlichen Schutzpflichten, S. 61 f. m.w.N.

500 Vgl. auch *Ekardt,* ZUR 2015, 579, 582 f.

501 Siehe dazu 4. Teil, B. IV. und Teil 5 für die einzelnen Grundrechte.

Art. 2 II 1 GG gehandelt hat und es inhaltlich um die Bereiche des Atomrechts, des Fluglärms, um Gefahren durch elektromagnetische Felder und Gefahren durch Ozon ging.[502] Zudem gibt es sowohl hinsichtlich Art. 14 I GG als auch Art. 2 II 1 GG Entscheidungen zur Luftverschmutzung.

1. Atomrecht

Ein zentraler umweltrechtlicher Bereich, in dem die Schutzpflichten entwickelt wurden, ist das Atomrecht.

a) Kalkar I – BVerfGE, 49, 89

Als bedeutsam gilt die sog. Kalkar I-Entscheidung[503], in welcher zum ersten Mal die Schutzpflichten auf einen umweltrechtlichen Fall angewendet wurden.[504] In der Entscheidung von 1978 ging es um die Vereinbarkeit der atomrechtlichen Regelung (§ 7 I, II AtomG v. 23.12.1959, i.d.F. v. 31.10.1976) mit dem Grundgesetz, die im Ergebnis bejaht wurde.[505]

Die Regelung gestattete es der Exekutive, die Errichtung eines speziellen Kraftwerks „Schneller Brüter" zu genehmigen.[506] Die Kläger im Ausgangsverfahren sahen unter anderem einen Verstoß gegen Art. 2 II GG durch die Gefahren, die von einem solchen Kraftwerk ausgingen und im Falle eines Unfalls „das Ausmaß einer nationalen Katastrophe" erreichen würden.[507] Das Bundesverfassungsgericht sah keinen Verstoß der atomrechtlichen Regelung gegen die „Grundrechte oder objektivrechtliche, aus der Grundrechtsordnung herzuleitende Schutzpflichten."[508] Zunächst stellte es fest, dass ein Grundrechtsverstoß nicht vorliege, da das Gesetz nur Genehmigungen von Anlagen vorsah, die dem „Stand von Wissenschaft und Technik" genügten und damit „keinen anlagespezifischen Rest- oder Min-

502 *Voßkuhle*, NVwZ 2013, 1, 6 f. zu Entscheidungen der letzten zehn Jahre; *Steinberg*, NJW 1996, 1985, 1987; *Calliess/ Kallmayer*, JuS 1999, 785, 790; *Calliess*, Rechtsstaat und Umweltstaat, S. 313 f.; *Stern*, DÖV 2010, 241, 245.

503 BVerfGE 49, 89.

504 *Voßkuhle*, NVwZ 2013, 1, 6.

505 BVerfGE 49, 89, Entscheidungsformel.

506 Siehe zur ehemaligen Vorschrift BVerfGE 49, 89, 92 ff.

507 BVerfGE 49, 89, 116.

508 BVerfGE 49, 89, 140 ff.

destschaden *irgendwelcher* Art in Kauf" nahm.[509] Jedoch wurde eine Genehmigung auch erteilt, wenn nicht vollkommen auszuschließen war, dass es niemals zu einem Schaden kommen wird.[510] Bezüglich der Unsicherheit entschied das Bundesverfassungsgericht, dass „[a]uch Regelungen, die im Laufe ihrer Vollziehung zu einer nicht unerheblichen Grundrechtsgefährdung führen, [...] selbst schon mit dem Grundgesetz in Widerspruch geraten [können]".[511] Die „Schutzpflichten [...] [können] es gebieten, rechtliche Regelungen so auszugestalten, daß auch die Gefahr von Grundrechtsverletzungen eingedämmt bleibt. Ob, wann und mit welchem Inhalt sich eine solche Ausgestaltung von Verfassungs wegen gebietet, hängt von der Art, der Nähe und dem Ausmaß möglicher Gefahren, der Art und dem Rang des verfassungsrechtlich geschützten Rechtsguts sowie von den schon vorhandenen Regelungen ab."[512] Das Bundesverfassungsgericht stellte jedoch auch fest, dass aufgrund der Schutzpflichten keine Rechtsgrundlage gefordert werden kann, die jegliche Gefährdung eines Grundrechts ausschließt, da dies unmöglich sei.[513] Wenn Schäden nach „dem Stand von Wissenschaft und Technik *praktisch* ausgeschlossen" seien, seien „Ungewißheiten jenseits dieser Schwelle praktischer Vernunft" hinnehmbar und „als sozial-adäquate Lasten von allen Bürgern zu tragen."[514] Da die in Frage stehenden atomrechtlichen Vorschriften die Genehmigung eines Werkes nur zuließen, soweit nach wissenschaftlichen und technischen Kenntnissen Schäden „praktisch ausgeschlossen" waren und demnach nur ein Risiko vorläge, das sich „jenseits [...] [der] Schwelle praktischer Vernunft" befinde, sei dies ein sozialadäquates Risiko, dass jede*r tragen müsse und insoweit keine Verletzung von Art. 2 II GG.[515]

509 BVerfGE 49, 89, 140 f. *(Hervorhebung durch die Verfasserin).*
510 Siehe dazu BVerfG 49, 89, 141 ff.
511 BVerfGE 49, 89, 141.
512 BVerfGE 49, 89, 142.
513 BVerfGE 49, 89, 143.
514 BVerfGE 49, 89, 143.
515 BVerfGE 49, 89, 143.

b) Aufrechterhaltung des Maßstabs im Atomrecht

Auch in weiteren Bundesverfassungsgerichtsentscheidungen mit Bezug zum Atomrecht wird an den im Kalkar I-Beschluss aufgestellten Maßstäben und Voraussetzungen festgehalten.[516]

2. Luftverschmutzung

In den achtziger und neunziger Jahren gab es Verfassungsbeschwerden in Bezug auf Luftverschmutzung, in denen Schutzpflichtverletzungen von Art. 2 II 1 GG und Art. 14 I GG geltend gemacht wurden.

Die erste Verfassungsbeschwerde, die den Begehren in den Klimaklagen sehr nahekommt, richtete sich gegen ein Unterlassen von Maßnahmen zur Luftreinhaltung.[517] Die Beschwerdeführer*innen wollten Emissionsreduktionen erreichen und versuchten, den Staat wegen Luftverschmutzungen auf Grundlage der Schutzpflichten aus Art. 2 II 1 GG und 14 I GG zum Handeln zu bewegen.[518] 1983 hatte die Verfassungsbeschwerde keinen Erfolg. Das Gericht ließ offen, ob die Verfassungsbeschwerde zulässig war, da sie jedenfalls mangels evidenter Verletzung einer möglichen Schutzpflicht aus Art. 2 II 1 GG und Art. 14 I GG durch den Gesetzgeber keine Aussicht auf Erfolg hatte.[519] Zum einen hätten sich die staatlichen Stellen mit dem Problem der Luftverschmutzung beschäftigt und zum anderen hätten Studien etwa zum Erlass des BImschG und der TA-Luft geführt.[520]

Eine zweite Verfassungsbeschwerde, die 1998 entschieden wurde, hatte ebenfalls keinen Erfolg und betraf unter anderem die Schutzpflichten aus

---

516 BVerfGE 53, 30, 57 ff.; BVerfGE 66, 39, 57 ff.; BVerfGE 77, 381, 402 f.; BVerfG, Beschl. v. 12.11.2008 – 1 BvR 2456/06, NVwZ 2009, 171, 172 f.; BVerfG, Beschl. v. 10.11.2009 – 1 BvR 1178/07, NVwZ 2010, 114, 115; siehe zu den letzten beiden Entscheidungen *Voßkuhle*, NVwZ 2013, 1, 6.

517 BVerfG (Vorprüfungsausschuss), Beschl. v. 14.09.1983 – 1 BvR 920/83, NJW 1983, 2931.

518 Vgl. BVerfG (Vorprüfungsausschuss), Beschl. v. 14.09.1983 – 1 BvR 920/83, NJW 1983, 2931.

519 BVerfG (Vorprüfungsausschuss), Beschl. v. 14.09.1983 – 1 BvR 920/83, NJW 1983, 2931, 2932; kritisch zum zurückhaltenden Prüfungsmaßstab in dieser Entscheidung *Böhm*, Der Normmensch, S. 101 f.

520 BVerfG (Vorprüfungsausschuss), Beschl. v. 14.09.1983 – 1 BvR 920/83, NJW 1983, 2931, 2932.

Art. 14 I GG für die sog. Waldschäden.[521] In der Entscheidung stellte sich neben der abwehrrechtlichen Zurechnung privater Emissionen[522] die Frage, ob der Staat die Schutzpflicht aus Art. 14 I GG durch das Unterlassen von Entschädigungsvorschriften verletzt hat.[523] Das Bundesverfassungsgericht stellte in der Kammerentscheidung unter Rückgriff auf den Beschluss des Vorprüfungsausschusses von 1983 auf den weiten Spielraum der Gesetzgebung und auf die Hürden ab, die bestehen, sollte die Gesetzgebung zu einer bestimmten Maßnahme verpflichtet werden.[524] Zudem sei unklar, ab welcher Beeinträchtigung des Eigentums eine Schutzpflicht besteht.[525] Das Bundesverfassungsgericht stellte auf den „Kernbereich des Eigentums wie Privatnützigkeit, Verfügungsbefugnis des Eigentümers und Erhaltung der Substanz“ ab, die noch gegeben waren, und betonte, dass die Schäden langsam einträten, was eine Anpassung ermögliche.[526] Im Ergebnis ließ es offen, ob die Verfassungsbeschwerde zulässig war, da sie mangels *evidenter* Verletzung einer möglichen Schutzpflicht ohnehin keine Aussicht auf Erfolg hatte.[527]

Der Beschluss von 1998 wurde auch als „herbe Enttäuschung“ bezeichnet.[528] Vor dem Beschluss des Bundesverfassungsgerichts gab es Hoffnung darauf, dass das Gericht die Schutzlücken für die Opfer der Schäden schließen würde.[529] Anlass dafür gab die Entscheidung des BGH von 1987, die der Verfassungsbeschwerde zugrunde lag.[530] Der BGH stellte fest, dass er „die Waldschäden dem Grunde nach für entschädigungswürdig und entschädigungsbedürftig“[531] hielt, konnte jedoch keine entsprechenden Rechtsgrundlagen finden.[532] Dass das Bundesverfassungsgericht 1998 in seiner Entscheidung nicht weiter ging und noch dazu lediglich im Rahmen einer Kammerentscheidung entschied, zeigt die zurückhaltende Anwendung der

521 BVerfG, Beschl. v. 26.05.1998 – 1 BvR 180-88, NJW 1998, 3264 ff.; die Entscheidung wurde bereits im Rahmen der abwehrrechtlichen Zurechnung privater Emissionen aufgegriffen, siehe dazu oben 4. Teil, A. III. 1.

522 Dazu oben 4. Teil, A. III. 1.

523 BVerfG, Beschl. v. 26.05.1998 – 1 BvR 180-88, NJW 1998, 3264, 3265 f.

524 BVerfG, Beschl. v. 26.05.1998 – 1 BvR 180-88, NJW 1998, 3264, 3265 m.w.N.

525 BVerfG, Beschl. v. 26.05.1998 – 1 BvR 180-88, NJW 1998, 3264, 3265.

526 BVerfG, Beschl. v. 26.05.1998 – 1 BvR 180-88, NJW 1998, 3264, 3265.

527 BVerfG, Beschl. v. 26.05.1998 – 1 BvR 180-88, NJW 1998, 3264, 3265 f.

528 *Hippel*, NJW 1998, 3254.

529 Vgl. *Hippel*, NJW 1998, 3254 f.

530 BGHZ 102, 350 ff; zur Entscheidung des BGH *Hippel*, NJW 1988, 478, 482.

531 BGHZ 102, 350, 363.

532 BGHZ 102, 350 ff.

Schutzpflichten im Umweltrecht auf. Die Zurückhaltung ist besonders auffällig, da bereits fünf Jahre vorher im Jahr 1993 das Untermaßverbot entwickelt wurde, das Ansatzpunkte für eine intensivere Prüfung bereitgehalten hätte.[533]

Das Thema Schutzpflichtverletzung durch Luftverschmutzung hat wieder an Bedeutung gewonnen, da sich sieben Privatpersonen mit einer Verfassungsbeschwerde am 20.09.2022 an das Bundesverfassungsgericht wandten. Sie trugen ein Unterlassen der Gesetzgebung, Schutzvorkehrungen vor Luftverschmutzung durch Feinstaub und Stickstoffdioxid an neue wissenschaftliche Erkenntnisse und Möglichkeiten zu einer verbesserten Luftreinhaltung anzupassen, vor.[534] Geltend gemacht wurden Verletzungen von Leben und körperlicher Unversehrtheit aus Art. 2 II 1 GG und des Verbotes der Benachteiligung wegen Behinderung aus Art. 3 III 2 GG.

3. Ozon

Im November 1995 zog das Bundesverfassungsgericht in einer weiteren Kammerentscheidung die Schutzpflichten heran, um über die Gefahren für die Gesundheit durch erhöhte Ozonkonzentrationen zu entscheiden.[535] Die Beschwerdeführenden wendeten sich gegen ein Gesetz zur Änderung des BImSchG[536], weil sie die Ozon-Werte, bei deren Überschreiten Verkehrsverbote in Kraft traten, für zu hoch hielten, wodurch die Schutzpflicht hinsichtlich der körperlichen Unversehrtheit verletzt sei.[537]

Das Bundesverfassungsgericht stellte zunächst auf die Entscheidung Schwangerschaftsabbruch II ab und leitet damit auch für die Gefahren durch Ozon die grundsätzliche Pflicht des Gesetzgebers her, Leben und Gesundheit vor Übergriffen Dritter zu schützen.[538] Der Staat müsse wirksame Maßnahmen ergreifen und auch das Untermaßverbot beachten, jedoch könne eine Schutzpflichtverletzung nur festgestellt werden, wenn es keine oder nur evident unzureichende Maßnahmen gibt.[539]

---

533 Vgl. dazu *Böhm*, Der Normmensch, S. 102 f.; zur Entscheidung von 1993 oben in diesem Teil unter B. I. 3.

534 Verfassungsbeschwerde Geulen & Klinger Rechtsanwälte, 20.09.2022.

535 BVerfG, Beschl. v. 29.11.1995 – 1 BvR 2203/95, NJW 1996, 651; kritisch zur zurückhaltenden Prüfung durch das BVerfG *Böhm*, Der Normmensch, S. 102 f.

536 G. v. 19.7.1995, BGBl I, 930.

537 BVerfG, Beschl. v. 29.11.1995 – 1 BvR 2203/95, NJW 1996, 651.

538 Vgl. BVerfG, Beschl. v. 29.11.1995 – 1 BvR 2203/95, NJW 1996, 651 m.w.N.

539 BVerfG, Beschl. v. 29.11.1995 – 1 BvR 2203/95, NJW 1996, 651 m.w.N.

Das Gericht verwies auf bereits ergriffene Maßnahmen zur Reduktion von Ozon und lehnte eine Verletzung der Schutzpflichten ab, da es die Grenzwerte im Zusammenhang mit wissenschaftlichen Erkenntnissen nicht für evident unzureichend hielt.[540] Hierbei ist zu kritisieren, dass das Bundesverfassungsgericht Studien des VDI (Verein Deutscher Ingenieure), die strengere Grenzwerte forderten und die dem Verfahren zugrunde lagen, nicht berücksichtigte.[541] Insofern zeigt sich auch im Fall des Ozons, dass das Bundesverfassungsgericht im Umweltrecht erheblich hinter dem Potential zurückblieb, das die Entwicklung des Untermaßverbotes zwei Jahre zuvor geboten hätte.[542]

4. Elektromagnetische Felder

Zudem hat das Bundesverfassungsgericht die Schutzpflichten auf Gefahren durch elektromagnetische Felder in Bezug auf Art. 2 II 1 GG angewendet. In einer ersten Entscheidung wollten die Beschwerdeführer*innen erreichen, dass der Betrieb einer Transformatorenstation (Trafo-Station) ab einem gewissen Strahlenwert neben dem Wohnhaus unterlassen wird.[543] Das Bundesverfassungsgericht verwies unter anderem auf den Maßstab des Kalkar I-Beschlusses, wonach unter gewissen Gegebenheiten eine Gefährdung von Grundrechten ihrer Verletzung gleichkomme.[544] Im Beschluss vom 17.02.1997 hat die erste Kammer des Bundesverfassungsgerichts dann aber offen gelassen, ob diese Schwelle überschritten wurde. Die Verfassungsbeschwerde habe ohnehin keine Aussicht auf Erfolg, da eine Verletzung von Schutzpflichten nur angenommen werden könne, soweit gar keine, bzw. ungeeignete oder vollkommen unzulängliche Maßnahmen ergriffen wurden, was aber nicht der Fall gewesen sei.[545]

Im Jahr 2002 hat das Bundesverfassungsgericht eine Verfassungsbeschwerde eines Eigentümers, gestützt auf eine Verletzung von Art. 2 II 1 GG, der in der Nähe einer Mobilfunkanlage lebt, nicht zur Entscheidung angenommen.[546] Auch in dieser Entscheidung hat das Bundesverfassungs-

---

540 BVerfG, Beschl. v. 29.11.1995 – 1 BvR 2203/95, NJW 1996, 651.
541 *Böhm,* Der Normmensch, S. 103, Fn. 17 m.w.N.
542 Vgl. *Böhm,* Der Normmensch, S. 102 f.
543 BVerfG, Beschl. v. 17.02.1997 – 1 BvR 1658/96, NJW 1997, 2509.
544 BVerfG, Beschl. v. 17.02.1997 – 1 BvR 1658/96, NJW 1997, 2509.
545 BVerfG, Beschl. v. 17.02.1997 – 1 BvR 1658/96, NJW 1997, 2509.
546 BVerfG, Beschl. v. 28.02.2002 – 1 BvR 1676/01, NJW 2002, 1638.

gericht erneut offen gelassen, ob die Schutzpflicht verletzt ist.[547] Es sei unerheblich, da den Schutzpflichten genüge getan würde, denn Grenzwerte müssten nicht verschärft werden, solange keine gesicherte Kenntnis über Gesundheitsgefahren bestehe.[548] Die Schutzpflichten führten nicht dazu, dass „Vorsorge gegen rein hypothetische Gefährdungen" betrieben werden müsse.[549] Die Gerichte seien zudem auch nicht verpflichtet, den Stand der Wissenschaft zu ermitteln, dies sei Sache der Gesetzgebung.[550] Auf dieselben Maßstäbe wird auch in weiteren Entscheidungen im Zusammenhang mit elektromagnetischen Feldern verwiesen.[551]

5. CERN – Apokalypse

Ein weiterer Fall, in dem das Bundesverfassungsgericht in einer Kammerentscheidung die Schutzpflichten-Rechtsprechung angewendet hat, betrifft eine Beschwerde gegen Versuche der Europäischen Organisation für kernphysikalische Forschung (CERN), durch welche nach Ansicht der Beschwerdeführerin die Gefahr einer Erdzerstörung bestand.[552] In dieser Entscheidung verwies das Bundesverfassungsgericht auf die Maßstäbe des Kalkar I-Beschlusses und des Mühlheim-Kärlich Beschlusses als geklärte verfassungsrechtliche Vorgaben.[553] Die Beschwerde war jedoch unzulässig, da keine substanziierte Darlegung einer möglichen Verletzung in einem Rechtsgut erfolgte.[554]

Auch in dieser Entscheidung erkannte das Bundesverfassungsgericht an, dass der Staat sich schützend vor Rechtsgüter stellen müsse, jedoch nicht jegliches Risiko ausschließen könne.[555] In Ausnahmefällen könne eine theoretisch existierende Gefahr für das Leben und die Gesundheit als Eingriff in das Grundrecht angesehen werden, wobei die Anforderungen an die Wahrscheinlichkeit umso geringer seien, je größer das Risiko für die

547 BVerfG, Beschl. v. 28.02.2002 – 1 BvR 1676/01, NJW 2002, 1638 f.
548 BVerfG, Beschl. v. 28.02.2002 – 1 BvR 1676/01, NJW 2002, 1639.
549 BVerfG, Beschl. v. 28.02.2002 – 1 BvR 1676/01, NJW 2002, 1639.
550 BVerfG, Beschl. v. 28.02.2002 – 1 BvR 1676/01, NJW 2002, 1639.
551 BVerfG, Beschl. v. 24.01.2007 – 1 BvR 382/05, NVwZ 2007, 805 f.; neben dem BVerfG etwa BayVerfGH (7. Spruchgruppe), Entsch. v. 18.03.2020 – Vf. 17-VII-18, BeckRS 2020, 4106, Rn. 43.
552 BVerfG, Beschl. v. 18.02.2010 – 2 BvR 2502/08, NVwZ 2010, 702 f.
553 BVerfG, Beschl. v. 18.02.2010 – 2 BvR 2502/08, NVwZ 2010, 702, 703.
554 BVerfG, Beschl. v. 18.02.2010 – 2 BvR 2502/08, NVwZ 2010, 702, 703.
555 BVerfG, Beschl. v. 18.02.2010 – 2 BvR 2502/08, NVwZ 2010, 702, 703.

Rechtsgüter sei.[556] Unter Verweis auf die oben dargestellte Atom-Rechtsprechung forderte das Bundesverfassungsgericht, dass bei schweren Schäden für das Leben oder die Gesundheit von vielen Menschen schon eine Realisierungstendenz genüge, um Schutzpflichten auszulösen, und dass bei drohenden apokalyptischen Schäden diese nach dem Stand von Wissenschaft und Technik praktisch ausgeschlossen sein müssen.[557]

6. Fluglärm

Außerdem hat das Bundesverfassungsgericht die Schutzpflichten im Bereich des Fluglärms angewendet. Im Jahr 1981 hat es unter anderem unter Verweis auf die Maßstäbe der Kalkar I-Entscheidung festgestellt, dass die aus Art. 2 II 1 GG ableitbaren Schutzpflichten auch vor den Gefahren für die Gesundheit durch Fluglärm greifen.[558] Es gab nach damaligem Erkenntnisstand keine konkreten Verletzungen der Gesundheit, allerdings bestand „eine nicht unerhebliche Gefährdung dieses durch Art. 2 Abs. 2 GG geschützten Rechtsguts".[559] Das Bundesverfassungsgericht sah die Schutzpflichten jedoch nicht als verletzt an, betonte dabei aber, dass das nicht bedeute, dass es ausreichende Regelungen gäbe, sondern begründete das Ergebnis damit, dass es nur bei einer evidenten Verletzung eingreifen könne.[560] Die Schutzpflichten wurden vom Bundesverfassungsgericht im Bereich des Fluglärms im Hinblick auf Art. 2 II 1 GG auch weiter angewendet.[561]

Im Fall des Schutzes vor Fluglärm überprüfte das Bundesverfassungsgericht die Schutzpflichten anhand eines anderen Maßstabs, indem es die Evidenzkontrolle mit dem Untermaßverbot zusammen anwendete.[562] So entschied es 2011 über eine Verfassungsbeschwerde, in der sich mehrere Beschwerdeführende gegen Fluglärmgrenzwerte im Fluglärmschutzgesetz (FluglSchG) richteten und eine Verletzung insbesondere ihrer Gesundheit vortrugen.[563] Das Bundesverfassungsgericht betonte zunächst den weiten

556 BVerfG, Beschl. v. 18.02.2010 – 2 BvR 2502/08, NVwZ 2010, 702, 703 f.
557 BVerfG, Beschl. v. 18.02.2010 – 2 BvR 2502/08, NVwZ 2010, 702, 704.
558 BVerfGE 56, 54, 78.
559 BVerfGE 56, 54, 77.
560 BVerfGE 56, 54, 80.
561 BVerfG, Beschl. v. 02.07.2018 – 1 BvR 612/12, NVwZ 2018, 1555, 1557 m.w.N.
562 *Voßkuhle*, NVwZ 2013, 1, 7 m.w.N.
563 BVerfG, Beschl. v. 04.05.2011 – 1 BvR 1502/08, NVwZ 2011, 991.

Spielraum der Gesetzgebung und die begrenzte Prüfmöglichkeit des Gerichts, die erst bei einer evidenten Verletzung greife.[564] Es zeigte erneut die Hürden auf, die bestehen, wenn die Gesetzgebung zu einer bestimmten Maßnahme verpflichtet werden soll.[565] Sodann stellte das Bundesverfassungsgericht unter Verweis auf die Schwangerschaftsabbruch-Entscheidung II fest, dass „der Gesetzgeber das Untermaßverbot zu beachten [hat]. Die Vorkehrungen des Gesetzgebers müssen für einen – unter Berücksichtigung entgegenstehender Rechtsgüter – angemessenen und wirksamen Schutz ausreichend sein und zudem auf sorgfältigen Tatsachenermittlungen und vertretbaren Einschätzungen beruhen. [...] Das BVerfG prüft, ob der Gesetzgeber seinen Einschätzungsspielraum vertretbar gehandhabt hat [...]. Die verfassungsrechtliche Schutzpflicht gebietet nicht, alle nur denkbaren Schutzmaßnahmen zu treffen. Deren Verletzung kann vielmehr nur festgestellt werden, wenn die öffentliche Gewalt Schutzvorkehrungen überhaupt nicht getroffen hat oder die getroffenen Maßnahmen gänzlich ungeeignet oder völlig unzulänglich sind, das gebotene Schutzziel zu erreichen oder erheblich dahinter zurückbleiben. Es ist in erster Linie Aufgabe des Normgebers, den Erkenntnisfortschritt der Wissenschaft mit geeigneten Mitteln nach allen Seiten zu beobachten und zu bewerten, um gegebenenfalls weitergehende Schutzmaßnahmen treffen zu können. Eine Verletzung seiner Nachbesserungspflicht kann gerichtlich erst festgestellt werden, wenn evident ist, dass eine ursprünglich rechtmäßige Regelung zum Schutz der Gesundheit auf Grund neuer Erkenntnisse oder einer veränderten Situation untragbar geworden ist [...].“[566]

Im Folgenden zeigte das Bundesverfassungsgericht auf, was die Beschwerdeführenden hätten darlegen müssen, um eine Schutzpflichtverletzung zu begründen.[567] „Sie müssen schlüssig dartun, dass staatliche Schutzvorkehrungen nach Lage der Dinge geboten sind und von der öffentlichen Gewalt entweder überhaupt nicht getroffen worden sind oder dass die getroffenen Regelungen und Maßnahmen offensichtlich gänzlich ungeeignet oder völlig unzulänglich sind, das Schutzziel zu erreichen [...]. Eine mögliche Grundrechtsverletzung der Bf. geht aus dem danach gebotenen Vortrag regelmäßig nur dann hervor, wenn sich dieser nicht in pauschalen Behaup-

---

564 BVerfG, Beschl. v. 04.05.2011 – 1 BvR 1502/08, NVwZ 2011, 991, 993 m.w.N.

565 BVerfG, Beschl. v. 04.05.2011 – 1 BvR 1502/08, NVwZ 2011, 991, 993 f. m.w.N.

566 BVerfG, Beschl. v. 04.05.2011 – 1 BvR 1502/08, NVwZ 2011, 991, 994.

567 Dem genügten die Beschwerdeführenden jedoch nicht, BVerfG, Beschl. v. 04.05.2011 – 1 BvR 1502/08, NVwZ 2011, 991, 994 f.

tungen und punktuell herausgegriffenen, angeblichen Unzulänglichkeiten der Rechtslage erschöpft. Erforderlich ist vielmehr, das Regelungskonzept des Gesetzgebers zu einem bestimmten Punkt insgesamt zu erfassen, wozu – je nach Fallgestaltung – zumindest gehört, dass die einschlägigen Regelungen des als unzureichend beanstandeten Normkomplexes jedenfalls in Grundzügen dargestellt, die Verwaltungspraxis hierzu wiedergegeben und die einschlägige fachgerichtliche Rechtsprechung aufgearbeitet wird. In einem zweiten Schritt bedarf es dann der Darstellung, ob und gegebenenfalls welche Schutzmaßnahmen zu Gunsten der Bf. in ihrer jeweiligen Situation unternommen wurden, und aus welchen konkreten Gründen – aus Sicht der Bf. – vom Versagen der gesetzgeberischen Konzeption auszugehen ist. Dazu gehört auch die Darlegung, weshalb Verbesserungen auf das für notwendig erachtete Maß durch die Einleitung von Verwaltungs- und gegebenenfalls gerichtlichen Verfahren nicht erreicht werden können."[568]

In der Rechtsprechung des Bundesverfassungsgerichts zum Fluglärm zeigt sich die große Bedeutung der Berücksichtigung von wissenschaftlichen Erkenntnissen.[569]

7. Fazit

Schutzpflichten wurden in einigen Bereichen des Umweltrechts geltend gemacht und durch das Bundesverfassungsgericht anerkannt. Es hat auch vor dem Klimabeschluss 2021 im Bereich des Umweltrechts noch keine Verletzung der Schutzpflichten festgestellt.[570]

In diesem Abschnitt konnte gezeigt werden, dass das Bundesverfassungsgericht innerhalb des Umweltrechts unterschiedliche Maßstäbe angewendet hat. Nach der Entscheidung Schwangerschaftsabbruch II wurde zunächst der Maßstab für das Umweltrecht durch die Nennung des Untermaßverbotes modifiziert. Jedoch hat das Untermaßverbot im Umweltrecht weder zu umfassenderen Prüfungen durch das Bundesverfassungsgericht geführt, noch konnte es sich im Umweltrecht durchsetzen. Die umweltrechtlichen Entscheidungen sind geprägt durch eine zurückhaltende Rechtsprechung. Dem steht eine weitreichende Prüfung in anderen Bereichen, wie etwa dem Schwangerschaftsabbruch, gegenüber.

568 BVerfG, Beschl. v. 04.05.2011 – 1 BvR 1502/08, NVwZ 2011, 991, 994.
569 Vgl. BVerfG, Beschl. v. 02.07.2018 – 1 BvR 612/12, NVwZ 2018, 1555, 1558 m.w.N.
570 *Voßkuhle*, NVwZ 2013, 1, 7.

Die folgenden Aussagen des Bundesverfassungsgerichts können jedoch aus der vorgestellten Rechtsprechung in Bezug auf die Schutzpflichten im Umweltrecht zusammengefasst werden:

Für die Aktivierung der Schutzpflichten kann eine Gefährdung der Rechtsgüter ausreichen. Ob, wann und mit welchem Inhalt die Schutzpflicht greift, richtet sich nach der Eigenart der Gefährdung, sowie deren Nähe und Ausmaß sowie nach Art und Rang der jeweils betroffenen Rechtsgüter und den bereits existierenden Normen. Eine Gefahr muss aber durch die Maßnahmen, die die Schutzpflichten erfüllen, nicht insgesamt ausgeschlossen sein, vielmehr muss ein sozialadäquates Restrisiko in Kauf genommen werden. Die Gefährdung muss für das Entstehen einer Schutzpflicht wissenschaftlich nachweisbar sein und darf nicht nur hypothetisch bestehen und je höher das Risiko ist, desto geringer kann die Wahrscheinlichkeit sein. Bei schweren Schäden genügt eine Realisierungstendenz, bei apokalyptischen Schäden muss der Schaden praktisch ausgeschlossen sein.

IV. Gerichtlicher Prüfungsmaßstab für den Klimaschutz

Im Zusammenhang mit dem Klimaschutz hat das Bundesverfassungsgericht ebenfalls keine Schutzpflichtverletzung angenommen.[571] In Anlehnung an seine bisherige Rechtsprechung im Umweltrecht prüfte das Gericht nur mit einem zurückhaltenden Maßstab und nannte das Untermaßverbot nicht.[572] Ob das den Gefahren des Klimawandels gerecht wird, erscheint fraglich. Im Folgenden wird ein Prüfmaßstab für den Klimaschutz erarbeitet.

Bei der Überprüfung von Schutzpflichten müssen insbesondere zwei Faktoren beachtet werden: Zum einen besteht die Freiheit des unmittelbar demokratisch legitimierten Gesetzgebers, zum anderen haben die Gerichte eine Kontrollfunktion, wobei sie gleichzeitig nicht zum „Ersatzgesetzgeber" werden dürfen.[573] Im Folgenden wird zunächst auf den Grundsatz der Gewaltenteilung eingegangen (1.). Danach werden die verschiedenen Maßstäbe aufgegriffen und hinsichtlich ihrer Abgrenzung und ihrer Anwendungsvoraussetzungen untersucht (2.). Im Anschluss werden Kriterien

---

571 Zur Entscheidung im Überblick 3. Teil, B. V.; zur Schutzpflichtverletzung im Einzelnen Teil 5, C. und D.

572 Dazu kritisch auch *Böhm*, in Kahl/ Ludwigs (Hrsg.), HVwR, Bd. III, § 84, Rn. 55.

573 Dazu *Weinrich*, Die grundrechtlichen Umweltschutzpflichten des Staates, S. 380 f. m.w.N.

eines Maßstabs für den Klimaschutz herausgearbeitet (3.). Zudem wird Bezug zu Prüfungsmaßstäben in anderen Bereichen genommen (4.). Die Prüfung einer möglichen Schutzpflichtverletzung erfolgt in Teil 5.

1. Grundsatz der Gewaltenteilung

Wichtig bei der Herausarbeitung des Prüfungsmaßstabs ist, dass die Gewaltenteilung gewahrt bleibt.[574] Auf der anderen Seite muss aber auch gewährleistet werden, dass Rechtsverletzungen ausreichend überprüft werden können.[575] Durch zu weitgehende Vorgaben der Judikative wird in Kompetenzen der Legislative eingegriffen. Grundsätzlich steht dem demokratisch legitimierten Gesetzgeber die Gesetzgebungskompetenz mit Spielräumen und Abwägungsentscheidungen zu.[576]

Insofern verweist das Bundesverfassungsgericht auch im Klimabeschluss auf die begrenzten Überprüfungsmöglichkeiten.[577] Die Schutzpflichten sind gegenüber den Abwehrrechten, die ein konkretes Handeln des Staates untersagen, unbestimmt, wodurch „[d]ie Entscheidung, in welcher Weise Gefahren entgegengewirkt werden soll, die Aufstellung eines Schutzkonzepts und dessen normative Umsetzung [...] Sache des Gesetzgebers [sind], dem grundsätzlich [...] ein Einschätzungs-, Wertungs-, und Gestaltungsspielraum zukommt [...]".[578] Innerhalb dieses „Einschätzungs-, Wertungs- und Gestaltungsbereich[s]" bleibt danach auch Raum, „konkurrierende öffentliche und private Interessen zu berücksichtigen."[579] Neben dem Demokratieprinzip (Art. 20 I, II GG) wird durch die Entscheidung des Gesetzgebers in

574 Dazu etwa *Oexle/ Lammers*, NVwZ 2020, 1723, 1725 f.; *Volkmann*, in Herdegen/ Masing/ Poscher/ Gärditz (Hrsg.), VerfassungsR-HdB, § 16, Rn. 66; außerdem *Ekardt/ Heß*, ZUR 2021, 579, 582 und *Fellenberg*, NVwZ 2022, 913 f., die im Ergebnis in Bezug auf die Klimaklagen keinen Verstoß sehen.

575 Umfassend zur Rolle von Klimaklagen, die im Ergebnis als „important regulatory instrument" eingestuft wird *Payandeh*, in Kahl/ Weller, Handbook Climate Change Litigation, S. 62 ff., 80.

576 *Isensee*, in Isensee/ Kirchhof (Hrsg.), HStR, Bd. IX, § 191, Rn. 293 f.; zur Frage, inwieweit das BVerfG die Auslegung unbestimmter Rechtsbegriffe durch Gerichte kontrollieren kann, siehe BVerfG, Beschl. v. 18.05.2022 – 2 BvR 1667/20, NVwZ 2022, 1129, wobei das BVerfG für eine Überprüfung einen „krassen Widerspruch" zwischen Auslegung und angewendeter Normen und Grundrechtseinschränkungen forderte, die keine gesetzliche Grundlage haben.

577 BVerfGE 157, 30, 114 m.w.N., st. Rspr.

578 BVerfGE 157, 30, 114 m.w.N., st. Rspr.

579 VG Berlin, Urt. v. 31.10.2019, Az.10 K 412.18, Rn. 77 (juris).

öffentlichen Sitzungen und unter Beteiligung der Opposition im Bundestag auch die Akzeptanz in der Gesellschaft gestärkt.[580] Nur in Ausnahmefällen ist es möglich, die Gesetzgebung auf eine bestimmte Handlung zu verpflichten.[581] Es ist jedoch festzustellen, dass, wie oben aufgezeigt, die Klimaklagen auf deutscher Ebene überhaupt keine konkrete Maßnahme anstrebten, sondern immer nur begehren, dass der aktuelle Weg für unzureichend erklärt wird.[582]

Außerdem sorgt die Kontrolle durch die Gerichte grundsätzlich auch dafür, dass Interessen von denjenigen geltend gemacht werden können, die etwa aufgrund ihres Alters oder ihrer Herkunft das Wahlrecht nicht ausüben können.[583] Dass in Recht gegossene politische Entscheidungen von Gerichten kontrolliert werden, verletzt somit nicht die Gewaltenteilung, sondern macht sie gerade aus, zumindest solange, wie die Gerichte lediglich korrigierend tätig werden.[584] Die zukünftigen Interessen sind im Zusammenhang mit dem Klimaschutz von besonderer Bedeutung. Bereits 2020 trugen die Beschwerdeführer*innen vor, dass der Spielraum der zukünftigen demokratischen Gesetzgebung umso geringer sein wird, je länger die Gesetzgebung damit warte, Klimaschutzmaßnahmen zu ergreifen.[585] Mit der Anerkennung der intertemporalen Freiheitsrechte durch das Bundesverfassungsgericht im Klimabeschluss 2021 gewinnt das Argument eine stärkere Bedeutung.[586] Durch die Begrenztheit der noch zulässigen Treibhausgasemissionen entfalte das heutige Zulassen von Treibhausgasen im Rahmen des KSG eine „eingriffsähnliche Vorwirkung" auf zukünftige Freiheiten.[587] Je mehr Treibhausgase heute emittiert würden, desto weniger Treibhausgase könnten in Zukunft emittiert werden.[588] Dies zieht nicht nur die Einschränkungen natürlicher und juristischer Personen nach sich, sondern auch die Einschränkung der zukünftigen Gesetzgebung. Insofern lässt sich die Argumentation des Bundesverfassungsgerichts auf die politische Entscheidungsfreiheit übertragen. Die Begrenzung des heutigen

580 *Kloepfer/ Wiedmann*, DVBl 2021, 1333, 1334 m.w.N.
581 Vgl. zum Klimaschutz VG Berlin, Urt. v. 31.10.2019, Az.10 K 412.18, Rn. 77 (juris).
582 Vgl. dazu auch etwa *Ekardt*, ZUR 2015, 579, 583; *Ekardt/ Heß*, ZUR 2021, 579, 582; vgl. auch *Groß*, EurUP 2019, 353, 362 f.
583 *Kloepfer/ Wiedmann*, DVBl 2021, 1333, 1334 f.
584 *Kloepfer/ Wiedmann*, DVBl 2021, 1333, 1335.
585 Verfassungsbeschwerde Geulen & Klinger Rechtsanwälte, 10.01.2020, S. 125 f.
586 Zur intertemporalen Freiheit ausführlich 5. Teil, A.
587 BVerfGE 157, 30, 130 ff.
588 BVerfGE 157, 30, 130 ff.

politischen Spielraums wäre somit besonders zur Aufrechterhaltung des zukünftigen politischen Freiraums und damit zur Aufrechterhaltung des demokratischen Systems gerechtfertigt.[589]

Das Bundesverfassungsgericht hat sich bereits in der Schacht-Konrad-Entscheidung im Zusammenhang mit den verfassungsrechtlichen Anforderungen an die Endlagerung radioaktiver Abfälle damit beschäftigt, inwieweit ein grundrechtlicher Anspruch darauf besteht, dass die Gesetzgebung nur reversible Entscheidungen trifft.[590] Das Bundesverfassungsgericht entschied damals, dass aus Art. 2 I GG i.V.m. Art. 38 GG und Art. 20 II GG kein Anspruch darauf bestehe, dass nur gesetzgeberische Entscheidungen getroffen werden, die reversibel sind.[591] Inhaltliche Anforderungen an die Parlamentarier*innen ließen sich nicht aus dem Recht auf Teilhabe an der politischen Willensbildung gewinnen, sondern nur aus den einschlägigen Grundrechten.[592] In Bezug auf den Klimawandel und seine drohenden irreversiblen Folgen sind ebenfalls Grundrechte relevant.[593] Jedoch sei an dieser Stelle angemerkt, dass die drohende Irreversibilität durch den Klimawandel andere Folgen nach sich ziehen würde als die Endlagerung radioaktiver Abfälle, weswegen die zukünftige demokratische Freiheit zu beachten ist, die auch die Einschränkung des aktuellen gesetzgeberischen Spielraums rechtfertigen kann.

Im Gegensatz zu zivilgerichtlichen Klagen wird außerdem Klagen im Öffentlichen Recht gegen Staaten zugutegehalten, dass der Staat zumindest fähig und bemächtigt sei, den Klimaschutz zu fördern und insofern der richtige Adressat sei.[594]

2. Uneinheitlichkeit der gerichtlichen Maßstäbe

Wie aufgezeigt wurde, ist die bisherige Schutzpflichtenrechtsprechung im Umweltrecht durch uneinheitliche Prüfungsmaßstäbe geprägt und auch wenn die Schutzpflichten einige Male angewendet wurden, wurde noch nie eine Verletzung der Schutzpflichten festgestellt. Die Maßstäbe reichen

589 Vgl. *Ekardt*, Theorie der Nachhaltigkeit, S. 393 m.w.N.

590 BVerfG, Beschl. v. 10.11.2009 – 1 BvR 1178/07, NVwZ 2010, 114 ff.

591 BVerfG, Beschl. v. 10.11.2009 – 1 BvR 1178/07, NVwZ 2010, 114, 116, Rn. 27 ff.

592 BVerfG, Beschl. v. 10.11.2009 – 1 BvR 1178/07, NVwZ 2010, 114, 116, Rn. 29.

593 Dazu später Teil 5.

594 *Wagner*, Klimahaftung vor Gericht, S. 130.

wie dargestellt von einer einfachen Evidenzkontrolle[595] über eine Evidenzkontrolle mit der zusätzlichen Voraussetzung, die Maßnahme dürfe nicht erheblich hinter dem Schutzziel bleiben, bis hin zu einer kombinierten Prüfung der Evidenzkontrolle mit dem Untermaßverbot.[596]

Dass es verschiedene Prüfungsmaßstäbe gibt, zeigt das Bundesverfassungsgericht daneben auch außerhalb des Umweltrechts selbst auf. Im Zusammenhang mit dem Spielraum der Gesetzgebung nannte das Bundesverfassungsgericht Kriterien, die für verschiedene Maßstäbe entscheidend sind.[597] Demnach komme es auf die „Eigenart des in Rede stehenden Sachbereichs, den Möglichkeiten, sich ein hinreichend sicheres Urteil zu bilden, und der Bedeutung der auf dem Spiel stehenden Rechtsgüter [an]."[598] In Abhängigkeit davon gab es bereits 1979 drei Maßstäbe vor: die Evidenzkontrolle, eine Vertretbarkeitskontrolle und eine intensive inhaltliche Kontrolle, wobei es für letztere unter anderem die Entscheidung Schwangerschaftsabbruch I als Beispiel nannte.[599] Zu diesen drei Maßstäben ist jedoch anzumerken, dass das Bundesverfassungsgericht diese Maßstäbe selbst nicht immer angewendet hat, sondern auch offen ließ, ob für die Prüfung von Schutzpflichten tatsächlich drei verschiedene Prüfungsmaßstäbe gelten.[600] So etwa in der Entscheidung Schwangerschaftsabbruch II, in der es darauf abstellte, die Prüfungskompetenz erstrecke sich jedenfalls darauf, ob der Gestaltungsspielraum vertretbar gehandhabt wurde.[601] Im Folgenden werden die Prüfungsmaßstäbe ausführlicher aufgegriffen, bevor im weiteren Verlauf dieses Abschnitts die Bildung eines Prüfungsmaßstabs für den Klimawandel erfolgt.

---

595 Es liegen entweder keine Maßnahmen vor oder lediglich solche, die offensichtlich ungeeignet und völlig unzulänglich sind, das Ziel zu erreichen.

596 Es muss ein wirksamer Schutz aufgrund sorgfältig ermittelter Tatsachen und vertretbarer Einschätzungen vorliegen, der auf gänzliche Ungeeignetheit oder völlige Unzulänglichkeit hin überprüft werden kann.

597 BVerfGE 50, 290, 332 f.

598 BVerfGE 50, 290, 333.

599 BVerfG 50, 290, 333 m.w.N.; diese drei Maßstäbe finden sich auch in der neueren Rechtsprechung, siehe etwa BVerfGE 159, 223, 298 f.

600 BVerfGE 88, 203, 262.

601 BVerfGE 88, 203, 262.

a) Evidenzkontrollen

Zunächst gibt es die Evidenzkontrollen, wonach das Bundesverfassungsgericht prüft, ob überhaupt keine Maßnahmen getroffen wurden oder ob es Maßnahmen gibt, die „gänzlich ungeeignet oder völlig unzulänglich sind, das Schutzziel zu erreichen“[602] (Evidenzkontrolle mit zwei Voraussetzungen). Daneben prüft das Bundesverfassungsgericht eine Evidenzkontrolle unter den gerade genannten Aspekten mit dem Zusatz, dass die getroffenen Maßnahmen nicht „erheblich hinter dem Schutzziel zurückbleiben“ dürfen[603] (Evidenzkontrolle mit drei Voraussetzungen). Ob hierin überhaupt zwei verschiedene Prüfungsmaßstäbe gesehen werden können, wird unterschiedlich beurteilt.

Die Rechtsprechung des Bundesverfassungsgerichts kann so gedeutet werden, dass es selbst keine unterschiedlichen Prüfungsmaßstäbe darin sieht. Es verweist im Klimabeschluss auf eine Entscheidung aus 2016[604], die als ständige Rechtsprechung bezeichnet wird und die ihrerseits auf Entscheidungen verweist, in denen Evidenzkontrollen sowohl mit zwei als auch mit drei Voraussetzungen geprüft wurden.[605] Indem das Bundesverfassungsgericht in seiner Rechtsprechung auf beide Maßstäbe verweist, könnte angenommen werden, dass es diese gleichsetzt.[606] Teilweise wird angenommen, das Untermaßverbot finde durch den Zusatz innerhalb der Evidenzkontrolle, die Maßnahmen dürften nicht „erheblich hinter dem Schutzziel zurückbleiben“[607], „Anklang“.[608]

Dass das Bundesverfassungsgericht im Klimabeschluss einen weitergehenden Prüfungsmaßstab zumindest angesprochen hat, zeigt sich daran,

602 Siehe etwa BVerfGE 77, 170, 215.

603 So etwa BVerfGE 157, 30, 114.

604 BVerfGE 142, 313 ff.

605 BVerfGE 157, 30, 114 verweist auf BVerfGE 142, 313, 337 f., die ihrerseits unter anderem auf die bereits vorgestellte erste Fluglärm-Entscheidung und auf die gerade genannte Entscheidung BVerfGE 77, 170 ff. verweist.

606 Auch in der Literatur wird vertreten, dass das BVerfG im Klimabeschluss eine „reine Evidenzkontrolle“ vorgenommen hat, siehe etwa *Calliess*, ZUR 2021, 355, 357; *Lorenzen*, VBlBW 2021, 485, 488; *Kahl*, EurUP 2022, 2, 6.

607 BVerfGE 157, 30, 114.

608 *Buser*, Verfassungsblog 30.04.2021; dafür, dass die Prüfung über eine reine Evidenzkontrolle hinausgeht, siehe auch *Weinrich*, UWP 2021, 238, 240 f., der von einer Vertretbarkeitskontrolle spricht; *Weinrich*, Die grundrechtlichen Umweltschutzpflichten des Staates, S. 435-437, zur Abgrenzung von Evidenz- und Vertretbarkeitskontrolle S. 384 f.

dass es darauf abstellte, dass die „Wirksamkeit staatlicher Schutzmaßnahmen [...] nicht außerhalb verfassungsgerichtlicher Kontrolle“ liegt[609], womit zumindest durch den Begriff der „Wirksamkeit“ die Anknüpfung an Tatsachen und wissenschaftliche Grundlagen möglich wird. Jedoch zeigt sich in der inhaltlichen Prüfung, dass das Bundesverfassungsgericht in der Sache im Klimabeschluss 2021 nicht das Untermaßverbot geprüft hat.[610]

b) Untermaßverbot

Das Untermaßverbot wurde ursprünglich entwickelt, um die Erfüllung von Schutzpflichten kontrollieren zu können.[611] Es sollte das Ergebnis überprüfen und dabei lediglich eine „Minimalkontrolle“ ermöglichen.[612] Mittlerweile gilt das Untermaß zum einen für die Gesetzgebung und zum anderen als Kontrollmaßstab für die Gerichte.[613] Die Rechtsprechung hat das Untermaßverbot erstmals 1993 im Rahmen der Entscheidung Schwangerschaftsabbruch II angewendet.[614] Demnach kommt es auf einen angemessenen Schutz an, der wirksam sein muss, wobei die Vorkehrungen, die der Gesetzgeber trifft, zusätzlich auf sorgfältigen Tatsachenermittlungen und vertretbaren Einschätzungen fußen müssen. Seit der Anwendung in der Rechtsprechung wird aber wie aufgezeigt nicht in jeder Schutzpflichten-Entscheidung Bezug auf das Untermaßverbot genommen. Durch die Anknüpfung an die Wirksamkeit wird das Untermaßverbot jedoch als strengere Kontrollmöglichkeit angesehen.[615] Auch im Zusammenhang mit dem Klimaschutz wird vorgebracht, dass durch das Untermaßverbot eine tiefergehende Prüfung möglich wäre, wenn die Wirksamkeit, die sorgfältige Tatsachenermittlung und die Vertretbarkeit von Einschätzungen untersucht werden würden.[616]

---

609 BVerfGE 157, 30, 114.

610 Ebenfalls kritisch zum zurückgenommen Maßstab *Lorenzen*, VBlBW 2021, 485, 488 f.; *Kloepfer/ Wiedmann*, DVBl 2021, 1333, 1337; *Böhm*, in Kahl/ Ludwigs (Hrsg.), HVwR, Bd. III, § 84, Rn. 55 ff.

611 Zur Entwicklung des Untermaßverbotes in der Literatur *Klein*, JuS 2006, 960 f. m.w.N.

612 *Klein*, JuS 2006, 960, 961.

613 *Böhm*, in Kahl/ Ludwigs (Hrsg.), HVwR, Bd. III, § 84, Rn. 54.

614 Dazu und zum Folgenden bereits in diesem Teil, B. I. 3.

615 *Buser*, DVBl 2020, 1389, 1393.

616 *Kloepfer/ Wiedmann*, DVBl 2021, 1333, 1337.

c) Kombination

Ob das Untermaß verletzt ist, wird oft wiederum anhand der Evidenzformel geprüft.[617] Auch in der Rechtsprechung des Bundesverfassungsgerichts findet sich neben dem Umweltrecht[618] auf weiteren Themenfeldern eine Kombination der Maßstäbe.[619] Das Verhältnis von Evidenzkontrolle und Untermaßverbot ist jedoch nicht eindeutig.[620]

In der einzigen Klima-Entscheidung auf deutscher Ebene, die das Untermaßverbot explizit nannte (VG Berlin 2019[621]), wurde ebenfalls geprüft, ob die Klimaschutzmaßnahmen „gänzlich ungeeignet oder völlig unzulänglich" sind und ob das Untermaßverbot evident verletzt wurde.[622] Das VG Berlin verwies auf Rechtsprechung des Bundesverfassungsgerichts, wonach beide Maßstäbe nebeneinander angewendet werden und sowohl ein weiter Gestaltungsspielraum als auch das Untermaßverbot gelte.[623] In der Literatur wird für die Prüfung von Schutzpflichten ebenfalls eine Kombination von Evidenzkontrolle und Untermaßverbot vertreten.[624]

d) Fazit

Im Ergebnis ist festzuhalten, dass die Abgrenzung der Maßstäbe schwierig ist und sich keine einheitlichen Kriterien hinsichtlich der Anwendbarkeit der Maßstäbe gewinnen lassen. In der Literatur wird die Unklarheit der Prüfung von grundrechtlichen Schutzpflichten kritisiert.[625] Es gibt Versuche, konkrete Prüfschemata für die Schutzpflichten auszuarbeiten.[626] Teilweise wird auch das abwehrrechtliche Schema auf die Schutzpflichten übertragen.[627] Da das Bundesverfassungsgericht im Rahmen der Schutzpflichten immer auch auf die Besonderheiten des Einzelfalles abstellt, wird

617 Siehe bereits *Klein*, JuS 2006, 960, 961.
618 Zu den Maßstäben im Umweltrecht oben.
619 *Buser*, DVBl 2020, 1389, 1393 m.w.N.
620 *Buser*, DVBl 2020, 1389, 1393.
621 Dazu oben Teil 3, A. I.
622 VG Berlin, Urt. v. 31.10.2019, Az.10 K 412.18, Rn. 81 ff. (juris).
623 VG Berlin, Urt. v. 31.10.2019, Az.10 K 412.18, Rn. 79 (juris) m.w.N.
624 Für den Klimaschutz *Kahl*, JURA 2021, 117, 126; *Stürmlinger*, EurUP 2020, 169, 181.
625 Siehe bereits *Winkler*, Klimaschutzrecht, S. 98 f.
626 In Bezug auf das Untermaßverbot *Störring*, Das Untermaßverbot in der Diskussion, S. 204 ff. m.w.N.
627 Ablehnend *Winkler*, Klimaschutzrecht, S. 98.

für den Klimaschutz im nächsten Schritt ein eigener Maßstab anhand der Kriterien der bisherigen Rechtsprechung erarbeitet.[628] Eine Klarstellung der Handhabung einer Schutzpflichtverletzung wäre im Klimabeschluss 2021 jedoch zu begrüßen gewesen, insbesondere da das Bundesverfassungsgericht selbst festgestellt hat, dass die Schutzpflichten weiter eine Rolle für den Klimaschutz spielen. Für die Zukunft hätte mehr Klarheit bestanden.

3. Kriterien für Inhalt und Prüfung der Schutzpflichten im Klimaschutz

Vielfach wurde die Verneinung der Verletzung von Schutzpflichten durch das Bundesverfassungsgericht im Klimabeschluss 2021 begrüßt.[629] Genauso gab es jedoch auch Stimmen, die die Anwendung der Schutzpflichten grundsätzlich für den richtigen Weg hielten, aber teilweise den zurückgenommenen Prüfungsmaßstab kritisierten.[630] Wegen der weiteren Bedeutung der Schutzpflichten für den Klimawandel wird im Folgenden auf Kriterien für eine Prüfung eingegangen. Kriterien, die zunächst auf den Inhalt einer Schutzpflicht schließen lassen, lassen sich aus der bereits vorgestellten Rechtsprechung herauslesen.[631]

Der Inhalt richtet sich nach der Art, der Nähe und dem Ausmaß der Gefahr und es kommt darauf an, welche Art von Rechtsgütern betroffen ist und welchen Rang sie haben.[632] Ein sozialadäquates Restrisiko ist zu tragen. Je höher das Risiko ist, desto geringer sind die Anforderungen an die Wahrscheinlichkeit, wobei auch bereits vorhandene Regelungen entscheidend sind. Nimmt man die Voraussetzungen des Untermaßverbotes auf, kommt es darauf an, dass der Schutz angemessen und wirksam ist. Insbesondere muss sich der Schutz auf eine sorgfältige Ermittlung von Tatsachen und auf vertretbare Einschätzungen zurückführen lassen.[633] Hinsichtlich der Überprüfung der Schutzpflichten in Bezug auf den Klimawandel stellte das VG Berlin in der Klimaklage fest, dass die Freiheit der Gesetzgebung

628 Gegen eine strengere Prüfung wird vorgebracht, dass sich die strengere Prüfung dann kaum auf den Klimaschutz beschränken lasse, *Britz*, NVwZ 2022, 825, 833.

629 Etwa *Schlacke*, NVwZ 2021, 912, 914; *Möllers/ Weinberg*, JZ 2021, 1069, 1072; *Wahnschaffe/ Lücke*, DÖV 2021, 1099, 1107 f.; a. A. *Badenhausen-Fähnle*, VR 2022, 1, 5.

630 *Böhm*, in Kahl/ Ludwigs (Hrsg.), HVwR, Bd. III, § 84, Rn. 55; *Kloepfer/ Wiedmann*, DVBl 2021, 1333, 1336 ff.; *Hofmann*, NVwZ 2021, 1587, 1588; *Faßbender*, NJW 2021, 2085, 2088.

631 Dazu und zum Folgenden 4. Teil, B. III.

632 Siehe zu den Kriterien auch *Buser*, DVBl 2020, 1389, 1393.

633 Siehe oben Teil 4, B. I. 3.; auch *Kahl*, JURA 117, 121.

„von den Gerichten je nach Eigenart des in Rede stehenden Sachbereichs, den Möglichkeiten, sich ein hinreichend sicheres Urteil zu bilden und der Bedeutung der auf dem Spiel stehenden Rechtsgüter [...] geprüft werden kann.“[634] Diese Kriterien, die das Bundesverfassungsgericht auch in seiner Rechtsprechung grundsätzlich bereits angewendet hat[635], zog es im Klimabeschluss 2021 nicht heran. Hierin liegt jedoch eine auf sachlichen Gründen beruhende Rechtfertigungsmöglichkeit für den Umfang der Überprüfung. Leben und Gesundheit gelten nach der Rechtsprechung des Bundesverfassungsgerichts als „überragend wichtige Gemeinwohlbelange“.[636] Der Klimawandel betrifft damit höchste Rechtsgüter.[637] Im Folgenden geht es um die Eigenarten des Klimawandels und die Möglichkeit zur Urteilsbildung.

a) Eigenart des Klimawandels

Der Klimawandel bringt enorme globale Bedrohungen mit sich.[638] Kipppunkte im Klimasystem bergen die Gefahr für das Eintreten irreversibler Zustände.[639] Vergleicht man den Klimawandel inhaltlich mit den bisherigen Themenfeldern der umweltrechtlichen Schutzpflichtenrechtsprechung, lässt sich der Klimawandel im Bereich der existenziellen Probleme einordnen. Ähnliche existenzielle und irreversible Gefahren spielten im Atomrecht und in der CERN-Rechtsprechung eine Rolle. Auch in diesen Bereichen wurden Gefahren mit großer Reichweite und existenzieller Bedrohung vorgebracht. Davon abgrenzen lassen sich etwa der Fluglärm, Ozon und die elektromagnetischen Felder. In diesen Bereichen ist ein örtlich abgrenzbarer Raum betroffen, in dem die Gefahr auftritt. Diese Gefahren sind besser vorherzusehen und können planbarer eingegrenzt werden. Zudem können sich Einzelne durch die örtliche Begrenztheit besser schützen. Der Klimawandel tritt nicht nur in einem begrenzten Gebiet auf und bringt nicht nur eine konkrete Gefahr wie etwa Lärm oder einen bestimmten Luftschadstoff mit sich. Er macht sich vielmehr global durch verschiedenste

634 VG Berlin, Urt. v. 31.10.2019, Az.10 K 412.18, Rn. 77 (juris).
635 Etwa BVerfGE 77, 170, 214 f.
636 BVerfGE 126, 112, 140.
637 Dazu ausführlich Teil 5.
638 Allgemein dazu Teil 2.
639 Dazu 2. Teil, C. IV.

Auswirkungen bemerkbar. Die Einflussnahme durch die einzelne Person ist nahezu ausgeschlossen.

Hinzu kommt als besonderes Merkmal des Klimawandels, dass dieser erst durch die Summation von Treibhausgasen entsteht und die Gefahren des Klimawandels nicht am Ort des Ausstoßes und auch nicht direkt entstehen. So ist es beispielsweise bei der Luftverschmutzung im Straßenverkehr der Fall: Die Gefahr entsteht auch erst durch Summation, jedoch tritt die Gefahr örtlich begrenzt im Bereich der Emissionen auf. Beim Klimawandel wirken die Emissionen global zusammen, wobei die Auswirkungen nicht dort am stärksten sind, wo die meisten Emissionen herkommen. Zudem treten sie erst mit zeitlicher Verzögerung ein. Dies macht den Klimawandel noch unberechenbarer und gefährlicher und zeigt, dass nicht nur die örtlichen Folgen berücksichtigt werden sollten.

Diese Eigenarten und die Komplexität des Klimawandels sprechen für eine erhebliche Begrenzung des Spielraums der Gesetzgebung, da durch den Klimawandel besondere Gefahren drohen.[640] Der Klimawandel ist ein Phänomen, das Umwelt und Gesundheit verglichen mit der bisherigen Schutzpflichtenrechtsprechung des Bundesverfassungsgerichts am stärksten gefährdet. Das Hauptargument ist die drohende Irreversibilität der Folgen.

b) Wissenschaftlicher Erkenntnisstand

Die Folgen und möglichen Auswirkungen sind mittlerweile gut erforscht, weswegen keine Wissenslücke besteht, sondern vielmehr die Möglichkeit gegeben ist, sich ein sicheres Urteil zu bilden.[641] Dies betrifft in erster Linie die aktuellen Folgen des Klimawandels. So kann sicher bestimmt werden, um wie viel Grad sich die Erde bereits erwärmt hat und wie viele Treibhausgase in der Luft enthalten sind. Hinsichtlich der zukünftigen Auswirkungen auf das Klima bestehen Unsicherheiten. Die Folgen können jedoch im Rahmen von Wahrscheinlichkeiten vorhergesagt werden. Zudem vertiefen sich die wissenschaftlichen Erkenntnisse immer mehr. Dass es zu enormen Rechtsverletzungen durch den Klimawandel kommen wird, gilt

640 Für einen strengen Prüfungsmaßstab (Vertretbarkeitskontrolle) auch *Buser*, DVBl 2020, 1389, 1394 f.; ein großer Teil der Literatur sieht durch die Gefahren des Klimawandels einen strengeren Prüfungsmaßstab als gerechtfertigt an, siehe *Lorenzen*, VBlBW 2021, 485, 488 m.w.N.

641 Zu den wissenschaftlichen Erkenntnissen 2. Teil, A.-C.

als nahezu sicher. Auch das Eintreten der Kipppunkte gilt als wahrscheinlich. Lediglich die konkreten Ausprägungen der Rechtsverletzungen sind nicht vorherzusehen und auch der Zeitpunkt der Kipppunkte ist nicht exakt zu bestimmen. Es zeigt sich somit, dass die Frage, ob Schäden eintreten, unstrittig mit ja beantwortet werden kann. Nur die Frage, wann und wo genau dies geschieht, ist mit Unsicherheiten behaftet. Insbesondere durch die drohende Irreversibilität besteht jedoch ein Risiko apokalyptischen Ausmaßes. Dies ist bei den Anforderungen an die Eintrittswahrscheinlichkeit zu berücksichtigen. Im Ergebnis zeigt sich, dass der Klimawandel und seine Gefahren einen strengen Prüfungsmaßstab rechtfertigen.

4. Prüfungsmaßstäbe neben dem Umweltrecht

Zur Begründung eines strengeren Prüfungsmaßstabs im Umweltrecht wird oft auf andere Themenfelder Bezug genommen, in denen das Bundesverfassungsgericht trotz aller Hinweise zu begrenzten Überprüfungsmöglichkeiten und der Wahrung der Gewaltenteilung eine differenzierte Prüfung vornimmt.[642] Zunächst ist die bereits vorgestellte Rechtsprechung zum Schwangerschaftsabbruch I zu nennen, in der das Bundesverfassungsgericht das Strafrecht als einzig zulässige Maßnahme festgesetzt hat.[643] Gleiches gilt für die umfassenden Vorgaben im Rahmen der Entscheidung Schwangerschaftsabbruch II.[644] Trotz Kritik an der Rechtsprechung selbst lassen sich aus den Entscheidungen Hinweise zur Überprüfung von Gesetzen ableiten.[645] So weit, wie die Beschränkung der Gesetzgebung in den genannten Entscheidungen reichte, würde zudem die Anwendung eines strengeren Maßstabs im Bereich des Klimaschutzes nicht führen, da die Gerichte die Gesetzgebung nicht zu einer bestimmten Maßnahme verpflichten müssten.

Weiterhin werden etwa das soziale Existenzminimum, die Beamtenbesoldung oder auch der EZB-Beschluss des Bundesverfassungsgerichts als Beispiele für detailgenaue Vorgaben an die Gesetzgebung genannt.[646] Als weg-

642 *Böhm*, in Kahl/ Ludwigs (Hrsg.), HVwR, Bd. III, § 84, Rn. 53 ff.
643 Siehe oben 4. Teil, B. I. 2.
644 Siehe dazu oben 4. Teil, B. I. 3; siehe dazu auch *Böhm*, in Kahl/ Ludwigs (Hrsg.), HVwR, Bd. III, § 84, Rn. 53.
645 *Böhm*, in Kahl/ Ludwigs (Hrsg.), HVwR, Bd. III, § 84, Rn. 53.
646 Ausdrücklich zum Maßstab in der Entscheidung Schwangerschaftsabbruch II, der Beamtenbesoldung und dem EZB-Beschluss *Ekardt/ Heß*, ZUR 2021, 579, 582 f.

weisend für die Schutzpflichtenprüfung in Bezug auf den Klimaschutz werden zudem die Maßstäbe angesehen, die das Bundesverfassungsgericht in seinen ersten beiden großen Entscheidungen zu den Corona-Schutzmaßnahmen aufgestellt hat.[647] Hinsichtlich der Corona-Pandemie hat das Bundesverfassungsgericht im November 2021 unter anderem zwei Entscheidungen zu Ausgangs- und Kontaktbeschränkungen und Schulschließungen („Bundesnotbremse") getroffen.[648] Der Wert von Leben und Gesundheit wurde in den Entscheidungen gestärkt und ihr Schutz führte zu umfassenden Freiheitsbeeinträchtigungen.[649] Auffällig war, dass das Bundesverfassungsgericht für die Ausgangsbeschränkungen einen geringen Maßstab an die Wirksamkeit anlegte, denn die Wirksamkeit musste nicht bestätigt sein, sondern es genügte, dass die Ausgangsbeschränkungen nicht offensichtlich das Ziel verfehlten.[650] Für den Klimaschutz ist ein entsprechender Maßstab anzulegen.[651]

5. Ergebnis

Bei der Bildung eines Prüfungsmaßstabs für Schutzpflichtverletzungen ist an erster Stelle der Grundsatz der Gewaltenteilung zu beachten. Daneben ist aber auch zu bedenken, dass das heutige Einschränken politischer Spielräume zu weiteren demokratischen Freiräumen in der Zukunft führen kann. In der Rechtsprechung des Bundesverfassungsgerichts lassen sich unterschiedliche Prüfungsmaßstäbe finden, deren Abgrenzung nicht eindeutig möglich ist. Es lässt sich jedoch aus der Rechtsprechung herauslesen, dass es immer auf den Einzelfall ankommt, weswegen für den Klimaschutz untersucht werden kann, welcher Prüfungsmaßstab angemessen ist. Mit den Maßgaben der bisherigen Rechtsprechung kann begründet werden, dass für den Klimawandel aufgrund seiner besonderen Gefahren eine strengere

---

m.w.N.; zum ökonomischen Existenzminimum *Buser*, DVBl 2020, 1389, 1394; zum ökonomischen Existenzminimum und zu weiteren Bereichen *Groß*, EurUP 2019, 353, 362 m.w.N.; zur Besoldung und zur EZB *Böhm*, in Kahl/ Ludwigs (Hrsg.), HVwR, Bd. III, § 84, Rn. 56.

647 *Leisner-Egensperger*, Verfassungsblog 07.12.2021.

648 BVerfGE 159, 223 ff. (Bundesnotbremse I); BVerfGE 159, 355 ff. (Bundesnotbremse II); mittlerweile hat das BVerfG weitere Entscheidungen zu den Corona-Maßnahmen getroffen, etwa dass auch Gastronomiebeschränkungen nicht verfassungswidrig waren, BVerfG, Beschl. v. 23.03.2022 – 1 BvR 1295/21, NVwZ 2022, 974.

649 *Leisner-Egensperger*, Verfassungsblog 07.12.2021.

650 Dazu *Leisner-Egensperger*, Verfassungsblog 07.12.2021.

651 Vgl. *Leisner-Egensperger*, Verfassungsblog 07.12.2021.

Überprüfung und damit eine größere Einschränkung des gesetzgeberischen Spielraums möglich ist. Dafür sprechen auch weitere Anwendungsfälle, in denen ebenfalls umfassende Prüfungen vorgenommen wurden, ohne dass die Gewaltenteilung ernsthaft gefährdet war.

V. Zusammenfassung

Die grundrechtliche Schutzfunktion findet auf die Gefahren des Klimawandels Anwendung. In umweltrechtlichen Entscheidungen hat das Bundesverfassungsgericht noch keine Schutzpflichtverletzung festgestellt, was kritisch gesehen werden kann. Die Maßstäbe der Rechtsprechung verpflichten im Zusammenhang mit dem Klimaschutz zu einem strengeren Prüfungsmaßstab durch die Gerichte, was den Umfang des Klimaschutzes durch die Schutzfunktion erweitert.

C. Fazit

In dogmatischer Hinsicht sind sowohl Abwehrrechte als auch Schutzpflichten im Bereich des Klimaschutzes denkbar. Die Rechtsprechung des Bundesverfassungsgerichts im Klimabeschluss kann man so interpretieren, dass für den Schutz vor Klimawandelauswirkungen die Schutzpflichten zum Tragen kommen. Geht es darum, zukünftige Freiheitsgefährdungen aufgrund von Klimaschutzmaßnahmen zu verteilen, greift die Abwehrfunktion der Grundrechte. Die Abwehrfunktion der Grundrechte findet jedoch nicht immer Anwendung, da dem Staat private Schädigungen grundsätzlich nicht zugerechnet werden können. Vielmehr gilt es in diesen Bereichen, die Schutzpflichten anzuwenden. Die Herleitung der Schutzpflichten ist weiterhin umstritten und der Prüfungsmaßstab ist nicht einheitlich. Mit der bisherigen Rechtsprechung des Bundesverfassungsgerichts lässt sich aufgrund der besonderen Gefahren des Klimawandels die Anwendung eines strengen Prüfungsmaßstabs rechtfertigen, auch wenn dadurch die gesetzgeberischen Spielräume beschränkt werden.

5. Teil: Materiell-rechtliche Maßgaben verfassungsrechtlicher Normen für Klimaschutz

Ein explizites Grundrecht auf Umweltschutz bzw. noch konkreter: ein explizites Grundrecht auf Klimaschutz gibt es im Grundgesetz nicht.[652] Subjektive Umweltgrundrechte seien – so das Bundesverfassungsgericht im Klimaschutzbeschluss – diskutiert worden, jedoch im Ergebnis durch die Entscheidung des verfassungsändernden Gesetzgebers, 1994 eine Staatszielbestimmung in das Grundgesetz aufzunehmen, nicht anerkannt worden.[653] Problematisch bei einem Grundrecht auf Umweltschutz wäre zudem, den abstrakten Inhalt mit seinen Mindestanforderungen an gebotenem Schutz zu bestimmen.[654] Außerdem würde ein Umweltgrundrecht im Gegensatz zu den übrigen Grundrechten Allgemeingüter und keine Individualgüter schützen.[655] Dennoch wird gerade in jüngerer Zeit wieder die Einführung eines Grundrechts auf eine gesunde Umwelt gefordert.[656] Der Klimaschutz wird aktuell mangels eines solchen Rechts jedoch in Deutschland über andere Bestimmungen des Grundgesetzes geltend gemacht.

Wie in den vorgestellten Klimaklagen bereits ersichtlich wurde, stützen sich viele Menschen für mehr Klimaschutz insbesondere auf eine Verletzung von Art. 2 II 1 GG und Art. 14 I GG.[657] Aber auch Art. 12 I GG rückte durch die Klimaklagen in den Fokus, weil Beschwerdeführende, die etwa in der Landwirtschaft oder im Tourismus-Bereich tätig sind, ihre berufliche Zukunft aufgrund der Auswirkungen des Klimawandels als gefährdet ansehen.[658] Zudem hat das Bundesverfassungsgericht mit seinem Klimabeschluss 2021 als Grundlage die Rechtsfigur der intertemporalen Freiheitssicherung geschaffen. Auch der Staatszielbestimmung Art. 20a GG

---

652 *Kahl/ Gärditz,* Umweltrecht, § 3, Rn. 14; siehe zum Stand der Debatte eines Umweltgrundrechts *Calliess,* ZUR 2021, 323, 324 f.

653 BVerfGE 157, 30, 95; zur Staatszielbestimmung unten A. I.

654 Schlacke, Umweltrecht, § 4, Rn. 9 m.w.N.; *Weinrich,* Die grundrechtlichen Umweltschutzpflichten des Staates, S. 125.

655 *Schlacke,* Umweltrecht, § 4, Rn. 9.

656 *Schlacke,* FAZ 27.09.2022.

657 Allgemein zu Menschenrechten in Bezug auf den Klimaschutz *Hanschel/ Schultze,* KlimR 2022, 166 ff.

658 Verfassungsbeschwerde Rechtsanwälte Günther, 06.02.20, S. 97.

kommt mittlerweile eine über eine reine Staatszielbestimmung hinausgehende Bedeutung zu. Zudem dreht sich die Diskussion immer mehr um ein „Grundrecht auf ein ökologisches Existenzminimum".[659] Daneben wird weiteren Grundrechten in ihrer Schutzfunktion eine Bedeutung zugesprochen.[660] Art. 3 I GG enthalte etwa das Gebot der Widerspruchsfreiheit der Rechtsordnung und ein Recht auf Chancengleichheit, Art. 4 I GG werde hinsichtlich des Glaubens an vermeintliche Umweltgefahren diskutiert, Art. 5 I 1, 2. Alt. GG komme in seiner Ausprägung der Umweltinformationsfreiheit zum Tragen, aus Art. 11 GG werde teilweise ein „Recht auf Heimat" hergeleitet und Art. 13 GG finde auf den Schutz der Wohnung vor Umweltgefahren Anwendung.[661]

Die intertemporalen Freiheitsrechte, Art. 20a GG, Art. 2 II 1 GG, Art. 14 I GG, Art. 12 I GG, das ökologische Existenzminimum und Art. 11 GG werden im Folgenden auf ihren materiell-rechtlichen Klimaschutzgehalt hin untersucht.

A. Intertemporale Freiheitssicherung

In seinem Klimabeschluss 2021 hat das Bundesverfassungsgericht eine neue Konstruktion in die verfassungsrechtliche Diskussion um den Klimaschutz eingebracht: die „Intertemporale Freiheitssicherung".[662] Die Schaffung der neuen Rechtsfigur wird in der Literatur unterschiedlich beurteilt.[663]

---

659 Die Verletzung eines ökologischen Existenzminimums aus Art. 2 I GG i.V.m. Art. 1 I 1 GG wurde in einer Verfassungsbeschwerde vorgebracht, die dem Klimabeschluss 2021 zugrunde lag, siehe Verfassungsbeschwerde Baumann Rechtsanwälte, 22.11.2018; siehe zum ökologischen Existenzminimum außerdem *Buser*, DVBl 2020, 1389, 1391 f. m.w.N.; *Frenz*, Grundzüge des Klimaschutzrechts, Rn. 458 ff.

660 Darauf kann jedoch nicht im Einzelnen eingegangen werden.

661 Siehe dazu weiterführend *Weinrich*, Die grundrechtlichen Umweltschutzpflichten des Staates, S. 141 ff. m.w.N.; zu Art. 3 I GG und seiner Bedeutung für den Klimaschutz siehe *Erbguth*, EurUP 2022, 257, 264 ff.

662 BVerfGE 157, 30, 130 ff.; zur Entscheidung im Überblick bereits oben Teil 3, B. V.

663 Für einen positiven Ansatz etwa *Schlacke*, NVwZ 2021, 912 ff.; *Wahnschaffe/ Lücke*, DÖV 2021, 1099 ff.; kritisch *Beckmann*, UPR 2021, 241 ff.; *Kloepfer/ Wiedmann*, DVBl 2021, 1333, 1339; *Polzin*, DÖV 2021, 1089 ff.; *Ruttloff/ Freihoff*, NVwZ 2021, 917 ff.; *Breuer*, NVwZ 2022, 1233, 1239; *Haratsch*, in FS Dörr, S. 153, 155 ff.; *Kahl*, EurUP 2022, 2, 15.

I. Rechtsprechung des Bundesverfassungsgerichts

„Das Grundgesetz verpflichtet unter bestimmten Voraussetzungen zur Sicherung grundrechtsgeschützter Freiheit über die Zeit und zur verhältnismäßigen Verteilung von Freiheitschancen über die Generationen. Als intertemporale Freiheitssicherung schützen die Grundrechte die Beschwerdeführenden hier vor einer einseitigen Verlagerung der durch Art. 20a GG aufgegebenen Treibhausgasminderungslast in die Zukunft [...].“[664]

Das Bundesverfassungsgericht sah in den Vorschriften des KSG (§ 3 I 2, § 4 I 3 i.V.m. Anlage 2 a.F.)[665], die bis 2030 eine Emissionsreduktion von 55 % gegenüber 1990 vorsahen, eine Verletzung zukünftiger Freiheiten natürlicher inländischer Personen.[666] Die Verletzung bestehe nicht wegen eines Verstoßes gegen Art. 20a GG[667], allerdings gebe es keine Vorsorge für nach 2030, um die drohenden Grundrechtseingriffe durch Treibhausgasreduktionspflichten verhältnismäßig auszugestalten.[668] Grundlage ist die Annahme, dass Art. 20a GG ein „Klimaschutzgebot“ statuiere, welches durch die Gesetzgebung auf das globale Ziel, die Erderwärmung „auf deutlich unter 2 °C und möglichst auf 1,5 °C gegenüber dem vorindustriellen Niveau zu begrenzen“, festgelegt wurde.[669]

Um dieses Ziel einhalten zu können, bestehe ein bestimmtes noch verfügbares CO2-Budget und sei dies aufgebraucht, dürfe zukünftig die Freiheitsausübung im Sinne eines CO2-Ausstoßes nur stattfinden, sollte sie gegenüber dem Klimaschutz überwiegen, wobei der Klimaschutz stärker ins Gewicht falle, je weiter der Klimawandel fortschreite.[670] Indem heute durch das KSG irreversibel Emissionen zugelassen werden, bestehe aufgrund des immer kleiner werdenden Budgets somit ein Vorgriff („eingriffsähnliche Vorwirkung“) auf zukünftige Freiheitsrechte, der gerechtfertigt werden müsse.[671]

664 BVerfGE 157, 30, 130 f.; erneut BVerfG, Beschl. v. 18.01.2022 – 1 BvR 1565/21 u. a., NJW 2022, 844, 845.
665 Siehe dazu oben Teil 2, D. III. 1. b).
666 BVerfGE 157, 30, 130 ff.
667 BVerfGE 157, 30, 137-163.
668 BVerfGE 157, 30, 163-175.
669 BVerfGE 157, 30, 131 f.; zum Klimaschutzgebot und zu Art.20a GG siehe Teil 5, B.
670 BVerfGE 157, 30, 131 f.
671 BVerfGE 157, 30, 131 ff.

Durch das Grundgesetz sei jedes Verhalten geschützt, das CO2-Emissionen verursacht.[672] Der Freiheitsentfaltung in Verbindung mit dem Ausstoß von CO2 setze die Verfassung aufgrund des irreversiblen Beitrags zum Klimawandel aber auch Grenzen, da dem Klimawandel entgegnet werden müsse.[673] Das Bundesverfassungsgericht ordnete dadurch die Emissionsmöglichkeiten von Treibhausgasen (insbesondere CO2) aufgrund der wissenschaftlichen Erkenntnisse zum Klimawandel als begrenzt ein. Dadurch ergibt sich ein Spannungsfeld zwischen der Freiheitsentfaltung verbunden mit dem Ausstoß von Treibhausgasen auf der einen Seite und dem Klimaschutzgebot mit einem nur noch begrenzt zur Verfügung stehenden Treibhausgasbudget auf der anderen Seite.

II. Die zukünftigen Freiheitsrechte

Zunächst stellt sich die Frage, was das Bundesverfassungsgericht mit den zukünftigen Freiheiten meint, da es keine genaue Schutzbereichsprüfung vornimmt.[674] Im Klimabeschluss 2021 spricht das Bundesverfassungsgericht zunächst allgemein von verletzten „Grundrechten".[675] Anschließend nimmt es Bezug auf „die durch das Grundgesetz umfassend geschützte Freiheit", „die Gefährdung der Freiheitsrechte", die „Beeinträchtigung künftiger grundrechtlicher Freiheit" und die „Sicherung grundrechtsgeschützter Freiheit".[676] Zudem stellt das Bundesverfassungsgericht darauf ab, dass das Grundgesetz „sämtliche menschlichen Freiheitsbetätigungen" sowohl durch die speziellen Freiheitsrechte als auch durch die allgemeine Handlungsfreiheit aus Art. 2 I GG schütze.[677] Unter anderem seien „Verhaltensweisen des täglichen Lebens, des Arbeitens und des Wirtschaftens" geschützt, die für CO2-Emissionen sorgen.[678]

Hierdurch wird ersichtlich, dass das Bundesverfassungsgericht durch das Konstrukt der intertemporalen Freiheitssicherung jedenfalls hauptsächlich vor zu strengen Klimaschutzmaßnahmen schützen will, indem es auf

672 BVerfGE 157, 30, 131.
673 BVerfGE 157, 30, 131 ff.
674 Kritisch zur fehlenden Benennung etwa *Beckmann*, UPR 2021, 241, 245 f.; *Möllers/Weinberg*, JZ 2021, 1069, 1073; *Haratsch*, in FS Dörr, S. 153, 156 f.
675 BVerfGE 157, 30, 130.
676 BVerfGE 157, 30, 130 f.
677 BVerfGE 157, 30, 131 m.w.N.
678 BVerfGE 157, 30, 131.

die zukünftig bedrohte Freiheit durch die möglicherweise fehlende Möglichkeit zur CO2-Emission abstellt und nicht auf die Gefahren eingeht, die durch den Klimawandel selbst drohen.[679] Insofern lässt sich aus den Ausführungen schließen, dass das Bundesverfassungsgericht nur Freiheitsrechte meint, die in ihrer Ausübung CO2 verursachen, wie etwa die Berufs- oder Eigentumsfreiheit, wohl aber nicht etwa die Freiheitsrechte wie Leben oder Gesundheit.[680] Dass Klimaschutzmaßnahmen zu Freiheitsbeeinträchtigungen führen können, wurde bereits vor dem Klimabeschluss 2021 vorgebracht.[681]

Dass mit den Freiheitsrechten im Sinne der Rechtsprechung zudem beispielsweise Leben oder Gesundheit gemeint sein könnten, erscheint auch insofern ausgeschlossen, als das Bundesverfassungsgericht darauf abstellt, dass „jede solche Freiheitsausübung den vom Gesetzgeber zum Schutz des Klimas nach Art. 20a GG wie auch zur Erfüllung grundrechtlicher Schutzpflichten zu ziehenden Grenzen" unterliegt.[682] Es ist jedoch nicht vorstellbar, dass Leben und Gesundheit zugunsten des Klimaschutzes oder zur Erfüllung von Schutzpflichten sinnvoll eingeschränkt werden können, wodurch deutlich wird, dass das Bundesverfassungsgericht nur Freiheitsbetätigungen meinen kann, die CO2 emittieren.

Insofern wird man alle Verhaltensweisen berücksichtigen müssen, die in irgendeiner Form CO2 oder sonstige Treibhausgase verursachen. Einen guten Anhaltspunkt für die Orientierung bilden die im KSG festgelegten Sektoren (Anlage 1). Den Sektoren Energiewirtschaft, Industrie, Gebäude, Verkehr, Landwirtschaft, Abfallwirtschaft und Sonstiges sind jährliche Minderungsziele zugeteilt (Anlage 2). Diese dürfen nach dem Beschluss des Bundesverfassungsgerichts nicht gegen objektives Verfassungsrecht und nicht gegen den Verhältnismäßigkeitsgrundsatz verstoßen. Ihnen darf bis 2030 nicht so viel des Budgets zugeteilt werden, dass sie ab 2030 nichts mehr „übrig haben" und es zu erheblichen Grundrechtseinschränkungen kommt.

---

679 Siehe zur Unterscheidung zwischen Schutz vor dem Klimawandel und seinen Auswirkungen und dem Schutz vor Klimaschutzmaßnahmen *Ekardt/ Heß*, ZUR 2021, 579 ff.; *Ekardt/ Heß/ Wulff*, EurUP 2021, 212, 214 f.; *Ekardt/ Heß*, NVwZ 2021, 1421, 1423 m.w.N., die gleichzeitig die Fixierung des BVerfG auf den Schutz vor Klimaschutzmaßnahmen kritisieren.

680 Siehe zum Schutzbereich *Britz*, NVwZ 2022, 825, 831; auch *Ehrmann*, UWP 2021, 139, 144; vgl. auch *Winter*, ZUR 2022, 215, 218; kritisch zum „diffus bleibende[n]" Schutzbereich *Kahl*, EurUP 2022, 2, 14.

681 Etwa *Heß/ Wulff*, EurUP 2020, 386, 388.

682 BVerfGE 157, 30, 131.

Die denkbaren Grundrechtsbeschränkungen in der Zukunft sind vielfältig.[683] Sie können „noch nicht als solche konkret benannt und deshalb auch noch nicht als solche kontrolliert werden", wobei aber „die Größenordnung der Intensität [...] eine zwingende Folge heutiger Regelungen im KSG ist [...]."[684] Die Bereiche der Energiewirtschaft und der Industrie betreffen in erster Linie Art. 12 I GG und Art. 14 I GG. Es könnte etwa Klimaschutzvorgaben zu Betriebszeiten oder der Nutzung bestimmter Rohstoffe geben, oder zum Verbot bestimmter Produkte kommen.[685] Auch im Bereich Gebäude sind erhebliche Beschränkungen von Art. 14 I GG denkbar, beispielsweise das Verbot bestimmter Heizarten, Vorschriften zu Neubauten oder zum Umbau, zum Beispiel hinsichtlich der Dämmung oder bestimmter Materialien.[686] Im Verkehrssektor sind ebenfalls Eigentumsbeschränkung wie die Nutzungsuntersagung bestimmter PKW (etwa mit Verbrennungsmotor) oder eine zeitlich begrenzte Nutzung („Autofreier Sonntag") denkbar. Solche Restriktionen könnten zusätzlich die Berufsfreiheit oder zuletzt die allgemeine Handlungsfreiheit betreffen. Auch Beschränkungen oder Vorgaben im Bereich der Landwirtschaft tangieren Art. 14 I und Art. 12 I GG.

Welche Maßnahmen letztendlich in Zukunft zur Einhaltung des Klimaschutzgebotes angemessen sein werden und welche Freiheitsentfaltungen wichtiger als das Klimaschutzgebot sein werden, bleibt mit Spannung abzuwarten.[687] Das Bundesverfassungsgericht betonte jedenfalls die steigende Wichtigkeit des Klimaschutzes bei fortschreitendem Klimawandel[688] und hält in Zukunft „selbst gravierende Freiheitseinbußen [...] zum Schutz des Klimas [für] verhältnismäßig und gerechtfertigt [...]."[689] Welche Einschränkungen der Verzicht auf fossile Energieträger mit sich bringen kann, wird aktuell durch die Gasknappheit, bedingt durch den russischen Angriff auf die Ukraine, deutlich.

Ein anderer Ansatz, der in der Literatur diskutiert wird, würde dafür sorgen, dass erst gar kein Eingriff durch Klimaschutzmaßnahmen in Grund-

683 Siehe dazu *Bickenbach*, in FS Dörr, S. 135, 147.
684 *Eifert*, JURA 2021, 1085, 1092.
685 Zu weiteren Maßnahmen, die Art. 12 I GG und 14 I GG betreffen können *Bickenbach*, in FS Dörr, S. 135, 147.
686 Dazu auch *Bickenbach*, in FS Dörr, S. 135, 147.
687 Weitergehend zu Anforderungen an die Verhältnismäßigkeit *Bickenbach*, in FS Dörr, S. 135, 148 ff.
688 BVerfGE 157, 30, 138 f.
689 BVerfGE 157, 30, 135.

rechte vorliegen würde, etwa wenn man umweltschädliches Verhalten aus dem Schutzbereich eines Grundrechts herausnehmen würde.[690] Aufgrund der Schwierigkeiten der exakten Schutzbereichsbestimmung und des fehlenden Grundrechtsschutzes mangels eröffnetem Schutzbereich ist der Ansatz jedoch abzulehnen.[691]

III. Die verhältnismäßige Verteilung von Freiheit

Für die Rechtfertigung der eingriffsähnlichen Vorwirkung in zukünftige Freiheitsrechte stellt das Bundesverfassungsgericht zwei zu erfüllende Anforderungen an die Vorschriften des KSG: Das KSG müsse zum einen „mit elementaren Grundentscheidungen des Grundgesetzes vereinbar" sein und außerdem dürfe es keine „unverhältnismäßigen Belastungen der künftigen Freiheit" mit sich bringen.[692]

Das Bundesverfassungsgericht sieht die intertemporalen Freiheitsrechte nicht aufgrund eines Verstoßes gegen Art. 20a GG als verletzt an.[693] Es stellte vielmehr eine Verletzung des Verhältnismäßigkeitsgrundsatzes fest.[694] Die Gesamtmenge an noch „zugelassenem" CO2 erklärte das Gericht somit für vereinbar mit der Verfassung (Art. 20a GG), jedoch wurde ein Verstoß im Rahmen der Verhältnismäßigkeit hinsichtlich der konkreten Aufteilung des Budgets angenommen.[695]

1. Maßgaben im Klimabeschluss 2021 an die Verhältnismäßigkeit

Für die Verhältnismäßigkeit verlangt das Bundesverfassungsgericht, dass die Treibhausgasreduktionen „vorausschauend" gestaltet werden, damit es trotz Klimaschutz nicht zu unzumutbaren Freiheitseinschränkungen kommt und die künftige Generation die „Reduktionslasten" nicht alleine tragen muss.[696] Gerade weil „selbst gravierende Freiheitseinbußen künftig

690 Siehe zur Umweltpflichtigkeit *Bruch*, Umweltpflichtigkeit der grundrechtlichen Schutzbereiche; kritisch *Durner*, in Herdegen/ Masing/ Poscher/ Gärditz (Hrsg.), VerfassungsR-HdB, § 26, Rn. 43.

691 *Weinrich*, Die grundrechtlichen Umweltschutzpflichten des Staates, S. 122 ff.

692 BVerfGE 157, 30, 133 ff.

693 BVerfGE 157, 30, 137-163; zu Art. 20a GG sogleich 5. Teil, B.

694 BVerfGE 157, 30, 163-175.

695 *Eifert*, JURA 2021, 1085, 1093.

696 BVerfGE 157, 30, 135.

zum Schutz des Klimas verhältnismäßig und gerechtfertigt sein [könnten]", dürfe nicht jetzt auf Kosten der zukünftigen Generation so viel Budget verbraucht werden, dass ihr in Zukunft eine „radikale Reduktionslast" mit „schwerwiegenden Freiheitseinbußen" drohen würde.[697] Diese Maßstäbe würden durch Art. 20a GG gestützt, da die Staatszielbestimmung den Staat verpflichtet, auch in Verantwortung für die künftigen Generationen die natürlichen Lebensgrundlagen zu schützen, was auch umfasse, die Lebensgrundlagen so zu erhalten, dass die künftige Generation „nicht nur um den Preis radikaler eigener Enthaltsamkeit" leben kann.[698]

Das CO2-Budget müsse „schonend aufgezehrt und so Zeit gewonnen" werden, um klimaneutrale Alternativen für die Freiheitsverwirklichung zu schaffen.[699] Die Verfassungswidrigkeit der Normen wäre gegeben, „wenn sie zuließen, dass so viel vom verbleibenden Budget verzehrt würde, dass die künftigen Freiheitseinbußen aus heutiger Sicht unweigerlich unzumutbare Ausmaße annähmen [...]".[700]

Bei der Prüfung der Verhältnismäßigkeit wendete das Bundesverfassungsgericht jedoch nicht den eigentlichen Vierschritt (Legitimer Zweck, Geeignetheit, Erforderlichkeit, Angemessenheit) an.[701]

2. Beurteilung durch das Bundesverfassungsgericht im Klimabeschluss 2021

Das Bundesverfassungsgericht entschied, dass der Gesetzgeber mit den angegriffenen Vorschriften des KSG seine Pflicht verletzt, „die nach Art. 20a GG verfassungsrechtlich notwendigen Reduktionen von CO2-Emissionen bis hin zur Klimaneutralität vorausschauend in grundrechtsschonender Weise über die Zeit zu verteilen [...]."[702]

Der Verstoß liege allerdings nicht konkret in den Vorschriften des KSG, die Emissionsreduktionen *bis* zum Jahr 2030 festlegen, denn die bis 2030 zugelassenen Emissionen könnten gerechtfertigt werden, wenn es Vorschriften ab 2031 gäbe, die die Grundrechtsgefährdungen eindämm-

697 BVerfGE 157, 30, 135.
698 BVerfGE 157, 30, 135 f.
699 BVerfGE 157, 30, 136.
700 BVerfGE 157, 30, 136.
701 *Sachs*, DRiZ 2021, 228, 231; siehe dazu und zum Versuch, nach dem herkömmlichen Schema zu prüfen *Hofmann*, NVwZ 2021, 1587, 1589; *Wahnschaffe/ Lücke*, DÖV 2021, 1099, 1104 ff.
702 BVerfGE 157, 30, 163.

ten.[703] Der Verstoß bestehe vielmehr in § 4 VI 1 KSG a.F., der die Reduktionen über 2030 hinaus betrifft und der im Ergebnis „den verfassungsrechtlichen Anforderungen an eine der weiteren Entwicklung hinreichend Orientierung vermittelnden Ausgestaltung" nicht genüge.[704] § 4 VI 1 KSG a.F. besagte, dass die Bundesregierung im Jahr 2025 für weitere Zeiträume nach dem Jahr 2030 jährlich absinkende Emissionsmengen durch Rechtsverordnung festlegt.

Zunächst habe der Gesetzgeber die genauen Zeiträume bestimmen müssen, in denen die Emissionsmengen nach 2030 festgelegt werden, da § 4 VI 1 KSG a.F. offenlasse, für welche Jahre ab 2030 Reduktionsziele festgesetzt werden.[705] Außerdem sei der Reduktionspfad nicht rechtzeitig zu erkennen, wenn die Festlegung erst im Jahr 2025 erfolge.[706] Sollen die Ziele weiterhin durch Verordnung geregelt werden, müsse der Gesetzgeber Vorgaben machen, „insbesondere müsste er ihn [gemeint ist der Verordnungsgeber] schon vor 2025 zur ersten weiteren Festlegung verpflichten oder ihm wenigstens deutlich früher durch gesetzliche Regelungen vorgeben, wie weit in die Zukunft die Festlegungen im Jahr 2025 reichen müssen."[707] Zudem müsse der Gesetzgeber, soweit die Reduktionsvorgaben durch Verordnung geregelt werden sollen, die Jahresemissionsmengen selbst festlegen, um Art. 80 I GG und dem Vorbehalt des Gesetzes zu genügen.[708]

3. Kritische Würdigung der Verhältnismäßigkeit der Reduktionsziele

Es wurde ersichtlich, dass das Bundesverfassungsgericht im Klimabeschluss 2021 keine Anforderungen aufstellte, die inhaltlich die Reduktionsmengen, insbesondere deren Umfang, betreffen. Das Bundesverfassungsgericht stellte vielmehr Vorgaben formaler Art auf, die die Frage betreffen, wie die Reduktionsmengen zu regeln sind (zeitlicher Rahmen und Form der Rechtsgrundlage).

703 BVerfGE 157, 30, 163 ff.
704 BVerfGE 157, 30, 170 ff.
705 BVerfGE 157, 30, 170 f.
706 BVerfGE 157, 30, 171.
707 BVerfGE 157, 30, 171.
708 BVerfGE 157, 30, 171-175.

a) KSG a.F.

Unter Bezugnahme auf die Maßgaben, die das Bundesverfassungsgericht für die Verhältnismäßigkeit der Reduktionsverteilung aufgestellt hat, hätten auch die Ziele des KSG a.F. bis 2030 im Klimabeschluss 2021 ausdrücklich für unverhältnismäßig erklärt werden können.[709]

Das Bundesverfassungsgericht stellte im Klimabeschluss 2021 selbst fest, dass das Budget bis 2030, das nach Berechnungen des SRU zur Verfügung steht, um mit einer Wahrscheinlichkeit von 67 % die Erwärmung auf 1,75 Grad[710] zu begrenzen, insoweit aufgebraucht sein wird, dass ab 2031 nur noch ein Budget übrig bleibt, das für nicht mal mehr ein Jahr ausreichen würde.[711] Der Klimabeschluss des Bundesverfassungsgerichts sorgt so durch seine Maßgaben nur dafür, dass Klimaschutz vorausschauender wird, indem insbesondere zeitliche Vorgaben zur Festsetzung der Reduktionsziele getroffen wurden. Wofür der Klimabeschluss 2021 aber nicht gesorgt hat, sind materielle Vorgaben, die die gerechte Verteilung des Emissionsbudgets und eine schonende Aufzehrung des Budgets betreffen.

Überwiegend wurde dennoch davon ausgegangen, dass durch den Klimabeschluss auch die Emissionsgrenzwerte bis 2030 verschärft werden mussten, da andernfalls dem Klimabeschluss nicht genüge getan werden konnte.[712] Das hat die Gesetzgebung auch gemacht.[713] Ob sich das Bundesverfassungsgericht bezüglich der Ziele bis 2030 zurückgehalten hat, da die deutschen Ziele aufgrund der Anhebung der europarechtlichen Vorgaben ohnehin 2021 hätten verschärft werden müssen[714], oder ob dies „aus Respekt vor dem demokratischen Gesetzgeber“[715] erfolgte, kann dahinstehen. Jedenfalls hätten Vorgaben, wie das KSG auch auf inhaltlicher Ebene verhältnismäßig auszugestalten ist, Anhaltspunkte für die Gesetzgebung

---

709 Etwa *Frenz*, DVBl 2021, 808, 810, 818; *Lorenzen*, VBlBW 2021, 485, 493; *Ekardt*, Theorie der Nachhaltigkeit, S. 684; *Erbguth*, EurUP 2022, 257, 262.

710 Zum Klimaschutz-Ziel als solchem siehe gleich 5. Teil, B.

711 BVerfGE 157, 30, 164 f.

712 *Schlacke*, NVwZ 2021, 912, 916; *Ekardt/ Heß/ Wulff*, EurUP 212, 216 f.; *Seibert*, DVBl 2021, 1141, 1145 f.; *Aust*, Verfassungsblog 05.05.2021, der diesbezüglich von der „Pointe“ des Beschlusses spricht.

713 Siehe dazu Teil 2, D. III. 1. c).

714 Siehe zu den Rechtsnormen im Mehrebenensystem Teil 2, D.; zum Einfluss der europarechtlichen Anhebung *Frenz*, DVBl 2021, 808, 810, 818; siehe auch *Ehrmann*, UWP 2021, 139, 145 f.

715 *Aust*, Verfassungsblog 05.05.2021.

gegeben, die zudem auch als Maßstab für die Überprüfung neuer Ziele hätten dienen können.

b) KSG – Novelle 2021

Fraglich ist, ob die verschärften Klimaschutzziele der KSG-Novelle von 2021 dem Verhältnismäßigkeitsgrundsatz genügen und welche Anforderungen an die Verhältnismäßigkeit zu stellen sind.[716]

Der neue § 4 VI 1 KSG lautet: Durch Rechtsverordnung legt die Bundesregierung die jährlich in grundsätzlich gleichmäßigen Schritten absinkenden zulässigen Jahresemissionsmengen der einzelnen Sektoren im Jahr 2024 für die Jahre 2031 bis 2040 und im Jahr 2034 für die Jahre 2041 bis 2045 fest. In Anlage 3 hat die Gesetzgebung jährliche Minderungsziele von 2021-2040 festgelegt.[717]

aa) Formale Anforderungen des Klimabeschlusses 2021

Durch den neuen § 4 VI 1 KSG macht die Gesetzgebung dem Verordnungsgeber Vorgaben dahingehend, wann er für welche Zeiträume Sektorziele festlegen muss. Damit ist ersichtlich, dass es sektorspezifische Ziele für die Jahre 2031 bis 2040 im Jahr 2024 und für die Jahre 2041 bis 2045 im Jahr 2034 geben wird, wobei die Gesetzgebung selbst in Anlage 3 des KSG die Gesamtziele festgelegt hat. Insofern erfüllt die Gesetzgebung durch die KSG-Novelle die formalen Anforderungen des Klimabeschlusses, indem das KSG die Reduktionsziele vorausschauender plant und die Gesetzgebung die wesentlichen Entscheidungen im Hinblick auf den Vorbehalt des Gesetzes selbst regelt.

---

716 Gegen die KSG-Novelle von 2021 gab es bereits eine Verfassungsbeschwerde aus dem Jahr 2022, die jedoch keinen Erfolg hatte, siehe Teil 3, B. VII.

717 Siehe dazu und zu den schärferen Reduktionszielen bis 2030 bereits oben 2. Teil, D. III. 1. c).

bb) Vermeidung einer einseitigen Verlagerung in die Zukunft

Die Klimaschutzvorschriften müssen darüber hinaus dafür sorgen, dass heute nicht auf Kosten der zukünftigen Freiheitsentfaltung so viel des Budgets verbraucht wird, dass in Zukunft kein Budget mehr verfügbar ist und es zu gravierenden Freiheitsbeschränkungen kommt.[718]

Durch die Verschärfung des KSG müssen die Treibhausgase gem. § 3 I Nr. 1 bis 2030 um 65 % gegenüber 1990 reduziert werden und gem. § 3 I Nr. 2 bis 2040 um 88 % gegenüber 1990 gemindert werden. Diese verschärften Regelungen sorgen im Ergebnis jedoch dafür, dass das Budget bis 2030 nahezu aufgezehrt ist. Eine Greenpeace-Studie zeigt, dass auch mit den verschärften Klimazielen des KSG bis 2030 91 % des Budgets, das der SRU für eine Erwärmung von 1,75 Grad mit einer Wahrscheinlichkeit von 67 % berechnet hat, aufgebraucht werden.[719] Wird das Budget, das Deutschland zur Verfügung steht, bis 2030 nahezu aufgebraucht, ist von einem einseitigen Aufzehren des Budgets die Rede. Selbst wenn es gelänge, gemäß § 3 II 1 KSG bis 2045 klimaneutral zu werden, müssten ab 2030 noch für 15 Jahre Teile des Budgets zur Verfügung stehen. Anlage 3 des KSG gibt die Reduktionsziele für die Jahre 2031 bis 2040 vor und zeigt damit gleichzeitig den „Bedarf“ an CO2-Emissionen. Beispielsweise sind dies 33 % der Emissionen von 1990 im Jahr 2031 oder 30 % der Emissionen von 1990 im Jahr 2032.

Insofern sind auch die neuen Vorschriften des KSG, die das Budget gerade nicht verteilen, sondern bis 2030 fast aufgebraucht haben werden, nicht verhältnismäßig im Sinne der Freiheitsentfaltungsmöglichkeiten der zukünftigen Generation.[720] Selbst wenn man aufgrund des Spielraums der Gesetzgebung eine Überprüfung nur bei evidenten Verstößen zulässt, kann ein evidenter Verstoß bei Aufbrauchen fast des gesamten Budgets angenommen werden.[721]

Um die Freiheitsverwirklichung im Sinne von Treibhausgasemissionen auch ab 2030 noch gewähren zu können, bedarf es somit Vorschriften, die sich zumindest am Treibhausgasbudget orientieren und die aktuell nur so viele Treibhausgase zulassen, dass auch ab 2031 im Verhältnis zum „Bedarf“ ausreichend Budget zur Verfügung steht. Dafür muss auch der zukünfti-

---

718 Vgl. die Maßgaben des Klimabeschlusses oben 5. Teil, A. III. 1.

719 Greenpeace, Das Recht auf Zukunft, Kurzanalyse, S. 2 f.

720 So auch *Ekardt/ Heß/ Wulff*, EurUP 2021, 212, 216 f.

721 *Eifert*, JURA 2021, 1085, 1094; *Lorenzen*, VBlBW 2021, 485, 493.

ge „Bedarf" an CO2-Emissionen etwa im Gesetzgebungsverfahren berücksichtigt werden.[722] Für ein schonendes Aufzehren unter Berücksichtigung der zukünftigen Generation muss die gesamte Zeit bis zur Klimaneutralität in den Blick genommen werden und die heutige Freiheitsentfaltung im Sinne von CO2-Emissionen mit der zukünftigen Freiheitsentfaltung im Sinne von CO2-Emissionen in Ausgleich gebracht werden.[723]

Es wird vorgebracht, dass nicht absehbar sei, welche Freiheitsverkürzungen drohen, da diese insbesondere von nicht vorhersehbaren Innovationsprozessen abhängig seien.[724] Am Ende ist es jedoch unerheblich, dass man jetzt nicht absehen kann, welche Freiheitseinbußen genau drohen. Klar wird anhand der Klimaziele ab 2031, dass noch viel CO2 „benötigt" wird. Noch dazu ist nicht absehbar, dass die Transformation viel schneller verläuft als geplant und man doch kein CO2 mehr „benötigt". Prognosen sagen eher das Gegenteil voraus, nämlich dass die Ziele verfehlt werden.[725]

Insofern ist der Aussage zuzustimmen, dass es sich selbstverständlich um eine Zukunftsprognose handelt, die mit Unsicherheiten behaftet ist. Es erscheint jedoch sicher, dass auch ab 2030 noch erhebliche Teile des Budgets benötigt werden. Eine Orientierung für die Verteilung des Budgets bieten die Sektorenziele ab 2030.[726] Für die stärkere Berücksichtigung des Budgets im Vergleich zum Klimabeschluss 2021 spricht, dass es mittlerweile durch den Sechsten Sachstandsbericht des Weltklimarates IPCC[727] verschärfte Wahrscheinlichkeitsmaßstäbe gibt.[728]

cc) Föderale Verteilung und Senkensteigerungspfad

Weitere Aspekte, die als Teil der Verhältnismäßigkeit gefordert werden, sind Regelungen zur föderalen Lastenteilung und Regelungen zur Senkensteige-

722 Vgl. auch *Schlacke*, NVwZ 2021, 912, 916, die die Zugrundelegung eines Restbudgets fordert.

723 Vgl. dazu *Eifert*, JURA 2021, 1085, 1093 f., der die Vergleichszeiträume bis 2030 und von 2031 bis zur Klimaneutralität vorschlägt und jeweils nach den Freiheitsbeschränkungen schauen will.

724 *Eifert*, JURA 2021, 1085, 1094; *Ruttloff/ Freihoff*, NVwZ 2021, 917, 919; vgl. auch *Beckmann*, UPR 2021, 241, 250; *Kahl*, EurUP 2022, 2, 14 f.

725 Siehe zu den Studien 2. Teil, D. III. 3.

726 Diese müssen dann natürlich ihrerseits geeignet sein, das Klimaziel zu erreichen, siehe dazu gleich Teil 5, B.

727 Siehe zum IPCC und dem Sechsten Sachstandsbericht Teil 2, B. und C.

728 Dazu im Einzelnen Teil 5, B.

rung.[729] Bei der Senkensteigerung geht es insbesondere darum, gem. § 3a I KSG den Beitrag des Sektors Landnutzung, Landnutzungsänderung und Forstwirtschaft (LULUCF) zu stärken, indem natürliche Senken wie etwa Böden oder Wälder ausgebaut werden, damit diese mehr Treibhausgase aufnehmen können.

Zur Frage, inwieweit der Bund dazu verpflichtet ist, für eine verhältnismäßige Ausgestaltung der Klimaschutzvorschriften auch den Ländern Vorgaben zu machen, kann hier nicht abschließend Stellung genommen werden.[730] Das Bundesverfassungsgericht hat jedenfalls in der Verfassungsbeschwerde gegen einzelne Bundesländer 2022 entschieden, dass es kein übergeordnetes Budget gibt, dessen Aufzehren durch die Länder geltend gemacht werden kann.[731] Da das KSG in Anlage 2 eine Verteilung der Emissionen auf verschiedene Sektoren vorsieht, würde eine etwaige Verteilung des Treibhausgasbudgets auf die einzelnen Bundesländer erhebliche Fragen aufwerfen.[732]

Zudem wird gefordert, die Gesetzgebung zur Festlegung eines Senkensteigerungspfades zu verpflichten, da es Senken braucht, um in Zukunft Treibhausgasneutralität zu erreichen und § 3a KSG die Gefährdung von Grundrechten nicht eindämmt.[733] Auch diese Frage kann hier nicht abschließend beantwortet werden. Jedoch kann in dem Ausbau von Senken ein vielversprechender Weg gesehen werden, durch vermehrte Treibhausgasbindung mehr Freiheit im Sinne des Treibhausgasausstoßes zu ermöglichen.

dd) Anwendung des Zitiergebots auf die intertemporalen Freiheitsrechte?

Gem. Art. 19 I 2 GG muss ein Gesetz Grundrechte, die es einschränkt, unter Angabe des Artikels nennen. Die Hauptfunktion des Zitiergebots ist, dass sich die Gesetzgebung selbst Grundrechtseingriffe bewusst macht.[734]

729 Vgl. Verfassungsbeschwerde Geulen & Klinger Rechtsanwälte, 24.01.2022, S. 137 ff., S. 154 ff.

730 Siehe zum Problem der Unstimmigkeit von Landes- und Bundesebene 2. Teil, D. III. und IV.

731 Siehe dazu 3. Teil, B. VI.

732 Siehe dazu oben 2. Teil, D. IV.; zur ungeklärten Rolle der Landesklimaschutzgesetze *Ekardt/ Heß/ Wulff*, EurUP 2021, 212, 222 f.

733 Verfassungsbeschwerde Geulen & Klinger Rechtsanwälte, 24.01.2022, S. 154 ff.

734 BVerfGE 154, 152, 237; *Dreier*, in Dreier, GG, Art. 19, Rn. 19 m.w.N.

Daneben sollen zum einen Stellen, die Gesetze anwenden, auf den Grundrechtsbezug der Norm aufmerksam gemacht werden und zum anderen sollen Grundrechtsträger*innen über die Grundrechtsrelevanz von Gesetzen informiert werden.[735] Grundsätzlich kommt dem Zitiergebot durch die Rechtsprechung des Bundesverfassungsgerichts praktische Bedeutung zu.[736] Der Anwendungsbereich des Zitiergebots und seine Reichweite werden jedoch sehr unterschiedlich beurteilt.[737] Jedenfalls gilt das Zitiergebot für Grundrechte, die durch oder aufgrund eines Gesetzes beschränkt werden können.[738] Eine weitergehende Anwendung auf andere Grundrechte, unter anderem auch die allgemeine Handlungsfreiheit, wird überwiegend abgelehnt.[739] Zur Begründung wird angeführt, dass das Zitiergebot seine Funktion verlieren würde, da Art. 2 I GG bei solch weiter Auslegung in fast allen Gesetzen zitiert werden müsste.[740]

Das Bundesverfassungsgericht hat die soeben vorgestellte eingriffsähnliche Vorwirkung auf künftige Freiheitsrechte im Klimabeschluss 2021 festgestellt und das KSG für verfassungswidrig erklärt, da es zukünftige Freiheitsrechte nicht berücksichtigte. Gerade weil es sich bei den intertemporalen Freiheitsrechten um eine neue Rechtskonstruktion handelt, die durch die Gesetzgebung nicht beachtet wurde, würde es zumindest im Hinblick auf die Funktionen des Zitiergebots Sinn ergeben, wenn die Gesetzgebung bei der Festlegung von Treibhausgasreduktionsquoten die intertemporalen Freiheitsrechte im Rahmen des Zitiergebots erwähnen würde. Dies ist im Rahmen der KSG-Novelle nicht geschehen. Das Bewusstsein der Gesetzgebung für die Betroffenheit zukünftiger Freiheitsrechte durch die Festlegung von Emissionsreduktionsquoten könnte jedoch gestärkt werden und es könnte eine öffentliche Debatte über die Betroffenheit der Rechte geben.

Ob jedoch das Zitiergebot tatsächlich Anwendung finden kann, ist schon allein mangels konkreter Schutzbereichsprüfung durch das Bundesverfassungsgericht fraglich.[741]

---

735 Vgl. BVerfGE 154, 152, 237; zu beidem *Dreier*, in Dreier, GG, Art. 19, Rn. 19 m.w.N.

736 Etwa BVerfGE 154, 152, 236 f.; dazu *Guckelberger*, in Stern/ Sodan/ Möstl (Hrsg.), Staatsrecht Bd. III, § 85, Rn. 51 m.w.N.

737 Siehe dazu *Guckelberger*, in Stern/ Sodan/ Möstl (Hrsg.), Staatsrecht Bd. III, § 85, Rn. 58 ff., 80 m.w.N.

738 *Guckelberger*, in Stern/ Sodan/ Möstl (Hrsg.), Staatsrecht Bd. III, § 85, Rn. 59 m.w.N.

739 *Guckelberger*, in Stern/ Sodan/ Möstl (Hrsg.), Staatsrecht Bd. III, § 85, Rn. 67 m.w.N.

740 *Guckelberger*, in Stern/ Sodan/ Möstl (Hrsg.), Staatsrecht Bd. III, § 85, Rn. 67 m.w.N.

741 Siehe oben 5. Teil, A. II.

4. Ergebnis

Im Ergebnis ist festzuhalten, dass das Bundesverfassungsgericht durch die Unverhältnismäßigkeit der KSG-Vorschriften die Verletzung der zukünftigen Freiheit feststellte. Gemeint sind Freiheitsentfaltungen, die die Emission von Treibhausgasen mit sich bringen. Das Bundesverfassungsgericht hätte im Klimabeschluss 2021 auch die Vorschriften bis 2030 für unverhältnismäßig erklären können. In Zukunft braucht es zusätzlich zu den formalen Anforderungen des Bundesverfassungsgerichts auch solche, die die Aufteilung von Treibhausgasreduktionszielen betreffen und auch das zukünftig benötigte Budget in den Blick nehmen, um die zukünftige Freiheitsverwirklichung tatsächlich gewährleisten zu können und gravierende Grundrechtsbeschränkungen zu vermeiden. Soweit die Vorschriften das Budget innerhalb weniger Jahre aufbrauchen, liegt keine schonende Aufzehrung des Budgets vor.

IV. Grundrechtsdogmatische Kritik an der neuen Rechtsfigur

Einer der Hauptgründe, weswegen die Konstruktion der intertemporalen Freiheit oft kritisiert oder gar abgelehnt wird, ist eine angenommene Unstimmigkeit innerhalb der grundrechtlichen Dogmatik.[742]

Wie bereits dargestellt, entsteht durch den Klimabeschluss und seine neue Konstruktion ein Spannungsverhältnis zwischen der Geltendmachung von Abwehrrechten und Schutzpflichten.[743] Der Einwand, das Bundesverfassungsgericht habe die bisherige Grundrechtsdogmatik aufgelöst und habe im Sinne der abwehrrechtlichen Lösung Eingriffe Privater dem Staat zugerechnet, wurde bereits diskutiert und verneint.[744] Das Bundesverfassungsgericht wendete die abwehrrechtliche Funktion der Grundrechte nur auf die intertemporalen Freiheitsrechte an, nicht etwa auf Art. 2 II 1 GG oder Art. 14 I GG, da es um zukünftige staatliche Eingriffe geht.[745]

742 Etwa *Kahl*, EurUP 2022, 2, 13 ff. m.w.N.; *Kloepfer/ Wiedmann*, DVBl 2021, 1333, 1339; *Sachs*, DRiZ 2021, 228, 229 ff.; *Sachs*, JuS 2021, 708 ff.; *Badenhausen-Fähnle*, VR 2022, 1, 5; a. A. *Schlacke*, NVwZ 2021, 912, 916, die einen dogmatisch überzeugenden Ansatz sieht; *Wahnschaffe/ Lücke*, DÖV 2021, 1099, 1107.

743 Siehe dazu Teil 4, A. III. und IV.; vgl. auch *Möllers/ Weinberg*, JZ 2021, 1069, 1073 f.

744 Teil 4, A. III. und IV.

745 Teil 4, A. III. und IV.

Ausgangspunkt für die dogmatischen Zweifel ist, dass das Bundesverfassungsgericht eine eingriffsähnliche Vorwirkung auf zukünftige Freiheiten feststellte, indem die Gesetzgebung Treibhausgasziele festlegt.[746] Ein weiterer Kritikpunkt lässt sich dahingehend herauslesen, dass das Bundesverfassungsgericht die „falsche" Grundrechtsfunktion angewendet habe. Es wird zwar überwiegend angenommen, das Bundesverfassungsgericht mobilisiere die Grundrechte als intertemporale Freiheitsrechte in ihrer Abwehrfunktion.[747] Dabei wird allerdings angemerkt, dass die abwehrrechtliche Position in der Sache lediglich das Unterlassen weiterer Reduktionsziele rüge.[748] Vermittelnd wird vertreten, es handele sich um eine Kombination von Abwehr- und Schutzpflicht auf der Eingriffsebene, weil es zum einen um die Abwehr künftiger Freiheitsbeschränkungen gehe, zum anderen deren Umfang aber durch die Schutzpflichten geprägt werde, da diese die zukünftigen Eingriffe erforderlich machten.[749]

In seinem Beschluss zu den Landesklimaklagen 2022 griff das Bundesverfassungsgericht diese Überschneidung von Abwehr und Schutz selbst auf, stellte aber fest, dass die abwehrrechtliche Grundrechtsfunktion betroffen sei, indem es betonte, „dass es hier um die Abmilderung künftiger Grundrechtseingriffe durch den Staat selbst [...] geht."[750] Der Schwerpunkt liegt somit auf dem staatlichen Eingriff, selbst wenn dieser erst zukünftig erfolgt.[751]

Im Ergebnis liegt damit eine erhebliche zeitliche Ausdehnung des Eingriffs[752] im Bereich des Klimaschutzes vor, indem eine „eingriffsähnliche Vorwirkung" auf zukünftige Freiheiten durch das Aufbrauchen des CO2-Budgets angenommen wird. Es handelt sich dabei jedoch nicht um eine neue „Grundrechtsfunktion".[753] Letztendlich überzeugt die Einstufung als

---

746 Siehe dazu 5. Teil, A. I.

747 Siehe nur *Wahnschaffe/ Lücke*, DÖV 2021, 1099, 1101; *Hofmann*, NVwZ 2021, 1587, 1588.

748 Etwa *Callies*, ZUR 2021, 355, 356 f.; *Sachs*, JuS 2021, 708, 709 f.; *Möllers/ Weinberg*, JZ 2021, 1069, 1073; *Berkemann*, DÖV 2021, 701, 711; *Kahl*, EurUP 2022, 2, 13 ff.; siehe auch *Britz*, NVwZ 2022, 825, 833, die die Überlegung zumindest zugesteht; vgl. auch *Erbguth*, EurUP 2022, 257, 263.

749 *Schlacke*, NVwZ 2021, 912, 914.

750 BVerfG, Beschl. v. 18.01.2022 – 1 BvR 1565/21 u. a., NJW 2022, 844, 845.

751 Siehe dazu auch *Britz*, NVwZ 2022, 825, 833.

752 Ausführlich zu den Eingriffsbegriffen im Zusammenhang mit dem Klimabeschluss *Wahnschaffe/ Lücke*, DÖV 2021, 1099, 1102 f.

753 So auch *Wahnschaffe/ Lücke*, DÖV 2021, 1099, 1100 ff.; a. A. *Polzin*, DÖV 2021, 1089, 1092.

Eingriffskonstruktion hinsichtlich der zukünftigen Freiheiten. Zunächst macht das Bundesverfassungsgericht im Klimabeschluss selbst deutlich, dass es grundsätzlich die Abwehr- und Schutzpflichten nicht gleichsetzen will, indem es beides getrennt prüft, wodurch keine Abkehr von der bisherigen Dogmatik angenommen werden kann.[754] Vielmehr wird durch den Beschluss deutlich, dass nach betroffenen Rechtsgütern zu unterscheiden ist.[755] Freiheitsrechte, deren Ausübung mit dem Emittieren von CO2 verbunden ist und die möglicherweise aufgrund von Klimaschutzmaßnahmen Einschränkungen erfahren, werden über die Abwehrkonstruktion geprüft, weil der Staat den Rahmen setzt. Grundrechtsverletzungen durch den Klimawandel werden über die Schutzpflichtenkonstruktion geprüft, weil der Ausstoß, der letztendlich die Verletzung verursacht, weltweit durch alle Individuen erfolgt. Der Unterschied beider Grundrechtsverletzungen besteht somit darin, dass die Beeinträchtigungen zukünftiger Freiheiten im Gegensatz zu Schäden des Lebens, der körperlichen Unversehrtheit oder des Eigentums nicht unmittelbar durch die Treibhausgasemissionen Privater verursacht werden. Für die Einschränkungen zukünftiger Freiheiten bedarf es noch zusätzlicher zwischengeschalteter staatlicher Regelungen. Die Anwendung der Schutzpflichtfunktion auf die intertemporalen Freiheitsrechte wäre nicht überzeugend, da der Staat Schutz vor seinen eigenen Maßnahmen gewähren müsste, was dem Sinn und Zweck der Schutzpflichten widersprechen würde.[756] Wie bereits mehrfach betont, wird jedoch zugestanden, dass hierin eine sehr weite Ausdehnung des Begriffs des staatlichen Eingriffs liegt.

Durch das Bundesverfassungsgericht wurde ein Instrument entwickelt, durch das zumindest in der Theorie dem Klimawandel unter möglichst fairer Lastenteilung[757] begegnet werden kann.[758] Mit der Rechtsfigur der intertemporalen Freiheitssicherung wurde deutlich gemacht, dass Klimaschutz mit Freiheitseingriffen einhergehen kann und auch muss. Es ist zu begrüßen, dass die Belastungen auf die Generationen verteilt werden sollen. Durch den zweigleisigen Ansatz, zum einen vor den Auswirkungen des Kli-

754 Siehe oben Teil 4, A. III. und IV.; im Ergebnis auch gegen einen Bruch der Dogmatik *Wahnschaffe/ Lücke*, DÖV 2021, 1099, 1108.

755 Siehe oben Teil 4, A. III. und IV.

756 A. A. statt vieler *Kahl*, EurUP 2022, 2, 13 ff.

757 Siehe ausführlicher zur generationsübergreifenden Gerechtigkeit *Wahnschaffe/ Lücke*, DÖV 2021, 1099, 1107.

758 Kritisch zur aktuellen Verteilung oben 5. Teil, A. III.

mawandels zu schützen[759], zum anderen aber auch die Konsequenzen von Klimaschutz zu berücksichtigen, wurde ein alle Aspekte berücksichtigender Ansatz geschaffen, der grundsätzlich geeignet wäre, den Klimawandel zu bekämpfen.

Als letzter Punkt kann angeführt werden, dass viel dafür spricht, dass es sich bei der Rechtsfigur der intertemporalen Freiheitssicherung und der eingriffsähnlichen Vorwirkung um auf den Klimawandel zugeschnittene Instrumente handelt, weswegen kein Umsturz der gesamten Grundrechtsdogmatik vorliegt.[760]

V. Übertragbarkeit der Figur auf Themengebiete neben dem Klimaschutz?

Eine Debatte, die durch den Klimabeschluss 2021 ausgelöst wurde, betrifft die Frage der Übertragbarkeit der intertemporalen Freiheitssicherung auf andere Gebiete neben dem Klimaschutz, insbesondere Sozialversicherungssysteme, Finanzpolitik (Schulden und Steuern) aber auch die Biodiversität.[761]

Die Frage der Übertragbarkeit kann hier nicht abschließend beantwortet werden, da sie über das Ziel der Arbeit, einen Anspruch auf Klimaschutz zu untersuchen, weit hinausgeht.

Aus den Besonderheiten des Klimawandels und des Klimabeschlusses von 2021 ergeben sich jedoch einige Zweifel hinsichtlich der Übertragbarkeit auf Gebiete neben dem Klimaschutz.[762] Es lassen sich an dieser Stelle im Wesentlichen fünf Punkte nennen, die dafür sprechen, dass die intertemporale Freiheit und die eingriffsähnliche Vorwirkung aktuell nur auf den Klimaschutz beschränkt sind.

---

759 Siehe dazu insbesondere Art. 2 II 1 GG und Art. 14 I GG in Teil 5, C. und D.

760 Siehe dazu insbesondere den nächsten Prüfungspunkt „Übertragbarkeit auf Themengebiete außerhalb des Klimaschutzes".

761 Siehe umfassend zu Möglichkeiten und Grenzen der Übertragung auf Sozialversicherungssysteme und auf die Staatsverschuldung *Kirchhof*, Intertemporale Freiheitssicherung; zumindest eine Übertragbarkeit auf andere Gebiete des Umweltrechts mit planetaren Belastungsgrenzen für möglich haltend *Lorenzen*, VBlBW 2021, 485, 492 f.; für eine Anwendung auf das gesamte Umweltrecht *Sinner*, UPR 2021, 281 ff.

762 So auch *Eifert*, JURA 2021, 1085, 1092; *Ehrmann*, UWP 2021, 139, 144; halten eine Übertragung auf andere Bereiche grds. für möglich *Franzius*, KlimR 2022, 102, 107; *Ruttloff/ Freihoff*, NVwZ 2021, 917, 918, 921.

Zunächst geht es beim Klimawandel um irreversible Zustände[763], die so in anderen Bereichen nicht gegeben sind.[764] Es wird entgegnet, dass es auch im Bereich der Sozialversicherungssysteme Aspekte gibt, die irreversibel sind.[765] Dies führt zum zweiten Gegenargument, das mit dem ersten eng zusammenhängt, aufgrund seiner Bedeutung jedoch als eigener Punkt genannt wird: Beim Klimawandel sind es physikalische Phänomene, die die Irreversibilität begründen, bei den Sozialversicherungen und finanzpolitischen Entscheidungen handelt es sich hingegen um menschengemachte rechtliche Systementscheidungen, die theoretisch auch wieder abgeändert werden können.[766] Wird die Erderwärmung nicht begrenzt und ein Kipppunkt überschritten, drohen irreversible Folgen.[767] Für eine Übertragbarkeit auf andere Gebiete bräuchte es somit einen mit dem Klimawandel vergleichbaren, naturwissenschaftlich und damit unumstößlich vermittelten Zusammenhang zwischen heutigen und zukünftigen Maßnahmen.[768]

Drittens spricht gegen eine Übertragung, dass zukünftige Generationen ausdrücklich durch den Klimabeschluss für nicht grundrechtsfähig erklärt wurden.[769] Zudem braucht es eine rechtliche Vermittlung, welche in Art. 20a GG zu sehen ist, der sich jedoch nur auf die natürlichen Lebensgrundlagen bezieht und nicht auf andere Lebensbereiche wie die Staatsverschuldung oder die Sozialversicherungssysteme.[770] Zudem verletze die Übertragbarkeit auf andere Themenfelder das Demokratieprinzip.[771]

Solange diese Punkte nicht vorliegen, wird wohl eher eine „Sonderdogmatik des […] Klimaschutzrechts" anzunehmen sein.[772]

---

763 Unsicher hinsichtlich des Begriffs der Irreversibilität *Ruttloff/ Freihoff*, NVwZ 2021, 917, 918 f.

764 Siehe zu den naturwissenschaftlichen Grundlagen und den Kipppunkten oben Teil 2; wie hier *Faßbender*, NJW 2021, 2085, 2089; *Wahnschaffe/ Lücke*, DÖV 2021, 1099, 1108 f.; *Möllers/ Weinberg*, JZ 2021, 1069, 1077.

765 *Kirchhof*, Intertemporale Freiheitssicherung, S. 44 ff., der in Bezug auf Sozialversicherungssysteme die Aspekte der Demografie und die Umlagefinanzierung als irreversibel ansieht.

766 So auch *Ehrmann*, UWP 2021, 139, 144; *Kahl*, EurUP 2022, 2, 19.

767 Zu den Kipppunkten oben Teil 2, C. IV.

768 *Eifert*, JURA 2021, 1085, 1092.

769 *Faßbender*, NJW 2021, 2085, 2089.

770 *Faßbender*, NJW 2021, 2085, 2089; *Möllers/ Weinberg*, JZ 2021, 1069, 1077; *Kahl*, EurUP 2022, 2, 18.

771 *Sachs*, JuS 2021, 708, 711.

772 *Möllers/ Weinberg*, JZ 2021, 1069, 1077.

VI. Übertragbarkeit auf Einzelmaßnahmen im Zusammenhang mit Klimaschutz

Darüber hinaus stellt sich die für den Klimaschutz relevantere Frage, ob sich die Figuren der intertemporalen Freiheit und der eingriffsähnlichen Vorwirkung neben der Anwendung auf das Gesamtbudget auch auf Einzelmaßnahmen zum Schutze des Klimas übertragen lassen.[773] In der Diskussion ist etwa die bayerische 10-H-Regel, durch die der Windkraftausbau erheblich erschwert wird, da Windenergieanlagen einen Abstand zur nächsten Siedlung einhalten müssen, der zehnmal so groß ist wie die Höhe der Windkraftanlage, was oft zu einem Abstand von 2.000 Metern zwischen Siedlung und Anlage führt.[774]

Diese Frage wird für die Zukunft besondere Relevanz haben, denn neben den abstrakten Klimazielen stellt sich immer öfter die Frage, inwieweit Klimaschutz auch bei Einzelmaßnahmen berücksichtigt werden muss.[775]

In Bezug auf Einzelmaßnahmen wäre dadurch eine differenziertere Verhältnismäßigkeitsprüfung möglich. Es könnte der jeweilige CO2-Ausstoß ermittelt werden, der in ein Verhältnis zum restlichen CO2-Budget gesetzt werden könnte. Die Frage der Übertragbarkeit stellte sich auch im Zusammenhang mit dem Braunkohle-Tagebau Lützerath. Die Kläger*innen forderten einen Räumungsstopp, da sie die Kohleverstromung für nicht mit dem Klimaschutzgebot und der Wahrung der intertemporalen Freiheitssicherung vereinbar hielten. Dies wurde von den Gerichten jedoch verneint, da aus dem Klimabeschluss kein Verbot der Braunkohleförderung folge, selbst wenn deren Förderung und Verstromung erhebliche Teile des restlichen CO2-Budgets aufzehrten.[776]

Auf die Frage, welchen Einfluss die Verfassung auf klimaschädliche Maßnahmen haben kann, wird näher im Rahmen von Art. 20a GG eingegangen.[777] Anzuzweifeln ist jedoch an dieser Stelle, ob die Argumentation hinsichtlich der Aufteilung des Budgets aktuell vor Gericht Bestand hät-

773 Zuletzt ablehnend BVerfG, Beschl. v. 15.12.2022 – 1 BvR 2146/22.

774 Dazu jeweils bejahend *Faßbender*, Rechtsgutachten zur Verfassungsmäßigkeit der sog. 10-H-Regelung, S. 12, 22 f.; *Leisner-Egensperger*, DVBl 2022, 202, 206 f.

775 *Franzius*, in Rodi (Hrsg.), KlimaschutzR-HdB, § 7, Rn. 32 mit Beispielen, die insbesondere die internationale Ebene betreffen.

776 Im Ergebnis hatten die Kläger*innen keinen Erfolg, siehe zur I. Instanz VG Aachen, Beschl. v. 07.10.2021 - 6 L 418/21, BeckRS 2021, 29346, insbes. Rn. 52-61; OVG Münster, Beschl. v. 28.03.2022, Az. 21 B 1675/21, BeckRS 2022, 6396.

777 Dieser Teil, B. IV. 5.

te, da das Bundesverfassungsgericht im zweiten Klimabeschluss in Bezug auf die Landesklimagesetze Anfang 2022 erneut feststellte, dass es für die Verletzung der intertemporalen Freiheit eines übergreifenden Budgets bedarf. Konkret entschied das Bundesverfassungsgericht, dass sich eine Verfassungsbeschwerde mit der Behauptung, zukünftige Freiheiten seien verletzt, „grundsätzlich gegen die Regelung der Gesamtheit der gegenwärtig zugelassenen CO2-Emissionen und nicht bloß gegen punktuelles Tun oder Unterlassen des Staates richten [muss].“[778]

Das Bundesverfassungsgericht wendete diesen Maßstab erneut auf eine Verfassungsbeschwerde für ein Tempolimit in Deutschland an.[779] Die Beschwerdeführenden brachten eine Beeinträchtigung ihrer Freiheitsrechte vor, da die Gesetzgebung durch ein Unterlassen eines Tempolimits „keine den verfassungsrechtlichen Anforderungen entsprechende Abwägungsentscheidung getroffen habe.“[780] Die Verfassungsbeschwerde scheiterte jedoch daran, dass die Beschwerdeführenden nach Ansicht des Gerichts die Möglichkeit einer eingriffsähnlichen Vorwirkung in ihre Freiheitsrechte nicht dargelegt haben, denn dazu müsse „sich die Verfassungsbeschwerde grundsätzlich gegen die Gesamtheit der zugelassenen Emissionen richten, weil regelmäßig nur diese, nicht aber punktuelles Tun oder Unterlassen des Staates die Reduktionslasten insgesamt unverhältnismäßig auf die Zukunft verschieben könnte […]“.[781] Insofern zeigt sich an einer weiteren Entscheidung, dass das Bundesverfassungsgericht keine Aufteilung der Emissionen auf Einzelmaßnahmen vornimmt.

Jedoch zeigt sich auch an der Formulierung „grundsätzlich“, dass dies nicht ausnahmslos gilt.[782]

778 BVerfG, Beschl. v. 18.01.2022 – 1 BvR 1565/21 u. a., NJW 2022, 844.
779 BVerfG, Beschl. v. 15.12.2022 – 1 BvR 2146/22.
780 BVerfG, Beschl. v. 15.12.2022 – 1 BvR 2146/22, Rn. 1.
781 BVerfG, Beschl. v. 15.12.2022 – 1 BvR 2146/22, Rn. 5.
782 In Bezug auf die Landesklimagesetz-Entscheidung *Ekardt*, ZUR 2022, 287, 288, der vertritt, dass nun die zukünftigen Freiheiten und das Ziel der Klimaneutralität immer berücksichtigt werden müssen.

VII. Folgen der neuen Rechtsfigur

Die Folgen der Rechtsfigur der intertemporalen Freiheitssicherung sind noch nicht abschließend abzusehen.[783] Ob aber die Rede von einer „ambitionierte[n] Neukonzeption der Grundrechtssystematik“[784] zutreffend ist, erscheint fraglich.

Teilweise wird gesagt, das Bundesverfassungsgericht kreiere „einen umweltschutzbezogenen Anspruch auf objektive Rechtmäßigkeit ohne konkrete Individualbeschwer“.[785] Es wird zudem vertreten, dass sowohl europäisches als auch nationales Umweltrecht verfassungswidrig ist, weil die Maßstäbe des Bundesverfassungsgerichts im Hinblick auf die zukünftigen Generationen bisher keine Beachtung gefunden haben.[786]

Jedenfalls aber lässt sich festhalten, dass die Irreversibilität im Zentrum des Rechtskonstruktes steht. Falls es in Zukunft technische Möglichkeiten geben sollte, Treibhausgase aus der Luft zu entfernen, wäre der Treibhausgasausstoß nicht mehr irreversibel und zukünftige Freiheitsrechte wären nicht mehr vollumfänglich gefährdet.[787] Sollte die Umstellung auf Treibhausgasneutralität gelingen und alle Freiheitsbetätigungen klimaneutral erfolgen können, bedürfte es der Konstruktion ebenfalls nicht mehr, da kein CO2 mehr „zugeteilt“ werden muss.

VIII. Fazit

Es handelt sich bei der intertemporalen Freiheit und der eingriffsähnlichen Vorwirkung um neue Rechtskonstrukte, die dazu dienen, den irreversiblen Freiheitsgefährdungen, die der Klimawandel mit sich bringt, entgegnen zu können. Das Konstrukt soll dazu dienen, auch zukünftig die Möglichkeit zu gewährleisten, CO2-emittierendes Verhalten im Sinne der Freiheitsbetätigung fortsetzen zu können. Zum einen wird dadurch die Möglichkeit geschaffen, den Klimawandel wirksam zu bekämpfen und zum anderen wird dadurch ermöglicht, die dazu nötigen Einschränkungen möglichst fair

783 Zu den Folgen für das Umwelt- und Planungsrecht *Faßbender,* NJW 2021, 2085, 2090 f.; zu den Folgen für das Klimaverwaltungsrecht *Burgi*, NVwZ 2021, 1401 ff.

784 *Berkemann*, DÖV 2021, 701, 711.

785 *Berkemann*, DÖV 2021, 701, 711 f.

786 *Sinner*, UPR 2021, 281 ff.

787 Siehe zu diesem Thema *Gruner/ Fuss/ Kalkuhl/ Minx/ Strefler/ Merfort*, KlimR 2022, 18 ff.

aufzuteilen. Dazu braucht es aber weitere Maßstäbe, wie CO2 als begrenztes Gut zu verteilen ist.

Das Bundesverfassungsgericht hat seine Rechtsprechung ausgedehnt und die Verteilung von CO2 als „eingriffsähnliche Vorwirkung“ angesehen und damit die Freiheitsentfaltung der Einzelnen der Rechtfertigung unterworfen. Ein Bruch mit der herkömmlichen Dogmatik liegt jedoch nicht vor. Die Übertragbarkeit auf andere Gebiete neben dem Klimaschutz ist problematisch, insbesondere weil es sich beim Klimawandel um ein besonderes physikalisches Phänomen handelt, das naturwissenschaftlich zu unumkehrbaren Folgen führen kann. Eine weitere Anwendung im Bereich des Klimaschutzes ist jedoch neben der Budgetaufteilung an sich denkbar. Die Folgen sind vielfältig und aktuell noch nicht absehbar. Sollte Klimaneutralität erreicht sein oder es Möglichkeiten geben, Treibhausgase aus der Atmosphäre zu entziehen, hat das Rechtskonstrukt kein Anwendungsfeld mehr.

B. Staatszielbestimmung Art. 20a GG und Klimaschutz

Seit dem Klimabeschluss des Bundesverfassungsgerichts 2021 wird Art. 20a GG eine große Wandlung zugesprochen. Es ist die Rede davon, dass Art. 20a GG „aus seinem verfassungsrechtlichen ‚Dornröschenschlaf‘ erweckt“ worden sei[788] oder dass sich Art. 20a GG „wie eine bislang geschlossene Knospe zur Blüte“ entfalten würde.[789] Den Ausführungen des Bundesverfassungsgerichts zu Art. 20a GG kommt eine große Bedeutung zu.[790]

Im Klimabeschluss des Bundesverfassungsgerichts von 2021 musste die eingriffsähnliche Vorwirkung auf die intertemporalen Freiheitsrechte gerechtfertigt werden.[791] Im Rahmen dieser Rechtfertigung zog das Bundesverfassungsgericht neben dem bereits vorgestellten Verhältnismäßigkeitsgrundsatz Art. 20a GG als Schranke heran und leitete dabei bestimmte Anforderungen aus Art. 20a GG ab.[792]

788 *Calliess*, ZUR 2021, 355, 357.
789 *Schlacke*, NVwZ 2021, 912, 915.
790 *Seibert*, DVBl 2021, 1141, 1144; kritisch zur Behandlung von Art. 20a GG im Klimabeschluss *Breuer*, NVwZ 2022, 1233, 1239 f.
791 BVerfGE 157, 30, 131 ff.; zur Intertemporalen Freiheit oben 5. Teil, A.
792 BVerfGE 157, 30, 138-150.

In diesem Abschnitt soll untersucht werden, wie die Rechtsprechung des Bundesverfassungsgerichts im Klimabeschluss 2021 zu beurteilen ist und was auch darüber hinaus aus Art. 20a GG folgt. In der Rechtsprechung nach 2021 wurde bereits das im Klimabeschluss 2021 zu Art. 20a GG Gesagte aufgegriffen.[793]

I. Allgemeines zur Staatszielbestimmung

Die Staatszielbestimmung zum Schutz der natürlichen Lebensgrundlagen wurde 1994 in das Grundgesetz eingefügt[794], der Tierschutz wurde 2002 ergänzt[795]. Dass es überhaupt dazu kommen würde, eine Umweltschutzvorschrift in das Grundgesetz aufzunehmen, war über 20 Jahre lang unklar und löste viele Diskussionen aus.[796]

Die Staatszielbestimmung verpflichtet die staatliche Gewalt zur Beachtung.[797] Sie bindet aber die drei Gewalten auf unterschiedliche Weise: die Judikative hinsichtlich der Kontrolle der Exekutive und der Auslegung, die Exekutive hinsichtlich der Ermessensausübung und der Norminterpretation und die Legislative hinsichtlich des Ziels.[798] Einigkeit besteht darin, dass es sich um mehr handelt als einen bloßen „Programmsatz".[799] Teilweise wird Art. 20a GG als eine „Staatsstrukturbestimmung Umweltstaat" angesehen, da Art. 20a GG über ein bloßes Staatsziel hinausgeht, denn Art. 20a GG wirke auf die Strukturen und die Organisation innerhalb des Staates ein.[800] Nach wie vor enthält Art. 20a GG aber kein subjektives

793 Siehe etwa BVerfG, Beschl. v. 23.03.2022 – 1 BvR 1187/17, NVwZ 2022, 861 ff.; siehe zu dieser Entscheidung etwa *Britz*, NVwZ 2022, 825, 828 ff.; *Weidinger*, KlimR 2022, 212 ff.

794 Eingefügt durch Gesetz zur Änderung des Grundgesetzes v. 27.10.1994, BGBl. 1994 I S. 3146.

795 Ergänzt durch Gesetz zur Änderung des Grundgesetzes (Staatsziel Tierschutz) v. 26.07.2002, BGBl. 2002 I Nr. 53, S. 2862.

796 Siehe dazu *Rux*, in Epping/ Hillgruber, BeckOK GG, Art. 20a, Rn. 2 ff.; *Kloepfer*, Umweltrecht, § 3, Rn. 14 ff.; *Murswiek*, in Sachs, GG, Art. 20a, Rn. 2 f.; zur Historie auch *Härtel*, NuR 2020, 577, 578.

797 *Sommermann*, in v. Münch/ Kunig, GG, Art. 20a, Rn. 4, 17; *Murswiek*, in Sachs, GG, Art. 20a, Rn. 57.

798 *Härtel*, NuR 2020, 577, 578 f. m.w.N.

799 *Murswiek*, in Sachs, GG, Art. 20a, Rn. 12.

800 *Kloepfer*, Umweltrecht, § 3, Rn. 23.

Recht, sondern bildet objektives Verfassungsrecht.[801] Gegen die Deutung als Grundrecht lässt sich sowohl der Wortlaut als auch die Systematik heranziehen.[802]

II. Das Schutzgut Klima

Dem Wortlaut des Art. 20a GG nach schützt der Staat *auch in Verantwortung für die künftigen Generationen die natürlichen Lebensgrundlagen.* Der Begriff der natürlichen Lebensgrundlagen kann gleichgesetzt werden mit der Umwelt.[803] Generell besteht große Einigkeit hinsichtlich der erfassten Güter. Der Begriff reicht weit. Erfasst sind Umweltmedien wie Wasser, Luft oder Boden, Tiere und Pflanzen, aber beispielsweise auch das Klima.[804] Der Klimaschutz wurde unbestritten – bereits schon vor dem Klimabeschluss 2021 – von der Staatszielbestimmung umfasst.[805] Vom Schutz ausgeschlossen ist lediglich das, was über die Umwelt i.S.d. Natur hinausgeht, also etwa die soziale „Umwelt".[806]

1. Leitgröße

Das Bundesverfassungsgericht nennt als „[z]entrale Leitgröße" für den Klimaschutz die durchschnittliche globale Temperatur.[807] Es gehe darum, den Anstieg der globalen Durchschnittstemperatur zu begrenzen, wofür letztendlich Treibhausgasneutralität zu erreichen ist.[808] Es erkennt im Kli-

---

801 St. Rspr. des BVerfG, siehe BVerfGE 157, 30, 95 m.w.N; auch in Lit. nahezu unumstritten, siehe nur *Voßkuhle*, NVwZ 2013, 1, 5 m.w.N.; *Murswiek*, in Sachs, GG, Art. 20a, Rn. 12 m.w.N.; *Kloepfer*, Umweltrecht, § 3, Rn. 24 m.w.N.

802 *Kloepfer*, Umweltrecht, § 3, Rn. 22 m.w.N.

803 *Epiney,* in v. Mangoldt/ Klein/ Starck, GG, Art. 20a, Rn. 16 m.w.N; *Murswiek*, in Sachs, GG, Art. 20a, Rn. 27.

804 *Murswiek*, in Sachs, GG, Art. 20a, Rn. 30; *Rux*, in Epping/ Hillgruber, BeckOK GG, Art. 20a, Rn. 12 f.; *Sommermann*, in v. Münch/ Kunig, GG, Art. 20a, Rn. 33.

805 St. Rspr., siehe BVerfGE 157, 30, 138 f. m.w.N.; *Murswiek*, in Sachs, GG, Art. 20a, Rn. 30.

806 *Murswiek,* in Sachs, GG, Art. 20a, Rn. 27 f.; *Sommermann*, in v. Münch/ Kunig, GG, Art. 20a, Rn. 36.

807 BVerfGE 157, 30, 138 f.

808 BVerfGE 157, 30, 138 f.

mabeschluss ein Klimaschutzgebot an, bei dem es in erster Linie um die Reduktion von Treibhausgasen gehe.[809]

2. Internationale Dimension

Lange Zeit war nicht klar, ob der Staatszielbestimmung eine internationale Dimension zugrunde liegt oder ob lediglich die deutschen natürlichen Lebensgrundlagen relevant sind.[810] Der Wortlaut von Art. 20a GG spricht weder für noch explizit gegen eine der Deutungsmöglichkeiten.[811]

Auch im kommunalen Bereich gab es eine ähnliche Diskussion, die sich darum drehte, ob Klimaschutz ein örtlicher Belang ist. Fraglich war, ob er kommunalem Handeln als Ziel zugrunde gelegt werden kann, obwohl er global wirkt.[812] Für die kommunale Ebene wurde die Frage, die sich im Rahmen eines Anschluss- und Benutzungszwangs für Fernwärme zugunsten des Klimaschutzes stellte, positiv entschieden.[813] Ein ähnliches Problem zeigte sich auch im deutschen Umweltrecht, da eine Umweltverträglichkeitsprüfung früher ebenfalls nur das lokale Klima umfasste.[814] Für Art. 20a GG und den Klimaschutz stellte das Bundesverfassungsgericht „eine besondere internationale Dimension“ klar.[815] Bereits vorher herrschte darüber in der Literatur Einigkeit.[816]

Es bestehe kein Hindernis durch das Vorliegen eines globalen Problems, welches Deutschland nicht alleine lösen kann, denn aus der internationalen Dimension des Art. 20a GG ergebe sich die Pflicht, sich auf internationaler Ebene zu engagieren und auch die internationalen Vereinbarungen umzusetzen.[817] Mit Verweis auf internationale Klimaklagen stellt das Bundesverfassungsgericht fest, dass niemand den Klimawandel alleine verhindern könne, da alle Treibhausgasemissionen zu ihm beitragen.[818] Das Argument,

809 BVerfGE 157, 30, 138 f.

810 Dazu *Groß*, ZUR 2009, 364, 366 f., der im Ergebnis bereits für eine internationale Dimension war.

811 *Krohn*, ZUR 2021, 603, 604.

812 Siehe etwa BVerwG, Urt. v. 25.01.2006 – 8 C 13/05, KommJur 2006, 348 ff.

813 BVerwG, Urt. v. 08.09.2016 – 10 CN 1/15, NVwZ 2017, 61 ff.

814 Siehe dazu *Franzius*, in Rodi (Hrsg.), KlimaschutzR-HdB, § 7, Rn. 28 m.w.N.

815 Insbes. BVerfGE 157, 30, 139 ff.; siehe umfassender zur extraterritorialen Dimension von Art. 20a GG *Markus*, ZUR 2021, 595, 597 ff.; *Krohn*, ZUR 2021, 603 ff.

816 *Markus*, ZUR 2021, 595, 597 m.w.N.

817 BVerfGE 157, 30, 139 ff.

818 BVerfGE 157, 30, 140 m.w.N.

durch Bemühungen Deutschlands könne der Klimawandel nicht aufgehalten werden, ist in der Sache nicht berechtigt, denn der Klimawandel wird auch nicht alleine durch Deutschland verursacht, weswegen diese strenge Kausalitätsanforderung im Hinblick auf den Erfolg von Klimaschutzmaßnahmen nicht gefordert werden darf.[819] Vielmehr müssen alle Staaten Beiträge im Sinne einer internationalen Zusammenarbeit und nach dem Pariser Klimaabkommen im wechselseitigen Vertrauen leisten, die in Summe geeignet sind, den Klimawandel zu bekämpfen.[820] Zudem spricht für die globale Betrachtungsweise, dass das Bundesverfassungsgericht die globale Durchschnittstemperatur als Maßstab ansetzt.[821]

Die explizite Feststellung der internationalen Dimension ist besonders zu begrüßen. Es hat im Hinblick auf wirksame Klimaschutzmaßnahmen der Klarstellung bedurft, dass Maßnahmen nicht daran scheitern, dass sie alleine das Problem nicht lösen können.[822]

3. Anthropozentrische oder ökozentrische Ausrichtung

Im Rahmen von Art. 20a GG findet sich immer wieder die Diskussion, ob der Schutz ökozentrisch oder anthropozentrisch ausgerichtet ist. An vielen Stellen wird die Diskussion um die Ausrichtung als „müßig“[823] oder auch als „eher akademischer Natur“[824] eingestuft. Im internationalen Vergleich gewinnt die Diskussion um Eigenrechte der Natur jedoch immer mehr an Bedeutung. So wurde in Ecuador durch das Verfassungsgericht (Corte Constitucional del Ecuardor) am 10.11.2021 festgestellt[825], dass zwei Bergbau-Konzessionen gegen die Rechte der Natur (Pacha Mama) verstoßen.[826] In Spanien erhielt kürzlich die Lagune „Mar Menor“ als erstes Ökosystem Europas eigene Rechte.[827] Auch in Deutschland gibt es Bestrebungen, Ei-

819 Vgl. dazu auch BVerfGE 157, 30, 141 f.

820 Siehe dazu BVerfGE 157, 30, 141-143.

821 Siehe dazu BVerfGE 157, 30, 138 f.

822 Kritisch dazu *Murswiek*, in FS Dörr, S. 117, 130 f.

823 *Sommermann*, in v. Münch/ Kunig, GG, Art. 20a, Rn. 32.

824 *Epiney*, in v. Mangoldt/ Klein/ Stark, GG, Art. 20a, Rn. 29; *Murswiek*, in Sachs, GG, Art. 20a, Rn. 26.

825 Corte Constitucional del Ecuador, 10.11.2021, Sentencia No. 1149-19-JP/20.

826 Zur Entscheidung *Prieto*, Verfassungsblog 10.12.2021; siehe zur Problematik umfassend *Gutmann*, Hybride Rechtssubjektivität, 2008, zu weiteren Beispielsfällen insbes. S. 84 ff.

827 Zitiert nach https://zeitung.sueddeutsche.de/webapp/issue/sz/2022-09-26/page_2.551409/article_1.5663043/article.html.

genrechte der Natur festzusetzen. So streitet etwa ein Volksbegehren in Bayern für die Aufnahme von Rechten der Natur in die Bayerische Verfassung.[828]

Nach überwiegender Auffassung liegt dem deutschen Verfassungsrecht eine anthropozentrische Sichtweise zugrunde.[829] Die Vorschrift orientiere sich am Menschen, da durch ihn letztlich die Ziele und Leitlinien festgelegt werden[830] und an ihn durch die Bezugnahme auf künftige Generationen innerhalb des Art. 20a GG angeknüpft wird.[831] Die Argumentation mit dem Wortlaut der „künftigen Generationen" lässt sich jedoch nicht zwangsläufig für eine anthropogene Ausrichtung heranziehen, denn auch die künftigen Generationen können ein Interesse am ökozentrischen Schutz haben.[832]

Die Tatsache, dass die menschlichen Erkenntnisse zu Umweltauswirkungen begrenzt sind, spricht dafür, der Natur so wenige Schäden wie möglich zuzufügen, sie also um ihrer selbst willen zu schützen, wobei diese Vorsicht indirekt auch wieder dem Menschen nützt, indem irreversible Folgen durch Umweltschädigung vermieden werden.[833]

Insofern ist die Umwelt um ihrer selbst willen, aber letztendlich zugunsten des Menschen zu schützen.[834] Da der Schutz der Umwelt in jeglicher Hinsicht auch immer dem Menschen hilft, wird von einem weit verstandenen anthropozentrischen Schutz auszugehen sein.

Eine anthropozentrische Ausrichtung wird nicht in dem Sinne verstanden, dass sie nur den Menschen schützt und nicht die Natur. Letztlich gibt aber der Mensch durch gesetzliche Vorgaben den Rahmen vor. Auch das Bundesverfassungsgericht kann man im Klimabeschluss 2021 so verstehen, dass der Schutz aus Art. 20a GG über den Schutz zugunsten von Leben und körperlicher Unversehrtheit hinausreicht.[835]

Diese Sichtweise der weit ausgelegten anthropozentrischen Ausrichtung passt auch zum Klimaschutz. Die Staatengemeinschaft hat sich 2015 im

828 Siehe hierzu *Ewering/ Gutmann*, Verfassungsblog 10.09.2021.

829 *Epiney*, in v. Mangoldt/ Klein/ Starck, GG, Art. 20a, Rn. 24 ff.; *Rux*, in Epping/ Hillgruber, BeckOK GG, Art. 20a, Rn. 11 f.; *Gärditz*, in Landmann/ Rohmer, Umweltrecht, Art. 20a GG, Rn. 23; a. A. *Murswiek*, in Sachs, GG, Art. 20a, Rn. 22 ff., ausdrücklich in Rn. 27.

830 *Epiney*, in v. Mangoldt/ Klein/ Starck, GG, Art. 20a, Rn. 26.

831 *Rux*, in Epping/ Hillgruber, BeckOK GG, Art. 20a, Rn. 11 f., 16; *Kloepfer*, Umweltrecht, § 3, Rn. 35.

832 *Murswiek*, in Sachs, GG, Art. 20a, Rn. 24.

833 Zu diesem Argument *Murswiek*, in Sachs, GG, Art. 20a, Rn. 26.

834 So auch *Epiney*, in v. Mangoldt/ Klein/ Stark, GG, Art. 20a, Rn. 29.

835 Vgl. BVerfGE 157, 30, 123.

Pariser Klimavertrag das Ziel gesetzt, die Erderwärmung auf 1,5 Grad bzw. möglichst unter 2 Grad zu begrenzen.[836] Dieses Ziel wurde auch vom Bundesverfassungsgericht zugrunde gelegt. Woran genau dabei angeknüpft wurde, wird noch zu erörtern sein.[837] Jedenfalls beruht aber das Ziel darauf, dass bei diesen Temperaturen ein noch für den Menschen erträgliches Maß an Klimawandelfolgen eintreten wird.[838] Insofern ist der Schutz zum einen durch den Menschen bestimmt, zum anderen aber auch auf ihn ausgerichtet. Man wird aber versuchen müssen, das Klima um seiner selbst willen zu schützen, denn nur die Ausrichtung auf den Menschen führt möglicherweise zum Überschreiten von Kipppunkten. Interessant ist in diesem Zusammenhang, dass das Bundesverfassungsgericht explizit zwischen Anforderungen an den Klimaschutz und Anforderungen etwa an Gesundheits- und Eigentumsschutz unterscheidet, da letzterem auch mit Anpassungsmaßnahmen entgegnet werden könne.[839]

III. Das Schutzniveau von Art. 20a GG

1. Rückblick: Art. 20a GG im Umweltrecht

Inhaltliche Gewährleistungen ließen sich vor dem Klimabeschluss 2021 aus Art. 20a GG nicht entnehmen.[840] Auch die Rechtsprechung zu Art. 20a GG im Umweltrecht zeichnete sich vor dem Klimabeschluss durch das Einräumen weiter Spielräume der Gesetzgebung aus.[841] Im Bereich der Gentechnik nahm das Bundesverfassungsgericht 2010 immerhin eine Sorgfaltspflicht und daraus folgend eine Pflicht zur Risikovorsorge der Gesetzgebung an.[842]

Noch kurz vor dem Klimabeschluss war die Aussage zu finden, dass Art. 20a GG zu keinem wirklich neuen Ergebnis bei Entscheidungen geführt habe, sondern lediglich das Ergebnis erreiche, das auch ohne die

836 Zum völkerrechtlichen Ziel oben Teil 2, D. I.
837 Zum Klimaziel sogleich in diesem Teil unter B. III.
838 Zum völkerrechtlichen Ziel oben Teil 2, D. I.
839 BVerfGE 157, 30, 121 f.; dazu ausführlich unter C. III.
840 *Murswiek*, in Sachs, GG, Art. 20a, Rn. 39.
841 Siehe dazu die Untersuchung bei *Böhm*, in Kahl/ Ludwigs (Hrsg.), HVwR, Bd. III, § 84, Rn. 23 ff. m.w.N.; siehe dazu *Voßkuhle*, NVwZ 2013, 1, 4.
842 BVerfGE 128, 1, 37; siehe dazu auch *Böhm*, in Kahl/ Ludwigs (Hrsg.), HVwR, Bd. III, § 84, Rn. 28.

Existenz von Art. 20a GG erreicht worden wäre.[843] Teilweise wird auch von „Die ‚abstinente' Judikatur des Bundesverfassungsgerichts zu Art. 20a GG (1994-2020)" gesprochen.[844]

Konkret zum Klimaschutz ließen sich vor dem Klimabeschluss ebenfalls kaum Anforderungen in der Rechtsprechung des Bundesverfassungsgerichts finden. 2007 entschied das Bundesverfassungsgericht im Rahmen einer abstrakten Normenkontrolle über die Verfassungsmäßigkeit von § 12 ZUG 2007, durch welchen Anlagebetreiber*innen bei der Zuteilung von Emissionsrechten i.R.d. europäischen Emissionshandels bevorzugt wurden, wenn sie frühzeitige Maßnahmen zur Emissionsminderung ergriffen haben.[845] Ein Verstoß gegen Art. 20a GG konnte nicht festgestellt werden.[846] Dem Gesetzgeber wurde zunächst ein großer Spielraum für die Umsetzung der Staatszielbestimmung zuerkannt, es wurde jedoch zusätzlich bereits von einem „Verfassungsauftrag aus Art. 20a GG" gesprochen.[847] Der Gesetzgeber könne seine Pflicht einerseits mit der Belohnung bisheriger Treibhausgasreduktionsmaßnahmen, und andererseits mit dem Anreiz für zukünftige Reduktionsmaßnahmen erfüllen.[848]

Eine weitere Entscheidung erging 2014 hinsichtlich des Luftverkehrsteuergesetzes, in der es unter anderem darum ging, ob mit der Luftverkehrsteuer durch Begrenzung von Flugkilometern insbesondere Klimaschutz verfolgt werden kann.[849] Das Bundesverfassungsgericht hielt dies für zulässig, da der Umweltschutz, unter den der Klimaschutz falle, von Art. 20a GG gedeckt sei und Art. 20a GG den Auftrag erteile, die natürlichen Lebensgrundlagen für künftige Generationen zu schützen und dieser Auftrag die Abwehr von Gefahren und die Risikovorsorge umfasse.[850] Art. 20a GG und mit ihm der Klimaschutz diente in dieser Entscheidung damit als Rechtfertigungsgrund.[851]

In einer Entscheidung von 2020 erkannte das Bundesverfassungsgericht den Klimaschutz erneut als legitimen Zweck an, als es im Interesse des

843 *Klinger,* ZUR 2021, 257, 258.
844 *Berkemann,* DÖV 2021, 701, 704 ff.
845 BVerfGE 118, 79.
846 BVerfGE 118, 79, 110 f.
847 BVerfGE 118, 79, 110.
848 BVerfGE 118, 79.
849 BVerfGE 137, 350, 368.
850 BVerfGE 137, 350, 368 f.
851 *Britz,* NVwZ 2022, 825, 828.

Umwelt- und Klimaschutzes um den Ausbau von Windenergieanlagen auf See ging und stützte damit die für den Klimaschutz tätige Gesetzgebung.[852]

2. Temperaturziel nach § 1 S. 3 KSG

Art. 20a GG hat durch den Klimabeschluss des Bundesverfassungsgerichts neue inhaltliche Maßgaben erfahren.[853] Neben dem Klimaschutzgebot, das auf Treibhausgasneutralität gerichtet ist (siehe oben B. II. 1.), und der internationalen Dimension (siehe oben B. II. 2.) hat das Bundesverfassungsgericht eine inhaltliche Maßgabe durch die Temperaturkonkretisierung in § 1 S. 3 KSG in Art. 20a GG hineingelesen.[854]

Der Gesetzgeber habe das Klimaschutzgebot des Art. 20a GG mit § 1 S. 3 KSG „[i]n Wahrnehmung seines Konkretisierungsauftrags und seiner Konkretisierungsprärogative" auf einen Anstieg der globalen Durchschnittstemperatur auf deutlich unter 2 Grad, möglichst auf 1,5 Grad, festgelegt.[855] Die KSG-„Temperaturschwelle" sei „als verfassungsrechtlich maßgebliche Konkretisierung des Klimaschutzziels des Grundgesetzes anzusehen."[856] Gäbe es neue Erkenntnisse über den Klimawandel, könnte eine strengere Temperaturgrenze aus Art. 20a GG folgen, was die Gesetzgebung verpflichte, den wissenschaftlichen Stand zu verfolgen und entsprechende Konsequenzen zu ziehen.[857] Jedoch stellte das Bundesverfassungsgericht im Klimabeschluss im März 2021 durch die Übernahme der Ziele des Pariser-Klimaabkommens keine Überschreitung des Spielraums der Gesetzgebung fest, da die wissenschaftlichen Erkenntnisse zu unsicher seien und der Gesetzgebung deswegen der Spielraum zur Beurteilung der Gefahren und Risiken bleibe.[858]

---

852 BVerfGE 155, 238, 278 ff.; dazu *Britz*, NVwZ 2022, 825, 829.

853 Dafür, dass sich der Klimabeschluss „im Hinblick auf die Wertung und Reichweite des Art. 20a GG in die bisherige Rechtsprechungslinie des BVerfG ein[reiht]", *Delcuvé/ Naujoks*, VR 2022, 231, 237.

854 BVerfGE 157, 30, 145 ff.; siehe zum „Dilemma" in dem sich das BVerfG befand, zum einen die gerichtliche Kontrolle nicht aussetzen zu wollen, aber anderseits auch nicht als Gesetzgeber agieren zu wollen *Britz*, NVwZ 2022, 825, 826 ff. Der gewählte Weg kann als Kompromisslösung verstanden werden.

855 BVerfGE 157, 30, 145 ff.; erneut BVerfG, Beschl. v. 18.01.2022 – 1 BvR 1565/21 u. a., NJW 2022, 844.

856 BVerfGE 157, 30, 145.

857 BVerfGE 157, 30, 147 f.

858 BVerfGE 157, 30, 147.

a) Völkerrechtliche Aufladung der Verfassung?

Der Klimabeschluss 2021 warf die Frage auf, inwieweit Art. 20a GG zur Umsetzung von Völkerrecht verpflichtet.[859] Zunächst wurde die Entscheidung des Bundesverfassungsgerichts aufgrund der Tatsache, dass der völkerrechtlichen Verpflichtung des Pariser-Klimaabkommens und einem einfachen Gesetz (§ 1 S. 3 KSG) Verfassungsrang zugesprochen wurde, aus dogmatischer Sicht kritisiert.[860] Dies wird auch als „dogmatisch sensibelste und heikelste Passage der gesamten Entscheidung“ bezeichnet.[861] Der Klimabeschluss des Bundesverfassungsgerichts widerspreche Art. 59 II 1 GG, wodurch umgesetztem Völkerrecht nur der Rang von Bundesrecht zukomme.[862] Außerdem drohe durch die Übernahme der Temperaturschwelle aus § 1 S. 3 KSG in das verfassungsrechtliche Klimaschutzgebot ein „verfassungsrechtlicher Maßstab nach Maßgabe des Gesetzgebers“, der dazu führen könne, dass er auf ein Gesetz zurückzuführen ist, dessen Verfassungsmäßigkeit eigentlich geprüft werden soll.[863] Zudem wird im Zusammenhang mit völkerrechtlichen Verpflichtungen vorgebracht, das Bundesverfassungsgericht umgehe eine eigentlich notwendige Verfassungsänderung, indem es das Ziel des Pariser-Klimaabkommens in die Staatszielbestimmung einbeziehe, die jedoch bereits vom Bundestag abgelehnt wurde.[864] Gemeint ist der Vorschlag von Bündnis90/Die Grünen vom 25.09.2018[865], durch den aufgrund des Gewichtes der völkerrechtlichen Verpflichtung und der existenziellen Gefahren durch den Klimawandel Art. 20a GG um den Satz: „Für die Bundesrepublik Deutschland völkerrechtlich verbindliche Ziele

---

859 Bejahend *Böhm*, in Kahl/ Ludwigs (Hrsg.), HVwR, Bd. III, § 84, Rn. 35; differenziert *Möllers/ Weinberg*, JZ 2021, 1069, 1074 f.

860 Etwa *Lorenzen*, VBlBW 2021, 485, 490 f., die stattdessen den gebotenen Schutz aus der Verfassung selbst ableitet; dazu auch *Bickenbach*, DÖV 2022, 561, 564 f.; *Murswiek*, in FS Dörr, S. 117, 123 f.; *Kalis*, Justitiabler Klimaschutz in Deutschland, S. 52 ff.

861 *Seibert*, DVBl 2021, 1141, 1144.

862 *Schlacke*, NVwZ 2021, 912, 915; *Lorenzen*, VBlBW 2021, 485, 490; *Kahl*, EurUP 2022, 2, 16; a. A. *Franzius*, KlimR 2022, 102, 104.

863 *Seibert*, DVBl 2021, 1141, 1144; kritisch aufgrund der Missachtung der Normenhierarchie *Polzin*, DÖV 2021, 1089, 1095; vgl. auch *Lorenzen*, VBlBW 2021, 485, 490; ebenfalls kritisch *Murswiek*, in FS Dörr, S. 117, 123 f.

864 *Beckmann*, UPR 2021, 241, 244; *Polzin*, DÖV 2021, 1089, 1095.

865 Dazu *Cremer*, ZUR 2019, 278 ff.

und Verpflichtungen des Klimaschutzes binden alle staatliche Gewalt unmittelbar" ergänzt werden sollte.[866]

Der Vorschlag zur Ergänzung von Art. 20a GG eignet sich jedoch nur bedingt für einen Vergleich mit dem Klimabeschluss des Bundesverfassungsgerichts: Zunächst wurde bereits 2018 vertreten, ein Temperaturziel wäre „verfassungsrechtlich durchaus operational" gewesen.[867] Zudem hatte der Entwurf explizit zum Ziel, auch zukünftige völkerrechtliche Vereinbarungen zu erfassen.[868] Das Bundesverfassungsgericht stellt im Klimabeschluss jedoch auf § 1 S. 3 KSG ab, der speziell nur auf das Temperaturziel des Pariser-Klimaabkommens Bezug nimmt.[869] Insofern ist die Konkretisierung durch den Gesetzgeber längst nicht so umfassend, wie der damalige Vorschlag der Verfassungsänderung von Bündnis90/Die Grünen.

Von einer Verfassungsänderung zu sprechen, ist außerdem zu weitgehend, denn Art. 20a GG ist eine Staatszielbestimmung, die keine konkreten Vorgaben enthält und gerade der Konkretisierung durch die Gesetzgebung bedarf. Art. 20a GG spricht dem Wortlaut nach dem Gesetzgeber die Konkretisierungsprärogative zu und es ist primär seine Verantwortung, den Schutz der natürlichen Lebensgrundlagen zu verwirklichen.[870] Eine solche Konkretisierung ist in der Festlegung der Temperaturschwelle durch § 1 S. 3 KSG zu sehen, sodass keine Bedenken durch den Rückgriff auf das einfache Recht oder die Bezugnahme auf die völkerrechtliche Verpflichtung bestehen.[871] Letztendlich wird die Gesetzgebung nur an ihre eigenen Vorgaben gebunden.[872] Die Übernahme des Ziels ist ferner nötig, damit Art. 20a GG praktikabel wird.[873]

Zudem darf bei der Temperaturgrenze des Pariser Klimaabkommens nicht übersehen werden, dass Deutschland nicht nur als eigener Vertragsstaat, sondern zusätzlich über Art. 216 II AEUV als Mitglied der EU, die

866 BT-Drs. 19/4522, 25.09.2018, S. 3.

867 *Cremer*, ZUR 2019, 278, 283.

868 BT-Drs. 19/4522, 25.09.2018, S. 5.

869 BVerfGE 157, 30, 145; siehe zur Begrenztheit der Rechtsprechung auch *Möllers/ Weinberg*, JZ 2021, 1069, 1075.

870 *Murswiek*, in Sachs, GG, Art. 20a, Rn. 60; dazu auch *Franzius*, KlimR 2022, 102, 104 f.

871 *Britz*, NVwZ 2022, 825, 826 f.; ebenfalls für eine zulässige Konkretisierung *Stäsche*, EnWZ 2021, 193, 194; *Abel*, ZUR 2022, 333, 336; dafür, dass es überzeugender gewesen wäre, das BVerfG hätte nicht auf das KSG, sondern direkt auf das Pariser Klimaabkommen zurückgegriffen *Jahn*, ZaöRV 2022, 47, 65.

872 *Möllers/ Weinberg*, JZ 2021, 1069, 1074 f.

873 *Schlacke*, NVwZ 2021, 912, 915; kritisch *Beckmann*, UPR 2021, 241, 244.

ebenfalls das Abkommen unterzeichnet hat, gebunden ist, wodurch dem Ziel des Pariser Klimaabkommens Vorrang einzuräumen ist.[874]

Für die stärkere Berücksichtigung der völkerrechtlichen Verträge spricht daneben die Feststellung des Bundesverfassungsgerichts, aus Art. 20a GG folge eine internationale Dimension[875], die neben dem internationalen Engagement auch die *Einhaltung* von internationalen Abkommen fordert.[876] Als begrenzende Faktoren für die Geltung von Völkerrecht im Umweltrecht über Art. 20a GG können aber eine bewusste Entscheidung der Gesetzgebung und wissenschaftliche Plausibilität herangezogen werden.[877]

Zusammenfassend bestehen keine Bedenken hinsichtlich der Konkretisierung des Klimaschutzziels in Art. 20a GG durch den einfachen Gesetzgeber mit der Bezugnahme auf das Pariser Klimaschutzziel. Auch in Zukunft müssen völkerrechtliche Vereinbarungen zum Klimaschutz aufgrund der internationalen Dimension des Art. 20a GG umgesetzt werden. Für die Anwendung über Art. 20a GG wird aber eine gesetzliche Konkretisierung der parlamentarischen Gesetzgebung benötigt, die wissenschaftlich plausibel ist.

b) Kritik am Ziel selbst

Tiefgreifendere Kritik setzt bereits am Klimaziel des Pariser-Klimaabkommens und damit auch des Klimaschutzgesetzes selbst an, die Erwärmung auf deutlich unter 2 Grad und möglichst auf 1,5 Grad gegenüber dem vorindustriellen Niveau zu begrenzen.[878] Es wird gefordert, die Begrenzung müsse auf 1,5 Grad erfolgen.[879]

874 *Winter*, ZUR 2022, 215, 219; zum Einfluss des Europarechts auch *Kahl*, EurUP 2022, 2, 16; SRU, Demokratisch regieren in ökologischen Grenzen, S. 80 f.

875 Siehe oben II. 2.

876 *Böhm*, in Kahl/ Ludwigs (Hrsg.), HVwR, Bd. III, § 84, Rn. 35 m.w.N.

877 *Möllers/ Weinberg*, JZ 2021, 1096, 1075.

878 So bereits die Beschwerdeführer*innen in den ersten vier Verfassungsbeschwerden, die dem Klimabeschluss des BVerfG 2021 zugrunde lagen, Verfassungsbeschwerde Baumann Rechtsanwälte, 22.11.2018, S. 122 f.; Verfassungsbeschwerde Geulen & Klinger Rechtsanwälte, 13.01.2020, S. 112 ff.; Verfassungsbeschwerde Rechtsanwälte Günther, 06.02.2020, S. 115 ff.; mit weiteren Argumenten wurde erneut Kritik am Klimaziel selbst in der Verfassungsbeschwerde von Januar 2022 vorgebracht, Verfassungsbeschwerde Geulen & Klinger Rechtsanwälte, 24.01.2022, S. 95 ff.

879 Etwa *Kalis*, in Rodi (Hrsg.), KlimaschutzR-HdB, § 6, Rn. 5, 24.

Zum einen erhöht sich aus wissenschaftlicher Sicht bei einer Erwärmung um über 1,5 Grad die Wahrscheinlichkeit, dass Kipppunkte überschritten werden, wodurch irreversible Zustände drohen, zum anderen fallen die Verletzungen, die bei einer Erwärmung um 2 Grad drohen, wesentlich umfassender aus als bei einer Erwärmung um 1,5 Grad.[880] Beide Argumente für eine Verschärfung des Klimaschutzziels erkennt auch das Bundesverfassungsgericht im Klimabeschluss an.[881]

Daneben gibt es Kritiker*innen, die bereits jetzt die Prognosen, auf die sich das Bundesverfassungsgericht stützt, aus verschiedenen Gründen für falsch halten und die davon ausgehen, dass die Erwärmung noch viel gravierender ausfallen wird. Zum einen werden die Studien des IPCC für sehr konservativ gehalten, wofür spreche, dass die Berichte auf einem breiten Konsens beruhen.[882] Auf der anderen Seite wird angemahnt, dass der Vergleichszeitraum des IPCC zu spät angesetzt sei und die Industrialisierung schon früher (1750) begonnen habe.[883]

Im Ergebnis gibt es viele Aspekte aus wissenschaftlicher Sicht, die eine Anhebung des Klimaschutzziels auf 1,5 Grad stützen würden. Zwar zeigen sich einige Streitigkeiten, wie etwa bei der Grundlage der IPCC-Berichte ersichtlich wird. Einigkeit besteht jedoch dahingehend, dass die Werte – wenn überhaupt – zu großzügig sind. Zudem wurde das 1,5 Grad Ziel auf völkerrechtlicher Ebene auf der COP 26 bekräftigt und der Sechste IPCC-Bericht, der dem Klimabeschluss des Bundesverfassungsgerichts noch nicht zugrunde lag, gibt neue Anhaltspunkte über die wissenschaftlichen Grundlagen.[884]

aa) Spielraum der Gesetzgebung und Grenzen

Grundsätzlich ist die Gesetzgebung für die Umsetzung der Staatszielbestimmung zuständig und Exekutive und Judikative müssen sich an die die Staatszielbestimmung konkretisierenden Gesetze halten.[885] Die Gesetz-

880 Siehe dazu oben Teil 2, C.

881 BVerfGE 157, 30, 147.

882 *Ekardt/ Heß/ Wulff*, EurUP 2021, 212, 214 f.; *Ekardt/ Heß*, NVwZ 2021, 1421, 1424.

883 So mehrfach vorgebracht von *Ekardt/ Heß/ Wulff*, EurUP 2021, 212, 215; *Ekardt/ Heß*, NVwZ 2021, 1421, 1424 f.

884 Zu beidem bereits oben 2. Teil, C. und D. I.; beides wurde vorgebracht in der Verfassungsbeschwerde von 2022, dazu Teil 3, B. VII.

885 *Murswiek*, in Sachs, GG, Art. 20a, Rn. 57.

gebung ist dabei in erster Linie aber nicht an wissenschaftliche Erkenntnisse gebunden.[886] Die Überprüfung der von der Gesetzgebung getroffenen Entscheidungen ist deswegen nur eingeschränkt möglich.[887] Es gibt wenige, „aber nicht unbeachtliche[...] Grenzen des gesetzgeberischen Gestaltungsspielraums“, die durch die Gerichte trotz Spielraums zu kontrollieren sind.[888]

Das Bundesverfassungsgericht stellte im Klimabeschluss 2021 die Justiziabilität von Art. 20a GG und auch des Klimaschutzgebotes fest[889] und betonte, die Gesetzgebung sei bei der Konkretisierung von Art. 20a GG „nicht völlig frei“.[890] Der Schutz dürfe nicht alleine der Gesetzgebung überlassen werden, da im politischen Prozess eine langfristige Perspektive oft fehle und somit auch politischen Entscheidungen Grenzen gesetzt werden müssten.[891] Es gäbe keine Punkte, die darauf hindeuteten, dass Art. 20a GG nicht gerichtlich zu kontrollieren wäre.[892]

Es betonte aber gleichzeitig den „erheblichen Gestaltungsspielraum“.[893] Konkrete Vorgaben wie „Emissionsmengen oder Reduktionsvorgaben“ seien grundsätzlich nicht durch die Rechtsprechung aufzustellen, jedoch dürfe das „Klimaschutzgebot nicht leerlaufen“.[894] Das Bundesverfassungsgericht lehnte im Klimabeschluss 2021 aufgrund der Unsicherheiten in den wissenschaftlichen Erkenntnissen eine Überschreitung des gesetzgeberischen Spielraums jedoch ab und setzte neue wissenschaftliche Erkenntnisse hinsichtlich des Klimawandels voraus, damit ein neues Klimaziel durch Art. 20a GG gefordert werden kann.[895] Das Bundesverfassungsgericht stellt die Voraussetzung auf, dass sich das Pariser Klimaziel „als unzulänglich erweisen“ muss.[896]

Eine weitergehende Begrenzung des gesetzgeberischen Spielraums nimmt das Bundesverfassungsgericht am Ende der Maßstabsfestlegung vor,

---

886 *Britz*, NVwZ 2022, 825, 826; *Gärditz*, in Landmann/ Rohmer, Umweltrecht, Art. 20a GG, Rn. 37.
887 *Härtel*, NuR 2020, 577, 579; *Murswiek*, in Sachs, GG, Art. 20a, Rn. 57.
888 *Murswiek*, in Sachs, GG, Art. 20a, Rn. 57.
889 BVerfGE 157, 30, 143 f.
890 BVerfGE 157, 30, 147.
891 BVerfGE 157, 30, 144 f.
892 BVerfGE 157, 30, 145.
893 BVerfGE 157, 30, 145.
894 BVerfGE 157, 30, 145.
895 BVerfGE 157, 30, 147 f.
896 BVerfGE 157, 30, 148.

indem es irreversible Zustände berücksichtigt.[897] „Besteht wissenschaftliche Ungewissheit über umweltrelevante Ursachenzusammenhänge, setzt Art. 20a GG den Entscheidungen des Gesetzgebers – zumal solchen mit unumkehrbaren Folgen für die Umwelt – vielmehr Grenzen und erlegt ihm, auch in Verantwortung für die künftigen Generationen, eine besondere Sorgfaltspflicht auf [...]. Ausdruck dieser besonderen Sorgfaltspflicht ist jedenfalls, dass der Gesetzgeber bereits belastbare Hinweise auf die Möglichkeit gravierender oder irreversibler Beeinträchtigungen [...] berücksichtigen muss."[898]

bb) Eigene Beurteilung des Temperaturziels

Die wissenschaftlichen Grundlagen des Fünften Sachstandsberichts des IPCC, die das Bundesverfassungsgericht im Klimabeschluss 2021 zugrunde legte, wurden mittlerweile ergänzt und präzisiert durch den Sechsten Sachstandsbericht des IPCC.[899] Insbesondere hat der IPCC im neuen Sachstandsbericht verschiedene globale CO2-Budgets berechnet, die unter anderem mit einer Wahrscheinlichkeit von 83 % gewisse Temperaturgrenzen einhalten können, wohingegen das Bundesverfassungsgericht noch auf CO2-Budgets zurückgriff, die auf Wahrscheinlichkeiten von 67 % beruhten.[900] Durch den Sechsten IPCC-Bericht verschärfen sich somit zunächst die wissenschaftlichen Erkenntnisse des IPCC, die das Eintreten bestimmter Temperaturgrenzen vorhersagen. Die Wahrscheinlichkeiten werden genauer. Dadurch reduzieren sich bereits die vom Bundesverfassungsgericht im Klimabeschluss 2021 als Begründung herangezogenen Ungewissheiten, was den Spielraum der Gesetzgebung einschränkt.[901] Insbesondere gilt das in Bezug auf die Kipppunkte, durch deren Überschreiten irreversible Zustände drohen.[902] Der IPCC kann in seinem Sechsten Bericht das Eintreten von Kipppunkten nicht mehr ausschließen.[903] Hierdurch wird zwar nicht,

897 BVerfGE 157, 30, 157 f.
898 BVerfGE 157, 30, 157.
899 Zum Sechsten Sachstandsbericht oben 2. Teil; *Klinger*, EurUP 2022, 20, 21 ff.
900 Zum Sechsten IPCC-Bericht bereits oben 2. Teil, C. III.
901 *Klinger*, EurUP 2022, 20, 21.
902 Dazu oben 2. Teil, C. IV.; *Klinger*, EurUP 2022, 20, 23 f.
903 IPCC, 2021: Zusammenfassung für die politische Entscheidungsfindung. In: Naturwissenschaftliche Grundlagen. *Beitrag von Arbeitsgruppe I zum Sechsten Sachstandsbericht des IPCC,* C.3.2.

wie vom Bundesverfassungsgericht gefordert, das Pariser Klimaziel als insgesamt „unzulänglich“[904] eingestuft. Es liegen durch den Sechsten Bericht jedoch „belastbare Hinweise auf die Möglichkeit gravierender oder irreversibler Beeinträchtigungen“[905] vor, die wie eben vorgestellt Berücksichtigung finden müssen.

Die anthropogene Ausrichtung von Art. 20a GG verbietet das Überschreiten von Kipppunkten, denn würde dies geschehen, gingen die „Kontrolle“ über die Natur und die Einwirkungsmöglichkeit auf diese durch das Eintreten irreversibler Zustände verloren.[906] In diesem Zusammenhang kann auch von einem sich am Vorsorgeprinzip orientierenden ökologischen Existenzminimum gesprochen werden, das es einzuhalten gilt, um das Eintreten von Kipppunkten, die irreversible Zustände auslösen, zu vermeiden.[907]

Die Argumentation für das Vermeiden von Kipppunkten lehnt sich an das System der planetaren Belastungsgrenzen und des Abstandsgebotes an, das ebenfalls auf das Vorsorgeprinzip zurückzuführen ist.[908] „Ökologische Belastungsgrenzen sind ein wissenschaftliches Konzept, um die Grenzen der Tragfähigkeit ökologischer Systeme zu beschreiben. Es lässt sich sowohl auf lokaler, regionaler, überregionaler wie auch planetarer Ebene anwenden.“[909] Aus diesen Erkenntnissen folgen „sichere“ Handlungsspielräume, in denen ökologische Systeme Beeinträchtigungen noch aushalten können, ohne dass es zu erheblichen Schäden kommt.[910] Würde man eine Überschreitung dieser Grenzen zulassen, würde der Schutz von Art. 20a GG leerlaufen.[911] Für den Klimawandel muss demnach das Eintreten von Kipppunkten vermieden werden, wofür das 1,5 Grad-Ziel spricht.[912]

---

904 Vgl. BVerfGE 157, 30, 147 f.

905 BVerfGE 157, 30, 157 f.

906 Zur anthropogenen Ausrichtung in diesem Teil B. II. 3.

907 Dazu *Calliess*, ZUR 2021, 355, 357 m.w.N.; *Lorenzen*, VBlBW 2021, 485, 490 f. m.w.N.; *Kalis*, in Rodi (Hrsg.), KlimaschutzR-HdB, § 6, Rn. 22-24; *Kalis*, Justitiabler Klimaschutz in Deutschland, S. 134 ff., 202 ff.

908 SRU, Demokratisch regieren in ökologischen Grenzen, S. 75-77 m.w.N.; *Calliess*, ZUR 2019, 385 ff.

909 SRU, Demokratisch regieren in ökologischen Grenzen, S. 75.

910 SRU, Demokratisch regieren in ökologischen Grenzen, S. 75.

911 SRU, Demokratisch regieren in ökologischen Grenzen, S. 77.

912 Siehe etwa auch *Kalis*, in Rodi (Hrsg.), KlimaschutzR-HdB, § 6, Rn. 24; *Kalis*, Justitiabler Klimaschutz in Deutschland, S. 134, 204 f.

Sieht man im Beschluss der COP 26, das 1,5 Grad-Ziel zu verfolgen[913], eine Konkretisierung des Pariser-Klimaschutzziels, könnte sich bereits daraus eine Konkretisierung des deutschen KSG-Klimaschutzziels auf 1,5 Grad ableiten lassen.[914] Zudem spricht auch die internationale Dimension von Art. 20a GG, die zusätzlich zur *Umsetzung* von internationalen Vereinbarungen verpflichtet, für die Verfolgung des 1,5 Grad-Ziels, da dieses auf der COP 26 bekräftigt wurde.[915] Außerdem wird die völkerrechtlich anerkannte „no-harm-rule" als Argument angeführt.[916]

Im Rahmen des Gestaltungsspielraums der Gesetzgebung wird als Pluspunkt für die Demokratie vorgebracht, dass Entscheidungen durch eine Herrschaft auf Zeit auch wieder rückgängig gemacht werden können.[917] Gerade das wird jedoch durch das Drohen irreversibler Zustände gefährdet, weswegen auch die Verkürzung des aktuellen Gesetzgebungsspielraums zur Förderung der Demokratie gerechtfertigt erscheint.[918]

Zusammengefasst kann somit zugestanden werden, dass Unsicherheiten hinsichtlich der Kipppunkte bestehen.[919] Jedoch genügen bereits die vorhandenen Erkenntnisse, um die drohenden irreversiblen Zustände wesentlich stärker zu gewichten als die verbleibenden Ungewissheiten. Insbesondere sind Ungewissheiten nicht zwangsläufig ein Argument gegen strengere Ziele, sondern sprechen gerade dafür, im Sinne der Vorsorge für stärkeren Schutz zu sorgen.[920]

---

913 „[...] and *resolves* to pursue efforts to limit the temperature increase to 1.5 °C", Nr. 16 der Erklärung, abrufbar unter https://unfccc.int/sites/default/files/resource/cop26_auv_2f_cover_decision.pdf.

914 Verfassungsbeschwerde Geulen& Klinger Rechtsanwälte, 24.01.2022, S. 96 ff.; dazu auch *Klinger*, EurUP 2022, 20, 24.

915 Vgl. zum Argument der Umsetzungsverpflichtung *Böhm,* in Kahl/ Ludwigs (Hrsg.), HVwR, Bd. III, § 84, Rn. 35 m.w.N.

916 *Winter*, ZUR 2022, 215, 219 f.; auch die Richterin des BVerfG *Britz* bezeichnete eine Temperaturgrenze dort, wo das Eintreten von Kipppunkten verhindert wird, zumindest als plausibel, verwies aber zur Ablehnung auf die im Klimabeschluss 2021 vorgebrachten unzureichenden wissenschaftlichen Erkenntnisse, *Britz,* NVwZ 2022, 825, 826.

917 Vgl. *Gärditz*, in Landmann/ Rohmer, Umweltrecht, Art. 20a GG, Rn. 43.

918 Verfassungsbeschwerde Geulen & Klinger, 10.01.2020, S. 125 f.; hierzu passt auch die Argumentation des BVerfG zu den intertemporalen Freiheitsrechten: Nicht nur die Freiheitsrechte werden in Zukunft beschränkt, sondern auch die demokratischen Entscheidungsmöglichkeiten, siehe dazu bereits oben Teil 4, B. IV. 1.

919 2. Teil, C. IV.

920 *Abel*, ZUR 2022, 333, 337; vgl. dazu die Argumentation des BVerfG in der Entscheidung zu den Ausgangs- und Kontaktbeschränkungen in der Corona-Pandemie, dazu oben Teil 4, B. IV. 4.

Zudem könnte auch die internationale Dimension inhaltlich weiter gedeutet werden, als es das Bundesverfassungsgericht bisher getan hat. Neben dem Engagement auf internationaler Ebene und der Umsetzung von internationalen Abkommen könnten auch die Auswirkungen auf dieser Ebene in den Schutzumfang mit einbezogen werden.[921] Da die Folgen auf internationaler Ebene bei dem Eintreten einer Erwärmung von mehr als 1,5 Grad viel erheblicher sein werden, als sie hier in Deutschland sein werden, spricht auch eine weiter verstandene internationale Dimension für die Berücksichtigung des bestmöglichen Ziels, der 1,5 Grad Grenze.[922]

Auf der COP 26 wurde eingestanden, dass es eines erheblichen Aufwandes bedarf, um das 1,5 Grad-Ziel noch einzuhalten.[923] Eine Studie der WMO von Mai 2022 zeigte, dass mit dem erstmaligen Erreichen der 1,5 Grad-Grenze bereits innerhalb der nächsten fünf Jahre gerechnet werden kann.[924] Allerdings darf diese Tatsache nicht als Argument herangezogen werden, dass das 1,5 Grad Ziel zu ambitioniert ist.

Zusammenfassend verdichten sich die Argumente dahingehend, dass die Gesetzgebung mit dem Ziel, die Erderwärmung auf unter 2 Grad, möglichst 1,5 Grad zu begrenzen, ihren Spielraum überschritten hat.[925] Das Bundesverfassungsgericht stellte 2021 auch fest, dass bei „hinreichend gesicherte[n] Erkenntnisse[n]“ ein anderes Ziel erforderlich sein kann.[926] Solche können im Sechsten Sachstandsbericht des IPCC zu sehen sein.

Daraus folgt nicht, dass das Bundesverfassungsgericht die Gesetzgebung zur Wahrung des 1,5 Grad-Ziels verpflichten soll, vielmehr könnte das Bundesverfassungsgericht die Überschreitung des Spielraums der Gesetzgebung mangels Beachtung neuer wissenschaftlicher Erkenntnisse feststellen.[927]

---

921 Dazu näher im Rahmen der Beschwerdebefugnis.

922 Dazu Verfassungsbeschwerde Geulen & Klinger Rechtsanwälte, 10.01.2020, S. 8.

923 “[…] *recognizes* that limiting global warming to 1.5 °C requires rapid, deep and sustained reductions in global greenhouse gas emissions[…]”, Nr. 16 der Erklärung, abrufbar unter https://unfccc.int/sites/default/files/resource/cop26_auv_2f_cover_decision.pdf.

924 Zitiert nach https://public.wmo.int/en/media/press-release/wmo-update-5050-chance-of-global-temperature-temporarily-reaching-15%C2%B0c-threshold.

925 I. E. so auch *Lorenzen*, VBlBW 2021, 485, 491.

926 BVerfGE 157, 30, 147 f.

927 So war es nie das Ziel der deutschen Klimaklagen, die Gesetzgebung zu einer ganz konkreten Handlung zu verpflichten; vielmehr war es immer das Ziel, nur festzustellen, dass der Schutz unzureichend ist, *Ekardt*, Theorie der Nachhaltigkeit, S. 682; zuletzt Verfassungsbeschwerde Geulen & Klinger Rechtsanwälte, 24.01.2022, S. 91.

Zur Stützung dieser Kontrollmöglichkeit sei auch auf die ersten beiden Entscheidungen des Bundesverfassungsgerichts zu den Corona-bedingten Einschränkungen (Bundesnotbremse I und II) verwiesen, in denen es um Ausgangs- und Kontaktbeschränkungen und Schulschließungen ging.[928] In diesen Entscheidungen ging es ebenfalls um die Beurteilung von Fakten zur Einschätzung einer Gefahr. Dabei entschied das Bundesverfassungsgericht, dass wenn die Gesetzgebung Gefahren abwehren will, verfassungsgerichtlich auch geprüft werden darf, ob die Gesetzgebung sich auf „tragfähige Grundlagen“ stützt und damit, ob die Annahme der Gesetzgebung hinsichtlich der Gefahr und auch hinsichtlich der „Zuverlässigkeit der Grundlagen“ haltbar ist.[929]

3. Gebotene Abwägung zwischen Klimaschutz und anderen Rechtsgütern

Auch nach dem Klimabeschluss des Bundesverfassungsgerichts „genießt“ der Klimaschutz „indessen keinen unbedingten Vorrang“, vielmehr muss eine Abwägung des Klimaschutzes mit anderen Rechtsgütern stattfinden.[930] Je weiter der Klimawandel voranschreitet, desto mehr Gewicht komme dem Klimaschutz im Rahmen der Abwägung zu und aufgrund der irreversiblen Folgen dürfe die Temperaturgrenze „nur unter engen Voraussetzungen“ überschritten werden.[931] Es wird nicht nur die Verwaltung zur Abwägung verpflichtet, sondern auch die Gesetzgebung.[932]

Das Gebot der Abwägung in Zusammenhang mit der Anerkennung eines CO2-Budgets durch das Ziel einer Temperaturobergrenze zeigt jedoch bereits, dass CO2, aber auch andere Treibhausgase, zu einem „begrenzten“ Gut werden.[933] Bei Fortschreiten des Klimawandels kann die Emission von Treibhausgasen nach der Argumentation des Bundesverfassungsgerichts nur noch nach einer Güterabwägung zugelassen werden und muss in gewissen Umfängen verboten werden. Insofern wird es in Zukunft Kriterien

---

928 Dazu bereits oben 4. Teil, B. IV. 4.

929 BVerfGE 159, 223, 298.

930 BVerfGE 157, 30, 138 f.; kritisch dazu im Hinblick auf die internationale Dimension, die eigentlich die Umsetzung der völkerrechtlichen Verpflichtungen erfordert *Krohn*, ZUR 2021, 603, 605, die darauf verweist, dass es zur „eigentümlich anmutenden Möglichkeit eines verfassungsrechtlich gerechtfertigten Völkerrechtsbruchs“ kommen könnte.

931 BVerfGE 157, 30, 138 f.

932 BVerfG, Beschl. v. 15.12.2022 – 1 BvR 2146/22.

933 So ähnlich *Winter*, ZUR 2022, 215 ff., der von Bewirtschaftung spricht.

zur Abwägung brauchen, etwa zu welchem Zweck Treibhausgasemissionen zulässig sind und zu welchem Zweck möglicherweise nicht mehr. In Zukunft könnte etwa daran zu denken sein, dass im Rahmen von Abwägungsentscheidungen Grundrechtseingriffe, bspw. Verbote, gerechtfertigt sein können, wenn es klimaneutrale Alternativen gibt, um das Klimaschutzgebot einzuhalten. Durch die Argumentation des Bundesverfassungsgerichts wird eine Grundlage geschaffen, Einschränkungen rechtfertigen zu können.[934]

4. Verschlechterungsverbot?

Es wird teilweise angenommen, aus Art. 20a GG folge ein Verschlechterungsverbot, zumindest im Vergleich zur Situation im Jahr 1994, in welchem die Vorschrift in die Verfassung eingefügt wurde.[935] Dem wird ein umfassender gesetzgeberischer Spielraum entgegengehalten.[936]

In Bezug auf den Klimaschutz wird ein Verschlechterungsverbot so interpretiert, dass es zu einem „sofortigen absoluten Verbot der Emission von Treibhausgasen" kommen müsste, denn jede weitere Emission führt zu einem höheren Treibhausgasgehalt in der Atmosphäre und treibt damit die Erwärmung der Erde voran.[937] Dies sei unmöglich, da unsere Gesellschaft auf die Emission von Treibhausgasen angewiesen sei.[938] Betrachtet man die Zahlen zur CO2-Konzentration innerhalb der Atmosphäre (2018: 410 ppm, ein Höchstwert seit mindestens 800.000 Jahren[939]; 1994: 358 ppm[940]), stellt man eine deutliche Verschlechterung seit Einführung der Staatszielbestimmung fest. Auch die Konzentration anderer Treibhausgase

934 Dazu näher in diesem Teil unten unter B. IV. 4.

935 *Murswiek*, in Sachs, GG, Art. 20a, Rn. 44; so auch mit noch deutlicherer Betonung der Pflicht zur Anhebung des Niveaus *Rux*, in Epping/ Hillgruber, BeckOK GG, Art. 20a, Rn. 21.

936 *Schlacke*, Umweltrecht, § 4, Rn. 7.

937 *Groß*, ZUR 2009, 364, 367.

938 So vertreten von *Groß*, ZUR 2009, 364, 367 m.w.N.; auch das BVerfG geht durch die Anerkennung der intertemporalen Freiheitsrechte in seinem Klimabeschluss von der Notwendigkeit der Treibhausgasemission zur Freiheitsverwirklichung aus, siehe Teil 5, A.

939 Zitiert nach *Rahmstorf/ Schellnhuber*, Der Klimawandel, S. 33.

940 Zitiert nach folgendem Link mit Verweis auf NOAA (National Oceanic and Atmospheric Administration), der Wetter- und Ozeanographiebehörde der USA: www.volker-quaschning.de/datserv/CO2/index.php.

(Lachgas und Methan) ist seit 1994 stark gestiegen.[941] Stellt man auf die durch die Treibhausgaskonzentration verursachte globale durchschnittliche Erwärmung ab, zeigt sich ebenfalls eine Verschlechterung.[942]

Insofern ist es bereits aus wissenschaftlicher Sicht unmöglich, die Treibhausgaskonzentration und die Temperatur von 1994 wieder zu erreichen.[943] Für ein Verschlechterungsverbot gegenüber dem aktuellen Stand müssten alle Emissionen sofort eingestellt werden, was wegen der Notwendigkeit des Treibhausgasausstoßes für die Gesellschaft nicht möglich erscheint. Unmögliche Handlungen dürfen jedoch nicht verlangt werden.[944] Im Ergebnis kann aus Art. 20a GG kein Verschlechterungsverbot hinsichtlich des Klimaschutzes gefordert werden.

5. Zwischenfazit zum Schutzniveau

Vor dem Klimabeschluss 2021 wurden vom Bundesverfassungsgericht kaum inhaltliche Anforderungen aus Art. 20a GG abgeleitet, weder im Umweltrecht allgemein noch konkret in Bezug auf den Klimaschutz.

Vom Bundesverfassungsgericht wird die Temperaturgrenze des § 1 S. 3 KSG als Konkretisierung des Klimaschutzziels in Art. 20a GG angesehen. Hierin können weder Probleme dahingehend gesehen werden, dass es sich bei dem Ziel um das Ziel des Pariser Klimaabkommens handelt, noch dahingehend, dass ein einfaches Parlamentsgesetz die Temperaturschwelle festlegt. Art. 20a GG enthält die Konkretisierungsprärogative für die Gesetzgebung. Kritik kann an der Höhe des Ziels verübt werden. Die wissenschaftlichen Erkenntnisse sprechen dafür, dass wegen der Auswirkungen des Klimawandels die 1,5 Grad-Grenze verfolgt werden sollte. Der Gesetzgebung steht ein großer Spielraum zu und sie muss wissenschaftliche Erkenntnisse einbeziehen, ist durch sie in erster Linie aber nicht fest gebunden.

Insbesondere die drohenden irreversiblen Folgen durch Kipppunktüberschreitungen, der dadurch bedingte „Kontrollverlust“ über die Natur, das System der planetaren Belastungsgrenzen, die internationale Dimension des Art. 20a GG und die bedrohte zukünftige Handlungsfähigkeit der Po-

941 Siehe Grafik der NOAA, abrufbar unter https://gml.noaa.gov/aggi/aggi.fig2.png.

942 Zur heute bereits eingetretenen Erwärmung oben 2. Teil, C. I.

943 Zumindest wenn man die technisch nicht ausgereiften Möglichkeiten zum CO2-Abbau aus der Luft außenvorlässt und einen Zeitraum innerhalb der nächsten 100 Jahre im Blick hat.

944 *Groß*, ZUR 2009, 364, 367 m.w.N.

litik lassen Anhaltspunkte für eine Verengung des gesetzgeberischen Spielraums erkennen.

Der Klimaschutz wiegt schwerer, je weiter der Klimawandel voranschreitet. Das Verschlechterungsverbot kann nicht zur Begründung eines höheren Schutzniveaus herangezogen werden, da es nicht sinnvoll auf den Klimaschutz angewendet werden kann.

IV. Art. 20a GG als Maßstab

Das Bundesverfassungsgericht hat im Klimabeschluss 2021 drei Dinge an Art. 20a GG und dem Klimaschutzgebot gemessen: die Reduktionsziele der §§ 3 I 2, 4 I 3 i.V.m. Anlage 2 KSG a.F.[945], die Maßnahmen zur Umsetzung der Ziele[946] und die Rationalitätsanforderungen[947]. Im Ergebnis wurde aber keine Verletzung von Art. 20a GG festgestellt, der Gesetzgebung wurde nur aufgegeben, sich zu bemühen, das 1,5 Grad-Ziel zu erreichen.[948]

Auf die Prüfungen, die das Bundesverfassungsgericht im Klimabeschluss 2021 vornahm, wird im Folgenden eingegangen. Zudem geht es anschließend darum, welche Auswirkungen Art. 20a GG über den Klimabeschluss 2021 hinaus hat.

Zunächst stehen die Reduktionsziele im Mittelpunkt, die dem Klimabeschluss 2021 zugrunde lagen [1.]. Anschließend werden die Reduktionsziele, die nach dem Klimabeschluss 2021 im Rahmen der KSG-Novelle 2021 festgelegt wurden, beurteilt [2.]. In diesem Rahmen werden auch Rationalisierungsanforderungen an die Gesetzgebung eine Rolle spielen. Außerdem wird auf die Maßnahmen eingegangen, die die Reduktionsziele umsetzen sollen [3.]. Zudem dient Art. 20a GG mittlerweile in der Rechtsprechung des Bundesverfassungsgerichts nicht mehr nur als Schranke, an der eingriffsähnliche Vorwirkungen gemessen werden müssen, sondern auch als Rechtfertigungsgrund für Eingriffe in andere Grundrechte.[949] Auf diesen Aspekt wird ebenfalls eingegangen [4.]. Weiterhin werden Entscheidungen zur Frage behandelt, ob Art. 20a GG auch klimaschädliche Projekte verhindern kann [5.]. Es folgt eine Zusammenfassung [6.]. Das Zusammenwirken

945 BVerfGE 157, 30, 150 ff.
946 BVerfGE 157, 30, 161.
947 BVerfGE 157, 30, 161 ff.
948 BVerfGE 157, 30, 137 ff., 163.
949 BVerfG, Beschl. v. 23.03.2022 – 1 BvR 1187/17, NVwZ 2022, 861, 868 f., 871 ff.; dazu *Britz*, NVwZ 2022, 825, 828 f.

von Staatszielbestimmung und Schutzpflichten wird im Rahmen von Art. 2. II 1 GG thematisiert [dieser Teil, C.].

1. Vereinbarkeit der Reduktionsziele des KSG a.F. mit Art. 20a GG?

Das Bundesverfassungsgericht hat seiner Prüfung im Klimabeschluss 2021 die Paris-Ziele, den Temperaturanstieg auf möglichst 1,5 Grad und deutlich unter 2 Grad zu begrenzen, zugrunde gelegt und keinen Verstoß von § 3 I 2 KSG a.F. und § 4 I 3 i.V.m. Anlage 2 KSG a.F. gegen Art. 20a GG festgestellt.[950]

Um die Temperaturmaßgabe für die Prüfung handhabbar zu machen, übersetzte das Bundesverfassungsgericht die Temperaturschwelle in ein für das zum Erreichen der Temperaturgrenze noch zur Verfügung stehendes CO2-Budget und griff dafür auf Berechnungen des IPCC und des SRU zurück.[951]

a) Berechnungsgrundlage im Klimabeschluss 2021

Der IPCC ging in seinem Sonderbericht über die Folgen einer globalen Erwärmung um 1,5 Grad davon aus, dass global ab 2018, um mit einer Wahrscheinlichkeit von 67 % die Erwärmung auf 1,5 Grad zu begrenzen, noch 420 Gigatonnen CO2 zur Verfügung stehen.[952] Für das Erreichen des 2 Grad-Ziels stünden nach den Berechnungen ebenfalls bei einer Wahrscheinlichkeit von 67 % noch 1.170 Gigatonnen CO2 zur Verfügung. Unter Rückgriff auf Berechnungen des SRU[953], die sich wiederum auf den Bericht des IPCC von 2018 stützen[954], nahm das Bundesverfassungsgericht daraufhin ein nationales Treibhausgasbudget von 6,7 Gigatonnen ab 2020 an, um den Anstieg der globalen Temperatur mit einer Wahrscheinlichkeit von

---

950 BVerfGE 157, 30, 150 ff.; zur Kritik am Ziel selbst oben B. III. 2. b).

951 BVerfGE 157, 30, 150 ff.; das BVerfG griff im Rahmen der Verfassungsbeschwerden gegen die Landesgesetzgebung erneut auf den Budgetansatz zurück, BVerfG, Beschl. v. 18.01.2022 – 1 BvR 1565/21 u. a., NJW 2022, 844, 845 f.

952 IPCC, 2018: Zusammenfassung für politische Entscheidungsträger. In: 1,5 C globale Erwärmung. Ein IPCC-Sonderbericht; zu diesem Bericht m.w.N. Teil 2, C. II.

953 SRU, Für eine entschlossene Umweltpolitik, Umweltgutachten 2020, S. 52, 56, 88, Rn. 111.

954 SRU, Für eine entschlossene Umweltpolitik, Umweltgutachten 2020, S. 46 ff.

67 % auf 1,75 Grad zu begrenzen.[955] Dem Budget liegt eine weltweite Emissionsverteilung pro Kopf zugrunde, wobei historische Emissionen außer Betracht bleiben.[956]

Das Bundesverfassungsgericht prognostizierte durch die in Anlage 2 KSG a.F. vorgegebenen Jahresemissionsmengen einen CO2-Ausstoß von ca. 6 Gigatonnen bis zum Jahr 2030, sodass ab 2030 nur noch weniger als eine Tonne CO2 zur Verfügung stünde.[957] Außerdem werde das Budget noch zusätzlich durch LULUCF-Emissionen und den Anteil Deutschlands am internationalen See- und Luftverkehr verringert.[958]

Der SRU berechnete zusätzlich das für Deutschland verbleibende CO2-Budget für die 1,5 Grad-Grenze und kam dabei auf ein Budget von 4,2 Gigatonnen CO2 ab dem 01.01.2020, wenn man historische Emissionen nicht einberechnet und eine Verteilung pro Kopf auf die Weltbevölkerung vornimmt.[959]

Zusammenfassend kann festgehalten werden, dass Berechnungen, die das Bundesverfassungsgericht anerkannt hat, zu dem Ergebnis kamen, dass durch die im KSG a.F. zugrunde gelegten Emissionsminderungsquoten das CO2-Budget Deutschlands bis 2030 fast vollständig verbraucht wäre, wenn man eine Erwärmung von 1,75 Grad mit einer Wahrscheinlichkeit von 67 % anstrebt. Bei einem Ziel von 1,5 Grad würde das Budget um ca. 2 Gigatonnen überschritten werden.

b) Beurteilung durch das Bundesverfassungsgericht im Klimabeschluss

Dennoch konnte das Bundesverfassungsgericht keine Verletzung von Art. 20a GG durch das KSG a.F. feststellen.[960] Aufgrund der Unsicherheiten in den Berechnungen könne das Budget nicht als Maßstab für eine verfassungsgerichtliche Prüfung herhalten.[961]

Als ungewisse Faktoren nennt das Bundesverfassungsgericht insbesondere die Größe des globalen Budgets, den Umfang des nationalen Budgets

955 BVerfGE 157, 30, 152 f.
956 SRU, Für eine entschlossene Umweltpolitik, Umweltgutachten 2020, S. 88.
957 BVerfGE 157, 30, 158 f. m.w.N.
958 BVerfGE 157, 30, 159 m.w.N.
959 SRU, Für eine entschlossene Umweltpolitik, Umweltgutachten 2020, S. 88 f.
960 BVerfGE 157, 30, 158 ff.
961 BVerfGE 157, 30, 160; kritisch zum Umgang des BVerfG mit den Unsicherheiten *Calliess,* ZUR 2021, 355, 356.

und die Verteilungskriterien für das nationale Budget, für welche Art. 20a GG keine Anhaltspunkte biete.[962] Außerdem könne das Budget auch durch Anrechnungen und durch Möglichkeiten, CO2 aus der Luft abzubauen, erweitert werden.[963] Die Unsicherheiten führten somit zu einem Spielraum der Gesetzgebung, jedoch trage die Gesetzgebung „eine besondere Sorgfaltspflicht", die sich aus den möglichen irreversiblen Folgen und der Verantwortung für die künftigen Generationen ergebe.[964] Die Sorgfaltspflicht konkretisiere sich darin, dass „belastbare Hinweise auf die Möglichkeit gravierender oder irreversibler Beeinträchtigungen" und der Budgetansatz bei Festlegung der Reduktionsziele berücksichtigt werden müssen.[965]

c) Kritische Würdigung

Unter Beachtung des gesetzgeberischen Spielraums ist es zunächst zu begrüßen, dass das Bundesverfassungsgericht nicht selbst ein Treibhausgasbudget festgelegt hat.[966] Das Bundesverfassungsgericht ging allerdings im Klimabeschluss 2021 aufgrund der Reduktionsnormen des KSG von einem Aufbrauchen des Budgets für die 1,75 Grad-Grenze bis 2030 aus, hielt aber für möglich, dass die 1,75 bis 2 Grad-Grenze eingehalten werden könnte.[967] Darin war laut Bundesverfassungsgericht selbst kein Bestreben zu erkennen, die Erwärmung möglichst auf 1,5 Grad zu begrenzen.[968] Zudem drohe die Überschreitung des Budgets.[969]

Bereits hierin hätte trotz Unsicherheiten aufgrund der damaligen wissenschaftlichen Grundlagen nach kursorischer Prüfung ein Verstoß gegen das Klimaschutzgebot des Art. 20a GG festgestellt werden können, da sich die evidente Ungeeignetheit der Reduktionsziele nahezu aufdrängt.[970] Die Festlegung eines Budgets wäre darin nicht zu sehen gewesen.

962 BVerfGE 157, 30, 153 ff.
963 BVerfGE 157, 30, 156.
964 BVerfGE 157, 30, 157.
965 BVerfGE 157, 30, 157 f.
966 Zum gesetzgeberischen Spielraum oben B. III. 2. b) aa).
967 BVerfGE 157, 30, 158 ff.
968 BVerfGE 157, 30, 159 f.
969 Vgl. BVerfGE 157, 30, 159.
970 Im Ergebnis auch *Lorenzen*, VBlBW 2021, 485, 491; so wohl auch *Frenz*, EnWZ 2021, 201, 202; *Frenz*, NuR 2021, 583 f.

An dieser Stelle offenbart sich ein Dilemma. Zum einen ist die Anerkennung des Treibhausgasbudgets das zentrale Element im Klimabeschluss. Durch die Anerkennung des Budgets kann überhaupt nur der Eingriff in die zukünftigen Freiheitsrechte begründet werden.[971] Zudem macht das Bundesverfassungsgericht deutlich, dass der Budgetansatz gebraucht wird, um die Temperaturziele übersetzen und damit einhalten zu können. Die Gesetzgebung müsse den Ansatz auch berücksichtigen. Aber gleichzeitig kann das Bundesverfassungsgericht das Budget aufgrund der Ungewissheiten nicht kontrollieren. Wenn das Bundesverfassungsgericht das Budget bei der Kontrolle nicht zugrunde legen kann, stellt sich die Frage, ob die Gesetzgebung durch Art. 20a GG verpflichtet ist, ein Treibhausgasbudget festzulegen.[972] Auf diese Frage wird innerhalb der Prüfung der aktuellen Klimaschutzziele eingegangen.

2. Vereinbarkeit der Reduktionsziele der KSG-Novelle 2021 mit Art. 20a GG?

Obwohl das Bundesverfassungsgericht keine Verfassungswidrigkeit des KSG a.F. hinsichtlich der Reduktionsziele bis 2030 festgestellt hat, hat die Gesetzgebung auch die Ziele bis 2030 verschärft. [973] Wie die neuen Werte bis 2030 verfassungsrechtlich zu beurteilen sind, wird unterschiedlich gesehen.

Einerseits wird gesagt, die überarbeitete KSG-Fassung genüge dem Klimabeschluss[974], weil dieser nur Regelungen über 2030 hinaus verlange und kein Treibhausgasbudget fordere.[975] Zum anderen wird auch die überarbeitete Fassung des KSG für unzureichend gehalten, da die Emissionen, die Deutschland noch zustehen, ebenfalls bis 2030 nahezu aufgebraucht seien.[976]

---

971 Vgl. *Bickenbach*, DÖV 2022, 561, der von einer „Unausgesprochene[n] Grundlage" spricht.

972 Dazu bejahend auch *Abel*, ZUR 2022, 333 ff., der von „CO2-Budgethoheit und -Budgetverantwortung" spricht; ablehnend zur Festlegung eines Budgets durch die Gesetzgebung *Bickenbach*, DÖV 2022, 561, 566 ff.

973 Dazu 2. Teil, D. III.

974 *Schlacke*, NVwZ 2022, 905, 910 m.w.N.

975 So *Faßbender*, NJW 2021, 2085, 2089, Rn. 30 ff.; im Ergebnis auch *Frenz*, NuR 2021, 583, 588, der den Klimabeschluss sogar als „teilweise übertroffen" ansieht.

976 *Ekardt/ Heß/ Wulff*, EurUP 2021, 212, 216 f.; Verfassungsbeschwerde Geulen & Klinger Rechtsanwälte, 24.01.2022, S. 91.

Um die Vereinbarkeit der aktuellen Klimaschutzziele mit Art. 20a GG zu prüfen, wird zunächst auf die neuen wissenschaftlichen Erkenntnisse in Form des Sechsten IPCC-Berichts eingegangen [a)]. Dass Reduktionsziele selbst anhand von wissenschaftlichen Erkenntnissen überprüft werden können, hat das Bundesverfassungsgericht im Klimabeschluss 2021 zum Maßstab gemacht. Weiterhin werden Verteilungsfragen in Bezug auf das CO2-Budget aufgegriffen [b)]. Anschließend wird der Frage nachgegangen, inwiefern die Gesetzgebung ein CO2-Budget festlegen muss [c)]. Zuletzt folgt ein Zwischenergebnis [d)].

a) Neue Berechnungsgrundlage durch den Sechsten IPCC-Bericht

Zunächst müssen für die Überprüfung der KSG-Novelle neue wissenschaftliche Grundlagen herangezogen werden, da der IPCC seinen Sechsten Sachstandsbericht veröffentlicht hat. Durch den Sechsten IPCC-Bericht wurden neue CO2-Budgets mit einer höheren Wahrscheinlichkeit berechnet.[977] Um etwa mit einer Wahrscheinlichkeit von 83 % die globale Erwärmung auf 1,5 Grad zu begrenzen, steht seit dem Jahr 2020 noch ein globales CO2-Budget von 300 Gigatonnen zur Verfügung (für eine Erwärmung um 1,7 Grad sind es 550 Gigatonnen CO2, für eine Erwärmung um 2,0 Grad sind es 900 Gigatonnen CO2, jeweils ab 2020 mit einer Wahrscheinlichkeit von 83 %).[978]

Der SRU hat mittlerweile Berechnungen zum deutschen Treibhausgasbudget aufgrund des neuen IPCC-Berichts veröffentlicht, dabei aber nicht wie der IPCC die Wahrscheinlichkeit von 83 % zugrunde gelegt, sondern Wahrscheinlichkeiten von 50 % und 67 % angenommen.[979] Das Bundesverfassungsgericht hat im Klimabeschluss 2021 sowohl die Berechnungen des IPCC als auch die darauf aufbauenden Berechnungen des SRU grundsätzlich anerkannt.[980]

Die Beschwerdeführenden der Verfassungsbeschwerde gegen die KSG-Novelle von 2022 haben, bevor der SRU die aktualisierten Berechnungen

977 Dazu auch *Klinger*, EurUP 2022, 20, 21.

978 Siehe dazu und zu weiteren Temperaturgrenzen mit geringer Wahrscheinlichkeit Teil 2, C. III. m.w.N.

979 SRU, Wie viel CO2 darf Deutschland maximal noch ausstoßen?, Stellungnahme Juni 2022, S. 7 f.

980 BVerfGE 157, 30, 153.

veröffentlicht hat, aufgrund der offengelegten Berechnungsmethoden des SRU nachvollziehbare Berechnungen nationaler CO2-Restbudgets ab 2021 vorgenommen.[981] Das CO2-Restbudget, das Deutschland ab 2021 noch zur Verfügung stünde, wollte man mit einer Wahrscheinlichkeit von 83 % die Erwärmung auf 1,5 Grad begrenzen, betrage 1,439 Gigatonnen (für 1,6 Grad betrage es 2,539 Gigatonnen, für 1,7 Grad: 4,189 Gigatonnen, für 1,8 Grad: 5,289 Gigatonnen, für 1,9 Grad: 6,939 Gigatonnen, für 2,0 Grad: 8,039 Gigatonnen).[982] Demgegenüber berechneten die Beschwerdeführenden, dass aufgrund von Anlage 2 des KSG von 2021 bis 2030 5,315 Gigatonnen CO2 zugelassen werden.[983] Aus den Berechnungen wird im Einzelnen ersichtlich, dass das Budget für die 1,5 Grad-Grenze, strebt man es mit einer Wahrscheinlichkeit von 83 % an, bereits im Jahr 2023 deutlich überschritten wird.[984] Legt man lediglich eine Wahrscheinlichkeit von 67 % zugrunde, würde die 1,5 Grad-Grenze im Jahr 2024 überschritten werden.[985] Es wird berechnet, dass mit der Zulassung von 5,315 Gigatonnen CO2 bis 2030 mit 83 %iger Wahrscheinlichkeit das Budget zur Wahrung einer Erwärmung um 1,8 Grad eingehalten werden kann.[986] Hierbei ist jedoch zu beachten, dass ab 2030 noch weitere Emissionen „benötigt" werden, bis Treibhausgasneutralität erreicht ist, sodass auch dieses Budget nach 2030 mit an Sicherheit grenzender Wahrscheinlichkeit überschritten wird, soweit die Emissionen nicht abrupt ab 2030 gestoppt werden.[987]

Anhand der Berechnungen zeigt sich, dass selbst mit der Novelle des KSG von 2021 die 1,5 Grad-Grenze keinesfalls eingehalten werden kann. Zu diesem Ergebnis kommen auch die aktualisierten Berechnungen des SRU.[988] Selbst die Wahrung der unter zwei Grad-Grenze (1,8 Grad) bis zur Treibhausgasneutralität scheint ausgeschlossen, wird doch das Budget dafür bereits *bis* 2030 verbraucht.

Im Ergebnis kann in den neuen Reduktionszielen der §§ 3 I, 4 I 3 KSG i.V.m. Anlage 2 KSG nach kursorischer Prüfung ebenfalls ein Verstoß gegen

981 Verfassungsbeschwerde Geulen& Klinger Rechtsanwälte, 24.01.2022, S. 92 ff.
982 Verfassungsbeschwerde Geulen& Klinger Rechtsanwälte, 24.01.2022, S. 92 (Tabelle).
983 Verfassungsbeschwerde Geulen& Klinger Rechtsanwälte, 24.01.2022, S. 94.
984 Verfassungsbeschwerde Geulen& Klinger Rechtsanwälte, 24.01.2022, S. 94.
985 Verfassungsbeschwerde Geulen& Klinger Rechtsanwälte, 24.01.2022, S. 94.
986 Verfassungsbeschwerde Geulen& Klinger Rechtsanwälte, 24.01.2022, S. 95.
987 Verfassungsbeschwerde Geulen& Klinger Rechtsanwälte, 24.01.2022, S. 95; siehe zur Verteilung der Freiheit oben 5. Teil, A.
988 SRU, Wie viel CO2 darf Deutschland maximal noch ausstoßen?, Stellungnahme Juni 2022, S. 14 f.

Art. 20a GG und das Klimaschutzgebot gesehen werden, ohne ein konkretes Budget festzulegen, da die Vorschriften evident ungeeignet sind, das Klimaschutzgebot zu erfüllen und das Klimaziel zu erreichen.[989]

b) Verteilungsfragen des Budgets

Neben den Fragen, welches Temperaturziel man den Klimaschutzbemühungen zugrunde legt (dazu bereits in diesem Teil B. III 2.), welche Wahrscheinlichkeit maßgeblich ist (bereits zuvor angedeutet, genauer sogleich) stellt sich eine weitere Frage, die die Berechnung des Budgets mit sich bringt. Es besteht die bisher ungeklärte Frage der konkreten Aufteilung des globalen Budgets auf die einzelnen Staaten.[990] Das Bundesverfassungsgericht legte durch Rückgriff auf die Berechnungen des SRU eine weltweite Pro-Kopf-Verteilung zugrunde, sah diese Verteilung aber nicht als verfassungsrechtlich vorgegeben an.[991]

Den Berechnungen des SRU liegt eine globale Pro-Kopf-Verteilung zugrunde, wobei historische Emissionen außer Betracht bleiben.[992] Daneben gibt es aber weitere Optionen. Der SRU nennt fünf zur Verfügung stehende Möglichkeiten, das Budget aufzuteilen, wobei dies nur eine Mindestangabe ist: eine weltweite Pro-Kopf-Verteilung, eine weltweite Pro-Kopf-Verteilung, wobei wirtschaftlich starke Staaten stärker reduzieren müssen, eine weltweite Pro-Kopf-Verteilung, wobei auch historische Emissionen einbezogen werden, eine Verteilung, in die „fossilbasierte Entwicklungsmöglichkeiten" für schwächere Staaten zugestanden werden und eine Aufteilung anhand aktueller Emissionswerte der Staaten, bei der die Bevölkerungszahl keine Rolle spielt.[993]

Aus Art. 20a GG lassen sich keine konkreten Kriterien herleiten, welche Verteilung für die Berechnung des deutschen Budgets entscheidend ist.[994]

---

989 Bereits schon für einen Verstoß der alten KSG-Vorschriften *Lorenzen*, VBlBW 2021, 485, 491.

990 Dazu auch BVerfGE 157, 30, 155 f.; zur Aufteilung und den verschiedenen Möglichkeiten auch *Fellenberg*, NVwZ 2022, 913, 915 f.; *Rodi/ Kalis*, KlimR 2022, 5, 8 f.; *Bickenbach*, DÖV 2022, 561, 562 f.

991 Vgl. BVerfGE 157, 30, 155.

992 Dazu oben in diesem Teil, B. IV. 1. a).

993 SRU, Für eine entschlossene Umweltpolitik, Umweltgutachten 2020, S. 48 m.w.N.; zu Vor- und Nachteilen siehe *Bickenbach*, DÖV 2022, 561, 562 f.

994 BVerfGE 157, 30, 155.

Dem Völkerrecht lassen sich einige grobe Maßgaben entnehmen.[995] Es stellt sich die Frage, ob die Verfassung neben Art. 20a GG Wertungen enthält, die sich auf die Aufteilung des Budgets auswirken können.

Der naheliegendste verfassungsrechtliche Grundsatz, der auf die Festlegung eines Budgets Einfluss haben könnte, ist der Gleichheitssatz aus Art. 3 I GG. Das Bundesverfassungsgericht hat durch den Klimabeschluss 2021 klargestellt, dass CO2 eine begrenzte Ressource darstellt, die verhältnismäßig verteilt werden muss.[996] Bei der Aufteilung begrenzter Ressourcen muss der Gleichheitssatz Beachtung finden.[997] Die globale Pro-Kopf-Verteilung würde etwa dazu beitragen, allen Menschen weltweit von nun an die gleichen Entfaltungsmöglichkeiten, die mit dem Ausstoß von CO2 verbunden sind, zu gewähren.

Zudem garantiert die Menschenwürde[998] aus Art. 1 I GG jeder einzelnen Person, nicht zum Objekt staatlichen Handelns zu werden und nicht so behandelt zu werden, dass die eigene Subjektqualität in Frage gestellt wird.[999] Würde ein Staat für sich zu Lasten wirtschaftlich schwächerer Staaten mehr CO2-Emissionen beanspruchen, würde dieser Staat den Menschen Freiheitsentfaltungsmöglichkeiten absprechen, um im eigenen Land Freiheitsentfaltungsmöglichkeiten durch die Zulassung höherer Emissionsgrenzwerte zugestehen zu können. Somit würde der Staat die Menschen, denen er ein geringeres Budget zuspricht, zum Objekt der eigenen Grenzwertfestlegung und damit einer höheren Budgetzuteilung machen.

Die Berechnungen und die Zuteilung enthalten erhebliche Unsicherheiten.[1000] Es sind jedoch verfassungsrechtliche Ansätze vorhanden, die für eine weltweite Pro-Kopf-Verteilung sprechen.

---

995 Dazu im Einzelnen *Winter*, ZUR 2022, 215, 220; BVerfGE 157, 30, 155 f.

996 Wegen der Begrenztheit der Treibhausgasemissionen wird es für überzeugend gehalten, die Verteilung von Treibhausgasen nur anhand von Art. 3 I GG zu prüfen, siehe dazu *Erbguth*, EurUP 2022, 257, 264 ff.

997 *Weinrich,* Die grundrechtlichen Umweltschutzpflichten des Staates, S. 143 m.w.N.

998 Zur Würde als Argument für eine Pro-Kopf-Verteilung auch *Bickenbach*, DÖV 2022, 561, 562.

999 BVerfGE 50, 166, 175 m.w.N.

1000 Daneben wird vorgebracht, der Einfluss Deutschlands sei viel größer als vom Budget erfasst, da „importierte Emissionen", die bei der Produktion von Gütern im Ausland entstehen und die danach hier in Deutschland konsumiert werden, unberücksichtigt bleiben, *Krüßmann*, JuWiss 11.11.2021.

c) Festlegung eines Budgets durch die Gesetzgebung

Es ist klar, dass ein Budget benötigt wird, um die Temperaturgrenzen in konkrete Klimaziele übersetzen zu können.[1001] Jedoch enthält die Festlegung eines Budgets zu viele Unsicherheiten, sodass die Rechtsprechung unter dem Gesichtspunkt der Gewaltenteilung selbst kein Budget festsetzen kann.[1002] Die Frage ist jedoch, ob und in welchem Umfang die Gesetzgebung verpflichtet ist, ein Budget vorzugeben.[1003]

Zunächst spricht für die Festlegung die Rechtsprechung des Bundesverfassungsgerichts, wonach die Gesetzgebung trotz Unsicherheiten in den Berechnungen des IPCC diesen „Rechnung tragen" muss.[1004] Zudem lassen sich auch gerade die Unsicherheiten dafür heranziehen, dass ein Budget bestimmt werden muss.[1005]

Gegen die Vorgabe eines Treibhausgasbudgets zumindest in gesetzlicher Form wird eingewandt, dass bei Aufbrauchen des Budgets erhebliche Freiheitsbeschränkungen drohen, die im Rahmen der Verhältnismäßigkeit nicht zu rechtfertigen seien.[1006] Es stellt sich jedoch die Frage, ob das ein Argument gegen die Festlegung eines CO2-Budgets ist, oder ob damit nicht vielmehr betont wird, wie wichtig die Anerkennung der intertemporalen Freiheitsrechte durch das Bundesverfassungsgericht war und wie ernst die verhältnismäßige Aufteilung der „noch zulässigen Emissionen" durch die Gesetzgebung genommen werden müsste.[1007]

Für die Bestimmung eines Treibhausgasbudgets durch den Gesetzgeber und damit gleichzeitig auch gegen den Kompromissvorschlag, eine Festlegung im Rahmen von „weichen" Richtlinien anzustreben[1008], lässt sich auch der Parlamentsvorbehalt anbringen.[1009] Demnach muss die parlamentarische Gesetzgebung wesentliche Entscheidungen, vor allem auch solche mit Grundrechtsbezug, selbst treffen.[1010] Da Art. 20a GG letztendlich aufgrund

---

1001 Dazu umfassend *von Landenberg-Roberg*, Die Verwaltung 2022, 249, 269 ff.

1002 *Rodi/ Kalis*, KlimR 2022, 5, 8 f.

1003 Gegen die verfassungsrechtliche Pflicht, ein Budget zugrunde zu legen *Britz*, NVwZ 2022, 825, 828; *Bickenbach*, DÖV 2022, 561, 566 ff.

1004 BVerfGE 157, 30, 157 f.

1005 *Abel*, ZUR 2022, 333, 337.

1006 *Bickenbach*, DÖV 2022, 561, 566 ff.

1007 Kritisch zur aktuellen Verteilung des Budgets bereits oben 5. Teil, A. III. 3. b) bb).

1008 Vgl. dazu *Bickenbach*, DÖV 2022, 561, 568 f.

1009 *Polzin*, DÖV 2021, 1089, 1098; *Abel*, ZUR 2022, 333, 339.

1010 Dazu *Klein/ Schwarz*, in Dürig/ Herzog/ Scholz, GG, Art. 38, Rn. 49.

des Klimabeschlusses 2021 den Umfang der zukünftigen Freiheitsbeschränkungen vorgibt[1011], ist es unabdingbar, dass die Gesetzgebung den genauen Umfang durch die Vorgabe eines Budgets festlegt.[1012] Insbesondere müssen wesentliche Annahmen etwa zur Verteilung des Budgets getroffen werden. Wenn in Zukunft Eingriffe aufgrund des Klimaschutzgebotes in die Freiheitsrechte nötig werden, muss dies durch ein von der Gesetzgebung zugrunde gelegtes Treibhausgasbudget gestützt werden.[1013]

Die Bedeutung eines Treibhausgasbudgets wurde erneut vom Bundesverfassungsgericht betont, indem es 2022 hinsichtlich der Verfassungsbeschwerden gegen die Landesklimagesetze entschied, dass sich eine Verfassungsbeschwerde „grundsätzlich gegen die Gesamtheit der zugelassenen Emissionen richten [...]“ muss.[1014] Demnach konnten sich die Beschwerdeführenden nicht gegen die Landesklimagesetze wenden, da nicht erkennbar sei, welches Budget den einzelnen Ländern zur Verfügung stehe.[1015] Das zeigt, dass es für die neue Konstruktion des Bundesverfassungsgerichts unabdingbar ist, mit einem Budget zu arbeiten. Zusätzlich würde ein Budget für Rechtsklarheit sorgen.

Außerdem können an dieser Stelle auch Rationalisierungsanforderungen an die Gesetzgebung geltend gemacht werden. Das Bundesverfassungsgericht lehnte diese allerdings im Klimabeschluss 2021 ab, da Art. 20a GG „keine von seinen materiellen Anforderungen losgelöste, eigenständige Sachaufklärungs- und Begründungspflicht“ fordere.[1016]

aa) Sachaufklärungspflicht

Wie bereits aufgezeigt, ging das Bundesverfassungsgericht selbst im Klimabeschluss 2021 sehr ausführlich auf die wissenschaftlichen Grundlagen des Klimawandels ein[1017] und erkannte das Treibhausgasbudget als Mittel an, das dazu geeignet ist, die Temperaturgrenze einzuhalten.[1018]

1011 *Seibert,* DVBl 2021, 1141, 1144.
1012 So auch *Abel,* ZUR 2022, 333, 339.
1013 Vgl. *Abel,* ZUR 2022, 333, 339.
1014 BVerfG, Beschl. v. 18.01.2022 – 1 BvR 1565/21 u. a., NJW 2022, 844, 845.
1015 BVerfG, Beschl. v. 18.01.2022 – 1 BvR 1565/21 u. a., NJW 2022, 844, 845 f.
1016 BVerfGE 157, 30, 161 f.
1017 BVerfGE 157, 30, 50-65.
1018 BVerfGE 157, 30, 62 f.

Es verneint jedoch eine Sachaufklärungspflicht für die Gesetzgebung, da das Gesetzgebungsverfahren öffentlich sei, einen gesellschaftlichen Diskurs schaffe und dadurch Transparenz herstelle.[1019] Die Frage ist jedoch, ob dies genügt, um das Klimaschutzgebot aus Art. 20a GG zu erfüllen.

Um die Temperaturgrenze und damit das Klimaschutzgebot einhalten zu können, muss die Gesetzgebung die wissenschaftlichen Grundlagen beachten und zur Grundlage ihres Handelns machen und ein Treibhausgasbudget angeben.[1020] Reduktionsziele, die nicht auf ein bestimmtes Budget ausgerichtet sind, können die Temperaturgrenze von vornherein nicht erreichen und sind für eine Nachprüfbarkeit nicht geeignet. Als Ausprägung des Verhältnismäßigkeitsgrundsatzes müssen Gesetze immer auch geeignet sein, das bedeutet, sie müssen den angestrebten Zweck zumindest fördern.[1021] Ohne Festlegung eines Treibhausgasbudgets sind die Klimaschutzziele nicht geeignet, den Zweck des § 1 S. 3 KSG zumindest zu fördern. Vielmehr sorgen die Reduktionsmaßgaben gerade dafür, dass das Ziel verfehlt wird.[1022] Insbesondere wenn man die Grenzen der gerichtlichen Kontrolle in der Festlegung eines Budgets sieht, muss die Gesetzgebung hier selbst tätig werden.[1023] Die Gesetzgebung macht keine Berechnungen transparent, da sie keinen Bezug zu einem Budget nimmt und sich in der Begründung zum Gesetzentwurf der KSG-Novelle von 2021 ebenfalls keine Angaben zum Treibhausgasbudget finden lassen[1024] und ermittelt deswegen die Tatsachen nicht sorgfältig.[1025] Bei der Ermittlung eines Budgets stünde dem Gesetzgeber ein großer Spielraum zu.[1026] Die Gesetzgebung könnte etwa festlegen, mit welcher Wahrscheinlichkeit ein Ziel verfolgt wird oder welcher Verteilungsschlüssel gelten soll.[1027]

1019 BVerfGE 157, 30, 161 f.; dazu auch *Britz*, DV 2017, 421, 422 f. m.w.N.; *Böhm*, in Kahl/ Ludwigs (Hrsg.), HVwR, Bd. III, § 84, Rn. 44.

1020 Für die Offenlegung der Budgetberechnungen *Ekardt/ Heß/ Wulff*, EurUP 2021, 212, 217; so auch *Apel*, ZUR 2022, 333, 335 ff.

1021 *Grzeszick*, in Dürig/ Herzog/ Scholz, GG, Art. 20, Rn. 109 ff.

1022 Vgl. die Berechnungen zur Zielverfehlung oben in Teil 2, D. III. 3.

1023 Vgl. *Polzin*, DÖV 2021, 1089, 1097.

1024 BT-Drs. 19/30230, 02.06.2021, insbes. S. 12 ff.

1025 So auch *Ekardt/ Heß/ Wulff*, EurUP 2021, 212, 217; *Ekardt/ Heß*, NVwZ 2021, 1421, 1426.

1026 Zu Umfang und Grenzen dieses Spielraums *Abel*, ZUR 2022, 333, 338 ff.

1027 Dazu *Abel*, ZUR 2022, 333, 338 f.; siehe jedoch zu verfassungsrechtlichen Wertungen, die sich auf die Verteilung auswirken können, den vorangegangenen Prüfungspunkt zu den „Verteilungsfragen des Budgets".

bb) Begründungspflicht

Das Bundesverfassungsgericht geht in der Klimaschutzentscheidung 2021 weiterhin davon aus, das Grundgesetz mache keine Vorgaben dazu, „was, wie und wann genau im Gesetzgebungsverfahren zu begründen ist".[1028] Grundsätzlich gilt, dass die Gesetzgebung nur ein verfassungsgemäßes Gesetz erlassen muss.[1029] Das ermöglicht Verhandlungsspielraum im Gesetzgebungsverfahren und lässt Platz für politische Kompromisslösungen.[1030] Zudem gewährt bereits das parlamentarische Verfahren an sich die nötige Transparenz.[1031]

In bestimmten Bereichen der bundesverfassungsgerichtlichen Rechtsprechung finden sich jedoch Begründungserfordernisse, da andernfalls befürchtet wird, Rechtsschutz könne nicht umfassend gewährt werden.[1032] Dies betrifft insbesondere Themen mit finanziellem Bezug wie etwa die Besoldung von Professor*innen oder Richter*innen oder das Existenzminimum, wobei die Rechtsprechung des Zweiten Senats für weitgehender gehalten wird als die des Ersten Senats.[1033] Exemplarisch sei hier auf eine Entscheidung des Bundesverfassungsgerichts aus dem Jahr 2020 verwiesen, in welcher sich der Zweite Senat mit der Frage beschäftigte, ob bestimmte Besoldungsgruppen für Richter*innen in Berlin mit Art. 33 V GG vereinbar waren.[1034] Die Gesetzgebung müsse in diesem Bereich Begründungspflich-

---

1028 BVerfGE 157, 30, 162 f. m.w.N.; demgegenüber wird in der Literatur vorgebracht, es sei nicht unüblich, dass das BVerfG von der Gesetzgebung verlangt, die Ergebnisse „mit entsprechenden Tatsachen, Erhebungen, Statistiken, hinreichend abgesicherten Prognosen und anderem, im Einzelfall einschlägigen Material zu begründen.", *Lepsius*, in Herdegen/ Masing/ Poscher/ Gärditz (Hrsg.), VerfassungsR-HdB, § 12, Rn. 90; zu weiteren Stimmen in der Literatur im Folgenden.

1029 Dazu *Böhm*, ZBR 2018, 222, 226.

1030 BVerfGE 157, 30, 162 f. m.w.N.; zu den demokratietheoretischen Bedenken im Zusammenhang mit Rationalitätsanforderungen zusammenfassend *Britz*, DV 2017, 421, 423 m.w.N.

1031 *Böhm*, in Kahl/ Ludwigs (Hrsg.), HVwR, Bd. III, § 84, Rn. 44.

1032 Dazu *Britz*, DV 2017, 421 ff.; *Böhm*, ZBR 2018, 222 ff.; *Böhm*, in Kahl/ Ludwigs (Hrsg.), HVwR, Bd. III, § 84, Rn. 45.

1033 Etwa BVerfGE 155, 1 ff. zur Richterbesoldung; etwa BVerfGE 137, 34 ff. zur Gewährung eines menschenwürdigen Existenzminimums; zum Ganzen mit weiteren Entscheidungen und auch zum Unterschied der Rechtsprechung der beiden Senate des BVerfG *Britz*, DV 2017, 421 ff.; *Böhm*, in Kahl/ Ludwigs (Hrsg.), HVwR, Bd. III, § 84, Rn. 45; ausführlich zur Rechtsprechung des BVerfG zur Beamtenbesoldung *Böhm*, ZBR 2018, 222 ff.

1034 BVerfGE 155, 1 ff.; zu älteren Entscheidungen des BVerfG in Bezug auf Besoldungen *Britz*, DV 2017, 421, 424 f.; *Böhm*, ZBR 2018, 222, 223 ff.

ten genügen, da aus der Verfassung keine quantitativen Vorgaben hinsichtlich der Besoldungshöhe folgten.[1035] „Die Ermittlung und Abwägung der berücksichtigten und berücksichtigungsfähigen Bestimmungsfaktoren für den verfassungsrechtlich gebotenen Umfang [...] müssen sich in einer entsprechenden Darlegung und Begründung des Gesetzgebers im Gesetzgebungsverfahren niederschlagen. Eine bloße Begründbarkeit genügt nicht [...]. [...] [D]ie erforderlichen Sachverhaltsermittlungen [müssen] vorab erfolgen und dann in der Gesetzesbegründung dokumentiert werden."[1036] Ähnliche Pflichten gibt es auch auf landesrechtlicher Ebene, beispielsweise im Zusammenhang mit dem kommunalen Finanzausgleich.[1037] Die Gesetzgebung in Hessen wurde verpflichtet, den Finanzbedarf von Kommunen zu ermitteln und die entsprechenden Ergebnisse in die Gesetzgebungsmaterialien aufzunehmen.[1038] Bereits diese Beispiele zeigen, dass Begründungserfordernisse der Rechtsprechung nicht völlig fremd sind. Für Begründungspflichten spricht auch, dass sie dazu dienen können, das für alle Gewalten geltende Rechtsstaats- und Demokratieprinzip zu verwirklichen.[1039]

Das Bundesverfassungsgericht lehnte jedoch die Begründungspflicht für Art. 20a GG im Klimabeschluss 2021 ab.[1040] Der Erste Senat stellte lediglich fest, dass es entscheidend ist, „dass sich die Vereinbarkeit der gesetzlich geregelten Emissionsmengen mit Art. 20a GG schlüssig begründen lässt".[1041] Eine weitere inhaltliche Prüfung blieb aus. Anhand der oben aufgezeigten Berechnungen lässt sich jedoch nicht schlüssig begründen, dass die Emissionsmengen im KSG trotz Unsicherheiten auch nur ansatzweise mit Art. 20a GG vereinbar sind.[1042] Vielmehr zeigte sich, dass die Vorschriften evident ungeeignet sind. Das Bundesverfassungsgericht stellte im Klimabeschluss unter Verweis auf seine Entscheidung zum menschenwürdigen Existenzminimum[1043] darauf ab, dass die Anforderungen nicht das Gesetzgebungsverfahren, sondern nur das Ergebnis des Verfahrens betreffen wür-

1035 BVerfGE 155, 1, 47 f.

1036 BVerfGE 155, 1, 48.

1037 Dazu *Böhm*, ZBR 2018, 222, 226 f.; *Böhm*, in Kahl/ Ludwigs, HVwR, Bd. III, § 84, Rn. 45.

1038 HessStGH, Urt. v. 21.05.2013 – P.St. 2361, Rn. 122, 128 (juris); dazu und zu Begründungspflichten in anderen Bundesländern *Böhm*, ZBR 2018, 222, 226 f.

1039 *Kloepfer*, UPR 2012, 41, 47 m.w.N. auch zu abweichenden Ansichten.

1040 BVerfGE 157, 30, 162 f.; kritisch etwa *Kloepfer/ Wiedmann*, DVBl 2021, 1333, 1337.

1041 BVerfGE 157, 30, 163.

1042 Teil 5, B. IV. 2.

1043 BVerfGE 137, 34 ff., insbes. 73 f.

den.[1044] In der Entscheidung zum menschenwürdigen Existenzminimum war es jedoch so, dass überhaupt eine nachvollziehbare Berechnungsmethode angewendet werden musste. Das Bundesverfassungsgericht prüfte, „ob Leistungen jeweils aktuell auf der Grundlage *verlässlicher Zahlen und schlüssiger Berechnungsverfahren* im Ergebnis zu rechtfertigen sind".[1045] Das Bundesverfassungsgericht „überprüft lediglich die gesetzgeberischen Festlegungen zur Berechnung".[1046] Solche Berechnungen gab es zum Klimaschutz nicht, weswegen ein Verweis auf diese Entscheidung in der Sache nicht weiterhilft. Das Bundesverfassungsgericht konnte die Überprüfung nicht so durchführen wie 2014 in Bezug auf das ökonomische Existenzminimum.[1047]

Auch wenn sich über den genauen Prüfungsumfang für die verschiedenen Themenfelder diskutieren lässt, ist zu kritisieren, dass das Bundesverfassungsgericht in vielen Bereichen weitreichende Prüfkriterien anlegt, im Bereich des Umweltrechts aber tiefergehende Prüfungen prinzipiell unterlässt.[1048] In der Literatur gibt es deswegen Forderungen, dass die Gesetzgebung Eingriffe in die natürlichen Lebensgrundlagen begründen müsse,[1049] oder zumindest die Auswirkungen berücksichtigen solle.[1050] Vorgeschlagen wird etwa der Rückgriff auf die Gesetzesfolgenabschätzung (GFA).[1051] Die GFA wird als ein Instrument des Konzepts der „Guten Gesetzgebung" angesehen und ist darauf ausgerichtet, mögliche Folgen von Normen sowohl aus der Ex-Ante Perspektive als auch aus der Ex-Post Perspektive zu erfassen und zu bewerten.[1052]

In Bezug auf den Klimawandel könnten zum Beispiel Treibhausgasemissionen aus Einzelmaßnahmen zu berücksichtigen sein.[1053] Es wäre auch

1044 BVerfGE 157, 30, 162 f.

1045 BVerfGE 137, 34, 75 *(Hervorhebung durch die Verfasserin).*

1046 BVerfGE 137, 34, 75.

1047 Vgl. auch *Ekardt/ Heß/ Wulff*, EurUP 2021, 212, 217, die fordern, dass „Handlungen mit den Belangen des Klimaschutzes im Einzelfall auch überprüfbar" sein müssen.

1048 *Böhm*, in Kahl/ Ludwigs (Hrsg.), HVwR, Bd. III, § 84, Rn. 51 ff.

1049 Konkret in Bezug auf Klimaschutz *Härtel*, NuR 2020, 577, 579; *Kloepfer/ Wiedmann*, DVBl 2021, 1333, 1337; allgemein zu Art. 20a GG *Schulze-Fielitz*, in Dreier, GG, Art. 20a, Rn. 73 m.w.N.

1050 Für ein Berücksichtigungsgebot statt einer Begründungspflicht *Groß*, ZUR 2009, 364, 367; zumindest für die Notwendigkeit, Transparenz und Nachvollziehbarkeit zu schaffen *Krohn*, ZUR 2021, 603, 609.

1051 So *Härtel*, NuR 2020, 577, 579; *Groß*, ZUR 2009, 364, 367; *Böhm*, in Kahl/ Ludwigs (Hrsg.), HVwR, Bd. III, § 84, Rn. 52; siehe zum Begriff der GFA *Windoffer*, in Kahl (Hrsg.), Nachhaltigkeit durch Organisation und Verfahren, S. 217 f.

1052 *Kahl/ Mödinger*, DÖV 2021, 93, 95 f. m.w.N.

1053 Dazu *Ekardt/ Heß/ Wulff*, EurUP 2021, 212, 217 m.w.N.

denkbar, im Rahmen einer Folgenabschätzung jeweils bei Festlegung von Klimaschutzzielen die Auswirkungen auf das Gesamtbudget zu betrachten.[1054] Dies würde die vom Bundesverfassungsgericht geforderte Planbarkeit[1055] fördern. Es hat im Klimabeschluss die begrenzte „Verfügbarkeit" von Treibhausgasen zur Einhaltung einer Temperaturgrenze anerkannt und dies mit der Freiheit künftiger Generationen verknüpft. Der Gedanke muss sich nun auch im Gesetzgebungsverfahren widerspiegeln.[1056] Insofern muss die Offenlegung von Berechnungen der Gesetzgebung im Bereich des Klimaschutzes gefordert werden, wie etwa die eines nationalen Treibhausgasbudgets oder auch zu konkreten Maßnahmen.[1057] Ansonsten ist eine wirksame Überprüfung durch die Gerichte nicht möglich. Zudem stellte das Bundesverfassungsgericht fest, dass „schlicht gegriffene Zahlen ebenso wie Schätzungen ins Blaue hinein den verfassungsrechtlichen Anforderungen nicht genügen".[1058] Die zugelassenen Emissionsmengen im KSG lassen sich nicht auf belastbare Grundlagen stützen, weswegen sie den verfassungsrechtlichen Anforderungen nicht genügen. Zusätzlich zeigt sich eine Ähnlichkeit der Finanzthemen, in denen das Bundesverfassungsgericht ausdifferenzierte Maßstäbe aufgestellt hat, mit dem Klimawandel, denn auch beim Klimawandel fehlt es an konkreten quantitativen Vorgaben der Verfassung hinsichtlich des noch zulässigen Treibhausgasbudgets. Insofern könnten unter Zugrundelegung der strengeren Rechtsprechungsanforderungen des Zweiten Senats aus dem Bereich des Beamtenrechts auch für den Klimaschutz weitreichendere Prüfungen für einen umfassenden Rechtsschutz gefordert werden.[1059]

1054 Vgl. dazu ähnlich in Bezug auf die Forderungen im People´s Climate Case *Winter*, ZUR 2019, 259, 265.

1055 Vgl. BVerfGE 157, 30, 163 ff.

1056 Vorschläge zur Überprüfung von Klimaverträglichkeit einzelner Gesetze gab es auch schon vor dem Klimabeschluss des BVerfG von 2021, siehe etwa *Franzius*, RuP 2019, 230 ff., der eine Ergänzung der Vorschriften zum Gesetzgebungsverfahren (Art. 76 GG) vorschlug, um im Gesetzgebungsverfahren die Klimaauswirkungen überprüfen zu können.

1057 Bereits oben zur Sachaufklärungspflicht und so auch *Ekardt/ Heß/ Wulff*, EurUP 2021, 212, 217.

1058 BVerfGE 137, 34, 75, Rn. 83 m.w.N.

1059 Vgl. BVerfGE 155, 1, 48; zum Unterschied der Rechtsprechung der beiden Senate in Bezug auf die Rationalitätsanforderungen *Britz*, DV 2017, 421, 423 ff.; *Böhm*, in Kahl/ Ludwigs, HVwR, Bd. III, § 84, Rn. 45.

d) Zwischenergebnis

Im Ergebnis wird eine Entscheidung der Gesetzgebung hinsichtlich eines Treibhausgasbudgets benötigt.[1060] Diese könnte durch die Gerichte dann auf plausible Grundlagen und Wertungen hin überprüft werden. Die Gerichte können jedoch selbst kein Budget festlegen. Sie könnten aber einen Verstoß der aktuellen Klimaschutzvorschriften gegen Art. 20a GG feststellen, zum einen, weil die Reduktionsziele im KSG evident ungeeignet sind, das Klimaschutzgebot zu erfüllen und zum anderen, weil die Gesetzgebung dem Budget im Verfahren keinerlei Rechnung getragen hat.[1061]

3. Zwischenziele als Ausprägung von Art. 20a GG?

Neben dem Verstoß des KSG gegen Art. 20a GG ging das Bundesverfassungsgericht im Klimabeschluss 2021 auf die Verfassungswidrigkeit von Einzelmaßnahmen ein, da die Beschwerdeführenden vortrugen, dass diese nicht genügten, um die Emissionsreduktionsquote bis 2030 einzuhalten.[1062] Das Bundesverfassungsgericht stellte dabei jedoch fest, dass die Verletzung bzw. Überschreitung des Emissionsminderungsziels in § 3 I 2 KSG a.F. keinen Verstoß gegen das Grundgesetz begründe, da diese Vorschrift das Klimaschutzgebot des Art. 20a GG nicht konkretisiere und nur in § 1 S. 3 KSG „gesamthaft das Klimaschutzziel des Gesetzgebers“ genannt werde.[1063] Zudem sei es möglich, dass das Ziel doch erreicht werde.[1064]

Bereits das erste Argument ist in Anbetracht des Ergebnisses des Klimabeschlusses nicht überzeugend. Das Bundesverfassungsgericht nahm den bereits erwähnten Verstoß gegen künftige Freiheitsrechte an, gerade weil die Emissionsreduktionsziele nach 2030 nicht festgelegt waren.[1065] Wenn es aber Voraussetzung für die Rechtfertigung der eingriffsähnlichen Vorwirkung in zukünftige Freiheitsrechte ist, dass Emissionsziele festgelegt werden, muss diesen selbst eine „Konkretisierung des Klimaschutzauftrags aus Art. 20a GG“[1066] zugesprochen werden. Auch die konkreten Emissions-

1060 *Polzin*, DÖV 2021, 1089, 1098; *Abel*, ZUR 2022, 333, 335 ff.
1061 Zur unzureichenden Novelle des KSG auch *Klinger*, EurUP 2022, 20, 24 f.
1062 BVerfGE 157, 30, 161.
1063 BVerfGE 157, 30, 161.
1064 BVerfGE 157, 30, 161.
1065 Dazu oben Teil 5, A.
1066 BVerfGE 157, 30, 161.

reduktionsziele stellen eine Konkretisierung des Klimaschutzgebotes dar. Werden sie missachtet, droht eine Überschreitung des Budgets. Wie das Bundesverfassungsgericht selbst festgestellt hat, ist ein Überziehen des Budgets nur unter ganz engen Voraussetzungen möglich.[1067] Insofern muss auch die Nichtbeachtung einzelner Emissionsreduktionsziele gerechtfertigt werden, da sie das Gesamtziel zusammensetzen.

Zudem lässt sich die weitere Entwicklung der Rechtsprechung des Bundesverfassungsgerichts heranziehen, um Kausalitätseinwände zu entkräften. Dem Bundesverfassungsgericht ist zuzustimmen, dass es theoretisch möglich wäre, das Gesamtklimaziel auch auf andere Weise zu erreichen. Grundsätzlich ist die Erreichung eines einzelnen Jahresreduktionsziels nicht zwingend notwendig im Sinne der Kausalität, um das Gesamtklimaziel zu erreichen. Aufgrund der Eigenarten des Klimawandels setzt das Bundesverfassungsgericht für die Kausalität jedoch andere Maßstäbe an.

Dies begann im Klimabeschluss 2021, als es feststellte, dass nicht entscheidend ist, dass die deutschen Klimaschutzbemühungen den Klimawandel nicht zu stoppen vermögen. Jede Emission trage zum Klimawandel bei, insofern müssten alle Staaten ihren Beitrag in Form von Reduktionen leisten.[1068] Die „Aufweichung" der Kausalität setzte sich in der Entscheidung zu den Windenergiebeteiligungsgesellschaften fort, in der das Gericht entschieden hat, dass zwar der Beitrag einer einzelnen Windenergieanlage nicht den Klimawandel aufhalten könne, dass dies jedoch kein Gegenargument zum Klimaschutz sei, da es auf jeden kleinen Beitrag ankomme und es auch Wirkungen über den reinen Klimaschutz hinaus gebe, wie etwa die Vorbildwirkung.[1069]

Dieses weite und an den Klimawandel angepasste Verständnis der Kausalität lässt sich auch auf die Reduktionsziele im KSG übertragen. Zwar ist die Erfüllung einer einzelnen jährlichen Reduktionsquote nicht vollständig kausal dafür, dass das Klimaziel insgesamt erreicht wird. Aber die einzelnen Reduktionsziele tragen zum Erreichen des Gesamtziels bei und für die Bekämpfung des Klimawandels werden Beiträge in allen Bereichen benötigt. Zwar kann man die Regelungen selbst für unzulässig halten, aber dennoch müssen sie eingehalten werden.

1067 BVerfGE 157, 30, 138 f.

1068 Dazu oben Art. 20a GG und seine internationale Dimension, B. II. 2.

1069 BVerfG, Beschl. v. 23.03.2022 – 1 BvR 1187/17, NVwZ 2022, 861, 873 f.; zu dieser Entscheidung gleich ausführlich unter 4.

Diese Aspekte sind auch in der Diskussion um die Abschaffung der jährlichen Sektorenziele zu beachten.[1070] Eine ersatzlose Abschaffung der Sektorenziele würde zudem die Planbarkeit und Vorhersehbarkeit von Reduktionslasten gefährden und würde den verfassungsrechtlichen Anforderungen nicht genügen.[1071]

4. Art. 20a GG als Rechtfertigungsgrund

Neben der Vereinbarkeit mit Art. 20a GG im Sinne einer „Rechtfertigungs*bedingung*" dient Art. 20a GG mittlerweile auch als Rechtfertigungsgrund für Eingriffe in Wirtschaftsgrundrechte.[1072] Das Bundesverfassungsgericht rechtfertigte einen Eingriff in Art. 12 I GG unter anderem mit Art. 20a GG und dessen Klimaschutzgebot. In dem soeben schon aufgegriffenen Beschluss von März 2022 erklärte es die Pflicht zur Beteiligung von Anwohnenden und naheliegenden Gemeinden an Windparks für vereinbar mit der Berufsfreiheit, da ein Gesetz, mit dem die Akzeptanz von Windenergie gestärkt wird, dem Ausbau von erneuerbaren Energien und damit dem Klimaschutzgebot diene.[1073] Im Rahmen der Rechtfertigung stellte das Bundesverfassungsgericht fest, dass der Klimaschutz ein legitimer Zweck sei und das Gesetz zur Beteiligung geeignet sei, den Zweck zu fördern, da zumindest die Möglichkeit bestehe, durch die Akzeptanz der Windenergie deren Ausbau zu steigern.[1074] Zudem sei das Gesetz erforderlich und angemessen, da dem Schutz des Klimas und der Grundrechte, die durch den Klimawandel bedroht sind, ein erhebliches Gewicht zukomme.[1075] Insbesondere stehe der Angemessenheit nicht entgegen, dass die Maßnahme nur einen sehr begrenzten Einfluss auf das globale Klima hat.[1076] Denn „[g]erade weil der Klimawandel durch zahlreiche, für sich genommen oftmals geringe Mengen an Treibhausgasemissionen verursacht wird, kann er auch

---

1070 Darauf hat sich die Koalition im Rahmen eines Beschlusses vom 28.03.2023 geeinigt, abrufbar unter www.spd.de/fileadmin/Dokumente/Beschluesse/20230328_Koalitionsausschuss.pdf; kritisch zum Koalitionsbeschluss *Bitz*, LTO 31.03.2023; *Wiedmann*, Verfassungsblog 30.03.2023.

1071 *Schönberger*, Verfassungsblog 16.11.2022.

1072 BVerfG, Beschl. v. 23.03.2022 – 1 BvR 1187/17, NVwZ 2022, 861, 868 ff., 871, 873 f.; dazu *Britz*, NVwZ 2022, 825, 828 f.

1073 BVerfG, Beschl. v. 23.03.2022 – 1 BvR 1187/17, NVwZ 2022, 861, 868 ff.

1074 BVerfG, Beschl. v. 23.03.2022 – 1 BvR 1187/17, NVwZ 2022, 861, 869 f.

1075 BVerfG, Beschl. v. 23.03.2022 – 1 BvR 1187/17, NVwZ 2022, 861, 871 ff.

1076 BVerfG, Beschl. v. 23.03.2022 – 1 BvR 1187/17, NVwZ 2022, 861, 873.

nur durch Maßnahmen zur Begrenzung all dieser Emissionen angehalten werden. Es liegt hier in der Natur der Sache, dass einzelnen Maßnahmen für sich genommen nicht die allein entscheidende Wirkung zukommt. Weil der Klimawandel aber nur angehalten werden kann, wenn all diese vielen, für sich genommen oft kleinen Mengen von CO2-Emissionen lokal vermieden werden, kann einer einzelnen Maßnahme nicht entgegengehalten werden, sie wirke sich nur geringfügig aus."[1077]

Diese Entscheidung zeigt, dass die Gesetzgebung besonders gestützt wird, wenn sie Maßnahmen zugunsten des Klimaschutzes erlässt.[1078]

Eine weitere insoweit einschlägige Entscheidung stammt vom VGH Baden-Württemberg. Er entschied, dass die Landesregierung bei Festsetzung der Parkgebührenverordnung als Lenkungsziel das Klimaschutzgebot aus Art. 20a GG und den Schutz der Grundrechte vor dem Klimawandel verfolgen durfte, indem sie CO2-Reduktionen im Verkehrssektor bezweckte.[1079]

Demgegenüber steht ein Beschluss des OVG Magdeburgs, der dem Kläger eine denkmalrechtliche Genehmigung für die Anbringung einer solarthermischen Anlage auf seinem Hausdach versagte, da dem Klimaschutz gegenüber dem ebenfalls landesverfassungsrechtlich garantierten Denkmalschutz „kein unbedingter Vorrang" zukomme, sondern „ein gerechter Ausgleich herzustellen" sei.[1080]

5. Art. 20a GG und Einzelmaßnahmen

Nachdem sich mittlerweile in der Rechtsprechung abzeichnet, dass klimaschützende Gesetzgebung durch Art. 20a GG gestützt wird, stellt sich umgekehrt die Frage, inwieweit Art. 20a GG Einfluss auf den Stopp von klimaschädlichen Einzelmaßnahmen hat. Inwiefern Einzelmaßnahmen aufgrund des Klimaschutzes verhindert werden können, beschäftigt schon länger Literatur und Gerichte.[1081]

1077 BVerfG, Beschl. v. 23.03.2022 – 1 BvR 1187/17, NVwZ 2022, 861, 873.

1078 *Britz*, NVwZ 2022, 825, 829 m.w.N. mit Verweis auf weitere Rechtsprechung, durch die die Gesetzgebung bereits gestützt wurde.

1079 VGH Baden-Württemberg, Beschl. v. 24.06.2022 – 2 S 809/22, KlimR 2022, 255, 256 f.

1080 OVG Magdeburg, Beschl. v. 10.06.2022 – 2 L 21/20.Z, ZUR 2022, 680, 681.

1081 Zu Verfahren (auch international), in denen es um die Problematik des Einflusses von Einzelmaßnahmen auf den Klimaschutz ging, *Verheyen/ Schayani*, ZUR 2020, 412 ff.

Auf einfachgesetzlicher Ebene spielt für diese Problematik in Deutschland das Berücksichtigungsgebot aus § 13 KSG eine Rolle, wonach Träger öffentlicher Aufgaben bei ihren Planungen und Entscheidungen den Zweck des KSG und die zu seiner Erfüllung festgelegten Ziele zu berücksichtigen haben.[1082] Darauf kann nicht im Einzelnen eingegangen werden, da dies den Umfang dieser Arbeit überschreiten würde. An dieser Stelle ist der Einfluss von Art. 20a GG entscheidend.[1083]

Im internationalen Vergleich ist eine Entscheidung des österreichischen Bundesverwaltungsgerichts (BVwG) von Bedeutung, in der der Klimaschutz im Rahmen der Staatszielbestimmung Umwelt zur Auslegung von unbestimmten Rechtsbegriffen herangezogen wurde, um im Ergebnis den Ausbau des Wiener Flughafens zu stoppen.[1084] Anschließend wurde die Entscheidung vom österreichischen Verfassungsgerichtshof gekippt, sodass der Flughafenausbau doch genehmigt wurde, da Klimaschutz im Rahmen der Interessenabwägung nicht hätte herangezogen werden dürfen.[1085] Dennoch zeigt die Entscheidung, dass Verwaltungsgerichte Behördenentscheidungen mangels fehlerhafter Berücksichtigung des Staatsziels Umweltschutz im Rahmen auslegungsbedürftiger Rechtsbegriffe grundsätzlich aufheben können, was auch in Deutschland denkbar wäre.[1086]

In jüngerer Rechtsprechung auf deutscher Ebene stellte sich die Frage der Auswirkung von Einzelmaßnahmen auf den Klimaschutz etwa in den bereits genannten Entscheidungen zum Tagebau Lützerath.[1087] Die Kläger*innen forderten einen Räumungsstopp, da sie die Kohleverstromung

1082 Dazu bereits *Verheyen/ Schayani*, ZUR 2020, 412, 418 f.; zur Berücksichtigung des Klimawandels in Planfeststellungsverfahren BVerwG, Urt. v. 04.05.2022 – 9 A 7/21, NVwZ 2022, 1549 ff.; zur Entscheidung des BVerwG *Uechtritz*, NVwZ 2022, 1525 ff.

1083 Beispielsweise wurde der sog. „Tankrabatt", in dessen Rahmen die Energiesteuer auf Kraftstoffe 2022 gesenkt wurde, für unvereinbar mit Art. 20a GG gehalten, *Groß*, Verfassungsblog 26.04.2022.

1084 BVwG (Österreich), Geschäftszahl W109 2000179-1, Spruch W109 2000179-1/291E, 02.02.2017, insbes. S. 76-80, abrufbar unter www.ris.bka.gv.at/Dokumente/Bvwg/BVWGT_20170202_W109_2000179_1_00/BVWGT_20170202_W109_2000179_1_00.pdf; zum Einfluss der österreichischen Verfassung auf das Grundgesetz *Weinrich*, Die grundrechtlichen Umweltschutzpflichten des Staates, S. 364 ff.

1085 Verfassungsgerichtshof Österreich E 875/2017-32, E 886/2017-31, 29.06.2017, abrufbar unter www.vfgh.gv.at/downloads/VfGH_Entscheidung_E_875-2017_Flughafen_dritte_Piste.pdf, insbes. Rn. 201, 204, 223 f.; zur Entscheidung und zur Reaktion im Schrifttum *Weinrich*, Die grundrechtlichen Umweltschutzpflichten des Staates, S. 367 ff.; zu beiden Entscheidungen auch *Härtel*, NuR 2020, 577, 586.

1086 *Weinrich*, Die grundrechtlichen Umweltschutzpflichten des Staates, S. 366 m.w.N.

1087 In diesem Teil, A. VI.

für nicht mit dem Klimaschutzgebot und der Wahrung der intertemporalen Freiheitssicherung vereinbar hielten. Dies wurde von den Gerichten jedoch verneint, da aus dem Klimabeschluss kein Verbot der Braunkohleförderung folge, selbst wenn deren Förderung und Verstromung erhebliche Teile des restlichen CO2-Budgets aufzehrten.[1088] Weiterhin argumentierte das Gericht, der Tagebau verbrauche weder alleine, noch zu großen Teilen das Budget.[1089]

Diese Argumentation der Gerichte überzeugt aufgrund der Natur des Klimawandels nicht. Um einen Bezug zwischen den Emissionen der einzelnen Anlage und dem Gesamtbudget herstellen zu können, müsste auch hier die Kausalität gelockert werden. Es würde sich anbieten, die Argumentation des Bundesverfassungsgerichts aus der Windpark-Entscheidung zu übertragen.[1090] Dort hat das Bundesverfassungsgericht festgestellt, dass eine Einzelmaßnahme auch dann unter den Rechtfertigungsgrund „Klimaschutz" fallen kann, wenn sie nur eine geringfügige Wirkung für das Gesamtklima hat, denn „[g]erade weil der Klimawandel durch zahlreiche, für sich genommen oftmals geringe Mengen an Treibhausgasemissionen verursacht wird, kann er auch nur durch Maßnahmen zur Begrenzung all dieser Emissionen angehalten werden. Es liegt hier in der Natur der Sache, dass einzelnen Maßnahmen für sich genommen nicht die allein entscheidende Wirkung zukommt. Weil der Klimawandel aber nur angehalten werden kann, wenn all diese vielen, für sich genommen oft kleinen Mengen von CO2-Emissionen lokal vermieden werden, kann einer einzelnen Maßnahme nicht entgegengehalten werden, sie wirke sich nur geringfügig aus."[1091] Exakt diese Argumentation für klimaschützende Einzelmaßnahmen muss auch für klimaschädliche Einzelmaßnahmen gelten.

Der Klimawandel entsteht nur durch die Summation von Treibhausgasen, die für sich genommen eher gering sind, was allerdings zur Folge hat, dass er auch nur durch Begrenzung all dieser Einzelemittenten angehalten werden kann.[1092] Ein Einzelemittent kann somit nicht argumentieren, seine

---

1088 Im Ergebnis hatten die Kläger*innen keinen Erfolg, siehe zur I. Instanz VG Aachen, Beschl. v. 07.10.2021 – 6 L 418/21, BeckRS 2021, 29346, insbes. Rn. 52-61; OVG Münster, Beschl. v. 28.03.2022, Az. 21 B 1675/21, BeckRS 2022, 6396.

1089 VG Aachen, Beschl. v. 07.10.2021 – 6 L 418/21, BeckRS 2021, 29346, Rn. 56; Entscheidung bestätigt durch OVG Münster, Beschl. v. 28.03.2022 – 21 B 1675/21, BeckRS 2022, 6396.

1090 Dazu eben unter 4.

1091 BVerfG, Beschl. v. 23.03.2022 – 1 BvR 1187/17, NVwZ 2022, 861, 873.

1092 Vgl. BVerfG, Beschl. v. 23.03.2022 – 1 BvR 1187/17, NVwZ 2022, 861, 873.

Tätigkeit wirke sich nicht auf das Gesamtbudget aus und sei damit nur als geringfügig einzustufen.[1093]

Um die Argumentation wie aufgezeigt auf klimaschädliche Einzelmaßnahmen anwenden zu können, wird die Festlegung eines CO2-Budgets durch die Gesetzgebung benötigt, damit es eine Berechnungsgrundlage für den jeweiligen CO2-Verbrauch gibt.[1094] An dieser Stelle bietet sich eine Prüfung von Art. 20a GG i.V.m. den intertemporalen Freiheitsrechten an, um die Einzelemissionen nicht nur in das Verhältnis zum Treibhausgasbudget setzen zu können, sondern um sie auch verhältnismäßig über die Zeit verteilen zu können. Über unbestimmte Rechtsbegriffe im einfachen Recht könnten diese Wertungen berücksichtigt werden.

6. Zusammenfassung

Durch den Klimabeschluss wurde Art. 20a GG zum Maßstab für die Beurteilung der Verfassungsmäßigkeit von Klimaschutzmaßnahmen. Das Bundesverfassungsgericht hätte in seiner Entscheidung 2021 jedoch weitergehen können und einen Verstoß der Reduktionsziele gegen Art. 20a GG feststellen können. Auch die KSG-Novelle von 2021 kann für nicht vereinbar mit Art. 20a GG angesehen werden. Einzelne Reduktionsziele können das Klimaschutzgebot konkretisieren. Zudem dient Art. 20a GG in Konsequenz des Klimabeschlusses als Rechtfertigungsgrund von Grundrechtseingriffen zugunsten des Klimaschutzes. Die Staatszielbestimmung könnte auch zur Verhinderung von klimaschädlichen Einzelmaßnahmen herangezogen werden.

V. Fazit

Klimaschutz ist von der Staatszielbestimmung umfasst und Maßgabe ist die Begrenzung der globalen Durchschnittstemperatur mit dem Ziel der Treibhausgasneutralität. Daraus leitet sich ein grobes CO2-Budget für Deutschland ab. Deutschland ist neben nationalen Maßnahmen zu internationalem Engagement verpflichtet und muss internationale Abkommen einhalten.

1093 Vgl. BVerfG, Beschl. v. 23.03.2022 – 1 BvR 1187/17, NVwZ 2022, 861, 873.

1094 Dazu dieser Teil, B. IV. 2. c).

Das Schutzniveau hat sich gegenüber der früheren Rechtsprechung erheblich erweitert („materielle Aufladung“[1095]). Aus Art. 20a GG ist nun eine Temperaturgrenze abzuleiten. Art. 20a GG wird zur justiziablen Rechtsnorm. Die Temperaturgrenze kann jedoch mangels der Vermeidung von Kipppunkten als unzureichend eingestuft werden.

Art. 20a GG dient nun als zentraler Maßstab zur verfassungsrechtlichen Beurteilung von Klimaschutzmaßnahmen. Bereits in den Reduktionszielen des KSG a.F. von 2019 hätte ein Verstoß gegen Art. 20a GG gesehen werden können. Auch die Novelle von 2021 erfüllt nach hier vertretener Ansicht das Klimaschutzgebot aus Art. 20a GG nicht. Die Gesetzgebung muss ein Budget unter Zugrundelegung eines großen Spielraums bestimmen. Reduktionsziele müssen am Budget ausgerichtet sein. Rationalitätsanforderungen würden die Möglichkeit schaffen, die Gesetzgebung in Zukunft gewaltenteilungsfreundlich zu kontrollieren. Außerdem bedarf es der Festlegung eines Budgets durch den parlamentarischen Gesetzgeber, da Art. 20a GG die Grundlage sein wird, auf der in Zukunft in Freiheitsrechte eingegriffen werden kann und insoweit der Parlamentsvorbehalt greift. Zudem müssen auch Maßnahmen dafür geeignet sein, die Reduktionsziele einzuhalten, um dem Klimaschutzgebot des Art. 20a GG zu genügen.

Insofern zeigt sich, dass die Wertungen von Art. 20a GG zentral sind, um sowohl Grenzwerte als auch Instrumente zu beurteilen. In Art. 20a GG ist die Grundlage für das CO2-Budget zu sehen. Das Klimaschutzgebot des Art. 20a GG sorgt dafür, dass der CO2-Ausstoß begrenzt wird und es zukünftig zu Freiheitseinschränkungen kommen kann.[1096] Dieses restliche Budget muss verhältnismäßig verteilt werden, um die intertemporalen Freiheitsrechte nicht zu verletzten.[1097]

Daneben deutet sich in der Rechtsprechung immer mehr an, dass Art. 20a GG mit dem Klimaschutzgebot zur Rechtfertigung von Grundrechtseingriffen herangezogen wird. Die Gesetzgebung hat somit bei strengeren Klimaschutzmaßnahmen wenig zu befürchten.

Die weitere Entwicklung wird zeigen, ob Art. 20a GG daneben auch klimaschädliche Einzelmaßnahmen verhindern kann. Ansatzpunkte dafür sind vorhanden.

1095 *Schlacke*, Umweltrecht, § 4, Rn. 6.

1096 So auch *Seibert*, DVBl 2021, 1141, 1144.

1097 Dazu oben Teil 5, A.

C. Art. 2 II 1 GG und Klimaschutz

Wie bereits in den vorgestellten Klimaklagen ersichtlich wurde, haben sich viele Menschen vor dem Bundesverfassungsgericht auf die Grundrechte, unter anderem das Recht auf Leben und körperliche Unversehrtheit aus Art. 2 II 1 GG berufen.[1098] Sie machten geltend, der Klimawandel und seine Folgen beeinträchtige sie in diesem Recht. Vor dem Klimabeschluss 2021 spielten die Schutzpflichten auch in der Literatur eine große Rolle.[1099] Das Bundesverfassungsgericht lehnte im Klimabeschluss 2021 im Ergebnis eine Verletzung von Schutzpflichten ab.[1100] Es bejahte allerdings das grundsätzliche Bestehen von Schutzpflichten vor Gefahren des Klimawandels.[1101]

Zudem wurde im Klimabeschluss 2021 ersichtlich, dass das Bundesverfassungsgericht eine weitergehende Prüfung der Schutzpflichten nicht grundsätzlich ausschließt, indem es feststellte, dass eine Schutzpflichtverletzung „derzeit“ nicht gegeben sei[1102], weswegen den Schutzpflichten weiterhin eine große Bedeutung zukommt.[1103] Über die Rechtswissenschaft hinaus wird dem Thema Gesundheit und Klimawandel auch in anderen Gebieten, etwa der Medizin, immer mehr Aufmerksamkeit gewidmet[1104], was nochmals die Relevanz der Grundrechte im Zusammenhang mit dem Klimawandel stärkt.

Zunächst werden in diesem Teil einige Verletzungen, die für Leben und körperliche Unversehrtheit aus Art. 2 II 1 GG drohen, zusammengefasst. Dabei wird in erster Linie auf die Vorträge der Beschwerdeführenden in den Klimaverfassungsbeschwerden zurückgegriffen. In einem zweiten

---

1098 Dazu oben Teil 3.

1099 Etwa *Groß*, NVwZ 2020, 337 ff.; *Kahl*, JURA 2021, 117 ff.; *Meyer*, NJW 2020, 894 ff.; *Stürmlinger*, EurUP 2020, 169 ff.; *Voland*, NVwZ 2019, 114 ff.

1100 BVerfGE 157, 30, 110 ff.

1101 BVerfGE 157, 30, 110 ff.; in diesem Teil geht es um die inhaltliche Beurteilung der Schutzpflicht; auf Fragen der Kausalität und Globalität wird im Rahmen der Beschwerdebefugnis in Teil 6 eingegangen.

1102 BVerfGE 157, 30, 113 f.

1103 Vgl. auch *Britz*, NVwZ 2022, 825, 833; *Weinrich*, UWP 2021, 238 ff.; *Fellenberg*, NVwZ 2022, 913, 915.

1104 Der Marburger-Bund spricht im Zusammenhang mit dem Klimawandel von der „größte[n] Gefahr für die Gesundheit der Menschen heute und in der Zukunft“, zitiert nach www.marburger-bund.de/berlin/brandenburg/meldungen/das-klima-macht-uns-krank-wie-hilft-die-medizin-0; zur Verknüpfung zwischen menschlicher Gesundheit und der Gesundheit des Planeten mit Auswirkungen auf einzelne Fachdisziplinen der Medizin *Traidl-Hoffmann/ Schulz/ Herrmann/ Simon* (Hrsg.), Planetary Health, 2021, insbes. S. 51 ff.

Schritt wird der Schutzbereich mit Bezugnahme auf Schadenswahrscheinlichkeiten untersucht, um in einem dritten Schritt eine Schutzpflichtverletzung zu prüfen.

I. Vortrag der Beschwerdeführenden

Die Verletzungen hinsichtlich des Lebens und der körperlichen Unversehrtheit, die vor deutschen Gerichten von Privatpersonen vorgebracht wurden, lassen sich grob in sechs Untergruppen einteilen. Es geht um die allgemeine Verschlechterung der Gesundheit, um das Verstärken von Krankheiten, um neue Krankheiten, um die Gefahr von Mangel- und Unterernährung, um Wasserknappheit und um allgemeine Bedrohungen.

Selbstverständlich ist diese Aufzählung von Verletzungen nicht abschließend, da der Klimawandel weitere Gefahren für Leben und Gesundheit birgt.

1. Allgemeine Verschlechterung der gesundheitlichen Situation

In den Klimaklagen werden allgemeine gesundheitliche Beeinträchtigungen aufgrund von Hitze(wellen) vorgebracht, wie Dehydrierung, Abgeschlagenheit, Erschöpfung, Übelkeit, Durchfall, Kopfschmerzen und Kreislaufbeschwerden.[1105] Es werden auch Angstzustände und Schmerzen aufgrund von Hitze vorgetragen.[1106] Es wird darauf hingewiesen, dass hitzebedingte Schäden bis zum Tod führen können.[1107]

Außerdem steige die Gefahr für Lungenerkrankungen durch Feinstaubbelastungen an, die unter anderem durch eine steigende Zahl von Waldbränden aufgrund von Hitze und Trockenheit verursacht werden kön-

1105 Verfassungsbeschwerde Baumann Rechtsanwälte, 22.11.2018, Anonymisierte Betroffenheit, S. 1; Verfassungsbeschwerde Geulen & Klinger Rechtsanwälte, 10.01.2020, S. 75 ff.; Verfassungsbeschwerde Geulen & Klinger Rechtsanwälte, 13.01.2020, S. 67.

1106 Verfassungsbeschwerde Baumann Rechtsanwälte, 22.11.2018, Anonymisierte Betroffenheit, S. 3; Verfassungsbeschwerde Geulen & Klinger Rechtsanwälte, 13.01.2020, S. 67.

1107 Verfassungsbeschwerde Geulen & Klinger Rechtsanwälte, 13.01.2020, S. 68; Verfassungsbeschwerde Rechtsanwälte Günther, 06.02.2020, S. 35 f.

nen.[1108] Den negativen Einfluss des Klimawandels auf die Luft durch vermehrt auftretende Waldbrände belegte erneut eine im September 2022 erschienene Studie der WMO.[1109]

Zudem erhöhe sich das Risiko für allergische Reaktionen, da wärmere Temperaturen zum einen zu einer höheren Konzentration von Allergenen führten und eine höhere CO2-Konzentration zum anderen ein vermehrtes Pflanzenwachstum verursache.[1110] Durch die Zerstörung der Ozonschicht sei außerdem aufgrund der stärker werdenden UV-Belastung mit vermehrten Krebserkrankungen wie Haut- oder Augenkrebs zu rechnen.[1111]

2. Verstärkte Krankheiten

Darüber hinaus seien Personen, die bereits Vorerkrankungen wie etwa Herzkrankheiten haben, durch Extremwetterereignisse wie Hitze besonders gefährdet, da diese ihren Gesundheitszustand verschlechterten und zu lebensbedrohlichen Folgen führen könnten.[1112]

3. Neue Krankheiten

Die Beschwerdeführer*innen aus Bangladesch befürchten das Ausbreiten von Krankheiten und Insekten durch höhere Temperaturen.[1113] Für Deutschland bestehe ebenfalls das Risiko neuer und vermehrter Infektionen.[1114] Wärmere Temperaturen würden die Verbreitung von Krankheitserregern verstärken und zukünftig könnten etwa Mücken wie die sog. Tigermücke in Deutschland leben, wodurch sich Krankheiten wie das Den-

1108 Verfassungsbeschwerde Geulen & Klinger Rechtsanwälte, 10.01.2020, S. 87; Verfassungsbeschwerde Geulen & Klinger Rechtsanwälte, 13.01.2020, S. 71.

1109 Zitiert nach WMO, Air Quality and Climate Bulletin released for Clean Air Day, 07.09.2022, abrufbar unter https://public.wmo.int/en/media/press-release/wmo-air-quality-and-climate-bulletin-released-clean-air-day.

1110 Verfassungsbeschwerde Baumann Rechtsanwälte, 22.11.2018, Anonymisierte Betroffenheit, S. 1 f.; Verfassungsbeschwerde Geulen & Klinger Rechtsanwälte, 13.01.2020, S. 69; Verfassungsbeschwerde Rechtsanwälte Günther, 06.02.2020, S. 37.

1111 Verfassungsbeschwerde Geulen & Klinger Rechtsanwälte, 13.01.2020, S. 69 f.; Verfassungsbeschwerde Rechtsanwälte Günther, 06.02.2020, S. 41 f.

1112 Verfassungsbeschwerde Baumann Rechtsanwälte, 22.11.2018, Anonymisierte Betroffenheit S. 1.

1113 Verfassungsbeschwerde Geulen & Klinger Rechtsanwälte, 10.01.2020, S. 69.

1114 Verfassungsbeschwerde Geulen & Klinger Rechtsanwälte, 13.01.2020, S. 72.

gue-Fieber, Malaria oder das Zika-Virus ausbreiten könnten.[1115] Wärmere Temperaturen würden außerdem dafür sorgen, dass Bakterien etwa über Lebensmittel vermehrt Infektionen auslösen könnten.[1116]

4. Mangel- und Unterernährung

Zudem wird befürchtet, dass es aufgrund von Extremwetterereignissen wie Hitze, Dürre und Überflutungen zu erheblichen Ernteausfällen und damit verbunden zu einer Unter- bzw. Mangelernährung kommen wird.[1117]

5. Wasserknappheit

Die Beschwerdeführer*innen aus Bangladesch und Nepal bringen vor, dass sie unter Trinkwasserknappheit litten[1118], die insbesondere durch den steigenden Meeresspiegel und das Versalzen von Grundwasser ausgelöst werde.[1119] Auch in Deutschland drohe auf der Insel Langeoog die Versalzung des Trinkwassers.[1120] Zudem sei durch steigende Temperaturen weniger Wasser verfügbar, außerdem werde Trinkwasser durch Erdrutsche verunreinigt.[1121] Durch fehlendes Wasser verschlechterten sich die hygienischen Bedingungen, wodurch wiederum das Ausbreiten von Krankheiten zunehmen werde.[1122]

Auch in Deutschland kommt dem Thema Wasserknappheit eine immer größere Bedeutung zu.[1123] Wegen verstärkt auftretender Hitze und Dürre

---

1115 Verfassungsbeschwerde Geulen & Klinger Rechtsanwälte, 13.01.2020, S. 72; Verfassungsbeschwerde Rechtsanwälte Günther, 06.02.2020, S. 41.

1116 Verfassungsbeschwerde Geulen & Klinger Rechtsanwälte, 13.01.2020, S. 72.

1117 Verfassungsbeschwerde Baumann Rechtsanwälte, 22.11.2018, Anonymisierte Betroffenheit, S. 2; Verfassungsbeschwerde Geulen & Klinger Rechtsanwälte, 10.01.2020, S. 70, 80, 83, 86.

1118 Verfassungsbeschwerde Geulen & Klinger Rechtsanwälte, 10.01.2020, S. 88.

1119 Verfassungsbeschwerde Geulen & Klinger Rechtsanwälte, 10.01.2020, S. 59 f., 77, 83 f.

1120 Dies trugen Kläger*innen vor dem EuGH im Peoples Climate Case vor, Klageschrift People´s Case, 02.07.2018, S. 12 f.

1121 Verfassungsbeschwerde Geulen & Klinger Rechtsanwälte, 10.01.2020, S. 69, 77.

1122 Verfassungsbeschwerde Geulen & Klinger Rechtsanwälte, 10.01.2020, S. 72, 76 f., 83.

1123 Zur Wasserknappheit im Sommer 2022 siehe www.tagesschau.de/wirtschaft/verbraucher/wassermangel-deutschland-101.html.

hat die Bundesregierung im März 2023 eine nationale Wasserstrategie beschlossen.[1124]

6. Allgemeine Bedrohungen

Die Beschwerdeführer*innen weisen darauf hin, dass für alle Personen, unabhängig vom Alter, von Vorerkrankungen etc. eine Gefahr durch die Folgen von Extremwetterereignissen bestehe. So gefährdeten Starkregen, Überflutungen oder Dammbrüche jede*n.[1125]

Auch Beschwerdeführer*innen aus Bangladesch und Nepal tragen die Gefahren von Erdrutschen, Überflutungen und Wirbelstürmen vor.[1126]

II. Der Schutzbereich und die Schadenswahrscheinlichkeit

An dieser Stelle sollen der Schutzbereich des Art. 2 II 1 GG untersucht werden und Statistiken zu Verletzungen der Rechtsgüter durch den Klimawandel aufgegriffen werden.

1. Leben

Vom Schutzbereich erfasst werden das aktive Töten von Menschen sowie Maßnahmen, „die unbeabsichtigt den Tod eines Menschen herbeiführen."[1127] Das Leben meint die „physische Existenz" der Menschen.[1128] Dabei wird das Leben nicht nur in Form eines Abwehrrechtes gegen staatliche Eingriffe geschützt, vielmehr enthält das Grundrecht auch die Pflicht des Staates, das Rechtsgut zu schützen und zu fördern.[1129] Diese greift nicht erst, wenn das Rechtsgut verletzt wurde, sondern schützt auch vor Gefah-

1124 Eine Kurzfassung ist abrufbar unter https://www.bmuv.de/fileadmin/Daten_BMU/Download_PDF/Binnengewaesser/nationale_wasserstrategie_2023_kurzfassung_bf.pdf.

1125 Verfassungsbeschwerde Baumann Rechtsanwälte, 22.11.2018, Anonymisierte Betroffenheit, S. 3; Verfassungsbeschwerde Geulen & Klinger Rechtsanwälte, 13.01.2020, S. 74.

1126 Verfassungsbeschwerde Geulen & Klinger Rechtsanwälte, 10.01.2020, S. 56 f., 69, 80, 81, 88.

1127 *Rixen,* in Sachs, GG, Art. 2, Rn. 141.

1128 *Rixen,* in Sachs, GG, Art. 2, Rn. 141.

1129 BVerfGE 157, 30, 111 m.w.N.; st. Rspr., zur Schutzpflicht oben Teil 4, B.

ren, wobei dies einerseits für bereits Lebende, und andererseits objektivrechtlich auch für zukünftige Generationen gilt.[1130]

Die physische Existenz kann durch die oben aufgezeigten Gefahren des Klimawandels gefährdet werden, etwa durch hitzebedingte Todesfälle, durch tödliche Krankheiten, aufgrund fehlenden Trinkwassers und Unterernährung und durch aufgezeigte allgemeine Bedrohungen.

Die tatsächlichen Verletzungen des Rechtsguts Leben im Zusammenhang mit dem Klimawandel lassen sich mittlerweile durch Statistiken feststellen und mit Hilfe wissenschaftlicher Studien prognostizieren. Berechnungen zeigen, dass es in Deutschland in Jahren mit besonders vielen Hitzetagen (insbesondere 2003, 2006 und 2015) zu vielen zusätzlichen Todesfällen kam.[1131] 2003 sind ca. 7.500 Personen gestorben, die ohne Hitzewelle nicht gestorben wären. In den Jahren 2006 und 2015 wird mit 6.000 zusätzlichen Todesfällen gerechnet. Laut UBA hat das RKI für den Sommer 2018 in Berlin und Hessen insgesamt 1.200 hitzebedingte Todesfälle gemeldet.[1132] In ganz Deutschland gab es 2018 ca. 20.000 hitzebedingte Todesfälle.[1133] Auch die aktuell verfügbaren Daten deuten darauf hin, dass es im Sommer 2022 viele Todesfälle in Zusammenhang mit den Hitzewellen gab.[1134]

Die Weltgesundheitsorganisation (WHO) rechnete in einem Bericht von 2014 beispielsweise zwischen 2030 und 2050 mit 250.000 zusätzlichen Todesopfern weltweit pro Jahr im Zusammenhang mit dem Klimawandel, die etwa auf Unterernährung, Malaria, Durchfall oder Hitze zurückzuführen sind.[1135]

Eine weitere Studie hat einen direkten Zusammenhang zwischen CO2-Ausstoß und Todesfällen berechnet („Mortalitätskosten des Kohlenstoffs"): Demnach komme es statistisch gesehen pro 4.434 Tonnen CO2 zu einem Todesfall weltweit zwischen 2020 und 2100, wobei hier nur Todesfälle aufgrund von Hitze („temperature-related mortality") einberechnet wur-

---

1130 BVerfGE 157, 30, 112 f.

1131 Siehe zu den Zahlen im Folgenden und auch zur Berechnungsmethode UBA, Monitoringbericht 2019, Stand November 2019, S. 34 f.

1132 UBA, Monitoringbericht 2019, Stand November 2019, S. 6.

1133 Zitiert nach www.deutschlandfunk.de/hitzetote-der-klimawandel-ist-schon-heute-toedlich-100.html.

1134 Zitiert nach www.rki.de/DE/Content/Infekt/EpidBull/Archiv/2022/42/Art_01.html.

1135 Zitiert nach https://apps.who.int/iris/bitstream/handle/10665/134014/9789241507691_eng.pdf?sequence=1&isAllowed=y, S. 13.

den.[1136] Erwärme sich die Erde um 4,1 Grad, würden 83 Millionen Menschen allein aufgrund der Hitze zusätzlich sterben.[1137]

Neben Hitze und Krankheiten können auch die allgemeinen Bedrohungen des Klimawandels zu zahlreichen Todesfällen führen. In Deutschland und Belgien sind aufgrund von Überschwemmungen, verursacht durch Starkregen im Juli 2021, mindestens 220 Personen gestorben.[1138] Eine Studie von 39 Wissenschaftler*innen aus verschiedenen Ländern (sog. Attributionsstudie) der „World Weather Attribution" (kurz WWA) kam zu dem Ergebnis, dass die Hochwasserereignisse durch Starkregen, insbesondere an den Flüssen Ahr und Erft auf den Klimawandel zurückzuführen sind.[1139] Die Wahrscheinlichkeit für solche Ereignisse sei durch den Klimawandel um 1,2-9 Mal höher. Die Intensität von Niederschlägen habe sich in der untersuchten Region um 3-19 % erhöht. Diese Ergebnisse wurden erzielt, indem die Auswirkungen von heute mit solchen einer 1,2 Grad niedrigeren Temperatur (also ohne die durch Menschen verursachte Erwärmung), verglichen wurden.

2. Körperliche Unversehrtheit

Die körperliche Unversehrtheit aus Art. 2 II 1 GG umfasst nach herrschender Meinung die körperliche Integrität, wobei es darum geht, den Körper an sich in seiner biologischen und physiologischen Existenz vor ungewollten Eingriffen zu schützen.[1140]

Wie das Leben wird auch die körperliche Unversehrtheit nicht nur in Form eines Abwehrrechtes gegen staatliche Eingriffe gewährt, sondern enthält auch die Pflicht des Staates, das Rechtsgut zu schützen und zu fördern.[1141] Diese greift ebenfalls nicht erst, wenn die körperliche Unversehrtheit verletzt wurde, sondern bereits bei Gefahren.[1142]

1136 *Bressler*, in Nature Communications, (2021)12:4467, S. 1.

1137 *Bressler*, in Nature Communications, (2021)12:4467, S. 5.

1138 Zitiert nach Pressemitteilung des Deutschen Wetterdienstes (DWD) vom 24.08.2021, abrufbar unter www.dwd.de/DE/presse/pressemitteilungen/DE/2021/20210824_attributionsstudie_starkregen_news.html.

1139 *Kreienkamp/ Philip/ Tradowsky (et al.),* Rapid attribution of heavy rainfall events leading to the severe flooding in Western Europe during July 2021.

1140 *Rixen*, in Sachs, GG, Art. 2, Rn. 147 f.

1141 BVerfGE 157, 30, 111 m.w.N., st. Rspr.

1142 BVerfGE 157, 30, 112 f.

Die körperliche Integrität kann durch die genannten Ereignisse betroffen sein: Gesundheitsverschlechterung durch Hitzewellen, insbesondere bei vulnerablen Personengruppen, Erkrankungen, Allergien, Wasser- und Ernährungsmangel sowie allgemeine Bedrohungen.[1143]

Auch Auswirkungen auf die körperliche Unversehrtheit lassen sich statistisch belegen und werden immer weiter erforscht.[1144] So gibt es beispielsweise Studien dazu, inwiefern bestimmte Wetterlagen mit dem Auftreten von Schlaganfällen zusammenhängen.[1145] Ebenso wird die Ausbreitung von Malaria aufgrund des Temperaturanstiegs weiter erforscht. Die Krankheit werde sich bis Ende des Jahrhunderts insbesondere in Südeuropa und Südosteuropa deutlich ausbreiten.[1146] Zudem steige bei höheren Temperaturen der Ozongehalt, der nachweislich zu vermehrten Herzinfarkten führen könne.[1147]

Ein Streitpunkt im Rahmen des Schutzbereichs der körperlichen Unversehrtheit ist die psychische Integrität.[1148] Teilweise wird angenommen, sie sei nur insofern erfasst, wie die psychischen Belastungen körperliche Auswirkungen haben.[1149] Dies ist konsequent, legt man die Definition bezogen auf die Körperlichkeit zugrunde. Im allgemeinen Verständnis und auch angelehnt an tatsächliche menschliche Befindlichkeiten gehört zur körperlichen Unversehrtheit im herkömmlichen Verständnis aber mehr als bloß die reine „körperliche Gesundheit".[1150] Vielmehr gehört mittlerweile auch

---

1143 Zur menschlichen Gesundheit verbunden mit den Gefahren des Klimawandels *Jung*, in Traidl-Hoffmann/ Schulz/ Herrmann/ Simon (Hrsg.), Planetary Health, S. 29 zu Auswirkungen von Hitze, S. 30 f. zu Infektionskrankheiten und psychischer Gesundheit; *Traidl-Hoffmann, Claudia/ Schulz, Christian M./ Herrmann, Martin/ Simon, Babette* (Hrsg.), Planetary Health, S. 51 ff. zu Auswirkungen auf einzelne Fachdisziplinen.

1144 Siehe etwa UBA, Monitoringbericht 2019, Stand November 2019, der bspw. auf Gesundheitsbelastungen durch Hitze (S. 32 f.), allergene Pflanzen (S. 36 f.) und exotische Mücken (S. 38 f.) eingeht.

1145 *Beck/ Ertl/ Kühlbach (et al.)*, in Soentgen/ Gassner/ v. Hayek/ Manzei (Hrsg.), Umwelt und Gesundheit, S. 279 ff.

1146 *Hertig*, in Soentgen/ Gassner/ v. Hayek/ Manzei (Hrsg.), Umwelt und Gesundheit, S. 293 ff.

1147 *Hertig/ Meisinger/ Schneider (et al.)*, in Soentgen/ Gassner/ v. Hayek/ Manzei (Hrsg.), Umwelt und Gesundheit, S. 305 ff.

1148 Dazu *Weinrich*, Die grundrechtlichen Umweltschutzpflichten des Staates, S. 136 f.

1149 So *Rixen*, in Sachs, GG, Art. 2, Rn. 149.

1150 Die WHO definiert Gesundheit als „ein Zustand des vollständigen körperlichen, geistigen und sozialen Wohlergehens und nicht nur [als] das Fehlen von Krankheit oder Gebrechen", WHO, Verfassung der Weltgesundheitsorganisation, abrufbar unter https://fedlex.data.admin.ch/filestore/fedlex.data.admin.ch/eli/cc/1948/1015

die seelische Gesundheit zur Gesundheit im umfassenden Sinn, mit der die körperliche Unversehrtheit in Art. 2 II 1 GG gleichzusetzen ist.[1151] Der Wortlaut von Art. 2 II 1 GG ist insoweit zu eng. Das Bundesverfassungsgericht hat die Frage noch nicht eindeutig entschieden, da es immer körperliche Anknüpfungspunkte gab, etwa auch im Bereich des Fluglärms.[1152] Unter einer weiten Auslegung des Begriffs sind aber auch Angstzustände aufgrund von Hitze und psychische Folgen aufgrund von Klimawandelfolgen unter Art. 2 II 1 GG zu fassen.

3. Maßstab

Maßstäblich für den nötigen Schutz ist nicht ein gesunder „Durchschnittsmensch".[1153] Vielmehr müssen vulnerable Personengruppen Berücksichtigung finden, da Art. 2 II 1 GG *jeden* schützt und das Grundrecht als Reaktion auf die NS-Herrschaft auch zur Gewährleistung der Menschenwürde aus Art. 1 I GG die Unterteilung in lebenswertes und lebensunwertes Leben unterbindet.[1154]

Zu berücksichtigen ist hier auch die Rechtsprechung des Bundesverfassungsgerichts zu Corona-Maßnahmen, an der deutlich wird, welch hoher Stellenwert dem Schutz vulnerabler Personengruppen zukommt. Insbesondere an der Entscheidung zur einrichtungsbezogenen Impfpflicht zeigt sich dies deutlich.[1155]

Das Bundesverfassungsgericht wies eine Verfassungsbeschwerde mehrerer Personen gegen Vorschriften des IfSG zurück, welche die Nachweispflicht einer COVID-19-Schutzimpfung für im Pflege- und Gesundheitssektor tätige Personen vorsahen.[1156] Die sog. einrichtungs- und unternehmensbezogene „Impfpflicht" (Pflicht zum Nachweis einer Impfung) verstoße weder gegen Art. 2 II 1 GG noch gegen Art. 12 I GG.[1157] Im Rahmen der Angemessenheit stellte das Bundesverfassungsgericht fest, dass die im Gesundheitswesen tätigen Personen nicht unzumutbar belastet werden,

_1002_976/20200706/de/pdf-a/fedlex-data-admin-ch-eli-cc-1948-1015_1002_976-20200706-de-pdf-a.pdf.

1151 *Calliess*, Rechtsstaat und Umweltstaat, S. 303.

1152 BVerfG, Beschl. v. 29.07.2009 – 1 BvR 1606/08, NVwZ 2009, 1494, 1495.

1153 *Weinrich*, Die grundrechtlichen Umweltschutzpflichten des Staates, S. 138 f. m.w.N.

1154 *Böhm*, Der Normmensch, S. 103 f. m.w.N.

1155 BVerfG, Beschl. v. 27.04.2022 – 1 BvR 2649/21, NJW 2022, 1999 ff.

1156 Die Vorschrift trat zum 01.01.2023 außer Kraft.

1157 BVerfG, Beschl. v. 27.04.2022 – 1 BvR 2649/21, NJW 2022, 1999, 2003 ff.

weil den Belastungen der Schutz vulnerabler Personengruppen gegenüberstehe.[1158] Das Bundesverfassungsgericht sprach von „Verfassungsgüter[n] mit überragendem Stellenwert“[1159] und räumte der Schutzpflicht gegenüber vulnerabler Personengruppen deswegen ein besonderes Gewicht ein, weil schwerwiegende und tödliche Verläufe drohten, weil sich Betroffene kaum selbst schützen könnten und weil vulnerable Personengruppen darauf angewiesen seien, die entsprechenden von einer Impfpflicht betroffenen Einrichtungen aufzusuchen.[1160] Die Gesetzgebung stufte den Schutz vulnerabler Personengruppen höher ein als die Entscheidung der angestellten Personen in Bezug auf eine Impfung und das Bundesverfassungsgericht bestätigte diese Wertung.[1161] Die Entscheidung macht deutlich, dass der Schutz vulnerabler Personengruppen sehr wichtig ist und von Teilen Dritter dafür erhebliche Freiheitseinschränkungen hingenommen werden müssen.

III. Schutzpflichtverletzung und Klimawandel

In der Literatur wurde im Anschluss an den Klimabeschluss des Bundesverfassungsgerichts von 2021 teilweise positiv hervorgehoben, dass das Bundesverfassungsgericht die Verletzung der Schutzpflichten abgelehnt hat.[1162]

Wie bereits herausgearbeitet, stehen Abwehr- und Schutzfunktion jedoch nebeneinander und schützen unterschiedliche Rechtsgüter vor unterschiedlichen Bedrohungen.[1163] Auch das Bundesverfassungsgericht machte deutlich, dass es sich bei der Prüfung der Schutzpflichten lediglich um eine „Momentaufnahme“ handelte und die Prüfung von Schutzpflichten nicht grundsätzlich ausgeschlossen ist.[1164] Insofern werden in dieser Arbeit wesentliche Aspekte einer Schutzpflichtverletzung untersucht. Auf die verschiedenen Maßstäbe für die Überprüfung und die ausschlaggebenden

1158 BVerfG, Beschl. v. 27.04.2022 – 1 BvR 2649/21, NJW 2022, 1999, 2015 ff.

1159 BVerfG, Beschl. v. 27.04.2022 – 1 BvR 2649/21, NJW 2022, 1999, 2017.

1160 BVerfG, Beschl. v. 27.04.2022 – 1 BvR 2649/21, NJW 2022, 1999, 2017 ff.

1161 BVerfG, Beschl. v. 27.04.2022 – 1 BvR 2649/21, NJW 2022, 1999, 2017 ff.

1162 Etwa *Möllers/ Weinberg*, JZ 2021, 1069, 1070.

1163 Teil 4; dafür, dass den Schutzpflichten keine eigenständige Bedeutung mehr zukommt *Badenhausen-Fähnle*, VR 2022, 1, 5.

1164 Siehe etwa BVerfGE 157, 30, 114 „derzeit“ und BVerfGE 157, 30, 118 f. „aktuell“.

Kriterien für einen Maßstab in Bezug auf den Klimawandel wurde bereits zuvor eingegangen.[1165]

1. Die Rechtsprechung des Bundesverfassungsgerichts im Klimabeschluss 2021

Das Bundesverfassungsgericht stellte unter Verweis auf seine bisherige Rechtsprechung darauf ab, dass es die Schutzpflicht aus Art. 2 II 1 GG gebiete, „sich schützend und fördernd vor die Rechtsgüter Leben und körperliche Unversehrtheit zu stellen".[1166] Die Schutzpflicht gelte auch für die Zukunft, auch wenn eine Verletzung noch nicht vorliege.[1167] Zudem gelte die Schutzpflicht für die zukünftige Generation, dies allerdings nur objektiv-rechtlich.[1168] So wie in der bisherigen Schutzpflichtenrechtsprechung im Umweltrecht anerkannt, gelte die Schutzpflicht für Leben und körperliche Unversehrtheit vor Umweltbelastungen, „gleich von wem und durch welche Umstände sie drohen".[1169] Dies stützte das Bundesverfassungsgericht mit der Rechtsprechung des EGMR, wonach auch die EMRK den Schutz von Leben und Gesundheit bei Umweltbelastungen vorsehe, wobei aus der EMRK kein Schutz folge, der weiter gehe als der Schutz durch das Grundgesetz.[1170]

Aufgrund der Gefahren durch den Klimawandel (z.B. Hitze, Überflutungen, Wirbelstürme), die die Rechtsgüter von Art. 2 II 1 GG betreffen können, nahm das Bundesverfassungsgericht zusammen mit der herrschenden Meinung in der Literatur eine Schutzpflicht vor den Gefahren des Klimawandels aus Art. 2 II 1 GG für die inländischen Beschwerdeführenden an.[1171] Für die ausländischen Beschwerdeführenden ließ das Bundesverfassungsgericht im Ergebnis offen, ob die Schutzpflichten tatsächlich bestehen, hielt jedoch fest, dass sollte eine Schutzpflicht existieren, diese einen anderen Inhalt hätte als die Schutzpflichten gegenüber den inländischen Beschwerdeführenden.[1172]

1165 Teil 4, B. IV. 3.
1166 BVerfGE 157, 30, 111 m.w.N.
1167 BVerfGE 157, 30, 111 f. m.w.N.
1168 BVerfGE 157, 30, 111 f.
1169 BVerfGE 157, 30, 112 m.w.N.
1170 BVerfGE 157, 30, 112 m.w.N.; siehe zum Einfluss der EMRK in Bezug auf die Klimaklagen oben 3. Teil, C. IV.-VI. und D.
1171 BVerfGE 157, 30, 112 f. m.w.N.
1172 BVerfGE 157, 30, 124 ff.; zu den verschiedenen Prüfungsmaßstäben hinsichtlich in- und ausländischer Beschwerdeführender *Weinrich*, UWP 2021, 238, 240 f.

Die Verpflichtung gegenüber den inländischen Beschwerdeführenden erstrecke sich zum einen auf das Ergreifen von Maßnahmen, die die Erderwärmung begrenzen.[1173] Das Bundesverfassungsgericht nahm die Schutzpflicht an, auch wenn Deutschland den Klimawandel wegen der internationalen Dimension nicht allein aufhalten kann.[1174] Dies wirke sich allerdings inhaltlich auf die Schutzpflicht aus, denn wegen des internationalen Charakters des Klimawandels sei Deutschland auch dazu verpflichtet, Lösungen international zu suchen.[1175] Zum anderen müsse der Staat Anpassungsmaßnahmen ergreifen.[1176]

Das Bundesverfassungsgericht sah die Schutzpflichten im Klimabeschluss 2021 aber nicht als evident verletzt an.[1177] Hinsichtlich der Überprüfung von Art. 2 II 1 GG hielt das Bundesverfassungsgericht die Regelungen nicht für *offensichtlich ungeeignet*, da das KSG zum Ziel habe, den Klimawandel zu begrenzen und im Ergebnis auch Treibhausgasneutralität verfolge und eine Regelungstechnik beinhalte, die vorsieht, dass Treibhausgase stufenweise reduziert werden.[1178]

Das KSG sei auch nicht *vollkommen unzulänglich*, denn das wäre der Fall, wenn es nur auf Anpassungsmaßnahmen abstellen würde, jedoch bekämpfe das KSG gerade den Klimawandel durch Treibhausgasreduktionsquoten.[1179]

Außerdem bleibe das KSG aus drei Gründen *nicht hinter dem Schutz zurück*, den Art. 2 II 1 GG gebiete.[1180] Die Beschwerdeführenden trugen einen „Dreischritt“ vor: Zunächst hielten sie das Pariser Klimaabkommen an sich für ungenügend und forderten eine Verfolgung des 1,5 Grad-Ziels. Weiterhin erachteten sie die Reduktionsmaßgaben des KSG für unzureichend, das Pariser-Klimaziel einzuhalten. Zuletzt seien auch die ergriffenen Maßnahmen nicht ausreichend, die Reduktionsmaßgaben des KSG zu erfüllen.

Das Bundesverfassungsgericht sah zunächst einen Unterschied zwischen Maßnahmen, die der Klimaschutz fordere und Mitteln, die zum Gesundheitsschutz nötig seien. Zum Gesundheitsschutz könnten auch Anpassungsmaßnahmen ergriffen werden, weswegen das Pariser Klimaziel für

1173 BVerfGE 157, 30, 113.
1174 BVerfGE 157, 30, 113 m.w.N.
1175 BVerfGE 157, 30, 113.
1176 BVerfGE 157, 30, 113.
1177 BVerfGE 157, 30, 110 ff.
1178 BVerfGE 157, 30, 114 ff.
1179 BVerfGE 157, 30, 116.
1180 Siehe dazu und auch zum Folgenden BVerfGE 157, 30, 116 ff.

den Gesundheitsschutz ausreichend sei, auch wenn aus Klimaschutz-Sicht eher das 1,5 Grad-Ziel anzustreben wäre.[1181] Hinsichtlich der Reduktionsziele, die die Beschwerdeführenden für unzulässig hielten, stellte das Bundesverfassungsgericht erneut darauf ab, dass zusätzliche Anpassungsmaßnahmen einen ausreichenden Lebens- und Gesundheitsschutz gewährleisten könnten.[1182] In Bezug auf möglicherweise unzureichende Maßnahmen, die Reduktionsziele zu erreichen, wurde darauf abgestellt, dass Maßnahmen noch so entwickelt werden könnten, dass die Ziele eingehalten werden.[1183]

Für ausländische Beschwerdeführende wäre der Prüfungsmaßstab so zu reduzieren, dass das Merkmal „nicht erheblich hinter dem Schutzziel zurückbleiben" nicht geprüft werden könnte, da der deutsche Staat im Ausland keine Anpassungsmaßnahmen ergreifen könne.[1184]

Im Klimabeschluss wurde ersichtlich, dass das Bundesverfassungsgericht nur sehr oberflächlich prüft und lediglich darauf schaut, ob der Klimawandel überhaupt bekämpft wird. Es genügte, dass das Ziel besteht, den Klimawandel zu begrenzen, dass Treibhausgasneutralität verfolgt wird und die Reduktion der Treibhausgase stufenweise erfolgt. Die Prüfungen des Bundesverfassungsgerichts bezogen sich hingegen nicht auf einen gewissen Standard, der eingehalten werden soll.

2. Eigene Beurteilung der Schutzpflichtverletzung

a) Evidenzmaßstab

Zunächst zeigt sich, dass bereits die Evidenzprüfung des Bundesverfassungsgerichts zu einem anderen Ergebnis im Klimabeschluss 2021 hätte führen können. Die Argumentation lässt sich auch auf die KSG-Novelle von 2021 übertragen.

aa) Offensichtliche Ungeeignetheit

Hinsichtlich der offensichtlichen Ungeeignetheit erkennt das Bundesverfassungsgericht zwar an, dass es Regelungen bedarf, die neben dem bloßen

1181 BVerfGE 157, 30, 118 ff.
1182 BVerfGE 157, 30, 120 ff.
1183 BVerfGE 157, 30, 122 f.
1184 BVerfGE 157, 30, 129 f.; siehe dazu auch *Weinrich*, UWP 2021, 238, 240 f.

Ziel der Treibhausgasneutralität auch den Umfang der Emissionen festlegen, da es für die Begrenzung der Temperatur auf die Gesamtmenge an ausgestoßenen Emissionen ankommt.[1185] Es hält jedoch das Regelungskonzept des KSG für ausreichend.[1186]

Da es um den Schutz von Art. 2 II 1 GG geht, dessen Rechtsgüter das Bundesverfassungsgericht selbst als „Verfassungsgüter mit überragendem Stellenwert“ bezeichnet hat[1187], genügt es nicht, lediglich die abstrakte Regelungstechnik des KSG zu untersuchen.

Auch bei einer zurückhaltenden Evidenzprüfung muss kontrolliert werden, ob die konkreten Regelungen des KSG auch geeignet sind, das Ziel zu erreichen, oder ob sie dafür offensichtlich ungeeignet sind. Es ist nicht nur auf die abstrakte Regelungstechnik abzustellen.

Das Bundesverfassungsgericht hat im Klimabeschluss 2021 selbst Anhaltspunkte anerkannt, die dafür sprechen, dass die Emissionsreduktionen bis 2030 nicht am Ziel des § 1 S. 3 KSG ausgerichtet sind.[1188] Sind Regelungen schon nicht am Ziel ausgerichtet, sind sie offensichtlich ungeeignet, dieses zu erreichen.[1189] Der Reduktionspfad der KSG-Novelle von 2021 wurde ebenfalls offensichtlich nicht am Ziel des KSG ausgerichtet.[1190] Insofern muss, damit Regelungen nicht offensichtlich ungeeignet für den Schutz von Art. 2 II 1 GG sind, zumindest erkennbar sein, dass das Ziel den Reduktionsmaßgaben zugrunde liegt. Dass Regelungen „ins Blaue hinein den verfassungsgerichtlichen Anforderungen nicht genügen […]“, hat das Bundesverfassungsgericht in Bezug auf das menschenwürdige Existenzminimum festgestellt.[1191] Insofern wäre vorstellbar, dass die Gesetzgebung die Emissionsreduktionsquoten auf Berechnungen stützt, sodass nachvollziehbar wird, dass die Zwischenziele überhaupt im Ansatz dafür geeignet sind, das Gesamtziel und damit den Schutz von Art. 2 II 1 GG zu erreichen.

Neben der Kritik zeigt sich jedoch bereits an diesem Prüfungspunkt, wie stark das Bundesverfassungsgericht die Wertungen des Klimaschutzgebotes aus Art. 20a GG in seine Schutzpflichtenrechtsprechung aufnimmt,

1185 BVerfGE 157, 30, 115.

1186 BVerfGE 157, 30, 115 f.

1187 BVerfG, Beschl. v. 27.04.2022 – 1 BvR 2649/21, NJW 2022, 1999, 2017.

1188 BVerfGE 157, 30, 120.

1189 In Bezug auf den Klimaschutz auch *Kloepfer/ Wiedmann*, DVBl 2021, 1333, 1337; *Lorenzen*, VBlBW 2021, 485, 489.

1190 Siehe Berechnungen in 5. Teil, B. IV. 2.; vgl. auch eine fehlende Berechnung in den Gesetzgebungsmaterialien, BT-Drs. 19/30230, 02.06.2021.

1191 BVerfGE 137, 34, 75.

indem es auch in der Prüfung von Art. 2 II 1 GG voraussetzt, dass der Klimawandel mit dem Ziel der Treibhausgasneutralität auf eine bestimmte Temperatur begrenzt werden muss.[1192]

bb) Völlige Unzulänglichkeit

Im Rahmen der völligen Unzulänglichkeit stellt das Bundesverfassungsgericht darauf ab, dass die Gesetzgebung verpflichtet ist, mehr als nur Anpassungsmaßnahmen zu ergreifen.[1193] Der Ansatz des Bundesverfassungsgerichts, neben Anpassungsmaßnahmen auch die Reduktionsmaßnahmen in den Klimaschutz mit einzubeziehen, überzeugt. In der Tat wären reine Anpassungsmaßnahmen völlig unzulänglich, den Klimawandel zu bekämpfen, da Anpassungsmaßnahmen nur die Folgen abmildern können, den Klimawandel jedoch nicht am Ursprung bekämpfen.[1194] An dieser Stelle wirken erneut die Wertungen von Art. 20a GG auf die Schutzpflichtenrechtsprechung ein, indem auf die Begrenzung des Klimawandels abgestellt wird.[1195]

Jedoch sind im Verhältnis zwischen Anpassungsmaßnahmen und Reduktionsmaßnahmen die Gefahren zu beachten, die durch das Eintreten von Kipppunkten im Klimasystem drohen.[1196] Das Bundesverfassungsgericht trägt den Kipppunkten im Klimabeschluss nicht ausreichend Rechnung, indem es beide Maßnahmentypen in ein unangemessenes Verhältnis zueinander setzt.

cc) Maßnahmen, die hinter dem Schutz zurückbleiben

Das unangemessene Verhältnis zeigt sich im dritten Prüfungspunkt der Evidenzprüfung des Bundesverfassungsgerichts, indem es feststellte, dass das KSG *nicht hinter dem Schutz zurückbleibe*, den Art. 2 II 1 GG gebietet.[1197]

1192 *Lang*, NuR 2022, 230, 232 f.
1193 BVerfGE 157, 30, 116.
1194 Zur Entstehung des Klimawandels 2. Teil, A.
1195 *Lang*, NuR 2022, 230, 232 f.
1196 Dazu auch *Meyer*, NJW 2020, 894, 897 f.
1197 Vgl. BVerfGE 157, 30, 116 ff.

(1) Unterschied zwischen Gesundheitsschutz und Klimaschutz?

Das Bundesverfassungsgericht stellte einen Unterschied zwischen Maßnahmen, die der Klimaschutz fordere und Maßnahmen, die zum Gesundheitsschutz nötig seien, fest, da zum Gesundheitsschutz auch Anpassungsmaßnahmen ergriffen werden könnten.[1198] Es müsse nicht das 1,5 Grad-Ziel verfolgt werden, das möglicherweise aus Klimaschutz-Sicht geboten sei, nicht aber aus gesundheitlicher Sicht, da in Bezug auf die Gesundheit auch Anpassungsmaßnahmen möglich seien.[1199] Hinsichtlich der Reduktionsziele, die die Beschwerdeführenden für unzulässig hielten, stellte das Bundesverfassungsgericht ebenfalls darauf ab, dass zusätzliche Anpassungsmaßnahmen einen ausreichenden Lebens- und Gesundheitsschutz gewährleisten könnten.[1200]

Wie bereits gesagt, ist das Hinzuziehen der Anpassungsmaßnahmen auf den ersten Blick grundsätzlich zulässig, da dies für eine verhältnismäßige Lösung sorgen kann. Jedoch ist auch anzumerken, dass die Differenzierung zwischen Gesundheitsschutz und Klimaschutz bereits keinen Anknüpfungspunkt im Wortlaut des § 1 S. 3 KSG findet. § 1 S. 3 KSG betont unter Rückgriff auf das Pariser Klimaabkommen, dass es das Ziel sei, „die Auswirkungen des weltweiten Klimawandels so gering wie möglich zu halten." Der Wortlaut spricht dafür, dass *jegliche Auswirkungen* erfasst und damit so gering wie möglich zu halten sind, nicht jedoch lediglich die Auswirkungen auf das Klima. Dass die Auswirkungen bei 1,5 Grad geringer ausfallen, erkennt das Bundesverfassungsgericht unter Rückgriff auf wissenschaftliche Studien an.[1201]

1198 BVerfGE 157, 30, 116 ff.; zur Trennung von Art. 20a GG und der Schutzpflicht auch *Lang*, NuR 2022, 230, 233 f.

1199 BVerfGE 157, 30, 118 ff.; zustimmend *Eifert*, JA 2021, 1085, 1090, zumindest solange keine neuen wissenschaftlichen Erkenntnisse das Überschreiten von Kipppunkten und damit die Unzulänglichkeit der Anpassungsmaßnahmen belegen.

1200 BVerfGE 157, 30, 120 ff.; kritisch dazu *Frenz*, Grundzüge des Klimaschutzrechts, Rn. 413 ff.

1201 BVerfGE 157, 30, 116 f.

(2) Die Rolle der Kipppunkte im Klimasystem

Die entscheidende Rolle spielen jedoch die Kipppunkte im Klimasystem.[1202] Das Bundesverfassungsgericht geht im Klimabeschluss 2021 auf diese ein und erkennt an, dass beim Einhalten der 1,5 Grad-Grenze „eine gewisse Sicherheitsmarge" geschaffen würde, da nach Berichten des IPCC bestimmte Kipppunkte bereits bei einer Erwärmung von 1,5 bis 2 Grad eintreten könnten.[1203] Jedoch sprach das Bundesverfassungsgericht der Gesetzgebung aufgrund der Unsicherheiten in den Berichten des IPCC einen großen Spielraum zu und sah die Schutzpflichten nicht als verletzt an.[1204]

Zunächst ist auf die Untersuchungen im Rahmen von Art. 20a GG zur Temperaturgrenze zu verweisen.[1205] Die wissenschaftlichen Erkenntnisse sind durch den Sechsten IPCC-Bericht genauer geworden und betreffen auch die Kipppunkte, was bereits unter Berücksichtigung der planetaren Belastungsgrenzen aufgrund genauerer wissenschaftlicher Erkenntnisse für eine strengere Temperaturgrenze sprechen kann.[1206]

Grundsätzlich ist es zudem oberstes Ziel des Klimaschutzes auf allen gesetzlichen Ebenen, den Klimawandel auf eine bestimmte Temperaturschwelle zu begrenzen.[1207] Dieses grundlegende Ziel, das durch die Gesetzgebung verankert wurde, ist jeglicher gerichtlichen Kontrolle zugrunde zu legen, auch einer Evidenzkontrolle. Das Ziel der Temperaturbegrenzung ist jedoch nur so lange möglich, wie noch keine Kipppunkte im Klimasystem überschritten sind, da bei Kipppunktüberschreitung irreversible Zustände drohen, die den Klimawandel und die Erwärmung wie einen Dominoeffekt beschleunigen können.[1208]

Die nicht mehr rückgängig zu machenden Folgen sind zudem nicht abzusehen und können sich gegenseitig bedingen und verschlimmern.[1209] Es ist dann nicht mehr möglich, die Erderwärmung zu begrenzen.[1210] Noch

---

1202 Siehe zu den Kipppunkten 2. Teil, C. IV.; siehe außerdem bereits die Temperaturgrenze bei Art. 20a GG, dieser Teil, B. III. 2. b).

1203 BVerfGE 157, 30, 54, 117 f. m.w.N.

1204 BVerfGE 157, 30, 118 f.

1205 Dieser Teil, B. III. 2. b).

1206 Siehe oben B. III. 2. b) mit weiteren Nachweisen.; kritisch zur Verknüpfung von ökologischen Belastungsgrenzen und Schutzpflichten *Franzius*, in Rodi (Hrsg.), KlimaschutzR-HdB, § 7, Rn. 43.

1207 Siehe oben Teil 2, D.

1208 Teil 2, C. IV.

1209 Teil 2, C. IV.

1210 Teil 2, C. IV.

dazu sind die Folgen, die schlimmstenfalls durch den Klimawandel drohen, wenig erforscht, weswegen ein IPCC-Bericht zu den ungünstigsten Folgen des Klimawandels gefordert wird.[1211]

Für eine Pflicht zur Vermeidung von Kipppunkten spricht auch der Gewährleistungsgehalt von Art. 2 II 1 GG. Er verpflichtet „zur Wahrung grundrechtswesentlicher ökologischer Mindeststandards und insoweit zum Schutz vor Umweltschäden ‚mit katastrophalen oder gar apokalyptischen Ausmaßen' […]".[1212] Zudem hat die Untersuchung der Schutzpflichtenrechtsprechung des Bundesverfassungsgerichts hinsichtlich Art. 2 II 1 GG einige Prüfkriterien aufgezeigt, die auch an dieser Stelle zu beachten sind.[1213] Neben dem Ausschließen von Folgen apokalyptischen Ausmaßes ist lediglich ein Restrisiko zu tragen. Außerdem müssen die Schäden nach Stand von Wissenschaft und Technik praktisch ausgeschlossen sein. Die Anforderungen an die Wahrscheinlichkeit sind dabei umso geringer, je größer die drohenden Schäden sind.[1214]

Bereits aktuell werden die Rechtsgüter Leben und Gesundheit durch den Klimawandel verletzt und in der Zukunft drohen erhebliche weitere Verletzungen.[1215] Sollten Kipppunkte überschritten werden, sind der Zustand der Erde und damit auch die Folgen für Leben und körperliche Unversehrtheit unabsehbar. Beim Eintreten von Kipppunkten kann von Folgen apokalyptischen Ausmaßes gesprochen werden.[1216]

Zwar ist zuzugeben, dass das Eintreten der Kipppunkte mit erheblichen Unsicherheiten belastet ist.[1217] Das nimmt ihnen jedoch nicht die Gefährlichkeit, sondern erhöht stattdessen vielmehr die gebotene Vorsicht.[1218] Zudem hat der Sechste IPCC-Bericht hervorgebracht, dass Kipppunkte gerade nicht auszuschließen sind.[1219] Die drohenden Schäden beim Überschreiten

---

1211 *Kemp/ Xu/ Depledge/ Lenton*, PNAS Vol. 119, No 34, 01.08.2022.

1212 BVerfGE 157, 30, 96.

1213 Dazu und zum Folgenden 4. Teil, B. III.

1214 Siehe oben 4. Teil, B. III.

1215 Dazu in diesem Teil C. I. II.

1216 So auch bspw. Verfassungsbeschwerde Geulen & Klinger Rechtsanwälte, 13.01.2020, insbes. S. 91-93.

1217 So etwa BVerfGE 157, 30, 118; siehe auch *Meyer*, NJW 2020, 894, 898.

1218 Es wird auch ein Sonderbericht des IPCC zu den schlimmsten Folgen gefordert, um sich darauf besser einstellen zu können, *Kemp/ Xu/ Depledge/ Lenton*, PNAS Vol. 119, No 34, 01.08.2022.

1219 IPCC, 2021: Zusammenfassung für die politische Entscheidungsfindung. In: Naturwissenschaftliche Grundlagen. *Beitrag von Arbeitsgruppe I zum Sechsten Sachstandsbericht des IPCC*, C.3.2.

von Kipppunkten sind wie vorgestellt enorm und betreffen noch dazu die überragend wichtigen Güter von Leben und Gesundheit aus Art. 2 II 1 GG der weltweiten Bevölkerung, weswegen an die Wahrscheinlichkeit nicht allzu hohe Anforderungen zu stellen sind.

Zudem hat die Gesetzgebung bei der Zugrundelegung auch von unsicheren wissenschaftlichen Erkenntnissen einen weiten Beurteilungsspielraum und muss grundsätzlich nicht befürchten, dass verfassungsrechtlich zu strenge Maßstäbe angelegt werden. Hierfür kann auf die Corona-Rechtsprechung des Bundesverfassungsgerichts verwiesen werden. So entschied das Bundesverfassungsgericht etwa hinsichtlich der Ausgangs- und Kontaktbeschränkungen (Bundesnotbremse I), dass „sich [..] die Schutzpflicht des Staates auf dringende verfassungsrechtliche Schutzbedarfe beziehen [kann]. Sind wegen Unwägbarkeiten der wissenschaftlichen Erkenntnislage die Möglichkeiten des Gesetzgebers begrenzt, sich ein hinreichend sicheres Bild zu machen, genügt es daher, wenn er sich an einer sachgerechten und vertretbaren Beurteilung der ihm verfügbaren Informationen und Erkenntnismöglichkeiten orientiert […].“[1220]

Dadurch zeigt sich, dass Unsicherheiten nicht zwingend nur zur Rechtfertigung einer zurückhaltenden Gesetzgebung herangezogen werden müssen, sondern gerade auch strengere Regelungen zu rechtfertigen vermögen. Die neuere Rechtsprechung zu Art. 20a GG legt es ebenfalls nahe, dass die Gesetzgebung, wenn sie Klimaschutz verfolgt, von den Gerichten gestützt wird.[1221]

Zudem scheint zweifelhaft, ob vulnerable Personengruppen beim Eintreten von Kipppunkten noch ausreichend geschützt sind, da sie bereits schon jetzt besonders unter den Folgen des Klimawandels leiden.[1222]

Es ist nicht möglich, eine zahlenmäßige Grenze in Bezug auf die Verletzungen festzulegen, etwa wie viele Todesfälle, neue Krankheiten oder Naturkatastrophen durch den Klimawandel noch zumutbar sind.[1223] Jedoch kann der ökologische Mindeststandard aus Art. 2 II 1 GG so interpretiert werden, dass durch ihn das Eintreten unumkehrbarer Umstände vermieden

---

1220 BVerfGE 159, 223, 299.

1221 Dazu dieser Teil, B. IV. 4. m.w.N.

1222 Zur Notwendigkeit des Schutzes für alle in diesem Teil, C. II 3.

1223 Vgl. dazu auch *Kalis*, in Rodi (Hrsg.), Handbuch des Klimaschutzrechts, § 6, Rn. 20.

werden muss.[1224] Nur durch die Begrenzung des Klimawandels auf ein stabiles Niveau können Leben und die körperliche Unversehrtheit ausreichend geschützt werden, da die Folgen absehbar sind. Insofern gebieten die Schutzpflichten des Art. 2 II 1 GG, das Eintreten von Kipppunkten zu vermeiden und eine Temperaturgrenze zu verfolgen, die das gewährleistet.[1225]

Durch die Bezugnahme auf die Kipppunkte nähert sich das Niveau, das Art. 20a GG fordert, an das Niveau an, das Art. 2 II 1 GG verlangt.[1226] Wie bei Art. 20a GG liegt auch hier das System der planetaren Belastungsgrenzen und des Abstandsgebotes zugrunde, das gewahrt werden muss.[1227]

Wenn vorausgesetzt wird, dass die Schutzpflichten zum Schutz von Art. 2 II 1 GG gebieten, nach allen Anstrengungen Kipppunkte im Klimasystem zu vermeiden, da beim Überschreiten von Kipppunkten kein ausreichender Schutz für Art. 2 II 1 GG gewährt werden kann, wird deutlich, dass Anpassungsmaßnahmen nicht zur Schutzpflichterfüllung herangezogen werden können, solange es keine Reduktionsmaßnahmen gibt, die darauf ausgerichtet sind, das Eintreten von Kipppunkten zu verhindern.[1228] Anpassungsmaßnahmen bekämpfen nicht den Klimawandel, sondern mildern nur seine Folgen. Können Maßnahmen das Überschreiten von Kipppunkten nicht verhindern, sind sie evident ungeeignet zur Begrenzung des Klima-

1224 So im Ergebnis auch *Kalis*, in Rodi (Hrsg.), Handbuch des Klimaschutzrechts, § 6, Rn. 21 ff., der sich jedoch auf das Vorsorgeprinzip und die Völkerrechtsfreundlichkeit der Verfassung stützt.

1225 Zum Einfluss der Kipppunkte auf die Grundrechte auch *Buser,* DVBl 2020, 1389, 1395.

1226 A. A. BVerfGE 157, 30, 118 ff.; *Lorenzen,* VBlBW 2021, 485, 489.

1227 Siehe zum Abstandsgebot *Calliess*, ZUR 2019, 385 ff.; *Calliess*, ZUR 2021, 355, 357; zu den planetaren Belastungsgrenzen in Bezug auf Kipppunkte im Klimasystem Sondergutachten des SRU, Demokratisch regieren in ökologischen Grenzen, S. 39 ff. m.w.N.

1228 Ebenfalls kritisch zum Heranziehen von Anpassungsmaßnahmen *Ekardt*, Theorie der Nachhaltigkeit, S. 683; *Ekardt/ Heß,* NVwZ 2021, 1421, 1423; *Ekardt/ Heß/ Wulff,* EurUP 2021, 212, 216; ähnlich ist auch der Hoge Raad in der Entscheidung zum „Urgenda-Fall" zu verstehen, indem er feststellte, dass Anpassungsmaßnahmen nicht genügen, wenn desaströse Folgen nicht vermieden werden können: „[...] although it is correct that the consequences of climate change can be mitigated by taking adaptation measures, it has not been demonstrated or made plausible that the potentially disastrous consequences of excessive global warming can be adequately prevented by such measures.", Hoge Raad, Urt. v. 20.12.2019, ECLI:NL:HR:2019:2007, 7.5.2.

wandels und damit auch zum Schutz von Leben und körperlicher Unversehrtheit.[1229]

Zusätzlich ist zu beachten, dass die Wirksamkeit von Anpassungsmaßnahmen mit der Stärke des Klimawandels zusammenhängt, sodass nicht pauschal auf Anpassungsmaßnahmen zum Schutz von Art. 2 II 1 GG verwiesen werden kann.[1230] In optimistischen Klimaszenarien können Risiken des Klimawandels durch Anpassungsmaßnahmen wesentlich besser eingedämmt werden als in pessimistischen Klimaszenarien.[1231]

Insofern können Anpassungsmaßnahmen erst zur Erfüllung der Schutzpflichten herangezogen werden, wenn Reduktionsmaßnahmen in dem Umfang getroffen wurden, dass das Eintreten von Kipppunkten und mit ihnen die unabsehbaren Gefährdungen von Leben und Gesundheit nach Stand von Wissenschaft und Technik praktisch ausgeschlossen sind, denn Anpassungsmaßnahmen können Kipppunkte nicht verhindern.[1232] Bis zu diesem Punkt können Anpassungsmaßnahmen nicht als „Ausgleich" für geringere Reduktionsmaßgaben zur Erfüllung der Schutzpflichten herangezogen werden.

Die Tatsache, dass Kipppunkte möglicherweise trotzdem eintreten können, auch wenn man die Bemühungen darauf ausrichtet, Kipppunkte zu vermeiden, ist kein Argument gegen das Verfolgen einer Temperaturgrenze, bei der wissenschaftliche Erkenntnisse dafür sprechen, dass Kipppunkte vermieden werden. Auch dazu hat das Bundesverfassungsgericht im Umweltrecht bereits entschieden: Wenn Maßnahmen nach bestem wissenschaftlichen Stand ergriffen wurden, ist das Risiko, das dann noch besteht, als Restrisiko zu tragen.[1233]

1229 *Meyer*, NJW 2020, 894, 898, der jedoch eine höhere Wahrscheinlichkeit für das Eintreten von Kipppunkten in der Klimaforschung als Voraussetzung aufstellt.

1230 Zum Zusammenhang von Anpassungsmaßnahmen und Klimawandel UBA, Klimawirkungs- und Risikoanalyse, S. 113-116.

1231 UBA, Klimawirkungs- und Risikoanalyse, S. 113-116; siehe dazu und zu den Grenzen der Anpassung auch IPCC, 2022: Zusammenfassung für die politische Entscheidungsfindung. In: Klimawandel 2022: Folgen, Anpassung und Verwundbarkeit. *Beitrag der Arbeitsgruppe II zum Sechsten Sachstandsbericht des IPCC*, C.2, C.3.

1232 Ebenfalls für die Verdichtung zur Reduktionspflicht dann, wenn Anpassungsmaßnahmen nicht sicher verfügbar wären, *Meyer*, NJW 2020, 894, 898.

1233 4. Teil, B. III.

(3) Exkurs: Die Geeignetheit von Anpassungsmaßnahmen

Darüber hinaus müssten auch Anpassungsmaßnahmen selbst der Evidenzkontrolle unterzogen werden, wenn diese der Schutzpflichterfüllung dienen sollen. Ein pauschaler Verweis auf Anpassungsmaßnahmen im Allgemeinen zur Schutzpflichterfüllung ist nicht möglich, da sich die Geeignetheit von Anpassungsmöglichkeiten je nach betroffenem Gebiet stark unterscheidet.[1234]

In einigen Bereichen sind je nach Verlauf des Klimawandels Anpassungsmaßnahmen nicht möglich.[1235] In der Literatur wird etwa die Migration aufgrund von Kriegen und Wassermangel vorgebracht.[1236] Wie das Bundesverfassungsgericht feststellte, ist es außerdem im Ausland, das in bestimmten Teilen viel stärker betroffen sein wird, unmöglich, Anpassungsmaßnahmen zu ergreifen.[1237] Insofern müssen in Bezug auf Anpassungsmaßnahmen immer genau die Verletzungen beleuchtet werden, die drohen, um feststellen zu können, ob es überhaupt Anpassungsmaßnahmen gibt, die Abhilfe schaffen können. Dies wird im Folgenden jedenfalls überblicksartig untersucht.

Das Bundesverfassungsgericht hat im Klimabeschluss 2021 im Rahmen der Prüfung des Art. 2 II 1 GG unter Bezugnahme auf verschiedene Studien etwa auf die Möglichkeit von baulichen Maßnahmen, die ein Aufheizen verhindern und die für Frischluft sorgen, abgestellt.[1238] Zudem nahm es auf bauliche Maßnahmen, die Hochwasser von Flüssen und Überflutungen infolge von Starkregen vermeiden sollen, Bezug.[1239]

Neben diesen vom Bundesverfassungsgericht herangezogenen baulichen Maßnahmen sind im Bereich des Gesundheitsschutzes viele weitere „weiche“ Möglichkeiten in Form von „Aufklärung, Monitoring von Umwelteinflüssen sowie Standards für Verhaltensregeln und technische Ausstattung“

1234 Siehe zu den verschiedenen Bereichen UBA, Klimawirkungs- und Risikoanalyse; siehe zu Grenzen von Anpassungsmaßnahmen auch IPCC, 2022: Zusammenfassung für die politische Entscheidungsfindung. In: Klimawandel 2022: Folgen, Anpassung und Verwundbarkeit. *Beitrag der Arbeitsgruppe II zum Sechsten Sachstandsbericht des IPCC*, C.3.

1235 Siehe UBA, Klimawirkungs- und Risikoanalyse, S. 113-125.

1236 *Ekardt/ Heß*, NVwZ 2021, 1421, 1423.

1237 BVerfGE 157, 30, 127 f.

1238 BVerfGE 157, 30, 119 f. m.w.N.

1239 BVerfGE 157, 30, 119 f. m.w.N.

denkbar.[1240] Den Risiken durch Hitze, UV-Belastung, Allergien und neue Krankheiten soll durch Bildung, Forschung, Überwachung, Information (auch für bestimmte Zielgruppen), Aufklärung, Bewusstseinssteigerung, Arbeitsschutzregelungen, Frühwarnsysteme und Warnungen der Bevölkerung entgegnet werden.[1241] Bei den transformativen Anpassungsmaßnahmen (Bebauung etc.) müssen wiederum deren Auswirkungen beachtet werden, wie etwa die Wirkung von Stadtbegrünung auf Allergien oder das Schaffen von Verbreitungsorten für Mücken und damit Krankheiten.[1242] Damit zeigt sich, dass im Bereich des Gesundheitsschutzes viele Möglichkeiten zur Anpassung zur Verfügung stehen, deren Wirkung zu großen Teilen in weniger als zehn Jahren und in einigen Fällen in mehreren Jahrzehnten erreicht werden kann.[1243] Der zeitliche Aspekt zur Wirkung von Anpassungsmaßnahmen muss ebenfalls in die Bewertung einfließen, ob Anpassungsmaßnahmen überhaupt geeignet sind, Abhilfe für Rechtsgutverletzungen zu schaffen.

Zu beachten ist jedoch, dass viele der Anpassungsmöglichkeiten einen Schutz von Leben und Gesundheit bezwecken, indem ein Rückzug aus dem öffentlichen Leben erfolgt. Denkbar wären etwa Warnungen vor Hitze, UV-Belastung oder Allergien und damit verbunden die Aufforderung, zu Hause zu bleiben oder ggf. klimatisierte Räume aufzusuchen bzw. bestimmte Gebiete nicht aufzusuchen. Es zeigt sich dadurch, dass Anpassungsmaßnahmen einen anderen Schutz bieten als Reduktionsmaßnahmen, die das Problem bereits im Entstehen hindern. Außerdem stellen sie sich als nachhaltige Freiheitseinschränkungen dar. Anpassungsmöglichkeiten in dem Sinne, dass jeder Privatperson und der Öffentlichkeit technische Möglichkeiten gegen Hitze (Klimaanlagen etc.) zur Verfügung gestellt werden, sind eher nicht denkbar. Zudem ist bei energieintensiven Anpassungsmaßnahmen immer zu berücksichtigen, dass sie, soweit der Energiebedarf nicht aus erneuerbaren Energien gedeckt wird, selbst zum Klimawandel beitragen und deswegen im Sinne des Klimaschutzes vermieden werden sollten. Auch eine Anpassungsmöglichkeit durch Impfungen ist beschränkt, weil es etwa gegen Malaria keinen wirksamen Impfstoff für alle gibt.[1244]

1240 UBA, Klimawirkungs- und Risikoanalyse, S. 99.

1241 UBA, Klimawirkungs- und Risikoanalyse, S. 100.

1242 UBA, Klimawirkungs- und Risikoanalyse, S. 100.

1243 UBA, Klimawirkungs- und Risikoanalyse, S. 99 f.

1244 Siehe zur Entwicklung eines Impfstoffes *Datoo/ Natama/ Somé (et al.)*, The Lancet, 07.09.2022.

(4) Zusammenfassung

Insgesamt zeigt sich, dass viele Möglichkeiten, mit Anpassungsmaßnahmen Gefahren für Leben und Gesundheit abzuwenden, existieren. Jedoch wurde auch ersichtlich, dass Anpassungsmaßnahmen kaum flächendeckend möglich sein werden, Zeit benötigen und zudem mit erheblichen Einschränkungen einhergehen können, was wiederum weitere Argumente für die Bekämpfung des Klimawandels selbst sind. Hinzu kommen die Kosten der Anpassungsmaßnahmen, welche im Vergleich zu Ausgaben für Klimaschutzmaßnahmen unverhältnismäßig sein können.[1245]

Da Anpassungsmaßnahmen nicht geeignet sind, den Klimawandel zu bekämpfen, es aber das gesetzlich festgelegte Ziel des Klimaschutzes ist, den Temperaturanstieg auf ein bestimmtes Niveau zu begrenzen, können Anpassungsmaßnahmen, solange die Stabilisierung auf eine bestimmte Temperatur noch möglich ist, nicht bereits im Rahmen einer Evidenzkontrolle zur Erfüllung von Schutzpflichten herangezogen werden. Hierfür sprechen insbesondere die Kipppunkte im Klimasystem, bei deren Überschreitung die Erderwärmung nicht mehr eingedämmt werden kann, sondern weiter ansteigt, wodurch unabsehbare Gefahren für Leben und Gesundheit drohen. Insofern ist aus Schutzpflichtensicht das Überschreiten von Kipppunkten zu vermeiden, da die Maßnahmen andernfalls evident unzureichend und völlig unzulänglich sind, Leben und Gesundheit zu schützen. Für diese Argumentation ist auch entscheidend, dass die Wirksamkeit von Anpassungsmaßnahmen mit Fortschreiten des Klimawandels abnimmt. Anpassungsmaßnahmen werden dafür relevant, die Gefahren, die auch bei einer Begrenzung des Klimawandels auf einem bestimmten Niveau eintreten, abzumildern. Es gilt zu beachten, dass Anpassungsmaßnahmen nur beschränkt Abhilfe schaffen können.

(5) Exkurs: Auswirkungen auf Beschwerdeführende aus dem Ausland

Die dargestellten Maßgaben im Klimabeschluss 2021 beziehen sich auf Beschwerdeführende aus dem Inland. Die Verfassungsbeschwerden, die z. T. auch von Beschwerdeführenden aus Nepal und Bangladesch erhoben wurden[1246], warfen die Frage nach der grundrechtlichen Verpflichtung ge-

1245 Dazu *Ekardt/ Heß*, NVwZ 2021, 1421, 1423.
1246 Zu den Beschwerden 3. Teil.

genüber Menschen aus dem Ausland auf.[1247] Das Bundesverfassungsgericht stellte im Klimabeschluss 2021 insbesondere deswegen andere Maßstäbe an die Schutzpflichten gegenüber Beschwerdeführenden aus dem Ausland auf, weil Deutschland aufgrund völkerrechtlicher Grenzen im Ausland keine Anpassungsmaßnahmen ergreifen könne.[1248] Würden Anpassungsmaßnahmen zur Erfüllung der Schutzpflichten erst relevant werden, wenn das Eintreten von Kipppunkten nach wissenschaftlichem Stand nahezu ausgeschlossen wäre, hätte dies auch Auswirkungen auf die Schutzpflichten gegenüber im Ausland lebende Beschwerdeführende.

b) Zwischenergebnis

Im Ergebnis hätte es Anhaltspunkte dafür gegeben, die Vorschriften des KSG im Klimabeschluss 2021 bereits als offensichtlich ungeeignet einstufen zu können, da die Werte nicht auf das Ziel ausgerichtet waren. Zudem kann die Rolle von Anpassungsmaßnahmen im Rahmen der Schutzpflichtenprüfung anders beurteilt werden, da Anpassungsmaßnahmen nicht dazu beitragen, den Klimawandel zu begrenzen und damit auch nicht dazu geeignet sind, das Eintreten von Kipppunkten im Klimasystem zu verhindern. An dieser Stelle erfolgt somit eine stärkere Berücksichtigung der Wertungen des Klimaschutzgebotes aus Art. 20a GG. Dies hätte auch Auswirkungen auf Verfassungsbeschwerden ausländischer Beschwerdeführender. Da auch die KSG-Novelle von 2021 nicht das 1,5 Grad-Ziel verfolgt, ist die Argumentation auf diese übertragbar.

c) Untermaßverbot

Zudem ist auch eine strengere Prüfung anhand des Untermaßverbotes erforderlich.[1249] Der hohe Stellenwert von Leben und Gesundheit verlangt die Heranziehung eines strengeren Maßstabs.[1250]

1247 Siehe dazu noch Teil 6.

1248 BVerfGE 157, 30, 126 ff.

1249 Umfassend zum Untermaßverbot *Störring*, Das Untermaßverbot in der Diskussion.

1250 *Weinrich*, Die grundrechtlichen Umweltschutzpflichten des Staates, S. 387; dazu bereits Teil 4, B. IV.

Für die Anwendung auf den Klimawandel spricht die Eigenart des Klimawandels und die Möglichkeit, sich ein sicheres Urteil zu bilden.[1251] Hinzu kommt, dass es neben der Gefährdung von anderen Rechtsgütern um den Schutz von Leben und Gesundheit geht. Hierbei handelt es sich um überragend wichtige Güter. Zusätzlich zu beachten ist jedoch immer, dass durch den Klimawandel stets viele Rechtsgüter betroffen sind, was die Schutzbedürftigkeit verstärkt. Es kommt nach den Maßgaben des Untermaßverbotes darauf an, dass der Schutz angemessen und wirksam sein muss.[1252] Insbesondere muss sich der Schutz auf eine sorgfältige Ermittlung von Tatsachen und auf vertretbare Einschätzungen zurückführen lassen.[1253]

Zunächst deckt sich die Prüfung des Untermaßes mit dem bereits in der Evidenzkontrolle angesprochenen Maßstab. Spätestens in Bezug auf das Untermaßverbot gilt es, das Eintreten von Kipppunkten *wirksam* zu vermeiden, um irreversible Folgen und enorme unabsehbare Gefahren für Leben und Gesundheit zu vermeiden und einen angemessenen Schutz zu wahren. Eine verstärkte Rolle spielen an dieser Stelle die wissenschaftlichen Erkenntnisse, um dem Kriterium der *Wirksamkeit* gerecht zu werden. Für die Wirksamkeit ist entscheidend, dass verstärkt wissenschaftliche Grundlagen beachtet werden und damit auch eine inhaltliche Prüfung der Treibhausgasreduktionsziele erfolgt.[1254] Um eine Temperaturschwelle wirksam einhalten zu können, ist auf ein Treibhausgasbudget zurückzugreifen. Bereits das VG Berlin stellte 2019 fest, dass „viel dafür [spricht], das weltweit verbleibende CO2-Restbudget zumindest gleichmäßig pro Kopf der Weltbevölkerung aufzuteilen."[1255] Den Maßstab jedoch „als zwingendes und verpflichtendes Mindestmaß an Klimaschutz vorzuschreiben", sah das Verwaltungsgericht in Anbetracht bestehender Spielräume jedoch nicht als von seiner Kompetenz umfasst an.[1256]

Zunächst ist zu ermitteln, welches die einzuhaltende Temperaturschwelle ist. An dieser Stelle sind die Wertungen des Klimaschutzgebotes von Art. 20a GG und das bereits zur Evidenzkontrolle Herausgearbeitete zu beachten. Zudem sind die Auswirkungen auf vulnerable Personengruppen zu berücksichtigen. Entscheidend für einen ausreichenden und angemessenen

---

1251 Verweis auf Prüfungsmaßstab 4. Teil, B. IV.
1252 Zum Untermaßverbot Teil 4, B. IV. 2. b).
1253 Zum Untermaßverbot Teil 4, B. IV 2. b).
1254 So auch *Buser*, DVBl 2020, 1389, 1395; *Kahl*, JURA 2021, 117, 126 f.
1255 VG Berlin, Urt. v. 31.10.2019, Az.10 K 412.18, Rn. 83 (juris).
1256 VG Berlin, Urt. v. 31.10.2019, Az.10 K 412.18, Rn. 83 (juris).

Schutz ist die Vermeidung von Kipppunkten. Wissenschaftliche Studien deuten an, dass diese Schwelle bei 1,5 Grad gesehen werden kann. Die Berücksichtigung des aktuellsten IPCC-Berichts kann zur sorgfältigen Tatsachenermittlung herangezogen werden, da die IPCC-Berichte auf weltweit anerkannten Maßstäben und Methoden beruhen und umfassende Auskunft über den Zustand des Klimas geben.[1257] Hierbei ist darauf zu achten, dass das Überschreiten von Kipppunkten vermieden wird, damit die Gefahren für Leben und Gesundheit durch das Eintreten irreversibler Folgen nicht außer Kontrolle geraten. Insofern scheint hinsichtlich Art. 2 II 1 GG das 1,5 Grad-Ziel das Untermaß zu sein.[1258] Zur Wirksamkeit bedarf es eines CO2-Budgets.

Anhand eines Treibausgasbudgets lässt sich berechnen (höchste Wahrscheinlichkeit: 83 % nach dem Sechsten IPCC-Bericht) wie viel Treibhausgase noch zum Ausstoß zur Verfügung stehen, um die bestimmte Temperaturgrenze einzuhalten. Auf Grundlage des Budgets müssen dann, beruhend auf vertretbaren Einschätzungen, Reduktionsmaßgaben festgelegt werden, die geeignet sind, das Budget einzuhalten. Zur Festlegung des Budgets sind Entscheidungen des Gesetzgebers notwendig.[1259]

d) Zwischenergebnis

Was nicht eintreten darf, sind die sog. Kipppunkte im Klimasystem, die unaufhaltsame klimatische Veränderungen mit nicht absehbaren und irreversiblen Folgen verursachen können. Hier ist das zumutbare Maß an Gefahr für Leben und körperliche Unversehrtheit überschritten. Insofern erfordert das Untermaßverbot das wirksame Vermeiden der Kipppunkte. Erforderlich dafür ist ein Treibhausgasbudget, das an einer Temperaturschwelle ausgerichtet ist, die das Eintreten der Kipppunkte nach wissenschaftlichen Erkenntnissen und vertretbaren Einschätzungen vermeidet. Der Gesetzgeber muss die Höhe des Budgets festlegen und auch die Verteilungsfragen beantworten. Daneben steht ein Restrisiko, das zu tragen ist, da das Eintreten von Kipppunkten nicht zu 100 % ausgeschlossen werden kann. Es zeigt sich, dass die Wertungen von Art. 20a GG starken Einfluss auf die Schutzpflichten entfalten können.

1257 Zur Legitimität der Berichte des IPCCs bereits Teil 2.

1258 *Buser*, DVBl 2020, 1389, 1395; *Kahl*, JURA 2021, 117, 126 f.

1259 Siehe zu den offenen Fragen bezüglich der Festlegung eines CO2-Budgets in diesem Teil B. III. und IV. 2.

3. Ergebnis

Sowohl die Evidenzkontrolle als auch die Kontrolle mithilfe des Untermaßverbotes können zur Annahme einer Schutzpflichtverletzung führen. Bereits im Rahmen der Evidenzkontrolle kann das Einhalten von Kipppunkten gefordert werden, denn wenn die Ziele nicht geeignet sind, die Kipppunkte zu vermeiden, sind sie offensichtlich ungeeignet und völlig unzulänglich zum Schutz von Leben und Gesundheit, da sie den Klimawandel nicht begrenzen. Spätestens im Rahmen des Untermaßverbotes sind diese Wertungen heranzuziehen. Zudem kommt es dort auf die Wirksamkeit an, weswegen die Zugrundelegung eines Treibhausgasbudgets nötig ist. Auch eine Kombination beider Maßstäbe wäre möglich, indem geprüft wird, ob das Untermaß in Form einer Grenze zur Vermeidung von Kipppunkten durch die Klimaschutzziele evident verletzt wird. Beides hätte schon im Klimabeschluss 2021 geprüft werden können und lässt sich auch auf die KSG-Novelle von 2021 anwenden. So ist im Ergebnis der Maßstab, den das Bundesverfassungsgericht angelegt hat, zu kritisieren.[1260]

IV. Auswirkungen auf gerichtliche Entscheidungen

Die Gerichte werden keine konkreten Maßstäbe festlegen können wie etwa eine Temperaturgrenze oder ein Treibhausgasbudget. Jedoch können sie die aktuellen Maßnahmen als unzureichend für den Schutz von Art. 2 II 1 GG einstufen. Die Gesetzgebung wäre dadurch aufgerufen, sich zukünftig in Bezug auf den Klimawandel besonders stark an wissenschaftlichen Grundlagen zu orientieren, um den Schutz von Art. 2 II 1 GG zu gewährleisten. Es geht nicht darum, den Gesetzgeber zu einer bestimmten Maßnahme zu verpflichten, sondern darum, die aktuellen Normen für unzulänglich zu erklären.[1261]

V. Fazit

Der Klimawandel gefährdet und verletzt die Rechtsgüter Leben und Gesundheit, weswegen Schutzpflichten bestehen. Seit dem Klimabeschluss des

1260 *Berkemann*, DÖV 2021, 701, 710.

1261 Dies war auch immer grundsätzliches Ziel der Klimaklagen, siehe etwa *Ekardt/Heß*, NVwZ 2021, 1421, 1423; *Ekardt*, Theorie der Nachhaltigkeit, S. 682.

Bundesverfassungsgerichts gilt die Schutzpflicht zumindest objektiv-rechtlich auch für die künftige Generation und greift, obwohl Deutschland die Gefahr nicht alleine abwenden kann. Sie ist zudem auf ein internationales Handeln ausgerichtet. Richtigerweise hat das Bundesverfassungsgericht die Schutzpflichten an dieser Stelle anerkannt. Hätte das Bundesverfassungsgericht eine Schutzpflicht im Zusammenhang mit dem Klimawandel abgelehnt, weil Deutschland diesen alleine nicht bekämpfen kann, wäre das widersprüchlich gewesen, denn Deutschland verursacht den Klimawandel auch nicht alleine. Deutschland trägt zum Klimawandel bei, der global durch die Summation aller Treibhausgasemissionen entsteht. In diesem Umfang ist Deutschland auch verpflichtet, einen Beitrag zu leisten. Insofern greifen die Schutzpflichten seit dem Klimabeschluss des Bundesverfassungsgerichts richtigerweise auch für Schäden, die durch globale Summationswirkungen entstehen.

Eine Verletzung der Schutzpflichten konnte das Gericht 2021 nicht feststellen. Es machte jedoch deutlich, dass die Beurteilung zukünftig anders ausfallen könnte. Bereits 2021 wären allerdings Ansatzpunkte vorhanden gewesen, die Schutzpflichten als verletzt anzusehen. Gerichte sind grundsätzlich nicht gehindert, Klimaschutzmaßnahmen als unzureichend einzustufen.

Insgesamt wurden im Klimabeschluss 2021 die vorgetragenen Verletzungen der Beschwerdeführenden und die Bedrohungen für Leben und körperliche Unversehrtheit nicht ausreichend gewürdigt.[1262] Im Rahmen der Schutzpflichten sind auch die Wertungen von Art. 20a GG relevant, sodass sich das Staatsziel verstärkend auf die Schutzpflichten auswirken kann.

D. Art. 14 I GG und Klimaschutz

Vor den Gerichten wurde neben Art. 2 II 1 GG auch eine Verletzung des Eigentumsgrundrechts aus Art. 14 I GG geltend gemacht. Menschen trugen vor, dass der Klimawandel und seine Folgen das Eigentum gefährde und beeinträchtige. Auf die Schutzpflichtverletzung von Art. 14 I GG ging das Bundesverfassungsgericht in Bezug auf die inländischen Beschwerdeführenden mit den gleichen Maßstäben, die es auch im Rahmen von Art. 2

1262 Vgl. dazu auch *Ekardt*, Theorie der Nachhaltigkeit, S. 682; *Ekardt/ Heß*, ZUR 2021, 579, 580 f.; *Ekardt/ Heß*, NVwZ 2021, 1421, 1423.

II 1 GG angelegt hat, lediglich mit zwei Randnummern ein.[1263] Die Vorträge der Beschwerdeführenden zu Art. 14 I GG wurden ebenfalls zu wenig gewürdigt. Durch den zurückhaltenden Prüfungsmaßstab hat Art. 14 I GG nicht ausreichend Beachtung gefunden.

I. Vortrag der Beschwerdeführenden

Die vor deutschen Gerichten geltend gemachten Beschwerden lassen sich inhaltlich in vier Bereiche teilen und betreffen das Wohnungs-, Grund- und Betriebseigentum, landwirtschaftliche Felder und Forstwirtschaft, Ernte und Nutztiere. Auch diese Verletzungen und Gefahren sind selbstverständlich nicht abschließend.

1. Wohnungs-, Grund- und Betriebseigentum

Durch den Klimawandel und seine Auswirkungen sei Eigentum von Betrieben betroffen.[1264]

Es wird angeführt, dass der steigende Meeresspiegel zum Eigentumsverlust führen könne.[1265] Hierdurch könne es auch zum Verlust der Heimat kommen, indem bestimmte Gebiete unbewohnbar werden.[1266] Zudem komme es auch zu Überschwemmungen durch Starkregen und Stürme.[1267] Beispielsweise wird eine Eigentumsverletzung wie die eines Hausdachs wegen Stürmen vorgetragen.[1268] Außerdem bestehe eine Gefahr für das Eigen-

1263 BVerfGE 157, 30, 123 f.

1264 Verfassungsbeschwerde Rechtsanwälte Günther, 06.02.2020, S. 97 ff.

1265 Klageschrift Rechtsanwälte Günther, 25.10.2018, S. 63; Verfassungsbeschwerde Geulen & Klinger Rechtsanwälte, 10.01.2020, S. 71 ff., 78 ff.; Verfassungsbeschwerde Rechtsanwälte Günther, 06.02.2020, S. 98.

1266 Verfassungsbeschwerde Rechtsanwälte Günther, 06.02.2020, S. 142.

1267 Verfassungsbeschwerde Baumann Rechtsanwälte, 22.11.2018, Anonymisierte Betroffenheit, S. 6 f.; Verfassungsbeschwerde Rechtsanwälte Günther, 06.02.2020, S. 98.

1268 Verfassungsbeschwerde Baumann Rechtsanwälte, 22.11.2018, Anonymisierte Betroffenheit, S. 6; Verfassungsbeschwerde Geulen & Klinger Rechtsanwälte, 10.01.2020, S. 80 ff.

tum durch Erdrutsche aufgrund des Wechsels von Dürre und Starkregen, insbesondere an Hängen.[1269]

Auch die Nutzung von Wohnungen könne durch den Klimawandel und die durch ihn verursachten Hitzewellen beeinträchtigt werden, indem etwa Dachgeschosswohnungen überhitzen[1270] oder Wellblechhütten aufgeheizt werden. Zudem bestehe eine Gefahr durch vermehrt auftretende Waldbrände.[1271]

2. Landwirtschaftliche Felder und Forstwirtschaft[1272]

Der klimawandelbedingt steigende Meeresspiegel könne zu einer Versalzung von landwirtschaftlichen Flächen führen.[1273] Zudem gehe auch eine Gefahr von Erdrutschen aus.[1274] Außerdem könnten durch Wassermangel Flächen nicht ausreichend bewässert werden.[1275]

3. Ernte

Die Ernte landwirtschaftlicher Betriebe wird ebenfalls durch mehrere Aspekte bedroht. So führten die steigenden Temperaturen zu massiven Ernteausfällen.[1276] Zudem zerstörten Extremwetterereignisse wie Hitzewellen, Hagel, Dürre etc. die Ernte.[1277] Auch das vermehrte Auftreten von Schädlingen verursache Verluste.[1278]

1269 Verfassungsbeschwerde Baumann Rechtsanwälte, 22.11.2018, Anonymisierte Betroffenheit, S. 8; Verfassungsbeschwerde Geulen & Klinger Rechtsanwälte, 10.01.2020, S. 68 f., 88.

1270 Verfassungsbeschwerde Baumann Rechtsanwälte, 22.11.2018, Anonymisierte Betroffenheit, S. 6.

1271 Verfassungsbeschwerde Geulen & Klinger Rechtsanwälte, 10.01.2020, S. 87 f.

1272 Zur Forstwirtschaft siehe Verfassungsbeschwerde Rechtsanwälte Günther, 06.02.2020, S. 97 f.

1273 Klageschrift Rechtsanwälte Günther, 25.10.2018, S. 63.

1274 Verfassungsbeschwerde Geulen & Klinger Rechtsanwälte, 10.01.2020, S. 68 f.

1275 Klageschrift Rechtsanwälte Günther, 25.10.2018, S. 63.

1276 Verfassungsbeschwerde Rechtsanwälte Günther, 06.02.2020, S. 141.

1277 Klageschrift Rechtsanwälte Günther, 25.10.2018, S. 63; Verfassungsbeschwerde Geulen & Klinger Rechtsanwälte, 10.01.2020, S. 85 f.; Verfassungsbeschwerde Rechtsanwälte Günther, 06.02.2020, S. 141.

1278 Klageschrift Rechtsanwälte Günther, 25.10.2018, S. 63; Verfassungsbeschwerde Geulen & Klinger Rechtsanwälte, 10.01.2020, S. 85 f.

4. Nutztiere

Das Leben und die Gesundheit von Nutztieren landwirtschaftlicher Betriebe wird ebenfalls stark beeinträchtigt. Auf lange Sicht bräuchten etwa Kühe klimatisierte Ställe.[1279] Erträge, die Tiere (beispielsweise Milchkühe) bringen, nähmen erheblich ab.[1280]

II. Der Schutzbereich und die Schadenswahrscheinlichkeit

Art. 14 I GG gewährt ebenfalls kein reines Abwehrgrundrecht, sondern umfasst auch eine Schutzpflicht in Bezug auf die Gefahren, die durch den Klimawandel für das Eigentum drohen.[1281]

In sachlicher Hinsicht schützt das Eigentum „alle vermögenswerten Rechte, die dem Berechtigten von der Rechtsordnung in der Weise zugeordnet sind, dass er die damit verbundenen Befugnisse nach eigenverantwortlicher Entscheidung zu seinem privaten Nutzen ausüben darf".[1282] Auch Grundstückseigentum ist geschützt.[1283] Das Vermögen an sich wird nicht von Art. 14 I GG erfasst.[1284] Zudem gewährt Art. 14 I GG „auch einen gewissen Schutz des zur „Heimat" gewachsenen sozialen Umfelds".[1285] Für den Schutz vor dem Klimawandel hat das besondere Relevanz, da durch den Anstieg des Meeresspiegels bestimmte Gebiete überflutet und damit unbewohnbar werden können.[1286] Von einem Großteil der Literatur und Rechtsprechung wird der Schutz des eingerichteten und ausgeübten Gewerbebetriebs durch Art. 14 I GG bejaht.[1287] Betriebe, insbesondere

---

1279 Klageschrift Rechtsanwälte Günther, 25.10.2018, S. 63.

1280 Verfassungsbeschwerde Rechtsanwälte Günther, 06.02.2020, S. 141.

1281 BVerfGE 157, 30, 123; grundsätzlich zu Schutzpflichten und Eigentum *Papier/ Shirvani*, in Dürig/ Herzog/ Scholz, GG, Art. 14, Rn. 134-136 m.w.N.; *Isensee*, in Isensee/ Kirchhof (Hrsg.), HStR, Bd. IX, § 191, Rn. 222 m.w.N.

1282 BVerfGE 112, 93, 107, st. Rspr.

1283 *Depenheuer/ Froese*, in v. Mangoldt/ Klein/ Starck, GG, Art. 14, Rn. 116 m.w.N.

1284 BVerfGE 91, 207, 220.

1285 BVerfGE 157, 30, 123 f. m.w.N.

1286 BVerfGE 157, 30, 123 f.

1287 Dazu und zum Umfang des Rechts nur *Papier/ Shirvani*, in Dürig/ Herzog/ Scholz, GG, Art. 14, Rn. 200-218 m.w.N.; offengelassen bisher allerdings durch das BVerfG, BVerfGE 143, 246, 331 f., Rn. 240.

landwirtschaftlicher Art[1288], leiden besonders unter den Folgen des Klimawandels.

Im Rahmen der Klimaklage vor dem VG Berlin stellte sich die Frage, inwieweit zukünftiges Eigentum bereits unter Art. 14 I GG fällt, da sich die Kläger*innen als Kinder und zukünftige Erb*innen von Betriebsinhaber*innen bereits auf Art. 14 I GG beriefen.[1289] Das VG Berlin verneinte dies und stellte fest, dass nur Eigentumspositionen geschützt seien, die Rechtssubjekten bereits zustehen.[1290] Jedoch gelten die Schutzpflichten nach dem Klimabeschluss des Bundesverfassungsgerichts zumindest objektiv-rechtlich auch für zukünftige Generationen. Insofern muss es auch eine Rolle spielen, inwiefern das Eigentum in Zukunft betroffen sein wird.

Klimawandelbedingte Schäden insbesondere an Eigentum können mittlerweile wissenschaftlich belegt werden. So zeigte ein vom Bundesministerium für Wirtschaft und Klimaschutz (BMWK) und vom Bundesministerium für Umwelt, Naturschutz, nukleare Sicherheit und Verbraucherschutz (BMUV) in Auftrag gegebenes Projekt mit dem Namen „Kosten durch Klimawandelfolgen in Deutschland", dass in Deutschland seit dem Jahr 2000 im Durchschnitt jährlich mindestens 6,6 Milliarden Euro Schäden entstanden sind.[1291] Der Bericht weist jedoch darauf hin, dass mit der Studie nicht alle Kosten des Klimawandels abgedeckt werden können, da sich viele Schäden nicht in Geld messen lassen oder noch nicht gemessen wurden wie etwa der Biodiversitätsverlust oder die Gesundheitskosten.[1292] Die Studie berechnete, dass monetarisierbare Schäden, die durch Extremwetter in Deutschland zwischen 2018 und 2021 verursacht wurden, über 80 Milliarden Euro betragen.[1293] Allein die monetären Schäden durch die Fluten im Sommer 2021 lagen bei über 40 Milliarden Euro.[1294]

1288 Das Recht am eingerichteten und ausgeübten Gewerbebetrieb umfasst nicht nur Betriebe im Sinne der Gewerbeordnung, sondern „jedes auf Erwerb ausgerichtete **Unternehmen.** Einbezogen sind daher auch die Betriebe der **Urproduktion** (zB Landwirtschaft, Fischerei) […].", *Papier/ Shirvani*, in Dürig/ Herzog/ Scholz, GG, Art. 14, Rn. 203.

1289 Vgl. VG Berlin, Urt. v. 31.10.2019, Az.10 K 412.18, Rn. 71 (juris).

1290 VG Berlin, Urt. v. 31.10.2019, Az.10 K 412.18, Rn. 71 m.w.N. (juris).

1291 Siehe dazu die gemeinsame Pressemitteilung des BMUV und BMWK v. 18.07.2022, Pressemitteilung Nr. 101/22, abrufbar unter www.bmuv.de/pressemitteilung/hitze-duerre-starkregen-ueber-80-milliarden-euro-schaeden-durch-extremwetter-in-deutschland; Prognos AG, Extremwetterschäden in Deutschland seit 2018, S. 1.

1292 Prognos AG, Extremwetterschäden in Deutschland seit 2018.

1293 Prognos AG, Extremwetterschäden in Deutschland seit 2018.

1294 Prognos AG, Extremwetterschäden in Deutschland seit 2018.

III. Schutzpflichtverletzung und Klimawandel

Für Art. 14 I GG ging das Bundesverfassungsgericht ebenfalls vom Bestehen einer Schutzpflicht aus, da auch für das Eigentum Schäden durch den Klimawandel drohen, wie beispielsweise im Bereich der Landwirtschaft, für Immobilien, oder im Zusammenhang mit dem „Schutz der Heimat".[1295] Es galt der gleiche Maßstab zur Überprüfung einer Verletzung wie für Art. 2 II 1 GG. Der Gesetzgeber habe einen weiten Spielraum, was dazu führte, dass ein Überschreiten und damit eine Schutzpflichtverletzung nicht festgestellt werden konnte.[1296] Die Schutzpflicht sei nicht verletzt, da dies nur der Fall sei, wenn gar keine Maßnahmen getroffen wurden oder wenn die Maßnahmen „offensichtlich ungeeignet oder völlig unzulänglich wären, das gebotene Schutzziel zu erreichen, oder wenn sie erheblich hinter dem Schutzziel zurückblieben [...]".[1297]

1. Evidenzmaßstab

Auch in Bezug auf Art. 14 I GG könnte bereits anhand des Evidenzmaßstabs eine Schutzpflichtverletzung angenommen werden, da die Reduktionsmaßgaben im KSG nicht auf das Ziel des KSG und damit auch nicht auf einen ausreichenden Schutz von Art. 14 I GG ausgerichtet sind, indem sie die Kipppunkte nicht vermeiden.[1298]

Beim Überschreiten von Kipppunkten gerät der Klimawandel außer Kontrolle und Klimaschutzvorschriften gewährleisten keinen angemessenen Schutz des Eigentumsgrundrechts mehr, da Gefahren für das Eigentum nicht abzusehen sind und enorme Ausmaße annehmen. Maßnahmen, die nicht darauf ausgerichtet sind, die Kipppunkte im Klimasystem zu vermeiden, sind demnach evident ungeeignet, den Schutz von Art. 14 I GG zu erreichen, da sie den Klimawandel nicht begrenzen. In Bezug auf Art. 14 I GG dürfen deswegen Anpassungsmaßnahmen ebenfalls erst zur Erfüllung der Schutzpflichten herangezogen werden, wenn das Eintreten von Kipppunkten mit Maßnahmen der Treibhausgasreduktion bestmöglich eingedämmt ist.

1295 BVerfGE 157, 30, 123 f.

1296 BVerfGE 157, 30, 124.

1297 BVerfGE 157, 30, 124 m.w.N.

1298 Vgl. die Argumentation innerhalb der Evidenzprüfung von Art. 2 II 1 GG, 5. Teil, C. III. 2. a).

Hinzu kommt, dass Anpassungsmaßnahmen zum Schutz des Eigentums aus Art. 14 I GG im Vergleich zu Möglichkeiten für den Schutz von Leben und Gesundheit nicht so einfach umzusetzen sind. Die vielen „weichen Maßnahmen", die es hinsichtlich Art. 2 II 1 GG gibt, stehen für Art. 14 I GG weniger zur Verfügung. Es muss zwar eine Anpassung technischer Normen und Regelungen erfolgen sowie spezielle Fortbildungen für Personen geben, die im Bausektor tätig sind.[1299] Daneben geht es aber insbesondere darum, bauliche und gestalterische Maßnahmen zu ergreifen, die kostspielig sind und viele Jahrzehnte benötigen, um wirksam zu werden. Eine Anpassungsmaßnahme für Wälder ist beispielsweise der sog. Waldumbau, der sehr teuer ist und Zeit benötigt.[1300] Maßnahmen für das Bauwesen betreffen zum Beispiel den Um- oder Neubau, um Gebäude besser vor Schäden zu schützen, die Veränderung der Vegetation in Städten, Standortentscheidungen oder Hochwasserschutz.[1301] Für diese Maßnahmen wird eine Anpassungsdauer von 10 bis 50 Jahren, teilweise über 50 Jahren veranschlagt.[1302] Hinzu kommt, dass sehr viele Bereiche betroffen sind. Neben dem Bauwesen und der Forstwirtschaft sind es insbesondere die Handlungsfelder Boden und Landwirtschaft.[1303]

Dies sind weitere Argumente dafür, warum der Klimawandel in erster Linie an seiner Entstehung bekämpft werden muss. Außerdem muss das bereits genannte Argument, dass Anpassungsmaßnahmen größeren Erfolg versprechen, wenn der Klimawandel nicht so weit fortschreitet, Berücksichtigung finden. So sind beispielsweise die Risiken für Schäden an Gebäuden durch Flusshochwasser mit den bereits beschlossenen Anpassungsmaßnahmen geringer bei einem optimistischen Klimaszenario als bei einem pessimistischen Klimaszenario.[1304]

2. Untermaßverbot

Im Hinblick auf das Untermaßverbot gilt wie bei Art. 2 II 1 GG, dass die Maßnahmen *wirksam* sein müssen, das Eintreten von Kipppunkten zu vermeiden. Spätestens hierdurch werden Anpassungsmaßnahmen bis zum Vermeiden der Kipppunkte zur Schutzpflichterfüllung ausgeschlossen. Mit

1299 Siehe UBA, Klimawirkungs- und Risikoanalyse, S. 79 f.
1300 UBA, Klimawirkungs- und Risikoanalyse, S. 61 f.
1301 UBA, Klimawirkungs- und Risikoanalyse, S. 79 f.
1302 UBA, Klimawirkungs- und Risikoanalyse, S. 80 f.
1303 Siehe UBA, Klimawirkungs- und Risikoanalyse, S. 50 ff., 54 ff.
1304 UBA, Klimawirkungs- und Risikoanalyse, S. 81, Tabelle 18.

einem Treibhausgasbudget können die Kipppunkte wirksam vermieden werden.

Zudem ergibt sich im Vergleich zu Art. 2 II 1 GG aufgrund der örtlichen Gebundenheit des Eigentums teilweise eine bessere Möglichkeit zur Vorhersage von Eigentumsschäden. Je nach Lage des Eigentums (in Küstennähe, in einem Hochwassergebiet oder in einem Waldbrandgebiet) können Gefahren durch den steigenden Meeresspiegel, Sturmfluten, Hochwasser und Waldbrände für wahrscheinlich erklärt werden. Diese Möglichkeiten, sich ein sicheres Bild zu machen, verengen den Spielraum der Gesetzgebung.

Hinsichtlich der Wertigkeit der Rechtsgüter stehen Leben und Gesundheit zwar deutlich über dem Eigentum[1305], jedoch handelt es sich beim Eigentum ebenfalls um ein grundlegendes Recht der Verfassung. Das Bundesverfassungsgericht hat entschieden, dass „[d]as Eigentum [...] ebenso wie die Freiheit ein elementares Grundrecht [ist]; das Bekenntnis zu ihm ist eine Wertentscheidung des Grundgesetzes von besonderer Bedeutung für den sozialen Rechtsstaat."[1306]

Insofern ist auch unter Rückgriff auf das Untermaßverbot und unter Bezugnahme auf die Art der Gefahr und die Möglichkeit, sich ein hinreichendes Bild zu schaffen, das Untermaß hier evident verletzt, da nicht gewährleistet ist, das Eintreten von Kipppunkten wirksam mithilfe eines Treibhausgasbudgets zu verhindern.

IV. Fazit

Das Eigentum wird durch den Klimawandel verletzt und gefährdet. Eine Schutzpflichtverletzung konnte das Bundesverfassungsgericht 2021 nicht feststellen. Es hat sich jedoch gezeigt, dass Ansatzpunkte vorhanden sind, neben einer Schutzpflichtverletzung von Art. 2 II 1 GG auch die Schutzpflichten aus Art. 14 I GG als verletzt anzusehen.

1305 *Isensee*, in Isensee/ Kirchhof (Hrsg.), HStR, Bd. IX, § 191, Rn. 270.
1306 BVerfGE 14, 263, 277.

E. Art. 12 I GG und Klimaschutz

Das Bundesverfassungsgericht lehnte eine Prüfung von Art. 12 I GG im Klimabeschluss 2021 ab.[1307] Die Beschwerdeführenden trugen vor, sie könnten landwirtschaftliche Betriebe und Hotels der Eltern nicht weiterbetreiben, jedoch sah das Bundesverfassungsgericht keine „über den Schutz des Sacheigentums hinausgehende Schutzpflicht".[1308]

Da Art. 12 I GG Gewinnchancen und etwa den Erhalt von Arbeitsplätzen nicht gewährleistet, ist ihm keine große Bedeutung zuzusprechen.[1309] Grundsätzlich enthält jedoch auch Art. 12 I GG eine Schutzkomponente, sodass der Staat vor Beeinträchtigungen durch Dritte schützen muss.[1310] Die Schutzpflichtenrechtsprechung des Bundesverfassungsgerichts zu Art. 12 I GG bezog sich jedoch bislang insbesondere auf den Schutz im Rahmen privatrechtlicher Vertragsgestaltung (z. B. Kleinbetrieblicher Kündigungsschutz[1311]).[1312]

Die beruflichen Beeinträchtigungen durch den Klimawandel sind mit Art. 12 I GG und seinen herkömmlichen Voraussetzungen hingegen schwer zu fassen. Jede Auswirkung des Klimawandels betrifft die Berufsfreiheit in irgendeiner Form. Im Rahmen der abwehrrechtlichen Prüfung von Art. 12 I GG wird gefordert, dass im staatlichen Eingriff eine berufsregelnde Tendenz zu erkennen sein muss, um den Begriff nicht auf Eingriffe auszudehnen, die lediglich die allgemeine Handlungsfreiheit betreffen, nicht jedoch die Berufsfreiheit.[1313] Um die Schutzpflichten in Bezug auf Art. 12 I GG anwenden zu können, müssten die „privatrechtlichen Beeinträchtigungen" die Beschränkungen der Berufsfreiheit in irgendeiner Form in berufsregelnder Tendenz bezwecken. Dies ist jedoch nicht der Fall, da der Klimawandel und seine Folgen die Beeinträchtigungen nur mittelbar mit sich bringen. Auf diese Konstellation lässt sich eine Schutzpflicht aus Art. 12 I GG nicht sinnvoll anwenden. Hinsichtlich Art. 12 I GG bestehen erhebliche Unter-

---

1307 BVerfGE 157, 30, 91.

1308 BVerfGE 157, 30, 91.

1309 *Buser*, DVBl 2020, 1389, 1391 m.w.N.; a. A. *Groß*, EurUP 2019, 353, 361, der auf die Unternehmensfreiheit abstellt.

1310 *Bumke/ Voßkuhle*, Casebook Verfassungsrecht, S. 254, Rn. 1038, S. 268 f., Rn. 1100 ff.; *Weinrich*, Die grundrechtlichen Umweltschutzpflichten des Staates, S. 152 m.w.N.

1311 BVerfGE 97, 169, 175.

1312 Dazu auch *Bumke/ Voßkuhle*, Casebook Verfassungsrecht, S. 268 ff., Rn. 1100 ff. m.w.N.

1313 *Bumke/ Voßkuhle*, Casebook Verfassungsrecht, S. 257 f., Rn. 1058 ff.

schiede zu Art. 2 II 1 GG und Art. 14 I GG. Art. 12 I GG hat somit, wenn es um die Auswirkungen des Klimawandels und die Schutzpflichten geht, kaum Bedeutung.

F. Ökologisches Existenzminimum und Recht auf menschenwürdige Zukunft

Die Existenz eines ökologischen Existenzminimums wird unterschiedlich beurteilt.[1314] Teilweise wird es aus Art. 1 I GG i.V.m. Art. 20a GG hergeleitet[1315], teilweise auch aus Art. 1 I GG i.V.m. Art. 2 II GG und Art. 20a GG.[1316] Ein auf die Menschen ausgerichtetes Grundrecht auf ein ökologisches Existenzminimum soll eine Umwelt garantieren, in der die Gesundheit und das Leben der Menschen gewahrt werden, in der zum anderen aber auch ein menschenwürdiges Leben möglich ist.[1317] Das ökologische Existenzminimum wird mit den planetaren Belastungsgrenzen verknüpft, sodass aus dem ökologischen Existenzminimum in jedem Fall das Vermeiden von Kipppunkten folge, da bei irreversiblen Umweltschäden der verfassungsrechtliche Schutz nicht mehr in ausreichendem Maße gewährleistet sei.[1318]

Wie bereits oben aufgezeigt (C. III.) kann bereits aus Art. 2 II 1 GG das Vermeiden von Kipppunktüberschreitungen gefolgert werden, da bei einem unumkehrbaren und unaufhaltsamen Klimawandel das Schutzniveau von Art. 2 II 1 GG nicht hinreichend gewährleistet ist. Der Klimawandel muss, um ausreichend Schutz für Art. 2 II 1 GG zu gewährleisten, begrenzt werden, da andernfalls die Folgen für Leben und körperliche Unversehrtheit unabsehbar und unbeherrschbar werden. Insofern liegen die Grundgedanken des „Grundrechts auf ein ökologisches Existenzminimum" (insbesondere die planetaren Belastungsgrenzen und die Vermeidung von Kipppunkten) bereits Art. 2 II 1 GG zugrunde, sodass es einer eigenen Anerkennung eines Rechts auf ein ökologisches Existenzminimum nicht bedarf.

1314 Ablehnend mangels „konkreten Belastungsschwellen" *Voßkuhle*, NVwZ 2013, 1, 6; *Winkler*, Klimaschutzrecht, S. 105; bejahend u. a. *Buser*, DVBl 2020, 1389; *Calliess*, ZUR 2021, 323 ff.; offen im Klimabeschluss, BVerfGE 157, 30, 95 ff.

1315 *Buser*, DVBl 2020, 1389, 1391.

1316 *Calliess*, ZUR 2021, 323, 329.

1317 *Calliess*, ZUR 2021, 323, 329; *Buser*, DVBl 2020, 1389, 1391 f.; zum ökologischen Existenzminimum auch *Bickenbach*, in FS Dörr, S. 135, 144 f.

1318 *Calliess*, ZUR 2021, 323, 329 f.; *Buser*, DVBl 2020, 1389, 1392; so im Ergebnis auch *Kalis*, in Rodi (Hrsg.), KlimaschutzR-HdB, § 6, Rn. 26.

G. Art. 11 GG und Klimaschutz

Da das Bundesverfassungsgericht den Schutzbereich von Art. 11 GG sehr eng auslegt, wird Art. 11 GG für irrelevant gehalten, selbst wenn Gebiete an den Küsten beispielsweise durch Überflutungen unbewohnbar werden sollten.[1319]

H. Einfluss des EGMR auf Klimaschutz?

Bisher gibt es noch keine wegweisende Entscheidung des EGMR in Bezug auf dem Klimaschutz. Es sind jedoch einige Klimaklagen dort anhängig.[1320]

Durch die Rechtsprechung des Bundesverfassungsgerichts gilt die EMRK auf Ebene des einfachen Bundesrechts.[1321] Die Gerichte sind dadurch nach Art. 20 III GG verpflichtet, die EGMR-Rechtsprechung zu berücksichtigen. Sollte eine Entscheidung durch den EGMR getroffen werden, kann diese in Zukunft auch richtungsweisend für die Entwicklung des Verfassungsrechts werden.

I. Fazit

Das Bundesverfassungsgericht hat den Einfluss des Grundgesetzes auf den Klimaschutz im Klimabeschluss 2021 gestärkt, ist jedoch in mehreren Punkten hinter dem an sich erforderlichen Schutz vor dem Klimawandel und dessen Folgen zurückgeblieben, obwohl das Verfassungsrecht eine Reihe darüber hinausgehender Anknüpfungspunkte für verschärften Klimaschutz bietet. Insbesondere die Gesetzgebung wäre hinsichtlich strengerer Klimaschutzmaßnahmen durch das Verfassungsrecht in der Pflicht zum Handeln. Aber auch die Gerichte können aufgrund der globalen und apokalyptischen Folgen und der enormen Wichtigkeit der betroffenen Rechtsgüter strengere Maßstäbe bei der Kontrolle anlegen. Ob das Verfassungsrecht noch weitere Impulse durch die internationale Ebene, insbesondere den EGMR erhält, bleibt abzuwarten.

1319 *Groß*, EurUP 2019, 353, 361 m.w.N.; a. A. *Weinrich*, Die grundrechtlichen Umweltschutzpflichten des Staates, S. 148-152.

1320 Dazu 3. Teil, C. IV.-VI.

1321 BVerfGE 82, 106, 114.

6. Teil: Prozessrechtliche Hürden – Verfassung und Gerichtszugang

Eine entscheidende Hürde, um Klimaschutz überhaupt im gerichtlichen Verfahren geltend machen zu können, liegt in vielen Fällen in den prozessrechtlichen Zulässigkeitsvoraussetzungen. Die Klimaklage „Peoples-Climate Case" auf EU-Ebene etwa scheiterte an den Voraussetzungen („Plaumann-Formel"), die der EuGH an die Zulässigkeit von Klagen stellt. Die erste Klimaklage auf deutscher Ebene vor dem VG Berlin, für die die Klagebefugnis verneint wurde, hatte aufgrund des Prüfungsmaßstabs in der Zulässigkeit ebenfalls keinen Erfolg.[1322] Die Verfassungsbeschwerden, die dem Klimabeschluss 2021 zugrunde lagen, konnten die Zulässigkeitsvoraussetzungen hingegen erfüllen, da das Bundesverfassungsgericht insoweit andere Maßstäbe ansetzte.[1323]

Der Klimabeschluss und die Anforderungen, die das Bundesverfassungsgericht in der Zulässigkeit aufstellte, werden in diesem Teil im Mittelpunkt stehen. Zudem spielte Verfassungsrecht in der Klage vor dem VG Berlin eine Rolle, weswegen auch auf den verfassungsrechtlichen Einfluss für den Zugang zu den Verwaltungsgerichten eingegangen wird.

Zunächst geht es um die prozessualen Voraussetzungen für eine Verfassungsbeschwerde vor dem Bundesverfassungsgericht (A.) in Bezug auf den Klimaschutz. Dabei wird zwischen natürlichen (I.) und juristischen Personen (II.) unterschieden. Für die Zulässigkeit einer Verfassungsbeschwerde von natürlichen Personen vor dem Bundesverfassungsgericht kommt es insbesondere auf die Beschwerdebefugnis an. Anschließend wird es um die prozessualen Voraussetzungen des Verwaltungsrechtswegs gehen (B.), wo ebenfalls zwischen natürlichen Personen (I.) und Verbänden (II.) unterschieden wird. Vor den Verwaltungsgerichten spielt die Klagebefugnis die entscheidende Rolle.

1322 Zu den beiden genannten Verfahren siehe 3. Teil, A. I und C. I.

1323 BVerfGE 157, 30, 87 ff.; kritisch zu den Maßstäben *Haratsch*, in FS Dörr, S. 153, 161 ff.

A. Bundesverfassungsgericht – Beschwerdebefugnis der Verfassungsbeschwerde

Die größte Bedeutung für bisherige Klimaklagen auf deutscher Ebene spielte durch das Erheben von Verfassungsbeschwerden durch natürliche Personen das Bundesverfassungsgericht und damit die Beschwerdebefugnis.[1324] Damit eine Verfassungsbeschwerde natürlicher Personen zulässig ist, muss grundsätzlich die Möglichkeit einer Grundrechtsverletzung bestehen, Art. 93 I Nr. 4a GG, § 90 I BVerfGG. Zudem muss die Betroffenheit selbst, gegenwärtig und unmittelbar vorliegen.[1325] Darüber hinaus hat das Bundesverfassungsgericht in seiner früheren Rechtsprechung strengere Voraussetzungen in der Zulässigkeit gefordert, wenn es um eine Verfassungsbeschwerde ging, die sich auf die Verletzung einer Schutzpflicht stützte.[1326] So musste bereits im Rahmen der Zulässigkeit dargelegt werden, „dass die öffentliche Gewalt Schutzvorkehrungen entweder überhaupt nicht getroffen hat oder dass offensichtlich die getroffenen Regelungen und Maßnahmen gänzlich ungeeignet oder völlig unzulänglich sind, das Schutzziel zu erreichen […]“.[1327] Im Klimabeschluss 2021 wurde jedoch ersichtlich, dass das Bundesverfassungsgericht die „herkömmlichen“ Voraussetzungen der Möglichkeit einer Grundrechtsverletzung und der qualifizierten Betroffenheit ausreichen lässt.[1328] Insofern hat es die Anforderungen an die Zulässigkeit in Bezug auf Schutzpflichtverletzungen bereits in diesem Punkt gelockert.

Nach Erhebung der ersten vier Verfassungsbeschwerden auf deutscher Ebene und vor dem Klimabeschluss 2021 wurde die Beschwerdebefugnis viel diskutiert.[1329] Auch nach dem Klimabeschluss bleibt die Beschwerdebefugnis weiter in der Diskussion. Letztendlich hat das Bundesverfassungsgericht das Bestehen einer Schutzpflicht vor Gefahren des Klimawandels bejaht und die intertemporalen Freiheitsrechte anerkannt und die

---

1324 Zu den Verfahren 3. Teil, B.

1325 Umfassend zur Beschwerdebefugnis *Bethge*, in Schmidt-Bleibtreu/ Klein/ Bethge, BVerfGG, § 90, Rn. 336 ff.; bereits BVerfGE 1, 97, 101; BVerfGE 100, 313, 354; BVerfGE 109, 279, 305, st.Rspr.

1326 BVerfG, Beschl. v. 18.02.2010 – 2 BvR 2502/08, NVwZ 2010, 702; BVerfGE 77, 170.

1327 BVerfG, Beschl. v. 18.02.2010 – 2 BvR 2502/08, NVwZ 2010, 702, 704 m.w.N.; so auch BVerfGE 77, 170, 215.

1328 BVerfGE 157, 30, 90 ff., 93 ff., 98 ff., 105 ff.

1329 Etwa *Stürmlinger*, EurUP 2020, 169, 179 ff.; *Kahl*, JURA 2021, 117, 123 ff., die jedoch beide im Ergebnis bereits das Bejahen der Beschwerdebefugnis für möglich hielten.

Beschwerdebefugnis der Privatpersonen sehr weit interpretiert, wodurch die Beschwerdebefugnis zumindest von Privatpersonen in diesem Fall kein Hindernis für das gerichtliche Verfahren darstellte.[1330]

I. Natürliche Personen und Klimawandel

Die wichtigsten Impulse der Rechtsprechung für die Beurteilung der Beschwerdebefugnis in Bezug auf die Klimaklagen gingen bisher vom Klimabeschluss 2021 aus. Aber auch der Nichtannahmebeschluss zu den Landesklimagesetzen 2022 lässt weitere Schlüsse zu. Die im Zusammenhang mit dem Klimawandel in Betracht kommenden Grundrechte sind insbesondere Art. 2 II 1 GG, Art. 14 I GG und die intertemporalen Freiheitsrechte.[1331] Art. 20a GG eignet sich nicht für die Beschwerdebefugnis, weil die Staatszielbestimmung kein subjektives Recht enthält.[1332] Daneben gibt es keine weiteren verfassungsrechtlichen Grundlagen, die für die Beschwerdebefugnis in Betracht kommen.[1333]

1. Möglichkeit einer Grundrechtsverletzung

Gem. Art. 93 I Nr. 4a GG müssen Beschwerdeführende einer Verfassungsbeschwerde behaupten, durch die öffentliche Gewalt in Grundrechten oder grundrechtsgleichen Rechten verletzt zu sein. Um diese Voraussetzung zu erfüllen, genügt es, dass eine Verletzung zumindest *möglich* erscheint.[1334] Durch diese Anforderung wird der Charakter der Verfassungsbeschwerde deutlich, die dazu dient, die Verletzung subjektiver Rechte geltend zu machen und die nicht die Funktion hat, objektives Recht zu kontrollieren.[1335]

1330 Kritisch zur weiten Auslegung des BVerfG *Ruttloff/ Freihoff*, NVwZ 2021, 917, 921 f.

1331 Dazu Teil 5.

1332 BVerfGE 157, 30, 95; ebenfalls gegen den Zugang zu Gericht durch Art. 20a GG bereits *Kloepfer*, Umweltrecht, § 3, Rn. 24.

1333 Siehe Teil 5 und vgl. den Klimabeschluss BVerfGE 157, 30, 95 ff., 107, in dem das BVerfG ein ökologisches Existenzminimum, ein Recht auf menschenwürdige Zukunft und ein Grundrecht auf eine umwelt- und klimaschonende Lebensweise zur Begründung der Beschwerdebefugnis ablehnte.

1334 Vgl. etwa BVerfGE 64, 367, 375.

1335 *Walter*, in Dürig/ Herzog/ Scholz, GG, Art. 93, Rn. 350 m.w.N.; vereinzelt wird vertreten, dass es keine Rolle spiele, ob konkrete Beeinträchtigungen vorliegen, da die Schutzpflichten so zu interpretieren seien, dass sie die elementare Freiheit schützen, welche künftig für alle Menschen bedroht sein wird, siehe Verfassungs-

Im Rahmen der Möglichkeit einer Grundrechtsverletzung sind bereits mehrere Aspekte zu untersuchen. Zunächst wurde durch die Klima-Verfassungsbeschwerden, erhoben von ausländischen Beschwerdeführenden, die Frage aufgeworfen, inwiefern sich auch im Ausland lebende Menschen vor deutschen Gerichten gegen deutsches Klimaschutzrecht wehren können. Daneben ist zu untersuchen, welche Normen die Möglichkeit welcher Verletzung begründen können.

Zudem stellen sich aufgrund der Komplexität des Klimawandels vor allem zwei Fragen im Rahmen der Möglichkeit einer Grundrechtsverletzung: Zunächst handelt es sich beim Klimawandel um ein globales Problem, sodass es für Deutschland nicht möglich ist, den Klimawandel alleine zu bekämpfen. Wenn es jedoch der deutschen Staatsgewalt nicht möglich ist, durch strengere Klimaschutzvorschriften die Rechtsverletzungen zu vermeiden, könnte auch die Möglichkeit einer Verletzung durch unzureichende Klimaschutzmaßnahmen ausgeschlossen sein. Zudem stellen sich Kausalitätsfragen. Auf die genannten Aspekte wird im Folgenden eingegangen.

a) Herkunft der Beschwerdeführenden

Die Grundrechtsbindung der öffentlichen Gewalt erstreckt sich jedenfalls auf das deutsche Staatsgebiet (Art. 1 III GG), sodass die Möglichkeit einer Grundrechtsverletzung von Beschwerdeführenden, die in den sachlichen Schutzbereich eines Grundrechts fallen und deren Rechtsgüter durch die deutsche Staatsgewalt auf deren Gebiet bedroht sind, keine Probleme bereitet.[1336]

Eine offene Frage ist jedoch, inwieweit die deutsche Gewalt aufgrund der Grundrechte im Grundgesetz Menschen im Ausland schützen muss.[1337] Die Frage kann an dieser Stelle nicht abschließend beantwortet werden. Es sollen jedoch einige Argumente mit Beispielen aus der aktuellen Rechtsprechung aufgegriffen werden.

---

beschwerde Baumann Rechtsanwälte, 22.11.2018, S. 69 ff. Diese Auffassung überzeugt jedoch aufgrund des Sinns und Zwecks der Verfassungsbeschwerde nicht.

1336 Vgl. *Eifert,* JURA 2021, 1085, 1088.

1337 BVerfGE 157, 30, 91 f.; siehe dazu in der abwehrrechtlichen Konstellation BVerfGE 154, 152, 205.

Im Klimabeschluss 2021 sah das Bundesverfassungsgericht die Schutzverpflichtung gegenüber im Ausland lebenden Ausländer*innen nicht von vornherein als ausgeschlossen an und bejahte zumindest die Möglichkeit einer Grundrechtsverletzung auch für die Beschwerdeführenden aus Nepal und Bangladesch.[1338] Insofern wurde die Frage, ob Schutzpflichten in Bezug auf den Klimaschutz generell auch im Ausland Anwendung finden, bejaht.[1339]

Die Anerkennung der Möglichkeit einer Grundrechtsverletzung von ausländischen Beschwerdeführenden überzeugt zunächst aus einem ethischen Argument und der Tatsache, dass der globale Süden erheblich stärker vom Klimawandel betroffen sein wird und bereits betroffen ist als etwa Deutschland, aber gleichzeitig im Gegensatz zu den Industrieländern nicht als Hauptverursacher des Klimawandels gilt.[1340] Auch die physikalischen Erkenntnisse zur Entstehung des Klimawandels, nämlich dass die Treibhausgase nicht lokal wirken, sondern sich in der Atmosphäre ansammeln und verteilen und dadurch global wirken[1341], sprechen dafür, die weltweiten Auswirkungen zu berücksichtigen. Zudem hat das Bundesverfassungsgericht in einer Entscheidung zur Grundrechtsbindung des Bundesnachrichtendienstes zumindest in der grundrechtlichen Abwehrkonstellation eine Grundrechtsbindung der deutschen Gewalt im Ausland an die Grundrechte auch gegenüber im Ausland lebenden Ausländer*innen festgestellt.[1342] Das im BND-Urteil genannte Wortlautargument, nämlich dass die Bindung deutscher Staatsgewalt gem. Art. 1 III GG keiner räumlichen Grenze unterliegt, womit von einer „umfassenden Bindung der deutschen Staatsgewalt“ auszugehen sei[1343], überträgt das Bundesverfassungsgericht im Klimabeschluss auf den Klimaschutz.[1344]

Letztendlich legte es im Rahmen der Begründetheit für ausländische Beschwerdeführende insbesondere aufgrund der fehlenden Möglichkeit zur

1338 BVerfGE 157, 30, 91 f.

1339 Siehe dazu und zu den Streitpunkten vor dem Klimabeschluss 2021 *Weinrich*, UWP 2021, 238, 240 m.w.N.

1340 Vgl. *Ekardt*, Theorie der Nachhaltigkeit, S. 286 ff.

1341 Siehe dazu *Frank*, NVwZ 2017, 664, 667.

1342 BVerfGE 154, 152, 215; das BVerfG nimmt auch im Klimabeschluss Bezug zu dieser Entscheidung, siehe BVerfGE 157, 30, 125 f.; siehe zur BND-Entscheidung und seiner als hoch eingestuften „Wirkmächtigkeit“ *Schmahl*, NJW 2020, 2221.

1343 BVerfGE 154, 152, 215 ff.

1344 BVerfGE 157, 30, 125 f. m.w.N.

Ergreifung von Anpassungsmaßnahmen einen anderen Maßstab an.[1345] Dem Bundesverfassungsgericht lässt sich insoweit zustimmen, dass die Bindung der Staatsgewalt hinsichtlich eines Unterlassens nicht so genau erfasst werden kann wie bei einem aktiven Handeln. Jedoch wäre es bei einer umfassenden Bindung der Staatsgewalt in Bezug auf den Klimaschutz denkbar, dass sie im Rahmen der Schutzpflichterfüllung, etwa bei der Grenzwertfestlegung, nicht lediglich die Gefahren auf deutscher Ebene in die Bewertung einfließen lässt, sondern zur Beurteilung einer Schutzpflichterfüllung auch die internationalen Auswirkungen in den Blick nimmt. Dann könnten Beschwerdeführende die Möglichkeit einer Grundrechtsverletzung vorbringen, wenn drohende Gefahren durch den Klimawandel etwa bei der Festlegung von Klimazielen nicht ausreichend berücksichtigt wurden. Zudem wurde gezeigt, dass eine andere Beurteilung erfolgen könnte, ließe man Anpassungsmaßnahmen nicht zur Schutzpflichterfüllung zu, solange Kipppunkte nicht vermieden sind.[1346] Außerdem führte das Bundesverfassungsgericht im BND-Urteil für die Grundrechtsbindung im Ausland das Argument „der Einbindung der Bundesrepublik in die internationale Staatengemeinschaft“ an.[1347] Dieses Argument wiegt im Zusammenhang mit dem Klimaschutz aufgrund der Globalität des Problems und der internationalen Dimension von Art. 20a GG[1348] noch schwerer.

Auf das Urteil zum Bundesnachrichtendienst stützte sich 2020 auch das Bundesverwaltungsgericht, als in einem verwaltungsgerichtlichen Verfahren die Frage aufkam, ob sich jemenitische Staatsangehörige auf eine Schutzpflichtverletzung von Art. 2 II 1 GG berufen können, da sie durch Drohneneinsätze der USA, die wiederum eine Einrichtung in Deutschland nutzen (Air Base Ramstein), bedroht seien.[1349] Das Bundesverwaltungsgericht sah es zumindest nicht von vornherein als ausgeschlossen an, dass auch eine Schutzpflicht für im Ausland lebende Ausländer*innen vor völkerrechtswidrigen Handlungen, die von deutschem Staatsgebiet ausgehen, bestehe.[1350]

Insofern lässt sich die Möglichkeit einer Grundrechtsverletzung durch mangelnden Klimaschutz aufgrund des verfassungsrechtlichen Einflusses

1345 BVerfGE 157, 30, 126 f.; kritisch zu dem Maßstab bereits Teil 5, C. III. 2. a) cc) (5).
1346 Teil 5, C. III. 2. a) cc) (5).
1347 BVerfGE 154, 152, 218 ff.
1348 Siehe oben Teil 5. B. II. 2.
1349 BVerwG, Urt. v. 25.11.2020 – 6 C 7/19, NJW 2021, 1610 ff.
1350 BVerwG, Urt. v. 25.11.2020 – 6 C 7/19, NJW 2021, 1610, 1613; zu dem Urteil des BVerwG wird noch eine Entscheidung des BVerfG erwartet.

grundsätzlich auch gegenüber im Ausland lebender Beschwerdeführender bejahen.

Eine weitere offene Frage im Feld der internationalen Beschwerdeführenden wäre, inwieweit andere Maßstäbe hinsichtlich Beschwerdeführender aus einem EU-Mitgliedstaat gelten müssten, falls diese Verletzungen vor deutschen Gerichten vortragen. Für diese gilt das Diskriminierungsverbot von Art. 18 I AEUV.

b) Mögliche Rechtsverletzung und sie verursachende Vorschriften

Hinsichtlich der Rechtsverletzungen, die möglich erscheinen, kann zwischen zwei verschiedenen Arten unterschieden werden. Zum einen drohen Rechtsgutsverletzungen durch die Gefahren des Klimawandels selbst, insbesondere von Art. 2 II 1 GG und Art. 14 I GG und zum anderen sind zukünftige Freiheitsrechte gefährdet, da in Zukunft sehr strenge Maßnahmen für die Reduktion von CO2 nötig werden können.[1351] Die konkret drohenden Verletzungen wurden oben vorgestellt.[1352]

Die beiden Arten von Gefahren werden durch Normen verursacht, die die Zulassung von Treibhausgasemissionen (insbesondere CO2) regeln.[1353] Vorschriften, die Treibhausgase zulassen, sorgen zum einen dafür, dass der Klimawandel weiter voranschreiten kann, wodurch Gefahren für Leib, Leben oder Eigentum entstehen können.[1354] Zudem bestimmen diese Normen, wie viele Treibhausgase des verbleibenden Budgets aufgebraucht werden können, weswegen sie möglicherweise die zukünftigen Freiheitsrechte verletzen.[1355] Im Nichtannahme-Beschluss zu den Landesklimaklagen 2022 wiederholte und festigte das Bundesverfassungsgericht die Voraussetzungen für die Beschwerdebefugnis, die sich auf die Verletzung intertemporaler Freiheitsrechte stützt.[1356]

Um die Beschwerdebefugnis hinsichtlich der Verletzung von zukünftigen Freiheitsrechten zu begründen, muss dargelegt werden, *„inwiefern die angegriffene Regelung eingriffsähnliche Vorwirkung entfaltet. Eine eingriffsähnli-*

1351 Dazu Teil 4 und Teil 5.

1352 Teil 5; kritisch zum subjektiv-rechtlichen Ansatz *Ladeur*, RuP 2021, 13, 28 ff.

1353 Dem Klimabeschluss 2021 lagen etwa § 3 I 2, § 4 I 3 KSG i.V. m. Anlage 2 zugrunde.

1354 So das BVerfG im Klimabeschluss 2021, siehe BVerfGE 157, 30, 92.

1355 BVerfGE 157, 30, 102 f.

1356 BVerfG, Beschl. v. 18.01.2022 – 1 BvR 1565/21 u. a., NJW 2022, 844 ff.

che Vorwirkung setzt hier voraus, dass der jeweilige Gesetzgeber selbst einem grob erkennbaren Budget insgesamt noch zulassungsfähiger CO2-Emissionen unterliegt. Zur Begründung der Rüge, künftige Freiheit werde unverhältnismäßig beschränkt, muss sich die Verfassungsbeschwerde außerdem grundsätzlich gegen die Regelung der Gesamtheit der gegenwärtig zugelassenen CO2-Emissionen und nicht bloß gegen punktuelles Tun oder Unterlassen des Staates richten."[1357]

Das Bundesverfassungsgericht lehnte im Klimaschutzbeschluss 2021 die Möglichkeit der Grundrechtsverletzungen durch weitere Vorschriften des KSG, namentlich § 4 III 2 KSG a.F. i.V.m. Art. 5 der Klimaschutzverordnung, § 4 V KSG a.F., § 4 VI KSG a.F. und §§ 8, 9 KSG a.F. ab.[1358]

c) Problematische Aspekte

Neben diesen beiden grundlegenden Aspekten bestehen aufgrund der Komplexität des Klimawandels insbesondere zwei Probleme, die entscheidend sind, um die Beschwerdebefugnis hinsichtlich der Schutzpflichten bejahen zu können.

aa) Globalität des Klimawandels

Das erste Problem betrifft die Globalität des Klimawandels. Deutschland kann den Klimawandel nicht alleine bekämpfen. Und auch wenn Deutschland seine Reduktionsziele verschärfen würde, wären noch immer Rechtsgutsverletzungen möglich, da der Klimawandel auch durch andere Staaten weiter verschärft werden kann.[1359] Jedoch machen auch diese Tatsachen einen deutschen Beitrag „weder unmöglich noch überflüssig".[1360] Die Verantwortlichkeit Einzelner entfällt nicht durch die Verpflichtung aller.[1361] Hierfür lässt sich auch das Pariser-Klimaabkommen heranziehen, das von

1357 BVerfG, Beschl. v. 18.01.2022 – 1 BvR 1565/21 u. a., NJW 2022, 844 *(Hervorhebung durch die Verfasserin)*; vgl. dazu erneut BVerfG, Beschl. v. 15.12.2022 – 1 BvR 2146/22.

1358 BVerfGE 157, 30, 92 f.

1359 Siehe zu diesem Problem bereits *Winkler*, Klimaschutzrecht, S. 87 f. m.w.N.

1360 BVerfGE 157, 30, 91.

1361 Siehe etwa *Buser*, DVBl 2020, 1389, 1393; *Heß/ Wulff*, EurUP 2020, 386, 391; *Kahl*, JURA 2021, 117, 127 f.

einer gemeinsamen, aber unterschiedlichen Verantwortung der Vertragsparteien spricht, Art. 2 II PA.[1362] Der Klimawandel entsteht durch das Zusammenwirken aller[1363], weswegen er auch nur durch das Zusammenwirken der Beteiligten aufgehalten werden kann. Es ist unmöglich für Deutschland, den Klimawandel alleine zu stoppen, deswegen darf die alleinige Bekämpfung auch nicht als Maßstab herhalten. Vielmehr muss der Maßstab das sein, was Deutschland selbst zum Klimawandel beiträgt und das sind die Emissionen, die vom deutschen Staat ausgehen.[1364] Nur wenn alle Staaten weltweit Treibhausgasneutralität erreichen, kann auf globaler Ebene Treibhausgasneutralität erreicht werden.

bb) Kausalität

Die Kausalität ist ein weiteres Problem, das insbesondere auch im Bereich des Zivilrechts diskutiert wird.[1365] Zwei Aspekte, die etwa im Zivilrecht unterschieden werden, sind die Einwirkungs- und die Verletzungskausalität.[1366] Bei der Einwirkungskausalität geht es um den Zusammenhang von konkreter Emission und der klimatischen Veränderung.[1367] Bei der Verletzungskausalität kommt es auf den Zusammenhang zwischen den Folgen des Klimawandels und der behaupteten Verletzung an.[1368]

Überträgt man den Gedanken der Einwirkungskausalität auf das Öffentliche Recht, ist dieser Aspekt nicht problematisch. Er kann vielmehr durch den Klimabeschluss des Bundesverfassungsgerichts von 2021 als geklärt angesehen werden. Die Tatsache, dass der Klimawandel ein globales Problem ist und die Emissionen Deutschlands im Sinne einer Alleinverantwortung nicht kausal sind, weil der Klimawandel auch durch andere Staaten weiter vorangetrieben wird und nur infolge der Summation von Treibhausgasen

---

1362 *Heß/ Wulff*, EurUP 2020, 386, 391; VG Berlin, Urt. v. 31.10.2019, Az.10 K 412.18, Rn. 74 (juris).

1363 Oben Teil 2; anschaulich *Frank*, NVwZ 2018, 960 f.

1364 Vgl. VG Berlin, Urt. v. 31.10.2019, Az.10 K 412.18, Rn. 74 (juris) m.w.N., das von einer Verantwortung Deutschlands für 2 % der weltweiten Treibhausgasemissionen ausging.

1365 Dazu etwa *Frank*, NJW 2010, 3691 ff.; *Frank*, NVwZ 2017, 664 ff.

1366 *Chatzinerantzis/ Appel*, NJW 2019, 881, 882; vgl. für das Öffentliche Recht in Bezug auf den Klimawandel bereits *Winkler*, Klimaschutzrecht, S. 84.

1367 Vgl. *Chatzinerantzis/ Appel*, NJW 2019, 881, 882.

1368 Vgl. *Chatzinerantzis/ Appel*, NJW 2019, 881, 882.

entsteht, ist zumindest in verfassungsrechtlicher Hinsicht kein Hindernis dafür, Schutzpflichten für Maßnahmen gegen den Klimawandel und zur Klimaanpassung anzuerkennen.[1369] Demnach genügt für die verfassungsrechtliche Beurteilung an dieser Stelle, dass die deutschen Emissionen mitursächlich sind.[1370]

Relevant ist jedoch der Gedanke der Verletzungskausalität. Denn die Möglichkeit einer Verletzung von Leben, körperlicher Unversehrtheit und Eigentum durch unzureichende Reduktionsziele besteht nur, wenn die Verletzungen und Gefährdungen auch tatsächlich auf den Klimawandel zurückzuführen sind.[1371]

Zunächst einmal kann zwischen zwei unterschiedlichen Auswirkungen des Klimawandels unterschieden werden: Zum einen gibt es die sog. „slow onset events", also schleichend eintretende Veränderungen wie der Meeresspiegelanstieg oder das Schmelzen der Gletscher und zum anderen führt der Klimawandel zu „extreme weather events", die sich durch kurzzeitig auftretende Extremereignisse wie beispielsweise Dürren äußern.[1372] Hinsichtlich des Eintretens schleichender Veränderungen gibt es Prognosen, die abhängig von der weiteren Entwicklung des Klimawandels sind, sodass sich eine Verletzung zeitlich und vor allem örtlich wissenschaftlich vorhersagen lässt und die Kausalität bejaht werden kann.[1373] Für sog. „extreme weather events" gibt es insbesondere Hinweise auf die gestiegene Wahrscheinlichkeit solcher Ereignisse durch den Klimawandel, sodass hier eine konkrete Vorhersage schwieriger erscheint.[1374]

Für die Möglichkeit einer Schutzpflichtverletzung genügt bereits eine Gefahr für die Rechtsgüter, sodass es ausreicht, dass die Gefährdung auf

---

1369 Vgl. den vorangegangenen Gliederungspunkt zur „Globalität des Klimawandels"; VG Berlin, Urt. v. 31.10.2019, Az.10 K 412.18, Rn. 74 (juris); dies deckt sich auch mit der Rechtsprechung internationaler Gerichte, die die Kausalität ebenfalls nicht am globalen Charakter scheitern lassen, siehe zu Entscheidungen aus den USA und den Niederlanden *Frank*, NVwZ-Extra 2016, 1, 3 f. m.w.N.

1370 So im Ergebnis auch *Frank*, NVwZ 2018, 960, 961; *Meyer*, NJW 2020, 894, 898; *Kahl*, JURA 2021, 117, 127 f. m.w.N.; teilweise wird auch vertreten, es komme nicht auf die Mitverantwortung an, da die Schutzpflicht greife, egal woher die Gefährdung kommt, dazu *Buser*, DVBl 2020, 1389, 1393.

1371 Dazu auch *Groß*, NVwZ 2020, 337, 339 f. mit Bezug zur EGMR-Rechtsprechung.

1372 *Frank*, NVwZ 2018, 960, 961.

1373 Hierzu auch *Frank*, NVwZ 2018, 960, 961; zu den wissenschaftlichen Erkenntnissen 2. Teil, C.

1374 Hierzu auch *Frank*, NVwZ 2018, 960, 961; zu den wissenschaftlichen Erkenntnissen 2. Teil, C.

Statistiken und Wahrscheinlichkeiten gestützt werden kann.[1375] Der Vorhersage eines konkreten Kausalverlaufs bedarf es nicht.[1376] Hierfür lässt sich insbesondere auch die Rechtsprechung des Bundesverfassungsgerichts heranziehen, wonach geringere Anforderungen an die Wahrscheinlichkeit zu stellen sind, je höher die Gefahr für die Rechtsgüter ist.[1377] Es handelt sich bei Leben, Gesundheit und Eigentum um besonders wichtige Rechtsgüter.[1378]

Die Forschung zur Zurechnung klimawandelbedingter Schäden entwickelt sich zudem fort. So wurde in der sog. Attributionsstudie von August 2021 die Rückführbarkeit von Starkregenereignissen auf den Klimawandel untersucht.[1379]

d) Zwischenergebnis

Im Ergebnis können durch unzureichende Treibhausgasreduktionsvorschriften sowohl die Schutzpflichten aus Grundrechten als auch zukünftige Freiheitsrechte ausländischer- wie inländischer Beschwerdeführender möglicherweise verletzt werden. Die Globalität des Problems schließt das Bestehen von Schutzpflichten nicht aus und auch die Kausalität in Form von statistischer Nachweisbarkeit genügt.

2. Qualifizierte Betroffenheit

Im Rahmen der qualifizierten Betroffenheit muss für die Zulässigkeit einer Verfassungsbeschwerde dargelegt werden, dass die Beschwerdeführenden selbst, also in eigenen Rechten, gegenwärtig, somit schon oder noch und unmittelbar betroffen sein müssen, wobei Unmittelbarkeit bedeutet, dass es keines weiteren Vollzugsaktes bedarf.[1380]

1375 Vgl. *Frank*, NVwZ 2018, 960, 961.

1376 *Calliess*, Rechtsstaat und Umweltstaat, S. 318.

1377 Dazu Teil 4, B. III.

1378 Näher zu konkreten Rechtsverletzungen, die von Klagenden dargelegt werden müssen, unten im Rahmen der qualifizierten Betroffenheit unter 2. a).

1379 *Kreienkamp/ Philip/ Tradowsky (et al.)*, Rapid attribution of heavy rainfall events leading to the severe flooding in Western Europe during July 2021.

1380 *Walter*, in Dürig/ Herzog/ Scholz, GG, Art. 93, Rn. 351 ff.

a) Selbst

Die „Selbstbetroffenheit“ kann bejaht werden, wenn die Beschwerdeführenden von Rechtsakten adressiert werden.[1381] Wenn die Allgemeinheit betroffen ist, genügt auch eine Betroffenheit in eigenen Rechten.[1382]

aa) Schutzpflichtverletzung Art. 2 II 1 GG, Art. 14 I GG

Im Klimabeschluss 2021 bejahte das Bundesverfassungsgericht dies im Hinblick auf die Schutzpflichten von Art. 2 II 1 GG und Art. 14 I GG, da alle Beschwerdeführenden eine Verletzung eigener Grundrechte vortrugen und nicht etwa die Verletzung zukünftiger Generationen oder Ungeborener.[1383] Die Betroffenheit in eigenen Rechten wurde auch vor dem Klimabeschluss 2021 für unproblematisch gehalten.[1384] Einzig diskussionswürdig ist der oft vorgebrachte Aspekt, dass vom Klimawandel eine Allgemeinheit betroffen sei.[1385]

Die jüngere Rechtsprechung auf deutscher Ebene zum Klimaschutz sah dies nicht als Problem an. Dass eine Vielzahl an Personen betroffen sein wird, schließe die individuelle Betroffenheit zumindest nicht grundsätzlich aus.[1386] Hiermit grenzen sich die deutschen Gerichte vom Europäischen Gerichtshof ab, indem sie keine exklusive Betroffenheit verlangten, sondern die individuelle Betroffenheit ausreichen ließen.[1387] Diese Abgrenzung passt

1381 BVerfGE 102, 197, 206 f.

1382 Dazu *Walter*, in Dürig/ Herzog/ Scholz, GG, Art. 93, Rn. 352 m.w.N.

1383 BVerfGE 157, 30, 94; zu den Vorträgen der Beschwerdeführenden Teil 5.

1384 Etwa *Kahl*, JURA 2021, 117, 124.

1385 Dies ist ein Aspekt, der oft auch im Rahmen der Unmittelbarkeit angesprochen wird, *Stürmlinger*, EurUP 2020, 169, 180; *Kahl*, JURA 2021, 117, 125; *Meyer*, NJW 2020, 894, 898 f.; das geht zurück auf eine Entscheidung des BVerfG, in der es die unmittelbare Betroffenheit in Bezug auf die Stationierung US-amerikanischer Atomwaffen in Deutschland verneinte, da es um eine nicht abzugrenzende Anzahl von Anwohnenden ging, vgl. BVerfG, Beschl. v. 15.03.2018 – 2 BvR 1371/13, NVwZ 2018, 1224, 1227.

1386 BVerfGE 157, 30, 94 m.w.N.; VG Berlin, Urt. v. 31.10.2019, Az.10 K 412.18, Rn. 73 (juris).

1387 Die Klagen auf europäischer Ebene (oben Teil 3, C. I.) scheiterten an der individuellen Betroffenheit der Personen. Auch wenn sich der Klimawandel auf verschiedene Personen unterschiedlich auswirke, bestehe keine Klagemöglichkeit gegen ein Gesetz mit Allgemeingeltung, EuGH, Urt. v. 25.03.2021 – Rs. C-565/19 P, ECLI:EU:C:2021:252.

auch vom Ergebnis her zu der Rechtsprechung des Bundesverfassungsgerichts, weil es entschieden hat, dass „eine Schutzpflicht nicht nur gegenüber dem Einzelnen, sondern auch gegenüber der Gesamtheit aller Bürger“ begründet wird.[1388] Zudem wird dadurch ein effektiver Rechtsschutz gewährleistet, denn nur weil mehrere Personen betroffen sind, wird die Gefahr nicht geringer, im Gegenteil ist der Schutzbedarf höher, je mehr Personen betroffen sind.[1389]

Außerdem ist der Verweis auf die Betroffenheit der Allgemeinheit sehr pauschal, was dem Kriterium zusätzlich die Relevanz abspricht.[1390] Der Klimawandel hat zwar globale Effekte, weswegen potentiell jede Person die Folgen spüren kann. Der Klimawandel darf jedoch trotz seiner Komplexität und seinen umfassenden Auswirkungen nicht als Gesamtphänomen bei der Bestimmung von Rechtsverletzungen betrachtet werden, vielmehr muss gesehen werden, dass der Klimawandel ganz konkrete und verschiedene Konsequenzen mit sich bringt, die sich auf alle Personen unterschiedlich auswirken.[1391]

Klimawandelbedingte Hitzewellen sind beispielsweise von einer großen Anzahl an Personen zu spüren. Sie bergen aber nicht für alle Personen Gefahren für Leben, Gesundheit oder Eigentum. Hierfür müssen weitere Umstände wie Alter, Gesundheitszustand, Lebensumstände oder eine bestimmte Art von Eigentum hinzukommen. Auch vor dem EuGH versuchten die Kläger*innen deutlich zu machen, dass die Auswirkungen unterschiedlich sind: So gingen sie etwa darauf ein, dass ein von einer Dürre betroffener Landwirt anders betroffen sei als jemand, dessen Felder durch Meerwasser überschwemmt und versalzen werden.[1392] Das VG Berlin deutete eine Unterscheidung der unterschiedlichen Betroffenheit zumindest an. Es vertrat die Auffassung, dass die Kläger*innen sich hinsichtlich der Gefahren für

1388 BVerfGE 46, 160, 165.

1389 Dazu *Winter*, ZUR 2019, 259, 266 f. m.w.N.

1390 So bereits im Zivilrecht mit besonderer Betonung des Eigentums, *Frank*, NJW 2010, 3691, 3692; auch die Kläger*innen vor dem EuGH stellten ihre individuelle Betroffenheit dar, indem sie zeigten, dass jede Person unterschiedlich vom Klimawandel betroffen ist, Klageschrift People´s Climate Case, 02.07.2018, Rn. 79 ff.; siehe dazu auch *Winter*, ZUR 2019, 259, 266.

1391 A. A. *Kalis*, in Rodi (Hrsg.), KlimaschutzR-HdB, § 6, Rn. 33, der zwar die unterschiedlichen Auswirkungen des Klimawandels sieht, jedoch eine individuelle Betroffenheit ablehnt.

1392 Klageschrift Peoples Climate Case, 02.07.2018, Rn. 81, 102 f.; zur Entscheidung des EuGH Teil 3, C. I.

die körperliche Unversehrtheit nicht von der Allgemeinheit unterschieden, jedoch die Landwirt*innen besonders unter dem Klimawandel litten.[1393]

Im Ergebnis ist es im Hinblick auf einen effektiven Rechtsschutz zu begrüßen, dass das Bundesverfassungsgericht im Klimabeschluss 2021 die Hürden in der Zulässigkeit gesenkt hat und es genügen ließ, dass die Rechtsgüter der Beschwerdeführenden im Laufe ihres Lebens betroffen sein können.[1394] Es bieten sich aber bei genauerer Betrachtung des Klimawandels und seiner Auswirkungen auch differenziertere Ergebnisse an.[1395] Er hat konkretere Folgen als die bloße Betroffenheit der Allgemeinheit und führt zu faktischen Rechtsverletzungen einzelner Personen. Die Beispiele sollen zeigen, dass es für die Gerichte durchaus möglich ist, im Rahmen der „Selbstbetroffenheit" einen stärkeren Fokus auf die tatsächlichen Verletzungen und die Betroffenheit der einzelnen Personen zu legen, insbesondere um den Vorwurf der Popularverfassungsbeschwerde zu entkräften[1396] und um deutlich zu machen, dass es um Rechte Einzelner geht.

Zumindest ein Ansatzpunkt dafür, dass auch aus Normen, die viele Menschen schützen, individuelle Rechte folgen können, ist in einem Schlussantrag von Generalanwältin *Kokott* auf europäischer Ebene zu sehen, dem der EuGH jedoch im Ergebnis nicht folgte.[1397] Gem. Art. 252 AEUV unterstützen Generalanwält*innen den Gerichtshof und erstellen unparteilich und unabhängig begründete Schlussanträge. Auf die Gedanken des Schlussantrags wird auch an späterer Stelle noch einmal genauer eingegangen (unter B. I. 2.).

In Bezug auf ein Vorabentscheidungsersuchen eines französischen Gerichts hinsichtlich der Frage, ob aus der Überschreitung von Luftreinhaltevorschriften aus EU-Richtlinien Schadensersatzansprüche Einzelner wegen Gesundheitsschäden folgen können, hielt die Generalanwältin *Kokott* die Rechtsverletzung Einzelner für möglich, die eine der Voraussetzungen für

1393 VG Berlin, Urt. v. 31.10.2019, Az.10 K 412.18, Rn. 73 (juris); im Ergebnis sah das VG Berlin eine Betroffenheit der Allgemeinheit aber nicht als Ausschlusskriterium für die individuelle Betroffenheit (Rn. 73).

1394 BVerfGE 157, 30, 93 f.

1395 Dazu auch die Vorträge der Beschwerdeführenden vor dem BVerfG, Teil 5; kritisch dazu, dass das BVerfG nicht näher auf die Vorträge der Beschwerdeführenden eingegangen ist *Ruttloff/ Freihoff*, NVwZ 2021, 917, 921 f.

1396 Erhoben von *Beckmann*, UPR 2021, 241 ff.; ausdrücklich dagegen BVerfGE 157, 30, 94.

1397 Zum Schlussantrag *Böhm*, JZ 2022, 820, 823; ablehnend EuGH, Urt. v. 22.12.2022 – C-61/21, ECLI:EU:C:2022:1015.

einen Schadensersatzanspruch ist.[1398] Entgegen der Argumentation Polens und Irlands, die Richtlinien zur Luftreinhaltung mit dem Ziel des Gesundheitsschutzes schützten nur die Allgemeinheit, stufte die Generalanwältin das Gesundheitsinteresse als höchstpersönlich und „individueller Natur" ein, wodurch im Ergebnis Einzelnen Rechte durch die Vorschriften verliehen werden würden.[1399] Dieser Gedanke lässt sich zumindest im Ansatz auch auf den Klimaschutz übertragen.[1400] Der EuGH lehnte individuelle Rechte indes ab und sprach von einem „allgemeine[n][...] Ziel des Schutzes der menschlichen Gesundheit und der Umwelt insgesamt".[1401]

Eine Ausweitung der Klagebefugnis ließ sich jedoch in jüngerer Rechtsprechung des EuGH immer öfter finden, etwa in einer Entscheidung zum Wasserleitungsverband Nördliches Burgenland (Österreich), in der der EuGH die Klagebefugnis jedenfalls auch deswegen bejahte, da die Richtlinie zum Schutz der Gewässer vor Verunreinigung durch Nitrat aus landwirtschaftlichen Quellen dem Gesundheitsschutz diene.[1402] Diese Entscheidung ist interessant, weil der EuGH nicht forderte, dass durch die Grenzwertüberschreitung für die Betroffenen eine Gesundheitsgefährdung gegeben sein muss, sondern vielmehr das objektive Überschreiten der Grenzwerte ausreichen ließ.[1403]

1398 Schlussanträge der Generalanwältin Juliane Kokott v. 05.05.2022 – C-61/21, ECLI:EU:C:2022:359.

1399 Schlussanträge der Generalanwältin Juliane Kokott v. 05.05.2022 – C-61/21, ECLI:EU:C:2022:359, Rn. 72 ff., 103.

1400 Dazu näher im Rahmen des Zugangs zu den Verwaltungsgerichten unter B. I. 2.

1401 EuGH, Urt. v. 22.12.2022 – C-61/21, ECLI:EU:C:2022:1015, Rn. 55.

1402 EuGH, Urt. v. 03.10.2019 – C-197/18, ECLI:EU:C:2019:824, Rn. 35 ff.; *Schlacke/ Römling*, DVBl 2021, 144, 145 f.; siehe zu dieser Entscheidung und der Ausweitung der Klagebefugnis auch *Berkemann*, DVBl 2021, 1, 3 ff.; kritisch zur Anknüpfung an den Gesundheitsschutz zur Begründung der Klagebefugnis *Schwerdtfeger*, Die Verwaltung 2021, 573, 585.

1403 EuGH, Urt. v. 03.10.2019 – C-197/18, ECLI:EU:C:2019:824, Rn. 41; *Schlacke/ Römling*, DVBl 2021, 144, 145 f. In eine ähnliche Richtung geht die Entscheidung des Greater London Coroner´s Court v. 16.12.2020, in der festgestellt wurde, dass die Überschreitung der europäischen Stickstoffdioxid-Grenzwerte auf dem Schulweg eines asthmakranken Mädchens zu dessen Tod beigetragen hat, zur Einordnung dieser Entscheidung *Böhm*, in Kahl/ Ludwigs (Hrsg.), HVwR, Bd. III, § 84, Rn. 36.

bb) Intertemporale Freiheit

In Bezug auf die intertemporalen Freiheitsrechte ist eine Abgrenzung von Auswirkungen jedoch kaum möglich. Es ist nicht zu pauschal, auf eine betroffene Allgemeinheit abzustellen. Tatsächlich wird fast jede Person von Regulierungen, die sich auf CO2-emittierende Verhaltensweisen beziehen, betroffen sein. Ausgenommen sein werden lediglich Personen, die sich bereits auf eine CO2-neutrale Lebensweise etwa durch die Wahl des Wohnorts, der Energieversorgung, der Mobilität, der Ernährung oder des Berufs eingestellt haben und insoweit durch Verbote und Beschränkungen nicht betroffen sind.

Hinsichtlich der intertemporalen Freiheitsrechte sah das Bundesverfassungsgericht im Klimabeschluss 2021 nur die inländischen Beschwerdeführenden in eigenen Grundrechten als verletzt an, nicht jedoch die Beschwerdeführenden aus Nepal und Bangladesch.[1404] Die inländischen Beschwerdeführenden würden den freiheitsbeschränkenden Maßnahmen nach 2030 unterfallen, die ausländischen Beschwerdeführenden nicht.[1405] Dass die Maßnahmen fast alle Personen betreffen werden, sei auch hier kein Hindernis für die eigene Betroffenheit.[1406]

In der Anerkennung der intertemporalen Freiheitsrechte liegt somit eine Ausdehnung der Beschwerdebefugnis auf nahezu alle in Deutschland lebenden Personen.[1407] In Anbetracht eines effektiven Rechtsschutzes ist dies jedoch zu begrüßen.

b) Gegenwärtig

Teilweise werden die Voraussetzungen der Gegenwärtigkeit kurz damit zusammengefasst, dass die Beschwer „schon und noch" vorliegen muss.[1408] Das Bundesverfassungsgericht führt selbst zur Gegenwärtigkeit aus, dass diese zu bejahen ist, „wenn die angegriffene Vorschrift auf die Rechtsstellung des Beschwerdeführers aktuell und nicht nur virtuell einwirkt, wenn

1404 BVerfGE 157, 30, 105 f.

1405 BVerfGE 157, 30, 105 f.

1406 BVerfGE 157, 30, 106; kritisch etwa *Beckmann*, UPR 2021, 241 ff.

1407 Teilweise wird von einer Abkehr von der bisherigen Rechtsprechung gesprochen, *Ruttloff/ Freihoff*, NVwZ 2021, 917, 922; kritisch auch *Breuer*, NVwZ 2022, 1233, 1237 f.

1408 *Walter*, in Dürig/ Herzog/ Scholz, GG, Art. 93, Rn. 353.

das Gesetz die Normadressaten mit Blick auf seine künftig eintretende Wirkung zu später nicht mehr korrigierbaren Entscheidungen zwingt oder wenn klar abzusehen ist, dass und wie der Beschwerdeführer in der Zukunft von der Regelung betroffen sein wird."[1409]

Bereits vor dem Klimabeschluss 2021 wurde die gegenwärtige Betroffenheit mangels aktueller Schäden problematisiert, jedoch wurden daran keine zu hohen Anforderungen gestellt, denn bereits eine Gefahr könne eine Schutzpflicht auslösen und der Rechtsschutz würde leerlaufen, würde man eine tatsächliche Verletzung voraussetzen.[1410]

aa) Schutzpflichtverletzung Art. 2 II 1 GG, Art. 14 I GG

Für Art. 2 II 1 GG und Art. 14 I GG kann auch ohne Schaden eine gegenwärtige Betroffenheit bejaht werden, da ein solcher nicht vorausgesetzt wird, sondern ein Risiko genügt, sobald irreversible Zustände drohen.[1411] Das Bundesverfassungsgericht hielt im Klimabeschluss 2021 fest, dass der globale Temperaturanstieg irreversibel ist und es möglich erscheint, dass die Beschwerdeführenden im Laufe ihres Lebens in Art. 2 II 1 GG oder Art. 14 I GG verletzt werden.[1412] Diese weite Auslegung überzeugt, da andernfalls die Schutzpflichten leerzulaufen drohen.

Neben den drohenden Schäden liegen aber auch heute bereits Schäden durch den Klimawandel vor.[1413] Die Beschwerdeführenden in den Verfahren, die dem Klimabeschluss 2021 zugrunde lagen, waren größtenteils Jugendliche oder junge Erwachsene. Im Hinblick auf einen umfassenden und effektiven Rechtsschutz ist es zu begrüßen, dass an das Kriterium der Gegenwärtigkeit keine zu hohen Anforderungen gestellt werden. Die Gegenwärtigkeit in Bezug auf Klimaklagen würde hingegen auch nach herkömmlichen Maßstäben zu bejahen sein, wenn Beschwerdeführende Betroffene einer Risikogruppe wären, die bereits heute Verletzungen durch

1409 BVerfGE 102, 197, 207.

1410 *Stürmlinger*, EurUP 2020, 169, 179; *Meyer*, NJW 2020, 894, 899; *Kahl*, JURA 2021, 117, 124 f.; kritisch hingegen zur weiten Auslegung durch das BVerfG im Klimabeschluss *Möllers/ Weinberg*, JZ 2021, 1069, 1070 f.; *Haratsch*, in FS Dörr, S. 153, 162 f.

1411 BVerfGE 157, 30, 93 f.; auch in seiner Entscheidung zum Bundesnachrichtendienst 2020 ließ das BVerfG für die gegenwärtige Betroffenheit „eine hinreichende Wahrscheinlichkeit" ausreichen, BVerfGE 154, 152, 210 f.

1412 BVerfGE 157, 30, 93 f.

1413 Siehe dazu die Statistiken in Teil 5 zu Art. 2 II 1 GG und Art. 14 I GG.

den Klimawandel erleiden. Vor dem EGMR ist etwa eine Klage der Schweizer „KlimaSeniorinnen“ anhängig, denn ältere Frauen gehören „zur meistbetroffenen Risikogruppe“ für hitzebedingte Sterblichkeit.[1414]

bb) Intertemporale Freiheit

Auch hinsichtlich der intertemporalen Freiheit bejahte das Bundesverfassungsgericht im Klimabeschluss 2021 die gegenwärtige Betroffenheit, da die Reduktionsquoten im KSG heute die zukünftigen Freiheitsbeeinträchtigungen begründen, indem sie gestatten, das Budget unumkehrbar aufzubrauchen.[1415] Diese Ansicht überzeugt, da es noch keine technischen Mittel gibt, CO2 aus der Atmosphäre zu entziehen. Somit verbleibt es dort und sorgt für irreversible Veränderungen des Klimas, was die gegenwärtige Betroffenheit nach sich zieht.

c) Unmittelbar

Für dieses Kriterium muss die Beschwer bereits vorliegen, ohne dass weitere Umsetzungsakte nötig sind.[1416] Von diesem Merkmal „kann ausnahmsweise nur dann abgesehen werden, wenn dem Beschwerdeführer das **Abwarten des Vollzugs nicht zuzumuten oder Rechtsschutz gegen den Vollzug praktisch unmöglich** ist.“[1417]

aa) Schutzpflichtverletzung Art. 2 II 1 GG, Art. 14 I GG

Das Bundesverfassungsgericht ging im Klimabeschluss 2021 im Abschnitt über die qualifizierte Betroffenheit nicht explizit auf das Kriterium der Un-

1414 Zum Verfahren Teil 3, C. IV.; zitiert nach https://ainees-climat.ch/wp-content/uploads//2018/06/2018_Factsheet_GesundheitKlimaerwaermung_KS.pdf; www.klimaseniorinnen.ch/warum-wir-klagen/; kritisch zu den Vorträgen der Klimaseniorinnen *Wegener*, NJW 2022, 425 f.

1415 BVerfGE 157, 30, 105.

1416 BVerfGE 157, 30, 106 m.w.N.

1417 *Walter*, in Dürig/ Herzog/ Scholz, GG, Art. 93, Rn. 357.

mittelbarkeit ein.[1418] Für die Schutzpflichtenkonstellation ist das Kriterium der Unmittelbarkeit auch nicht sinnvoll anwendbar.[1419]

bb) Intertemporale Freiheit

Hinsichtlich der intertemporalen Freiheit ging das Bundesverfassungsgericht im Klimabeschluss 2021 ausdrücklich auf die Unmittelbarkeit ein und bejahte diese.[1420] Zwar stellte es fest, dass die eigentliche Verkürzung der zukünftigen Freiheit erst durch zukünftige Regelungen erfolgt, jedoch stellte es auch an dieser Stelle darauf ab, dass die Freiheitsbeeinträchtigung „im jetzigen Recht unumkehrbar angelegt ist".[1421]

Im Ergebnis ist es überzeugend, dass die Zulässigkeit der Verfassungsbeschwerde nicht am Kriterium der Unmittelbarkeit scheiterte, denn in der Tat ist die Gefährdung unumkehrbar im Recht angelegt, sodass es unter dem Aspekt des effektiven Rechtsschutzes nicht überzeugend gewesen wäre, die Verfassungsbeschwerde als unzulässig abzuweisen. Jedoch überzeugt die Begründung des Bundesverfassungsgerichts zur Unmittelbarkeit nicht.

Die Beschränkungen zukünftiger Freiheitsrechte folgen gerade nicht unmittelbar aus den Reduktionsvorschriften. Vielmehr widerspricht das Bundesverfassungsgericht sogar seinen Ausführungen im Klimabeschluss 2021 zu Art. 20aGG, in denen es festhält, dass dem Klimaschutz kein unbedingter Vorrang einzuräumen ist, sondern er „im Konfliktfall in einen Ausgleich mit anderen Verfassungsrechtsgütern und Verfassungsprinzipien zu bringen" ist.[1422] Würden die Reduktionsnormen tatsächlich eine unmittelbare Betroffenheit verursachen, dann käme dem Klimaschutzgebot in Art. 20a GG auch ein absoluter Vorrang zu. Zudem stellte das Bundesverfassungsgericht ausdrücklich klar, dass die Abwehrfunktion der Grundrechte greift,

1418 BVerfGE 157, 30, 93 f.

1419 *Kahl,* JURA 2021, 117, 125; auf die „Betroffenheit der Allgemeinheit" wurde bereits oben im Rahmen der Selbstbetroffenheit eingegangen.

1420 BVerfGE 157, 30, 106.

1421 BVerfGE 157, 30, 106.

1422 BVerfGE 157, 30, 139; zum Abwägungsgebot Teil 5, B. III. 3.

da es um zukünftige Freiheitseingriffe geht.[1423] Insofern verursachen erst diese die Verletzung unmittelbar.[1424]

Überzeugender wäre es für die Beschwerdebefugnis in Bezug auf die intertemporalen Freiheitsrechte, wenn das Bundesverfassungsgericht ausnahmsweise auf das Kriterium der Unmittelbarkeit verzichtet, weil der Rechtsschutz andernfalls praktisch unmöglich wird. Ist das CO2-Budget erst einmal aufgebraucht, ist dies irreversibel, weswegen der Rechtsschutz zu spät käme.

3. Zusammenfassung

Im Ergebnis stellte das Bundesverfassungsgericht im Klimabeschluss 2021 zum Teil neue Maßstäbe für die Beschwerdebefugnis auf. Es bejahte die Beschwerdebefugnis der inländischen natürlichen Beschwerdeführenden sowohl aufgrund einer möglichen Schutzpflichtverletzung von Art. 2 II 1 GG und Art. 14 I GG als auch hinsichtlich einer drohenden Verletzung der intertemporalen Freiheitsrechte. Beschwerdeführenden aus dem Ausland kam die Beschwerdebefugnis hinsichtlich der Schutzpflichtverletzung von Art. 2 II 1 GG und Art. 14 I GG zu.

Im Sinne eines effektiven Rechtsschutzes ist es wichtig, dass der Zugang zu Gericht besteht, denn es sind Rechte Einzelner bedroht. Teilweise waren die Annahmen im Klimabeschluss des Bundesverfassungsgerichts sehr pauschal. Die Verletzungen der einzelnen Grundrechte können im Rahmen der Beschwerdebefugnis für eine genauere Begründung dienen. Das Merkmal der Gegenwärtigkeit wird vom Bundesverfassungsgericht richtigerweise weit ausgelegt. Es sind aber auch Konstellationen denkbar, in denen das Merkmal in herkömmlicher Weise zu bejahen wäre. Die Anerkennung der intertemporalen Freiheitsrechte führt zu einer besonderen Weitung des Zugangs zu Gericht, was jedoch hinsichtlich eines effektiven Rechtsschutzes zu begrüßen ist.

1423 BVerfG, Beschl. v. 18.01.2022 – 1 BvR 1565/21 u. a., NJW 2022, 844, 845.

1424 Ebenfalls kritisch zur Behandlung der „Unmittelbarkeit" durch das BVerfG im Klimabeschluss, da die Verletzungen nicht abzusehen sind, *Haratsch*, in FS Dörr, S. 153, 163 f.

II. Verbände und Klimawandel

Vor dem Klimabeschluss 2021 galt es als offene Frage, inwieweit sich Verbände gegen Gesetzgebungsakte oder ein Unterlassen im Rahmen einer Verfassungsbeschwerde an das Bundesverfassungsgericht wenden können.[1425]

Beschwerdeführende der Verfassungsbeschwerde von 2018 waren zwei anerkannte Umweltvereinigungen, zum einen der Solarenergie-Förderverein Deutschland (SFV) und zum anderen der Bund für Umwelt und Naturschutz e. V. (BUND).[1426] Sie machten eine Verletzung von Art. 2 I, 19 III GG i.V.m. Art. 20a GG i.V.m. Art. 47 GrCh geltend.[1427] Sie beriefen sich insbesondere auf eine unionsrechtskonforme Auslegung und wollten als „Anwälte der Natur" die Belange der Natur geltend machen.

Art. 47 GrCh wurde eine große Bedeutung beigemessen, da die EU sowohl selbst Unterzeichnerin des Pariser-Klimaabkommens ist, als auch eigene Klimaschutzvorgaben vorgegeben hat und insofern Recht der Mitgliedstaaten, das dagegen verstoße, anhand des Unionsrechts zu prüfen sei.[1428] Welchen Inhalt Art. 19 III GG i.V.m. Art. 2 I GG hat und ob darunter die Geltendmachung von Allgemeinwohlbelangen fällt, galt als völlig offen.[1429] Das Bundesverfassungsgericht verneinte in seinem Klimabeschluss 2021 jedoch eine solche Beschwerdebefugnis, da diese weder der Verfassung noch dem Verfassungsprozessrecht zu entnehmen sei und auch nicht wegen Art. 47 GrCh geboten sei.[1430]

Grundsätzlich besteht für inländische juristische Personen des Privatrechts zwar gem. Art. 19 III GG die Möglichkeit, Grundrechtsverletzungen geltend zu machen, soweit sie ihrem Wesen nach auf die juristische Person anwendbar sind. „Jedenfalls dort, wo der Grundrechtsschutz an Eigenschaften, Äußerungsformen oder Beziehungen anknüpft, die nur natürlichen Personen wesenseigen sind, kommt eine Erstreckung auf juristische Personen [...] nicht in Betracht."[1431] Schaut man sich die vom Klimawandel betroffenen Grundrechte an, könnte für juristische Personen des Privatrechts an Verletzungen von Art. 12 I GG oder Art. 14 I GG zu den-

1425 *Heß/ Wulff*, EurUP 2020, 386, 392 f.
1426 Verfassungsbeschwerde Baumann Rechtsanwälte, 22.11.2018, S. 2, 77 ff.
1427 Verfassungsbeschwerde Baumann Rechtsanwälte, 22.11.2018, S. 2, 101 ff.
1428 *Heß*, ZUR 2018, 686, 690; *Heß/ Wulff*, EurUP 2020, 386, 392 f.
1429 *Heß/ Wulff*, EurUP 2020, 386, 392.
1430 BVerfGE 157, 30, 107 f.
1431 BVerfGE 95, 200, 242.

ken sein. Auch die intertemporale Freiheit wegen drohender zukünftiger Beschränkungen könnte für juristische Personen des Privatrechts denkbar sein, wenn sie von zukünftigen Freiheitsbeschränkungen bedroht sind. Diese genannten Verletzungen wären aber eher für wirtschaftlich ausgerichtete juristische Personen des Privatrechts denkbar und nicht für Umweltverbände.

Beschwerdebefugnisse aus dem UmwRG scheiden ebenfalls aus, da § 2 I UmwRG keine Möglichkeit für ein Vorgehen vor den Verfassungsgerichten vorsieht.[1432] Im UmwRG ist kein Vorgehen gegen Legislativakte vorgesehen, weil das Gesetz durch die völkerrechtliche Aarhus-Konvention geprägt ist, die ihrerseits nur Rechtschutz gegenüber behördlichen Handlungen und teilweise gegenüber Privaten vorsieht, ausdrücklich aber Gesetzgebungsorgane ausnimmt.[1433] Dass Art. 47 GrCh jedoch durch zukünftige Rechtsprechung des EuGH eine stärkere Bedeutung zukommt, wird nicht ausgeschlossen.[1434] Dies könnte dann auch Auswirkungen auf die Beschwerdebefugnis von Umweltverbänden haben.[1435]

Aktuell ist es jedenfalls Umweltverbänden nicht möglich, im Rahmen der Verfassungsbeschwerde gegen Klimaschutzrecht vorzugehen. Der Einfluss der Verfassung ist an dieser Stelle begrenzt. Die entscheidenden Impulse müssten von der europäischen Ebene kommen.

III. Zusammenfassung

Das Bundesverfassungsgericht stellte für natürliche Personen im Klimabeschluss keine strengen Anforderungen auf und grenzte sich insoweit vom EuGH und der sog. Plaumann-Formel ab, sodass die Verfassungsbeschwerden nicht bereits auf Ebene der Zulässigkeit scheiterten, sondern das Gericht in der Sache entscheiden konnte. Für die Umweltverbände wurde ein verfassungsgerichtlicher Zugang verneint.

1432 Dazu auch *Stürmlinger,* EurUP 2019, 169, 180; zu den Verfahren, an denen Verbände nach dem UmwRG zu beteiligen sind, insbesondere in Abgrenzung zur Urgenda-Entscheidung auch *Frank,* NVwZ-Extra 2016, 1, 6 f.

1433 *Heß,* ZUR 2018, 686, 689; *Heß/ Wulff,* EurUP 2020, 386, 392.

1434 *Heß,* ZUR 2018, 686, 689.

1435 Das BVerfG ließ die Bedeutung von Art. 47 GrCh im Klimabeschluss 2021 dahinstehen, BVerfGE 157, 30, 107 f.

B. Verwaltungsgerichte – Klagebefugnis

Die erste Klimaklage, die auf deutscher Ebene entschieden wurde, spielte vor dem VG Berlin und scheiterte an der Klagebefugnis, da die Kläger*innen unter anderem keine Grundrechtsverletzung begründen konnten.[1436] Die Regierung sollte im Rahmen einer Leistungsklage dazu verpflichtet werden, das Klimaschutzziel 2020 einzuhalten. Zum damaligen Zeitpunkt gab es das KSG noch nicht.[1437]

Seitdem es das KSG gibt und die Klimaschutzziele selbst im Mittelpunkt der rechtlichen Diskussion standen, verlagerte sich der Blick auf das Bundesverfassungsgericht, da es gegen Gesetze grundsätzlich keinen verwaltungsgerichtlichen Rechtsschutz gibt. Klimaklagen auf Einhaltung oder Verschärfung der Klimaziele durch Privatpersonen sind – soweit ersichtlich – seither vor den Verwaltungsgerichten nicht anhängig.

Die verwaltungsgerichtliche Ebene rückte wieder in den Fokus, als es darum ging, die Bundesregierung zu wirksamen Klimaschutzprogrammen zu verpflichten. Die Überarbeitungen sowohl des Klimaschutzplans als auch des Klimaschutzprogramms i.S.v. § 9 KSG stehen angesichts der Novellierung des KSG in 2021 ohnehin noch aus.[1438] Außerdem sind die Wertungen des Klimabeschlusses für einzelne Verfahren vor den Verwaltungsgerichten interessant.[1439]

Im Folgenden wird es darum gehen, welchen Einfluss das Verfassungsrecht auf die Zulässigkeit von verwaltungsrechtlichen Klimaklagen haben kann.[1440] Insbesondere stellt sich die Frage, ob die Ausweitung der Beschwerdebefugnis auch für die Klagebefugnis denkbar ist und es insofern verfassungsrechtlich begründeten Rechtsschutz vor den Verwaltungsgerichten geben könnte.

I. Natürliche Personen

Die wesentliche Zulässigkeitsvoraussetzung im Zusammenhang mit den Klimaklagen vor den Verwaltungsgerichten ist die Klagebefugnis nach

1436 Siehe oben Teil 3, A. I.

1437 Zu Entstehung des KSG Teil 2, D. III.

1438 Dazu *Saurer*, in Rodi (Hrsg.), KlimaschutzR-HdB, § 10, Rn. 21 -23.

1439 Dazu Teil 5, A. VI. und Teil 5, B. IV. 4. und 5.

1440 Darüber hinaus zu Klimaklagen im Verwaltungsprozess *Giesberts/ Haas*, KlimaRZ 2022, 3, 9 f.

§ 42 II VwGO für Anfechtungs- und Verpflichtungsklagen.[1441] In analoger Anwendung ist die Klagebefugnis jedoch Voraussetzung für alle verwaltungsgerichtlichen Verfahren und damit ein wesentliches Merkmal für den Rechtsschutz vor den Verwaltungsgerichten.[1442] Gem. § 42 II VwGO ist die Klage nur zulässig, wenn die Klagenden geltend machen, durch die Verwaltung in ihren Rechten verletzt zu sein.

Um zu bestimmen, ob die Klagenden in subjektiven Rechten verletzt sind, wird auf die sog. Schutznormtheorie zurückgegriffen.[1443] Nach der Schutznormtheorie liegt ein subjektives Recht vor, wenn die Norm nicht nur dem öffentlichen Interesse, sondern auch dem Individualinteresse dient.[1444] Ob der Individualschutz gegeben ist, ist durch Auslegung zu ermitteln.[1445]

1. Grundrechte

Grundrechte können als subjektive Rechte die Klagebefugnis begründen.[1446] Jedoch ist der Anwendungsvorrang des einfachen Rechts zu beachten, um dessen Voraussetzungen und damit die Wertungen der demokratisch legitimierten Gesetzgebung nicht zu unterlaufen.[1447] Der Anwendungsvorrang greift jedoch nicht, wenn grundrechtlicher Schutz nicht in ausreichendem Maße gewährt wurde.[1448]

Konkret in Bezug auf den Klimaschutz machte das VG Berlin 2019 in der ersten Klimaklage-Entscheidung vor deutschen Gerichten deutlich, dass eine Verletzung von grundrechtlichen Schutzpflichten durchaus die Klage-

---

1441 Zur Vereinbarkeit von § 42 II VwGO mit dem Gebot des effektiven Rechtsschutzes siehe BVerfG, Beschl. v. 10.06.2009 – 1 BvR 198/08, NVwZ 2009, 1426, 1427.

1442 *Sennekamp*, in Fehling/ Kastner/ Störmer, Verwaltungsrecht, § 42, Rn. 44 m.w.N.

1443 Dazu *Happ*, in Eyermann, VwGO, § 42, Rn. 89 m.w.N.; *Sennekamp*, in Fehling/ Kastner/ Störmer, Verwaltungsrecht, § 42, Rn. 50 m.w.N.; konkret in Bezug auf das Umweltrecht *Heitsch*, EurUP 2020, 379 f.

1444 BVerwG, Urt. v. 30.03.1995 – 3 C 8/94, NVwZ 1995, 1200; dazu *Sennekamp*, in Fehling/ Kastner/ Störmer, Verwaltungsrecht, § 42, Rn. 50 m.w.N.

1445 BVerwG, Urt. v. 30.03.1995 – 3 C 8/94, NVwZ 1995, 1200; dazu *Sennekamp*, in Fehling/ Kastner/ Störmer, Verwaltungsrecht, § 42, Rn. 50 m.w.N.; *Schlacke*, Umweltrecht, § 6, Rn. 12 ff.

1446 *Stürmlinger*, EurUP 2020, 169, 175 f; *Happ*, in Eyermann, VwGO, § 42, Rn. 86.

1447 *Wahl/ Schütz*, in Schoch/ Schneider, Verwaltungsrecht, § 42, Rn. 57 ff.; dazu auch *Sennekamp*, in Fehling/ Kastner/ Störmer, Verwaltungsrecht, § 42, Rn. 67 ff. m.w.N.

1448 *Sennekamp*, in Fehling/ Kastner/ Störmer, Verwaltungsrecht, § 42, Rn. 69.

befugnis begründen kann.[1449] Das VG Berlin betonte jedoch die hohen Hürden für die Darlegung einer Schutzpflichtverletzung und entschied, dass die Klagenden diese Hürde nicht nahmen, da die Klimaschutzmaßnahmen nicht „gänzlich ungeeignet oder völlig unzulänglich" gewesen seien und auch das Untermaßverbot nicht evident verletzt sei, da das damalige Klimaschutzziel 2020 nicht „das verfassungsgerichtlich gebotene Mindestmaß" darstellte.[1450]

Dass die Schutzpflichtverletzung durch unzureichende Treibhausgasreduktionsvorschriften, insbesondere mangels Vermeidung der Kipppunkte auch anders beurteilt werden kann und insofern diese Hürde genommen werden könnte, wurde bereits oben dargelegt.[1451] Klimaschutzprogramme aufgrund des KSG können durch Einzelpersonen aufgrund grundrechtlicher Betroffenheit hingegen nicht gerichtlich überprüft werden.[1452] Um die im Rahmen der Klagebefugnis geforderte „Möglichkeit" einer Grundrechtsverletzung begründen zu können, sei nach oben verwiesen.[1453] Insbesondere ist es angezeigt, auch an dieser Stelle den Klimawandel nicht als allgemeine Bedrohung anzusehen, sondern genau deutlich zu machen, auf welche Rechtsgüter sich der Klimawandel in welcher Form auswirkt. Das VG Berlin hat 2019 jedoch auch klargestellt, dass die Betroffenheit Vieler die Klagebefugnis nicht grundsätzlich ausschließt.[1454]

Neben den Schutzpflichten stellt sich die Frage nach dem Einfluss der intertemporalen Freiheitsrechte, bei denen es sich ebenfalls um ein Grundrecht und damit subjektives Recht handelt. Inwiefern hieraus eine Klagebefugnis abgeleitet werden kann, bleibt abzuwarten. Hinsichtlich der verfassungsrechtlichen Beurteilung stellte das Bundesverfassungsgericht fest, dass die Möglichkeit einer Verletzung nur festgestellt werden kann, wenn die Normen im Gesamten angegriffen werden und ein grobes Gesamtbudget zu erkennen ist.[1455] Um vor dem Verwaltungsgericht zu begründen,

---

1449 Vgl. VG Berlin, Urt. v. 31.10.2019, Az.10 K 412.18, Rn. 80 (juris); nicht konkret bezogen auf den Klimaschutz, aber in Bezug darauf, dass mögliche Schutzpflichtverletzungen die Klagebefugnis begründen können siehe auch BVerwG, Urt. v. 25.11.2020 – 6 C 7/19, NJW 2021, 1610, 1613.

1450 VG Berlin, Urt. v. 31.10.2019, Az.10 K 412.18, Rn. 80 f. (juris).

1451 Insbes. Teil 5, C. III. und D. III.

1452 *Schlacke/ Römling*, DVBl 2021, 144, 148.

1453 Teil 5, C. und D.; Teil 6, A. I.

1454 VG Berlin, Urt. v. 31.10.2019, Az.10 K 412.18, Rn. 73 (juris); so auch *Ekardt*, ZUR 2015, 579, 582.

1455 Dazu 5. Teil, A. VI.

dass etwa die Genehmigung einer bestimmten Anlage die intertemporale Freiheit verletzt, müsste das Budget tatsächlich feststehen und aufgeteilt sein. Insofern bedürfte es hinsichtlich des Treibhausgasbudgets weiterer Vorgaben durch die Gesetzgebung, ehe sich daraus die Möglichkeit einer Rechtsverletzung bezüglich einzelner Maßnahmen begründen lässt.[1456]

2. KSG

Das Klimaschutzgesetz legt in § 4 I 10 KSG[1457] fest, dass subjektive Rechte und klagbare Rechtspositionen durch dieses Gesetz oder aufgrund eines Gesetzes nicht begründet werden.[1458] Bereits bei Erlass des KSG 2019 stellte die Gesetzgebung klar, dass es sich bei der Vorschrift um einen deklaratorischen Satz handelt.[1459] Insofern kann aus der Vorschrift nur folgen, dass die allgemeinen Voraussetzungen zur Begründung der Klagebefugnis nach § 42 II VwGO gelten.[1460] Liegen subjektive Rechte vor und würde deren Einklagbarkeit ausgeschlossen werden, läge darin eine Verletzung der Rechtsschutzgarantie aus Art. 19 IV GG.[1461] Entscheidend ist, ob durch Auslegung ermittelt werden kann, dass individuelle Rechte gewährt werden.[1462]

An dieser Stelle bietet es sich an, zur Auslegung die schon oben angesprochenen Ansätze der Generalanwältin *Kokott*[1463] näher aufzugreifen, um zu untersuchen, ob im KSG im Sinne der Schutznormtheorie in Anlehnung an ihre Argumentation auf europäischer Ebene individuelle Rechte gesehen werden könnten. Da das KSG gem. § 1 S. 1 auch die Einhaltung europäischer Zielvorgaben gewährleisten will, kommt der europarechtlichen Ebene darüber hinaus ebenfalls große Bedeutung zu.[1464]

1456 Dazu 5. Teil, A. VI. und 5. Teil, B. IV. 5.

1457 Zuvor § 4 I 7 KSG a.F.

1458 Auch in der Literatur ist es größtenteils einhellige Ansicht, dass aus dem KSG keine subjektiven Rechte folgen, siehe dazu etwa *Saurer*, in Rodi (Hrsg.), KlimaschutzR-HdB, § 10, Rn. 53; *Palme*, Klimaschutzrecht für Wirtschaft und Kommunen, S. 99; allgemein zu Klimaschutzzielen *Buser*, NVwZ 2020, 1253, 1254.

1459 BT Drs. 19/14337, 22.10.2019, S. 28.

1460 Vgl. *Klinger*, ZUR 2020, 259, 260.

1461 *Palme*, Klimaschutzrecht für Wirtschaft und Kommunen, S. 99.

1462 Zur Schutznormtheorie oben B. I.

1463 Siehe dazu bereits die Selbstbetroffenheit 6. Teil, A. I. 2. a); ablehnend EuGH, Urt. v. 22.12.2022 – C-61/21, ECLI:EU:C:2022:1015.

1464 Siehe zum immer stärkeren Einfluss des EU-Rechts auf die Klagebefugnis im Umweltrecht *Berkemann*, DVBl 2021, 1 ff.

Um zu ermitteln, ob durch eine Vorschrift eigene Rechte gewährt werden, kann auf den Sinn und Zweck der Vorschrift abgestellt werden.[1465] In Bezug auf die Luftqualitätsrichtlinien stellte die Generalanwältin fest, dass die Richtlinie bereits dem Wortlaut nach auf die Verhinderung von Gesundheitsschäden Bezug nehme und damit die Schutzpflichten der Union hinsichtlich der menschlichen Gesundheit erfülle, die sich auch aus EUV, AEUV und der GrCh ergeben.[1466] Zudem seien für die in den Richtlinien erfassten Stoffe Grenzwerte zum Schutz der menschlichen Gesundheit genannt.[1467] Außerdem werden Rechtsfolgen bei Überschreiten der Grenzwerte ausgelöst, wodurch erneut dem Gesundheitsschutz Rechnung getragen werde.[1468] Das Interesse am Gesundheitsschutz sei dabei „höchstpersönlicher und damit individueller Natur".[1469] In Abgrenzung dazu nannte sie Vorschriften, die primär der Umwelt und damit Tieren und Pflanzen dienen und nur mittelbar zum Gesundheitsschutz beitragen, ließ im Ergebnis aber offen, ob auch diese Vorschriften subjektive Rechte verleihen.[1470]

Zweck des KSG ist es nach § 1 S. 1, zum Schutz vor den Auswirkungen des weltweiten Klimawandels die Erfüllung der nationalen Klimaziele sowie die Einhaltung der europäischen Ziele zu gewährleisten. Dabei werden gem. § 1 S. 2 KSG ökologische, soziale und ökonomische Folgen berücksichtigt. Es ist nicht eindeutig, ob sich der Begriff „Folgen" auf „Folgen des Klimawandels" oder „Folgen der Maßnahmen" bezieht.[1471] Verstünde man den Begriff in dem Sinne, dass es um die Folgen des Klimawandels geht, könnte der Klimaschutz verstärkt werden[1472], weil im Rahmen der

---

1465 Vgl. Schlussanträge der Generalanwältin Juliane Kokott v. 05.05.2022 – C-61/21, ECLI:EU:C:2022:359, Rn. 72.

1466 Schlussanträge der Generalanwältin Juliane Kokott v. 05.05.2022 – C-61/21, ECLI:EU:C:2022:359, Rn. 73; auch auf deutscher Ebene gibt es vereinzelt Befürworter dafür, Luftreinhaltevorschriften eine drittschützende Wirkung zuzusprechen, *Rixen*, in Sachs, GG, Art. 2, Rn. 201 m.w.N.

1467 Schlussanträge der Generalanwältin Juliane Kokott v. 05.05.2022 – C-61/21, ECLI:EU:C:2022:359, Rn. 74.

1468 Schlussanträge der Generalanwältin Juliane Kokott v. 05.05.2022 – C-61/21, ECLI:EU:C:2022:359, Rn. 75.

1469 Schlussanträge der Generalanwältin Juliane Kokott v. 05.05.2022 – C-61/21, ECLI:EU:C:2022:359, Rn. 77.

1470 Schlussanträge der Generalanwältin Juliane Kokott v. 05.05.2022 – C-61/21, ECLI:EU:C:2022:359, Rn. 78.

1471 *Wickel*, in Säcker/ Ludwigs, BerlKommEnR, Bd. III, § 1 KSG, Rn. 21 ff.; für Folgen der „Dekarbonisierungsmaßnahmen" unter Anlehnung an das Europarecht *Peters*, in Fellenberg/ Guckelberger, Klimaschutzrecht Kommentar, § 1 KSG, Rn. 33.

1472 *Wickel*, in Säcker/ Ludwigs, BerlKommEnR, Bd. III, § 1 KSG, Rn. 22.

Begriffe „soziale und ökonomische Folgen“ Auswirkungen auf den Gesundheitsschutz oder das Eigentum berücksichtigt werden könnten. Für diese Ansicht spricht die inhaltliche Nähe des Satzes 2 zu Satz 1. Satz 2 kann als Konkretisierung der „Auswirkungen“ in Satz 1 verstanden werden. Grundlage bildet dabei das Übereinkommen von Paris nach § 1 S. 3 KSG. Insofern ist jedoch, anders als in den Luftreinhaltevorschriften, der Gesundheitsschutz im KSG nicht explizit als Ziel erwähnt.

Die Gesetzgebungsmaterialien zum KSG haben ebenfalls keinen besonderen Bezug zum Gesundheits- oder Eigentumsschutz und damit zu höchstpersönlichen oder individuellen Rechten.[1473] Worauf jedoch die Gesetzgebungsmaterialien der Klimaschutznovelle von 2021 Bezug nehmen, ist der Schutz zukünftiger Freiheitsrechte.[1474] Durch die kurz- und mittelfristig erhöhten Reduktionsquoten werde verhindert, dass Treibhausgasreduktionspflichten zulasten künftiger Generationen in die Zukunft verlagert werden.[1475]

Das Pariser Klimaabkommen hingegen, auf das sich das KSG stützt, nimmt in seiner Einleitung Bezug auf Ernährungssicherheit, Arbeitsplätze, Verpflichtungen im Hinblick auf die Menschenrechte und dabei etwa die Gesundheit, insofern sind zumindest Anknüpfungspunkte an subjektive Rechte erkennbar. Ausdrücklich wird der Gesundheitsschutz in Art. 191 I AEUV genannt, indem die Umweltpolitik der Union, auf die das KSG ebenfalls in § 1 Bezug nimmt, zum Schutz der menschlichen Gesundheit beitragen soll. Das KSG dient also zumindest vermittelt über das Völker- und Europarecht ausdrücklich auch dem Gesundheitsschutz, selbst wenn der Text des KSG das nicht explizit benennt.

Das KSG ist kompetenzrechtlich auf die Luftreinhaltung in Art. 74 I Nr. 24 GG gestützt.[1476] Art. 74 I Nr. 24 GG gilt als eine Norm, die Materien des Umweltschutzes enthält.[1477] Unter Luftreinhaltung wird der „Schutz vor nachteiligen Veränderungen der Luft“ verstanden.[1478] Ein auf diese Norm gestütztes Gesetz wie insbesondere das BImSchG kann dann wiederum seinerseits dazu dienen, die Menschen vor schädlichen Umwelteinwirkungen

---

1473 Vgl. BT-Drs. 19/30230, 02.06.2021; siehe auch die Materialien zum ursprünglichen Klimaschutzgesetz BT-Drs. 19/14337, 22.10.2019.

1474 BT-Drs. 19/30230, 02.06.2021.

1475 BT-Drs. 19/30230, 02.06.2021, S. 2.

1476 Dazu Teil 2, D. III.

1477 *Oeter*, in v. Mangoldt/ Klein/ Starck, GG, Art. 74, Rn. 161 m.w.N.; *Broemel*, in v. Münch/ Kunig, GG, Art. 74, Rn. 86.

1478 *Broemel*, in v. Münch/ Kunig, GG, Art. 74, Rn. 88 m.w.N.

zu schützen, § 1 I BImSchG. Dem Sinn und Zweck nach dient die Kompetenznorm des Art. 74 I Nr. 24 GG aber nicht dazu, individuelle Rechte, wie etwa die Gesundheit, zu schützen. Vielmehr bezieht sie sich auf den Umweltschutz allgemein, sodass die Kompetenznorm keinen Anhaltspunkt dafür bildet, dass das KSG subjektive Rechte verleiht.

Ein Unterschied zu den Luftreinhaltevorschriften, um die es in den europäischen Richtlinien geht, besteht außerdem darin, dass CO2 im Vergleich zu Feinstaub und Stickstoffdioxid prinzipiell nicht gesundheitsschädlich ist.[1479] Die Gefahren, um die es geht, verursacht CO2 nur in Summation als Treibhausgas, indem es zum Klimawandel führt, der seinerseits die Bedrohungen für individuelle Rechte verursacht. Zudem treten die Gefahren durch den Klimawandel nicht dort auf, wo CO2 emittiert wird.

Insofern hat man in Abgrenzung zu den Luftreinhalterichtlinien Vorschriften, die nur mittelbar zum Gesundheitsschutz beitragen, indem sie den Klimawandel eindämmen. Treibhausgasreduktionsquoten wirken sich allerdings nicht unmittelbar auf den Gesundheitsschutz aus.

Jedoch kann an dieser Stelle die Rechtsprechung des Bundesverfassungsgerichts zum Klimawandel und den Schutzpflichten geltend gemacht werden, wonach es die Schutzpflichten zugunsten von Art. 2 II 1 GG und Art. 14 I GG gebieten, den Klimawandel mithilfe von Treibhausgasreduktionen zu bekämpfen, da Anpassungsmaßnahmen nach dem Bundesverfassungsgericht alleine nicht genügen.[1480] Das KSG dient mit seinen Reduktionsquoten in § 4 I 1, 3 KSG i.V.m. Anlage 2 also gerade der Schutzpflichterfüllung. Insofern kann ein Bezug zwischen Treibhausgasreduktion und dem Schutz individueller Rechte hergestellt werden, sodass die KSG-Vorschriften über reine Umweltschutzvorschriften zugunsten der Allgemeinheit hinausgehen. Spätestens seit dem Klimaschutzbeschluss 2021 steht fest, dass die Reduktionsvorschriften des KSG dem Schutz von Leben, Gesundheit und Eigentum dienen. Gleiches gilt für die zukünftigen Freiheitsrechte, die das Bundesverfassungsgericht durch fehlende Reduktionsvorschriften als verletzt angesehen hat.[1481] Auch zukünftige Freiheitsrechte wird man als höchstpersönlich bezeichnen können, weswegen die Treibhausgasreduktionsziele zusätzlich über die Anknüpfung an Art. 2 I GG i.V.m. Art. 20a GG der Sicherung der Freiheitsrechte dienen und nicht nur Umweltschutzbe-

1479 Diese Unterscheidung wird beispielsweise auch im Rahmen der Gesetzgebungskompetenzen diskutiert, siehe dazu *Broemel,* in v. Münch/ Kunig, GG, Art. 74, Rn. 88 m.w.N.

1480 Teil 5, C. und D.

1481 Teil 5, A.

langen der Allgemeinheit. Es wird deutlich, dass es grundlegendster Zweck des Klimaschutzes ist, die Menschen in ihren höchstpersönlichen Rechten vor den Auswirkungen des Klimawandels zu schützen.

Im Ergebnis sind nach einer Auslegung in Anlehnung an die Argumentation der Generalanwältin zumindest Ansatzpunkte vorhanden, in deutschen Treibhausgasreduktionsnormen Vorschriften zu sehen, die über den reinen Umweltschutz zugunsten der Allgemeinheit hinausgehen. Letztendlich sind die Normen dafür da, individuelle Rechtspositionen wie Leben, Gesundheit, Eigentum und zukünftige Freiheitsrechte zu schützen. Ihre Einhaltung ist dafür essenziell. Die Anerkennung subjektiver Rechte ginge jedoch zu weit.[1482] Zudem folgte auch der EuGH der Argumentation der Generalanwältin nicht und stufte die Ziele Umwelt- und Gesundheitsschutz nur als allgemein ein.[1483]

II. Verbände

Vor deutschen Gerichten sind aktuell[1484] noch Klagen von Umweltverbänden vor dem OVG Berlin-Brandenburg anhängig, mit denen erreicht werden soll, dass die Bundesregierung Klimaschutzprogramme erlässt, die dazu geeignet sind, die Ziele des KSG einzuhalten.[1485] Die Wirksamkeit des Klimaschutzprogramms wurde durch zwei Studien infrage gestellt.[1486]

Der Ausschluss der Klagebefugnis nach § 4 I 10 KSG gilt insoweit nicht für die Umweltverbandsklage nach dem UmwRG und wäre andernfalls auch nicht mit Europarecht vereinbar.[1487] Die Umweltverbände können sich nicht gegen das KSG selbst wenden, sie können jedoch die Klimaschutzprogramme angreifen.[1488]

Der verfassungsrechtliche Einfluss auf den Zugang zu Gericht ist an dieser Stelle jedoch begrenzt. Schutzpflichten und intertemporale Freiheits-

1482 So im Ergebnis auch *Kalis*, Justitiabler Klimaschutz in Deutschland, S. 75 f.

1483 EuGH, Urt. v. 22.12.2022 – C-61/21, ECLI:EU:C:2022:1015, Rn. 55.

1484 Stand 04/2023.

1485 Zu den Verfahren Teil 3, A.; allgemein zu Klagerechten von Umweltverbänden *Buchberger*, EurUP 2019, 377 ff.

1486 Prognos AG, Energiewirtschaftliche Projektionen und Folgeabschätzungen 2030/2050, S. 12; UBA, Treibhausgasminderungswirkung des Klimaschutzprogramms 2030 (Kurzbericht), S. 5; siehe zu beiden Studien Teil 2, D. III. 3.

1487 *Klinger*, ZUR 2020, 259, 260.

1488 *Saurer*, in Rodi (Hrsg.), KlimaschutzR-HdB, § 10, Rn. 54 m.w.N.

rechte spielen keine Rolle. Wichtig für Entscheidungen in der Sache sind jedoch die Wertungen von Art. 20a GG[1489], da Art. 20a GG als Staatszielbestimmung für die gesamte öffentliche Gewalt gilt. Insbesondere das Klimaschutzgebot und der Budgetansatz sollten als Konsequenz des Klimaschutzbeschlusses des Bundesverfassungsgerichts in den Plänen und Programmen Berücksichtigung finden. Inwiefern auch die Sofortprogramme i.S.v. § 8 KSG angegriffen werden können, bleibt abzuwarten. Sie sind jedenfalls im Gegensatz zu den Programmen i.S.v. § 9 KSG nicht explizit in Anlage 5 zum UVPG aufgeführt.

III. Zusammenfassung

Die Verwaltungsgerichte spielen keine Rolle mehr, wenn es um das Angreifen der Klimaschutzziele an sich geht, da diese seit der Existenz des KSG vor dem Bundesverfassungsgericht angegriffen wurden.

Prinzipiell besteht aber die Möglichkeit der Geltendmachung subjektiver Rechte vor Verwaltungsgerichten in Form von Grundrechtsverletzungen. In Anlehnung an die Argumentation auf europäischer Ebene und unter Einfluss der Schutzpflichtenrechtsprechung des Bundesverfassungsgerichts zu Art. 2 II 1 GG und Art. 14 I GG sind auch in den Reduktionsquoten des KSG Vorschriften zu sehen, die über den bloßen Schutz der Allgemeinheit hinausgehen. Dafür sprechen auch die intertemporalen Freiheitsrechte. Relevanz könnte dies erlangen, wenn es etwa um die Einhaltung einzelner Klimaziele[1490] oder um klimaschädliche Einzelmaßnahmen geht.[1491] Die Verfassung hat keinen Einfluss auf den Zugang zu Gericht von Verbänden. Art. 20a GG kann jedoch Bedeutung für die Entscheidung in der Sache erlangen.

C. Fazit

Das Bundesverfassungsgericht erkannte im Klimaschutzbeschluss für ausländische und inländische Beschwerdeführende die Beschwerdebefugnis aufgrund einer möglichen Schutzpflichtverletzung an. Für inländische Beschwerdeführende bestand sie zudem wegen der Möglichkeit der Verlet-

1489 Teil 5, B.
1490 Siehe zur Lockerung der Kausalität 5. Teil, B. IV. 3.
1491 Dazu Teil 5, A. VI. und Teil 5, B. IV. 5.

zung von intertemporalen Freiheitsrechten. Dadurch konnte das Bundesverfassungsgericht in der Sache entscheiden. Auf verwaltungsgerichtlicher Ebene wurde zuvor entschieden, dass die Hürden für die Darlegung einer Schutzpflichtverletzung hoch liegen und die Klagenden diese nicht nehmen konnten. Die Klage scheiterte auf Ebene der Zulässigkeit. Dass eine Schutzpflichtverletzung auch angenommen werden könnte, wurde jedoch im Laufe dieser Arbeit dargelegt. Nach aktuellem Stand ist allerdings nicht ersichtlich, dass die Grundrechte einen so großen Einfluss auf den Zugang zu den Verwaltungsgerichten haben, wie sie es auf den Zugang zum Bundesverfassungsgericht hatten.

7. Teil: Zusammenfassung und Fazit

A. Aufgeworfene Frage (Teil 1)

Anlass für diese Arbeit gab die erste auf deutscher Ebene entschiedene Klimaklage vor dem VG Berlin 2019, in der die Verletzung verfassungsrechtlicher Güter durch vermeintlich unzureichenden Klimaschutz diskutiert wurde. Im Mittelpunkt dieser Arbeit steht die Frage, welche Vorgaben für Klimaschutz aus dem Grundgesetz folgen und ob bzw. in welchem Umfang Einzelnen ein verfassungsrechtlicher Anspruch auf Klimaschutz zustehen kann.

B. Wissenschaftliche Erkenntnisse und rechtliches Mehrebenensystem (Teil 2)

Der aktuelle wissenschaftliche Stand zum Klimawandel hat gezeigt, dass das Bild erschreckend ist. Die wissenschaftlichen Erkenntnisse werden immer präziser. Die Auswirkungen des Klimawandels können jedoch begrenzt werden, wenn es gelingt, die globale Durchschnittstemperatur auf ein Niveau zu begrenzen, bei dem keine Kipppunkte im Klimasystem überschritten werden. Andernfalls drohen unabsehbare Folgen für Menschen und Natur.

Wissenschaftliche Erkenntnisse belegen, dass für das Vermeiden von Kipppunkten das Verfolgen des 1,5 Grad-Ziels ratsam ist. Auf keiner Ebene, weder im Völkerrecht, noch im Europarecht, noch auf nationaler Ebene wird das 1,5 Grad-Ziel verfolgt. Zudem steht in Frage, ob die gesetzten Ziele überhaupt erreicht werden. Die Entwicklung der Ziele ist sehr dynamisch.

Das oberste Ziel, die Erderwärmung auf 2 Grad, möglichst 1,5 Grad zu beschränken, wird vorgegeben durch das Pariser Klimaabkommen auf völkerrechtlicher Ebene. An diesem Ziel orientieren sich sowohl die EU-Ebene als auch die nationale Ebene. Entscheidend für die Wirksamkeit des Klimaschutzes ist, dass die Ziele „nach oben hin“ darauf gerichtet sind, das übergeordnete Ziel zu erreichen. Es hat sich gezeigt, dass die Ziele nicht „eins-zu-eins“ aufeinander abgestimmt sind. Bereits die Spanne des völkerrechtlichen Ziels von 0,5 Grad macht eine exakte Zielbestimmung schwer. Ein „Abweichen nach unten“ im Sinne von strengeren Klimaschutzmaßnahmen ist jedoch auf den meisten Ebenen möglich und im Sinne eines Antriebs für den Klimaschutz auch zu begrüßen. Inwiefern dies auf deutscher Ebene zusätzlich verfassungsrechtlich geboten ist, wurde im weiteren Verlauf der Arbeit untersucht.

C. Klimaschutz vor Gericht (Teil 3)

Vermeintlich unzureichende oder fehlende Klimaschutzziele und unzureichende Maßnahmen, gesteckte Klimaschutzziele zu erreichen, führten zu Klagen und Verfassungsbeschwerden auf deutscher Ebene, da vor allem die Verletzung verfassungsrechtlicher Güter befürchtet wurde.

Auf verwaltungsrechtlicher Ebene konnte bislang kein „Erfolg" einer Klimaklage verbucht werden. Klimaklagen, die derzeit noch anhängig sind, werden von Umweltverbänden geführt. Für diese Verfahren hat die Verfassung wenig Bedeutung, da einfachgesetzliche Klimaschutzregelungen im Mittelpunkt stehen.

Dagegen führten vier Verfassungsbeschwerden 2021 zum Klimabeschluss des Bundesverfassungsgerichts, der als bisher weitreichendste Klimaschutzentscheidung gilt. Im Anschluss an den Klimabeschluss hat das Bundesverfassungsgericht den verfassungsrechtlichen Einfluss auf Klimaschutz wieder begrenzt, indem es Anfang 2022 zwei Verfassungsbeschwerden, die in Anlehnung an den Klimabeschluss 2021 erhoben wurden, zurückgewiesen hat.

Die Beschwerdeführenden zogen daraufhin vor den EGMR, wo nun neben weiteren Beschwerden auch ein Verfahren gegen das deutsche Klimaschutzgesetz anhängig ist. Eine Entscheidung des EGMR könnte Einfluss auf die Rechtslage in Deutschland haben.

Eine Klimaklage gegen die EU selbst scheiterte an den strengen Zulässigkeitsvoraussetzungen des EuGH. In vielen Mitgliedstaaten gab und gibt es ebenfalls Klimaklagen für mehr Klimaschutz.

D. Klimaschutz durch grundrechtliche Abwehr- und Schutzfunktion (Teil 4)

In dogmatischer Hinsicht besteht durch den Klimabeschluss kein Bruch mit der herkömmlichen Grundrechtsdogmatik. Je nachdem, um welche Art der Rechtsverletzung es geht, greifen die verschiedenen grundrechtlichen Funktionen. Geht es um Freiheitsgefährdungen durch Klimaschutzmaßnahmen, dann greift die Abwehrfunktion. Geht es um den Schutz vor den Auswirkungen des Klimawandels selbst, dann greift die Schutzpflichtfunktion der Grundrechte. Das Bundesverfassungsgericht hat die Schutzpflichtenrechtsprechung im Klimabeschluss nicht weiter konkretisiert. Aufgrund der bisherigen Rechtsprechung des Bundesverfassungsgerichts in anderen Bereichen lässt sich jedoch für den Klimawandel ein strengerer Prüfungsmaßstab ableiten.

E. Materiell-rechtliche Klimaschutzmaßgaben der Verfassungsnormen (Teil 5)

Im Klimabeschluss 2021 hat das Bundesverfassungsgericht die intertemporalen Freiheitsrechte anerkannt, womit zukünftige Freiheitsentfaltungsmöglichkeiten, die CO2-Emissionen verursachen und die durch wirtschaftliche Grundrechte gewährt sind, ermöglicht werden sollen. Die Klimaschutzvorschriften des KSG genügen nicht dem Verhältnismäßigkeitsgrundsatz, da bis 2030 bereits das Budget zu großen Teilen verbraucht sein wird. Insofern hat das Konstrukt noch mehr Potential für den Klimaschutz. Auch eine Verteilung des Budgets auf Einzelmaßnahmen wäre denkbar. Eine Übertragbarkeit auf andere Themengebiete käme nur unter sehr engen Voraussetzungen in Betracht. Jedoch ist auch die Anwendbarkeit auf den Klimawandel bis zum Erreichen der Klimaneutralität zeitlich begrenzt.

Art. 20a GG kommt die zentrale Bedeutung für den Klimaschutz zu, da aus Art. 20a GG das Klimaschutzgebot und daraus der Umfang des verfassungsrechtlich notwendigen Klimaschutzes folgt. Aus Art. 20a GG kann abgeleitet werden, dass es verfassungsrechtlich geboten ist, das 1,5 Grad- Ziel zu verfolgen. In Konsequenz des Klimabeschlusses kann vieles an Art. 20a GG gemessen werden. Die Klimaschutzziele des KSG können als nicht mit Art. 20a GG vereinbar angesehen werden, da ihnen kein Treibhausgasbudget zugrunde liegt, das auf das 1,5 Grad-Ziel ausgerichtet ist. Die Gesetzgebung muss ein solches Treibhausgasbudget festlegen und hat dabei erheblichen Spielraum in Bezug auf die entscheidenden Fragen, die insbesondere die Verteilung des Budgets betreffen. Auch in einzelnen Reduktionszielen besteht eine Konkretisierung des Klimaschutzgebotes. Zudem dient Art. 20a GG als Rechtfertigungsgrund für Eingriffe in Wirtschaftsgrundrechte. Daneben wäre auch denkbar, dass Art. 20a GG als Grund für die Verhinderung von Einzelmaßnahmen herangezogen wird.

Den Schutzpflichten aus Art. 2 II 1 GG und Art. 14 I GG kommt weiterhin große Bedeutung zu. Da die Gesetzgebung das Eintreten von Kipppunkten nicht verhindert, dadurch den Klimawandel nicht begrenzt und deswegen eine unabsehbare und unzumutbare Gefahr für die Rechtsgüter Leben und Gesundheit besteht, können die einfachgesetzlichen Klimaschutzregelungen bereits als evident unzureichend eingestuft werden. Anpassungsmaßnahmen dürfen erst zur Schutzpflichterfüllung herangezogen werden, wenn Kipppunkte bestmöglich verhindert wurden, da sie keine Kipppunkte vermeiden können und damit evident unzureichend sind, Leben und Gesundheit zu schützen. Spätestens im Rahmen des Untermaßverbotes sind diese Wertungen heranzuziehen. Zudem muss im Rahmen des Untermaßverbotes das Kriterium der Wirksamkeit herangezogen werden. Die Wirksamkeit verlangt einen Rückgriff auf ein CO2-Budget, insofern wird hier der besondere Einfluss von Art. 20a GG deutlich. Art. 20a GG verstärkt den Schutz von Art. 2 II 1 GG. Auch die Schutzpflicht des Art. 14 I GG kann als verletzt angesehen werden.

Weitere Grundrechte spielen keine Rolle. Es wird sich zeigen, ob der Klimaschutz zukünftig noch durch den Einfluss der Rechtsprechung des EGMR gestärkt wird.

Im Ergebnis ist festzuhalten, dass die Verfassung nach hier vertretener Ansicht viel strengere Anforderungen an den Klimaschutz stellt. Zu großen Teilen ist die Gesetzgebung gefragt. Gerichte können insoweit korrigierend tätig werden, dass sie gesetzgeberische Maßnahmen für unzulänglich erklären. Eine klimaschützende Gesetzgebung wird vom Verfassungsrecht gestützt.

F. Verfassung und Gerichtszugang (Teil 6)

Der Zugang zu Gericht ist entscheidend, damit gesetzgeberische Maßnahmen überprüft werden können. In öffentlich-rechtlichen Klimaklagen kommt es auf prozessrechtlicher Ebene auf die Klage- und Beschwerdebefugnis an.

Vor dem Bundesverfassungsgericht führte die Anerkennung und konkrete Anwendung der intertemporalen Freiheitsrechte durch das Bundesverfassungsgericht innerhalb der Beschwerdebefugnis von natürlichen Personen zu einer besonderen Weitung des Zugangs zu Gericht. Die mögliche Verletzung der Schutzpflichten verschaffte ebenfalls einen Zugang zum Bundesverfassungsgericht, auch für ausländische Beschwerdeführende. Beides ist für einen effektiven Rechtsschutz zu begrüßen. Eine genauere Prüfung konkreter Verletzungen wäre möglich gewesen. Während die Umweltverbände vor dem Bundesverfassungsgericht keinen Erfolg hatten, kommt ihnen für die verwaltungsgerichtlichen Verfahren Bedeutung zu. Hier haben die verfassungsrechtlichen Wertungen jedoch keinen Einfluss auf den Zugang zu Gericht. Für natürliche Personen bestehen Ansätze, eine Verletzung subjektiver Rechte begründen zu können. Die Grundrechte haben zumindest aktuell vor den Verwaltungsgerichten aber keinen so großen Einfluss auf den Zugang zu Gericht, wie es vor dem Bundesverfassungsgericht der Fall war.

G. Gesamtfazit

Die Verfassung stellt strengere Anforderungen an den Klimaschutz, als es das Bundesverfassungsgericht bisher festgestellt hat, da grundrechtlich geschützte Güter einer unabsehbaren Gefährdung durch den Klimawandel ausgesetzt sind und Emissionsmöglichkeiten nicht verhältnismäßig über die Zeit verteilt wurden. Je stärker sich in Zukunft die wissenschaftlichen Erkenntnisse zum Klimawandel verdichten, desto größer wird der Handlungsdruck zusätzlich. In erster Linie ist die Gesetzgebung gefragt. Die Gerichte müssen jedoch zur Wahrung der Grundrechte korrigierend tätig werden und können Maßnahmen für unzureichend erklären. Weitere Klimaklagen sind insoweit denkbar.

Literaturverzeichnis

(Alle im Literaturverzeichnis angegebenen Internetquellen wurden zuletzt abgerufen am 05.04.2023)

Abel, Patrick, Parlamentarische CO2-Budgethoheit und -Budgetverantwortung, ZUR 2022, 333-341.

Albrecht, Juliane, Das Klimaschutzgesetz des Bundes – Hintergrund, Regelungsstruktur und wesentliche Inhalte, NuR 2020, 370-378.

Aust, Helmut Philipp, Klimaschutz aus Karlsruhe, Verfassungsblog 05.05.2021, abrufbar unter https://verfassungsblog.de/klimaschutz-aus-karlsruhe-was-verlangt-das-urteil-vom-gesetzgeber/.

Badenhausen-Fähnle, Elisabeth, Der Klimabeschluss des BVerfG – Einleitung einer Kehrtwende für die Anwendung der grundrechtlichen Schutzpflichten im Klimaschutz?, VR 2022, 1-6.

Beck, Christoph/ Ertl, Michael/ Kühlbach, Benjamin/ Hartbach, Jasmin/ Hammel, Gertrud/ Straub, Annette/ Giemsa, Esther/ Seubert, Stefanie/ Fricke, Verena/ Philipp, Andreas/ Traidl-Hoffmann, Claudia/ Soentgen, Jens/ Jacobeit, Jucundus/ Naumann, Markus, Luftmassen, Wetterlagen und Schlaganfälle in der Region Augsburg, in Soentgen, Jens/ Gassner, Ulrich/ von Hayek, Julia/ Manzei, Alexandra (Hrsg.), Umwelt und Gesundheit, 1. Aufl., Baden-Baden 2020, S. 279-292.

Beckmann, Martin, Das Bundesverfassungsgericht, der Klimawandel und der „intertemporale Freiheitsschutz“, URP 2021, 241-251.

Beckmann, Martin/ Durner, Wolfgang/ Mann, Thomas/ Röckinghausen, Marc (Hrsg.), Landmann/ Rohmer Umweltrecht Band I, Kommentar, Stand: 99. EL, München, September 2022.

Berkemann, Jörg, EuGH stärkt erneut Klagebefugnisse im Umweltrecht, DVBl 2021, 1-7.

Berkemann, Jörg, „Freiheitschancen über die Generationen“ (Art. 20a GG) – Intertemporaler Klimaschutz im Paradigmenwechsel, DÖV 2021, 701-715.

Bickenbach, Christian, Subjektiv-öffentliches Recht auf Klimaschutz? Die Erderwärmung vor den Gerichten, JZ 2020, 168-177.

Bickenbach, Christian, Staatlicher Klimaschutz unter CO2-Budgetvorbehalt?, DÖV 2022, 561-569.

Bickenbach, Christian, Klimaschutzgesetzgebung zwischen lokalen Verfassungsbindungen und globalen Kipppunkten, in Cole, Mark D./ Schiedermair, Stephanie/ Wagner, Eva Ellen (Hrsg.), Die Entfaltung von Freiheit im Rahmen des Rechts, Festschrift für Dieter Dörr zum 70. Geburtstag, Heidelberg 2022, S. 135-152.

Bitz, Lena, Koalition will Sektorenziele im Klimaschutzgesetz abschaffen: Ist der Klimaschutz-Rückschritt noch verfassungskonform?, LTO 31.03.2023, abrufbar unter www.lto.de/recht/hintergruende/h/koalitionsausschuss-modernisierungspaket-sektorenziele-weichen-co2-gesamtrechnung/.

Böhm, Monika, Der Normmensch, Tübingen 1996.

Böhm, Monika, Die Rechtsprechung des Bundesverfassungsgerichts zur Beamtenbesoldung, ZBR 2018, 222-227.

Böhm, Monika, Umweltstaatlichkeit, in Kahl, Wolfgang/ Ludwigs, Markus (Hrsg.) Handbuch des Verwaltungsrechts, Bd. III, Heidelberg 2022, § 84, S. 1097-1139.

Böhm, Monika, Die nachhaltige Stadt der Zukunft, JZ 2022, 820-829.

Boerstra, Bente/ Römling, Dominik, Klimaklagen gegen Unternehmen, EurUP 2022, 30-44.

Bressler, R. Daniel, The mortality cost of carbon, Nature Communications, 2021, 1-12, abrufbar unter www.nature.com/articles/s41467-021-24487-w.pdf.

Breuer, Rüdiger, Klimaschutz durch Gerichte?, NVwZ 2022, 1233-1241.

Britz, Gabriele, Verfassungsrechtliche Verfahrens- und Rationalitätsanforderungen an die Gesetzgebung, DV 2017, 421-431.

Britz, Gabriele, Klimaschutz in der Rechtsprechung des Bundesverfassungsgerichts, NVwZ 2022, 825-834.

Bruch, David, Umweltpflichtigkeit der grundrechtlichen Schutzbereiche, Berlin 2012.

Buchberger, Elisabeth, Das Verbandsklagerecht der Umweltverbände – ein Streifzug, EurUP 2019, 377-386.

Bumke, Christian/ Voßkuhle, Andreas, Casebook Verfassungsrecht, 8. Aufl., Tübingen 2020.

Bundesministerium für Umwelt, Naturschutz, Bau und Reaktorsicherheit, Aktionsprogramm Klimaschutz 2020, Stand 03.12.2014, abrufbar unter www.bmuv.de/fileadmin/Daten_BMU/Download_PDF/Aktionsprogramm_Klimaschutz/aktionsprogramm_klimaschutz_2020_broschuere_bf.pdf.

Bundesministerium für Umwelt, Naturschutz, Bau und Reaktorsicherheit, Klimaschutzplan 2050, abrufbar unter www.bmwk.de/Redaktion/DE/Publikationen/Industrie/klimaschutzplan-2050.pdf?__blob=publicationFile&v=6.

Bundesministerium für Umwelt, Naturschutz und nukleare Sicherheit, Klimaschutzprogramm 2030, www.bundesregierung.de/resource/blob/974430/1679914/e01d6bd855f09bf05cf7498e06d0a3ff/2019-10-09-klima-massnahmen-data.pdf?download=1.

Bundesministerium für Wirtschaft und Klimaschutz (BMWK), Klimaschutz in Zahlen, Aktuelle Emissionstrends und Klimaschutzmaßnahmen in Deutschland – Ausgabe 2022, Stand Juli 2022, abrufbar unter www.bmwk.de/Redaktion/DE/Publikationen/Klimaschutz/klimaschutz-in-zahlen.pdf?__blob=publicationFile&v=4.

Bundesministerium für Wirtschaft und Technologie, Energiekonzept für eine umweltschonende, zuverlässige und bezahlbare Energieversorgung, 28.09.2010, abrufbar unter www.bmwi.de/Redaktion/DE/Downloads/E/energiekonzept-2010.pdf?__blob=publicationFile&v=5.

Bundesregierung, Klimaschutzbericht 2021, 03.11.2021, abrufbar unter www.bundesregierung.de/breg-de/themen/klimaschutz/klimaschutzbericht-beschlossen-1974616.

Bundesregierung, Klimaschutzbericht 2022 der Bundesregierung nach § 10 Absatz 1 des Bundes-Klimaschutzgesetzes, 31.08.2022, abrufbar unter www.bmwk.de/Redaktion/DE/Downloads/Energie/klimaschutzbericht.pdf?__blob=publicationFile&v=6.

Burgi, Martin, Klimaverwaltungsrecht angesichts von BVerfG-Klimabeschluss und European Green Deal, NVwZ 2021, 1401-1408.

Buser, Andreas, Eine allgemeine Klimaleistungsklage vor dem VG Berlin, NVwZ 2020, 1253-1255.

Buser, Andreas, Ein Grundrecht auf Klimaschutz? Möglichkeiten und Grenzen grundrechtlicher Klimaklagen in Deutschland, DVBl 2020, 1389-1396.

Buser, Andreas, Die Freiheit der Zukunft, Verfassungsblog 30.04.2021, abrufbar unter https://verfassungsblog.de/die-freiheit-der-zukunft/.

BVU Beratergruppe/ Intraplan/ Ingenieurgruppe IVV/ Planco, Verkehrsverflechtungsprognose 2030 sowie Netzumlegungen auf die Verkehrsträger, Los 4: Netzumlegung Straßenverkehr Ergebnisbericht, 30. April 2014, abrufbar unter www.bmvi.de/SharedDocs/DE/Anlage/G/verkehrsverflechtungsprognose-2030-schlussbericht-los-4.pdf?__blob=publicationFile.

Calliess, Christian, Rechtsstaat und Umweltstaat – Zugleich ein Beitrag zur Grundrechtsdogmatik im Rahmen mehrpoliger Verfassungsrechtsverhältnisse, Tübingen 2001.

Calliess, Christian, Abstand halten: Rechtspflichten der Klimaschutzpolitik aus planetaren Grenzen, ZUR 2019, 385-386.

Calliess, Christian, Klimapolitik und Grundrechtsschutz, ZUR 2021, 323-332.

Calliess, Christian, Das „Klimaurteil" des Bundesverfassungsgerichts: „Versubjektivierung" des Art. 20a GG?, ZUR 2021, 355-358.

Calliess, Christian/ Kallmayer, Axel, Der praktische Fall – Öffentliches Recht: Abwehrrechte und Schutzpflichten aus Grundrechten, JuS 1999, 785-791.

Chatzinerantzis, Alexandros/ Appel, Markus, Haftung für den Klimawandel, *NJW 2019, 881-886.*

Clement, Vivianne/ Rigaud, Kanta Kumari/ de Sherbinin, Alex/ Jones, Bryan/ Adamo, Susana/ Schewe, Jacob/ Sadiq, Nian/ Shabahat, Elham, Groundswell Part 2: Acting on Internal Climate Migration, 2021, World Bank, abrufbar unter https://openknowledge.worldbank.org/handle/10986/36248.

Cremer, Wolfram, Verfassungskräftiger Klimaschutz nach Maßgabe völkerrechtlich verbindlicher Verpflichtungen und Ziele, ZUR 2019, 278-283.

Datoo, Mehreen/ Natama, Hamtandi/ Somé, Athanase/ Bellamy, Duncan/ Traoré, Ousmane/ Rouamba, Toussaint/ Tahita, Marc/ Ido, Félix/ Yameogo, Prisca/ Valia, Daniel/ Millogo, Aida/ Ouedraogo, Florence, Efficacy and immunogenicity of R21/Matrix-M vaccine against clinical malaria after 2 years' follow-up children in Burkina Faso, The Lancet, 07.09.2022, abrufbar unter www.thelancet.com/journals/laninf/article/PIIS1473-3099*(22)00442-X/fulltext.*

de Carvalho, Lorenna Aleixo, Kohleausstieg nach dem BVerfG-Klimabeschluss – Tagungsbericht über das 22. ABK vom 13.07.2021 – Altlasten- und bergschadenkundliches Kolloquium, DVBl 2021, 1360-1362.

Delcuvé, Janine/ Naujoks, Pauline, Die Bedeutung des Art. 20a GG nach dem Klima-Beschluss des Bundesverfassungsgerichts, VR 2022, 231-238.

Dietlein, Johannes, Die Lehre von den grundrechtlichen Schutzpflichten, 2. Aufl., Berlin 2005.

Deutscher Wetterdienst, Nationaler Klimareport, 6. Aufl. 2022, abrufbar unter www.dwd.de/DE/leistungen/nationalerklimareport/download_report.pdf?__blob=publicationFile&v=14.

Dreier, Horst (Hrsg.), Grundgesetz-Kommentar, Band I Präambel, Artikel 1-19, 3. Aufl., Tübingen 2013.

Dreier, Horst (Hrsg.), Grundgesetz-Kommentar, Band II Artikel 20-82, 3. Aufl., Tübingen 2015.

Durner, Wolfgang, Umweltverfassungsrecht, in Herdegen, Matthias/ Masing, Johannes/ Poscher, Ralf/ Gärditz, Klaus Ferdinand (Hrsg.), Handbuch des Verfassungsrechts, Darstellung in transnationaler Perspektive, § 26, München 2021, S. 1623-1666.

Ehrmann, Markus, Klimaschutzgesetz: Entscheidung des BVerfG und Änderung des Gesetzes, UWP 2021, 139-146.

Eifert, Martin, Verfassungsauftrag zum freiheitsschonenden Klimaschutz: Der Klimabeschluss des BVerfG, JURA 2021, 1085-1098.

Eisentraut, Nikolas, Der Klimaschutz-Beschluss des Bundesverfassungsgerichts – eine erste Einschätzung, RuP 2021, 316-319.

Ekardt, Felix, Umweltverfassung und Schutzpflichten, NVwZ 2013, 1105-1110.

Ekardt, Felix, Menschenrechte und Umweltschutz – deutsche und internationale Debatte im Vergleich, ZUR 2015, 579-589.

Ekardt, Felix, Wie ein peruanischer Bauer das Recht verändern könnte, LTO 01.12.2017, abrufbar unter www.lto.de/recht/hintergruende/h/olg-hamm-5u1517-klage-bauer-rwe-beweiserhebung-klimawandel-haftung/.

Ekardt, Felix, Theorie der Nachhaltigkeit: Ethische, rechtliche, politische und transformative Zugänge – am Beispiel von Klimawandel, Ressourcenknappheit und Welthandel. Mit einem Nachwort zur BVerfG-Entscheidung, Pariser Abkommen und neuer Klimapolitik, 3. Aufl., Baden-Baden 2021.

Ekardt, Felix, BVerfG-Nichtannahmebeschluss zu den Landesklimaklagen, ZUR 2022, 287-290.

Ekardt, Felix/ Heß, Franziska, Bundesverfassungsgericht, neues EU-Klimaschutzrecht und das Klima-Ziel des Paris-Abkommens, NVwZ 2021, 1421-1426.

Ekardt, Felix/ Heß, Franziska, Intertemporaler Freiheitsschutz, Existenzminimum und Gewaltenteilung nach dem BVerfG-Klima-Beschluss, ZUR 2021, 579-585.

Ekardt, Felix/ Heß, Franziska/ Wulff, Justus, BVerfG-Klima-Beschluss: Folgen für Bund, EU, Länder und Kommunen, EurUP 2021, 212-227.

Epping, Volker/ Hillgruber, Christian, (Hrsg.), BeckOK Grundgesetz, 54. Edition, Stand 15.02.2023, München 2023.

Erbguth, Wilfried, Die KSG-Entscheidung(en) des Bundesverfassungsgerichts: Folgen für die Landesebene und das räumliche Planungs- und Zulassungsrecht, DVBl 2022, 1001-1006.

Erbguth, Wilfried, Der KSG-Beschluss des BVerfG: Freiheit oder Gleichheit? EurUP 2022, 257-266.

Ewering, Elena Sofia/ Gutmann, Andreas, Gibt Bayern der Natur Rechte? Verfassungsblog 10.09.2021, abrufbar unter https://verfassungsblog.de/gibt-bayern-der-natur-rechte/.

Expertenrat für Klimafragen, Prüfbericht zu den Sofortprogrammen 2022 für den Gebäude- und Verkehrssektor – Prüfung der den Maßnahmen zugrundeliegenden Annahmen gemäß § 12 Abs. 2 Bundes-Klimaschutzgesetz, 25.08.2022, abrufbar unter www.expertenrat-klima.de.

Expertenrat für Klimafragen, Zweijahresgutachten 2022. Gutachten zu bisherigen Entwicklungen der Treibhausgasemissionen, Trends der Jahresemissionsmengen und Wirksamkeit von Maßnahmen (gemäß § 12 Abs. 4 Bundes-Klimaschutzgesetz), 04.11.2022, abrufbar unter www.expertenrat-klima.de.

Eyermann, Erich, Verwaltungsgerichtsordnung Kommentar, begründet von Erich Eyermann und Ludwig Fröhler, 16. Aufl., München 2022.

Faßbender, Kurt, Der Klima-Beschluss des BVerfG – Inhalte, Folgen und offene Fragen, NJW 2021, 2085-2091.

Faßbender, Kurt, Rechtsgutachten zur Verfassungsmäßigkeit der sog. 10-H-Regelung in Art. 82 BayBO nach dem Klima-Beschluss des Bundesverfassungsgerichts vom 24.03.2021, erstattet im Auftrag der BayernSPD Landtagsfraktion, Stand 14.09.2021, abrufbar unter https://bayernspd-landtag.de/workspace/media/static/gutachten-prof-fassbender-zur-61432b91ee8fb.pdf.

Fehling, Michael/ Kastner, Berthold/ Störmer, Rainer (Hrsg.), Verwaltungsrecht Handkommentar, 5. Aufl., Baden-Baden 2021.

Fellenberg, Frank, Rechtsschutz als Instrument des Klimaschutzes – ein Zwischenstand, NVwZ 2022, 913-920.

Fellenberg, Frank/ Guckelberger, Annette, Klimaschutzrecht Kommentar, München 2022.

Flaskühler, Christina Agnetha, Föderale Klimaschutzgesetzgebung in Deutschland im Lichte des wohlgeordneten Rechts, 1. Aufl., Baden Baden 2018.

Frank, Will, Climate Change Litigation – Klimawandel und haftungsrechtliche Risiken, NJW 2010, 3691-3692.

Frank, Will, Staatliche Klimaschutzpflichten, NVwZ-Extra 2016, 1-7.

Frank, Will, Störerhaftung für Klimaschäden?, NVwZ 2017, 664-669.

Frank, Will, Klimawandel – (auch) juristisch keine Blackbox, NVwZ 2018, 960-962.

Franzius, Claudio, Eine CO2-Bremse in das Grundgesetz?, RuP 2019, 230-240.

Franzius, Claudio, Ziele des Klimaschutzrechts, ZUR 2021, 131-140.

Franzius, Claudio, Der „Green Deal" in der Mehrebenenordnung, KlimR 2022, 2-5.

Franzius, Claudio, Der Klimabeschluss des BVerfG – Eine verfassungsrechtliche Einordnung, KlimR 2022, 102-107.

Franzius, Claudio, Die Rolle von Gerichten im Klimaschutzrecht, in Rodi, Michael (Hrsg.), Handbuch Klimaschutzrecht, München 2022, § 7, S. 121-144.

Frenz, Walter, Grundzüge des Klimaschutzrechts, 2. Aufl., Berlin 2022.

Frenz, Walter, Anmerkung: BVerfG, Beschl. v. 24.03.2021 – 1 BvR 2656/18, 1 BvR 78/20, 1 BvR 96/20, 1 BvR 288/20 Freiheit nach Maßgabe des Klimaschutzes, DVBl 2021, 808, 810 ff.

Frenz, Walter, Klimaschutz nach BVerfG-Beschluss und EU-Klimagesetz, EnWZ 2021, 201-208.

Frenz, Walter, Klimagrundrecht, DÖV 2021, 715-725.

Frenz, Walter, Das novellierte Klimaschutzgesetz, NuR 2021, 583-588.

Frenz, Walter, Klimagipfel Glasgow, UPR 2022, 17-19.

Frenz, Walter, COP 27 mit mageren Ergebnissen, NuR 2023, 101-103.

Gärditz, Klaus Ferdinand, Die Erkenntnisdimension im Klimabeschluss des BVerfG, RuP 2021, 308-315.

Gärditz, Klaus Ferdinand, Verfassungsfragen zivilrechtlicher Klagen zur Durchsetzung von Klimaschutzzielen, EurUP 2022, 45-73.

Germelmann, Claas Friedrich, Entwicklungen im Recht des Klimaschutzes, in Franke, Peter/ Theobald, Christian (Hrsg.), Festschrift für Wolfgang Danner zum 80. Geburtstag, München 2019, S. 467-486.

Giesberts, Ludger/ Haas, Wolfgang, Klimawandel vor Gericht, KlimaRZ 2022, 3-12.

Graser, Alexander, Vermeintliche Fesseln der Demokratie: Warum die Klimaklagen ein vielversprechender Weg sind, ZUR 2019, 271-278.

Greenpeace, Das Recht auf Zukunft, Kurzanalyse, abrufbar unter www.greenpeace.de/publikationen/20210512-greenpeace-kurzanalyse-klimaschutzgesetz_0.pdf.

Groß, Thomas, Welche Klimaschutzpflichten ergeben sich aus Art. 20a GG?, ZUR 2009, 364-368.

Groß, Thomas, Verfassungsrechtliche Klimaschutzverpflichtungen, EurUP 2019, 353-363.

Groß, Thomas, Die Ableitung von Klimaschutzmaßnahmen aus grundrechtlichen Schutzpflichten, NVwZ 2020, 337-342.

Groß, Thomas, Der „Tankrabatt" verstößt gegen Art. 20a GG, Verfassungsblog 26.04.2022, abrufbar unter https://verfassungsblog.de/der-tankrabatt-verstost-gegen-art-20a-gg/.

Gruner, Friedemann/ Fuss, Sabine/ Kalkuhl, Matthias/ Minx, Jan/ Strefler, Jessica/ Merfort, Anne, Wie CO2-Entnahmen helfen können, die Klimaziele zu erreichen, KlimR 2022, 18-21.

Guckelberger, Annette, Verbot von Einzelfallgesetzen und Zitiergebot, in Stern, Klaus/ Sodan, Helge/ Möstl, Markus (Hrsg.), Das Staatsrecht der Bundesrepublik Deutschland im europäischen Staatenverbund, Band III Allgemeine Lehren der Grundrechte, 2. Aufl., München 2022, § 85, S. 779-818.

Gutmann, Andreas, Hybride Rechtssubjektivität, Die Rechte der „Natur oder Pacha Mama" in der ecuadorianischen Verfassung von 2008, Baden-Baden 2021.

Härtel, Ines, Klimaschutzverfassungsrecht: Klima-Staatszielbestimmungen im Föderalismus, NuR 2020, 577-588.

Hanschel, Dirk/ Schultze, Morgane, Menschenrechtliche Aspekte des Klimaschutzes, KlimR 2022, 166-171.

Haratsch, Andreas, Intertemporale Freiheitssicherung und Grundrechtsgefährdungsbeschwerde – Karlsruher Klimaschutzpolitik, in Cole, Mark D./ Schiedermair, Stephanie/ Wagner, Eva Ellen (Hrsg.), Die Entfaltung von Freiheit im Rahmen des Rechts, Festschrift für Dieter Dörr zum 70. Geburtstag, Heidelberg 2022, S. 153-166.

Heitsch, Christian, Rechtsschutz für Umwelt und Klima, EurUP 2020, 379-385.

Hertig, Elke, Verbreitung von Anopheles-Vektoren der Malaria im europäischen und mediterranen Raum bis Ende des 21. Jahrhunderts, in Soentgen, Jens/ Gassner, Ulrich/ von Hayek, Julia/ Manzei, Alexandra (Hrsg.), Umwelt und Gesundheit, 1. Aufl., Baden-Baden 2020, S. 293-303.

Hertig, Elke/ Meisinger, Christa/ Schneider, Alexandra/ Peters, Annette/ von Scheidt, Wolfgang/ Kuch, Bernhard, Meteorologische Faktoren gesundheitsrelevanter troposphärischer Ozonkonzentration am Beispiel täglicher Herzinfarkte in der Region Augsburg, in Soentgen, Jens/ Gassner, Ulrich/ von Hayek, Julia/ Manzei, Alexandra (Hrsg.), Umwelt und Gesundheit, 1. Aufl., Baden-Baden 2020, S. 305-322.

Herzog, Roman/ Scholz, Rupert/ Herdegen, Matthias/ Klein, Hans H. (Hrsg.), Grundgesetz Kommentar, begründet von Theodor Maunz und Günter Dürig, Band II Art. 6-16a, 99. EL., September 2022, München 2022.

Herzog, Roman/ Scholz, Rupert/ Herdegen, Matthias/ Klein, Hans H. (Hrsg.), Grundgesetz Kommentar, begründet von Theodor Maunz und Günter Dürig, Band III Art. 17-28, 99. EL., September 2022, München 2022.

Herzog, Roman/ Scholz, Rupert/ Herdegen, Matthias/ Klein, Hans H. (Hrsg.), Grundgesetz Kommentar, begründet von Theodor Maunz und Günter Dürig, Band IV Art. 29-67, 99. EL., September 2022, München 2022.

Herzog, Roman/ Scholz, Rupert/ Herdegen, Matthias/ Klein, Hans H. (Hrsg.), Grundgesetz Kommentar, begründet von Theodor Maunz und Günter Dürig, Band VI Art. 87a-106b, 99. EL., September 2022, München 2022.

Heß, Franziska, Aktivierung der Umweltverbandsklage, ZUR 2018, 686-691.

Heß, Franziska/ Wulff, Justus, Verfassungsrechtliche Schutzansprüche wegen Unterlassens geeigneter Maßnahmen zum Schutz des Klimas, EurUP 2020, 386-393.

Hofmann, Ekkehard, Der Klimaschutzbeschluss des BVerfG, NVwZ 2021, 1587-1590.

Huber, Peter/ Voßkuhle, Andreas (Hrsg.), Grundgesetz Band 1 Präambel, Art. 1-19 Kommentar, begründet von Hermann von Mangoldt fortgeführt von Friedrich Klein und Christian Stark, 7. Aufl., München 2018.

Huber, Peter/ Voßkuhle, Andreas (Hrsg.), Grundgesetz Band 2, Art. 20-82 Kommentar, begründet von Hermann von Mangoldt fortgeführt von Friedrich Klein und Christian Stark, 7. Aufl., München 2018.

Isensee, Josef, Das Grundrecht als Abwehrrecht und als staatliche Schutzpflicht, in Isensee, Josef/ Kirchhof, Paul (Hrsg.), Handbuch des Staatsrechts Band IX, 3. Aufl., Heidelberg 2011, § 191, S. 413-568.

IPCC, 2018: Zusammenfassung für politische Entscheidungsträger. In: 1,5 °C globale Erwärmung. Ein IPCC-Sonderbericht über die Folgen einer globalen Erwärmung um 1,5 °C gegenüber vorindustriellem Niveau und die damit verbundenen globalen Treibhausgasemissionspfade im Zusammenhang mit einer Stärkung der weltweiten Reaktionen auf die Bedrohung durch den Klimawandel, nachhaltiger Entwicklung und Anstrengungen zur Beseitigung von Armut. [Masson-Delmotte, Valérie/ Zhai, Panmao/ Pörtner, Hans-Otto/ Roberts, Debra/ Skea, Jim/ Shukla, Priyadarshi/ Pirani, Anna/ Moufouma, Wilfran/ Péan, Clotilde/ Pidcock, Roz/ Connors, Sarah/ Matthews, J. B. Robin/ Chen, Yang/ Zhou, Xiao/ Gomis, Melissa/ Lonnoy, Elisabeth/ Maycock, Tom/ Tignor, Melinda/ Waterfield, Tim (Hrsg.)]. World Meteorological Organization, Genf, Schweiz. Deutsche Übersetzung auf Basis der Version vom 14.11.2018. Deutsche IPCC-Koordinierungsstelle, PorClim/SCNAT, Österreichisches Umweltbundesamt, Bonn/Bern/Wien, November 2018, abrufbar unter www.ipcc.ch/site/assets/uploads/sites/2/2021/12/SR15_SPM_German.pdf.

IPCC, 2021: Zusammenfassung für die politische Entscheidungsfindung. In: Naturwissenschaftliche Grundlagen. Beitrag von Arbeitsgruppe I zum Sechsten Sachstandsbericht des Zwischenstaatlichen Ausschusses für Klimaänderungen [Masson-Delmotte, Valérie, Zhai, Panmao/ Pirani, Anna/ Connors, Sarah/ Pèan, Clotilde/ Berger, Sophie/ Caud, Nada/ Chen, Yang/ Goldfarb, Lea/ Gomis, Melissa/ Huang, Mengtian/ Leitzell, Katherine/ Lonnoy, Elisabeth/ Matthews, J. B. Robin/ Maycock, Thomas/ Waterfield, Tim/ Yelekci, Ozge/ Yu, Rong/ Zhou, Baiquan (Hrsg.)]. In Druck. Deutsche Übersetzung auf Basis der Druckvorlage, Oktober 2021. Deutsche IPCC-Koordinierungsstelle, Bonn; Akademie der Naturwissenschaften Schweiz SCNAT, ProClim, Bern; Bundesministerium für Klimaschutz, Umwelt, Energie, Mobilität, Innovation und Technologie, Wien; Akademie der Naturwissenschaften Schweiz SCNAT, ProClim, Bern, Februar 2022, abrufbar unter www.de-ipcc.de/media/content/AR6-WGI-SPM_deutsch_barrierefrei.pdf.

IPCC, 2022: Zusammenfassung für die politische Entscheidungsfindung [Pörtner, Hans-Otto/ Roberts, Debra/ Tignor, Melinda/ Poloczanska, Elvira/ Mintenbeck, Katja/ Alegría, Andrés/ Craig, Marlies/ Langsdorf, Stefanie/ Löschke, Sina/ Möller, Vincent/ Okem, Andrew/ Rama, B. (Hrsg.)]. In: Klimawandel 2022: Folgen, Anpassung und Verwundbarkeit. Beitrag der Arbeitsgruppe II zum Sechsten Sachstandsbericht des Zwischenstaatlichen Ausschusses für Klimaänderung. Deutsche Übersetzung auf Basis der Version vom Juli 2022. Deutsche IPCC-Koordinierungsstelle, Bonn; Die Luxemburger Regierung, Luxemburg; Bundesministerium für Klimaschutz, Umwelt, Energie, Mobilität, Innovation und Technologie, Wien; Akademie der Naturwissenschaften Schweiz SCNAT ProClim, Bern; Oktober 2022, abrufbar unter www.de-ipcc.de/media/content/AR6-WGII-SPM_deutsch_barrierefrei.pdf.

IPCC, 2022: Zusammenfassung für die politische Entscheidungsfindung. In: Klimawandel 2022: Minderung des Klimawandels. Beitrag der Arbeitsgruppe III zum Sechsten Sachstandsbericht des Zwischenstaatlichen Ausschusses für Klimaänderungen [Shukla, Priyadarshi/ Skea, Jim/ Slade, Raphael/ Khourdajie, Alaa Al/ van Diemen, Renée/ McCollum, David/ Pathak, Minal/ Some, Shreya/ Vyas, Purvi/ Fradera, Roger/ Belkacemi, Malek/ Hasija, Apoorva/ Lisboa, Géninha/ Luz, Sigourney/ Malley, Juliette (Hrsg.)]. Deutsche Übersetzung auf Basis der Version vom Juli 2022. Deutsche IPCC-Koordinierungsstelle, Bonn; Die Luxemburger Regierung, Luxemburg; Bundesministerium für Klimaschutz, Umwelt, Energie, Mobilität, Innovation und Technologie, Wien; Akademie der Naturwissenschaften Schweiz SCNAT, ProClim, Bern; November 2022, abrufbar unter www.de-ipcc.de/media/content/IPCC_AR6_WGIII_SPM_de_vorlaeufiges-Layout.pdf.

Jaeckel, Liv, Schutzpflichten im deutschen und europäischen Recht, Baden-Baden 2001.

Jahn, Jannika, Internationaler Klimaschutz mithilfe nationaler Verfassungsgerichte? Erkenntnisse aus dem Klimabeschluss des BVerfG, ZaöRV 2022, 47-72.

Jope, Lars, Bundes-Klimaschutzgesetz 2021, EWeRK 2021, 145-150.

Jung, Laura, Public Health im Blick auf globale Umweltveränderungen, in Traidl-Hoffmann, Claudia/ Schulz, Christian M./ Herrmann, Martin/ Simon, Babette (Hrsg.), Planetary Health, Berlin 2021, S. 27-32.

Kämmerer, Jörn-Axel/ Kotzur, Markus (Hrsg.), Grundgesetz Kommentar Band 1: Präambel bis Art. 69, begründet von Ingo von Münch und Philip Kunig, 7. Aufl., München 2021.

Kämmerer, Jörn-Axel/ Kotzur, Markus (Hrsg.), Grundgesetz Kommentar Band 2: Art. 70 bis 146, begründet von Ingo von Münch und Philip Kunig, 7. Aufl., München 2021.

Kahl, Wolfgang, Klimaschutz und Grundrechte, JA 2021, 117-129.

Kahl, Wolfgang, Der Klimabeschluss des Bundesverfassungsgerichts, EurUP 2022, 2-19.

Kahl, Wolfgang/ Gärditz, Klaus Ferdinand, Umweltrecht, 12. Auflage, München 2021.

Kahl, Wolfgang/ Mödinger, Maximilian, Gute Gesetzgebung und Nachhaltigkeit, DÖV 2021, 93-103.

Kalis, Michael, Umwelt- und Klimaschutz in der Verfassung, in Rodi, Michael (Hrsg.) Handbuch Klimaschutzrecht, München 2022, § 6, S. 99-120.

Kalis, Michael, Justitiabler Klimaschutz in Deutschland. Welchen Beitrag können Gerichte zum Klimaschutz leisten?, Wiesbaden 2022.

Kemp, Luke/ Xu, Chi/ Depledge, Joanna/ Lenton, Timothy M., Climate Endgame: Exploring catastrophic climate change scenarios, PNAS Vol 119, No. 34, 01.08.2022, abrufbar unter www.pnas.org/doi/10.1073/pnas.2108146119.

Kirchhof, Gregor, Intertemporale Freiheitssicherung, Tübingen 2022.

Klein, Oliver, Das Untermaßverbot – Über die Justiziabilität grundrechtlicher Schutzpflichterfüllung, JuS 2006, 960-964.

Klinger, Remo, Klagerechte zur Durchsetzung des Bundesklimaschutzgesetzes, ZUR 2020, 259-262.

Klinger, Remo, Ein Grundrecht auf Umweltschutz. Jetzt., ZUR 2021, 257-259.

Klinger, Remo, Klimaklagen nach der Entscheidung des Bundesverfassungsgerichts: Eine (vorläufige) Bestandsaufnahme, EurUP 2022, 20-30.

Klinger, Remo, Warum die Klimaschutz-Rechtsprechung des Bundeverfassungsgerichts auch enttäuschend ist, ZUR 2022, 577-579.

Kloepfer, Michael, Verfahrene Atomausstiegsverfahren? UPR 2012, 41-49.

Kloepfer, Michael, Umweltrecht, 4. Aufl., München 2016.

Kloepfer, Michael/ Durner, Wolfgang, Umweltschutzrecht, 3. Auflage, München 2020.

Kloepfer, Michael/ Wiedmann, Jan-Louis, Die Entscheidung des BVerfG zum Bundes-Klimaschutzgesetz, DVBl 2021, 1333-1340.

Knauff, Matthias, Stand und Perspektiven des Landesklimaschutzrechts, KlimR 2022, 47-52.

Köck, Wolfgang/ Kohlrausch, Lena, Klimaschutzgesetzgebung im Bundesstaat – Zur Zukunft der Landesklimaschutzgesetze, ZUR 2021, 610-617.

Kohlrausch, Lena, Die deutschen Klimaschutzgesetze im Vergleich, ZUR 2020, 262-272.

Kotulla, Katharina/ Kotulla, Michael, Bundesverfassungsgericht und Klimaschutz – wenn die Zukunft über die Gegenwart entscheiden darf, NuR 2022, 1-10.

Kreienkamp, Frank/ Philip, Sjoukje Y./ Tradowsky, Jordis/ Kew, Sarah/ Lorenz, Philip/ Arrighi, Julie/ Belleflamme, Alexandre/ Bettmann, Thomas/ Caluwaerts, Steven/ Chan, Steven/ Ciavarella, Andrew/ De Cruz, Lesley/ de Vries, Hylke/ Demuth, Norbert/ Ferrone, Andrew/ Fischer, Erich/ Fowler, Hayley/ Goergen, Klaus/ Heinrich, Dorothy/ Henrichs, Yvonne/ Lenderink, Geert/ Kaspar, Frank/ Nilson, Enno/ Otto, Friederike/ Ragone, Francesco/ Seneviratne, Sonia/ Singh, Roop/ Skålevåg, Amalie/ Termonia, Piet/ Thalheimer, Lisa/ van Aalst, Maarten/ van den Bergh, Joris/ van de Vyver, Hans/ Vannitsem, Stéphane/ van Oldenborgh, Geert Jan/ van Schaeybroeck, Bert/ Vautard, Robert/Vonk, Demi/ Wanders, Niko, Rapid attribution of heavy rainfall events leading to the severe flooding in Western Europe during July 2021, abrufbar unter www.worldweatherattribution.org/wp-content/uploads/Scientific-report-Western-Europe-floods-2021-attribution.pdf.

Kreuter-Kirchhof, Charlotte, Kohärenz der Klimaschutzziele, KlimR 2022, 43-47.

Krohn, Susan, Die internationale Dimension der Staatszielbestimmung des Art. 20a GG, ZUR 2021, 603-610.

Krüßmann, Jannis, Das Bundesverfassungsgericht betrachtet die falschen CO2-Emissionen, JuWiss, 11.11.2021, abrufbar unter www.juwiss.de/100-2021/.

Ladeur, Karl-Heinz, Bundesverfassungsgericht und Klimaschutz: Kann das Verfassungsrecht Komplexität bewältigen?, RuP 2021, 13-31.

Lang, Lorenz, Art. 20a GG in der Hand des Bundesverfassungsgerichts – Potential für einen Anspruch auf Gesetzgebung?, NuR 2022, 230-236.

Leisner-Egensperger, Anna, Die Bundesnotbremse-Beschlüsse als Maßstab grundrechtlicher Schutzpflichten in der Klimakrise, Verfassungsblog 07.12.2021, abrufbar unter https://verfassungsblog.de/author/anna-leisner-egensperger/.

Leisner-Egensperger, Anna, Baurechtliche Vorgaben für Windkraftanlagen im Lichte des Klimaschutzes – Die Bayerische 10 H-Regelung und das Gebot der intertemporalen Freiheitssicherung, DVBl 2022, 202-207.

Lenton, Timothy M/ Rockström, Johan/ Gaffney, Owen/ Rahmstorf, Stefan/ Richardson, Katherine/ Steffen, Will/ Schellnhuber, Hans Joachim, Climate tipping points – too risky to bet against, Nature 575 2019, 592-595, abrufbar unter www.nature.com/articles/d41586-019-03595-0.

Lepsius, Oliver, Gesetz und Gesetzgeber, in Herdegen, Matthias/ Masing, Johannes/ Poscher, Ralf/ Gärditz, Klaus Ferdinand, Handbuch des Verfassungsrechts, Darstellung in transnationaler Perspektive, München 2021, § 12, S. 777-846.

Lorenzen, Jacqueline, Staatsziel Umweltschutz, grundrechtliche Schutzpflichten und intertemporaler Freiheitsschutz in Zeiten der Klimakrise, VBlBW 2021, 485-494.

Lübbe-Wolff, Gertrude, Die Grundrechte als Eingriffsabwehrrechte, Baden-Baden 1988.

Markus, Till, Das Ende der Allmende-Tragik: Verfassungsrechtliche Gebote zum extraterritorialen Klima- und Umweltschutz, ZUR 2021, 595-603.

Mehling, Michael/ Bausch, Camilla, Der Klimagipfel von Glasgow: Notwendig, aber nicht hinreichend, KlimR 2022, 22-25.

Meyer, Stephan, Grundrechtsschutz in Sachen Klimawandel?, NJW 2020, 894-900.

Möllers, Christoph/ Weinberg, Nils, Die Klimaschutzentscheidung des Bundesverfassungsgerichts, JZ 2021, 1069-1078.

Muckel, Stefan, Pflicht des Gesetzgebers zu effektivem Klimaschutz, JA 2021, 610-613.

Murswiek, Dietrich, Die staatliche Verantwortung für die Risiken der Technik, Berlin 1985.

Murswiek, Dietrich, Klimapolitik und Grundgesetz, in Cole, Mark D./ Schiedermair, Stephanie/ Wagner, Eva Ellen (Hrsg.), Die Entfaltung von Freiheit im Rahmen des Rechts, Festschrift für Dieter Dörr zum 70. Geburtstag, Heidelberg 2022, S. 117-133.

Öko-Institut/ Fraunhofer ISI/ IREES GmbH/ Thünen-Institut, Projektionsbericht 2021 für Deutschland, abrufbar unter www.umweltbundesamt.de/sites/default/files/medien/372/dokumente/projektionsbericht_2021_uba_website.pdf.

Oexle, Anno/ Lammers, Thomas, Klimapolitik vor den Verwaltungsgerichten – Herausforderungen der „climate change litigation“, NVwZ 2020, 1723-1727.

Palme, Christoph, Klimaschutzrecht für Wirtschaft und Kommunen, München 2021.

Papier, Hans-Jürgen, Rechtsstaatlichkeit und Grundrechtsschutz in der digitalen Gesellschaft, NJW 2017, 3025-3031.

Payandeh, Mehrdad, The role of courts in climate protection and the separation of powers, in Kahl, Wolfgang/ Weller, Marc-Philippe, Climate Change Litigation, Handbook 2021, S. 62-80.

Polzin, Monika, Menschenrechtliche Klimaklagen: Kreative Justiz und überforderte Grundrechte, DÖV 2021, 1089-1099.

Poscher, Ralf, Grundrechte als Abwehrrechte, Tübingen 2003.

Prieto, Gustavo, The Los Cedros Forest has Rights, Verfassungsblog 10.12.2021, abrufbar unter https://verfassungsblog.de/the-los-cedros-forest-has-rights/.

Prognos AG/ Fraunhofer ISI/ GWS/ iinas/ Kemmler, Andreas/ Kirchner, Almut/ Auf der Maur, Alex/ Ess, Florian/ Kreidelmeyer, Sven/ Piégsa, Alexander/ Spillmann, Thorsten/ Wünsch, Marco/ Ziegenhagen, Inka, Energiewirtschaftliche Projektionen und Folgeabschätzungen 2030/2050, Dokumentation von Referenzszenario und Szenario mit Klimaschutzprogramm 2030, 10.03.2020, im Auftrag des Bundesministerium für Wirtschaft und Energie, abrufbar unter www.bmwk.de/Redaktion/DE/Publikationen/Wirtschaft/klimagutachten.pdf?__blob=publicationFile&v=8.

Prognos AG/ Trenczek, Jan/ Lühr, Oliver/ Eiserbeck, Lukas/ Sandhövel, Myrna/ Leuschner, Viktoria, Extremwetterschäden in Deutschland seit 2018, erstellt im Auftrag von Bundesministerium für Wirtschaft und Klimaschutz, Stand März 2022, abrufbar unter www.prognos.com/sites/default/files/2022-07/Prognos_KlimawandelfolgenDeutschland_Kurzzusammenfassung_Extremwettersch%C3%A4den%20seit%202018_AP2_3d_.pdf.

Rahmstorf, Stefan/ Schellnhuber, Hans Joachim, Der Klimawandel, 9. Aufl., München 2019.

Rahmstorf, Stefan/ Levermann, Anders/ Winkelmann, Ricarda/ Donges, Jonathan/ Caesar, Levke/ Sakschewski, Boris/ Thonicke, Kirsten, Kipppunkte im Klimasystem, Potsdam-Institut für Klimafolgenforschung, Juni 2019, abrufbar unter www.pik-potsdam.de/~stefan/Publications/Kipppunkte%20im%20Klimasystem%20-%20Update%202019.pdf.

Rodi, Michael, Begriff und Charakteristika des Klimaschutzrechts, in Rodi, Michael (Hrsg.), Handbuch Klimaschutzrecht, München 2022, § 1, S. 1-12.

Rodi, Michael/ Kalis, Michael, Klimaklagen als Instrument des Klimaschutzes, KlimR 2022, 5-10.

Rodi, Michael/ Paul, Christoph, Finanzierung von Klimaschutzinvestitionen, in Rodi, Michael (Hrsg.), Handbuch Klimaschutzrecht, München 2022, § 12, S. 215-234.

Ruttloff, Marc/ Freihoff, Lisa, Intertemporale Freiheitssicherung oder doch besser „intertemporale Systemgerechtigkeit"? – auf Konturensuche, NVwZ 2021, 917-922.

Sachs, Michael (Hrsg.), Grundgesetz Kommentar, 9. Aufl., München 2021.

Sachs, Michael, Grundrechte im Klimawandel, DRiZ 2021, 228-231.

Sachs, Michael, Grundrechte: Klimawandel, JuS 2021, 708-711.

Sachverständigenrat für Umweltfragen, Demokratisch regieren in ökologischen Grenzen – Zur Legitimation von Umweltpolitik, Sondergutachten, Juni 2019, abrufbar unter www.umweltrat.de/SharedDocs/Downloads/DE/02_Sondergutachten/2016_2020/2019_06_SG_Legitimation_von_Umweltpolitik.pdf?__blob=publicationFile&v=9.

Sachverständigenrat für Umweltfragen, Für eine entschlossene Umweltpolitik in Deutschland und Europa, Umweltgutachten 2020, abrufbar unter www.umweltrat.de/SharedDocs/Downloads/DE/01_Umweltgutachten/2016_2020/2020_Umweltgutachten_Entschlossene_Umweltpolitik.pdf;jsessionid=B34275E39C10916D0394697445483E21.intranet211?__blob=publicationFile&v=2.

Sachverständigenrat für Umweltfragen, Wie viel CO2 darf Deutschland maximal noch ausstoßen? Fragen und Antworten zum CO2-Budget, Stellungnahme, Juni 2022, abrufbar unter www.umweltrat.de/SharedDocs/Downloads/DE/04_Stellungnahmen/2020_2024/2022_06_fragen_und_antworten_zum_co2_budget.pdf?__blob=publicationFile&v=13.

Sacksofsky, Ute, Das Frauenbild des Bundesverfassungsgerichts, in Rudolf, Beate (Hrsg.), Geschlecht im Recht, Göttingen 2009, S. 191-215.

Säcker, Franz Jürgen/ Ludwigs, Markus (Hrsg.), Berliner Kommentar zum Energierecht, Band 3: Energieumwelt- und Energieeffizienzrecht, Herausgeber Markus Ludwigs, 5. Aufl., Frankfurt 2022.

Saurer, Johannes, Das Bundes-Klimaschutzgesetz, in Rodi, Michael (Hrsg.), Handbuch Klimaschutzrecht, München 2022, § 10, S. 175-194.

Scharlau, Jan/ v. Swieykowski-Trzaska, Lilly/ Keimeyer, Friedhelm/ Klinski, Stefan/ Sina, Stephan, Das Bundes-Klimaschutzgesetz, NVwZ 2020, 1-8.

Schink, Alexander, Kommunale Erklärungen zum Klimanotstand – rechtlich betrachtet, UPR 2020, 201-208.

Schlacke, Sabine, Umweltrecht, 8. Aufl., Baden-Baden 2021.

Schlacke, Sabine, Klimaschutzrecht – Ein Grundrecht auf intertemporale Freiheitssicherung, NVwZ 2021, 912-917.

Schlacke, Sabine, Klimaschutzrecht im Mehrebenensystem, NVwZ 2022, 905-912.

Schlacke, Sabine, Recht auf eine gesunde Umwelt, FAZ 27.09.2022, abrufbar unter www.faz.net/einspruch/recht-auf-eine-gesunde-umwelt-18346465.html.

Schlacke, Sabine/ Köster, Miriam/ Wentzien, Helen/ Thierjung, Eva-Maria, Kursänderung der EU: Verschärfung der Klimaschutzziele, EnWZ 2021, 7-13.

Schlacke, Sabine/ Römling, Dominik, Neue Herausforderungen der gerichtlichen Kontrolle von Plänen unter besonderer Berücksichtigung des Klimaschutzgesetzes (KSG), DVBl 2021, 144-151.

Schmahl, Stefanie, Grundrechtsbindung der deutschen Staatsgewalt im Ausland, NJW 2020, 2221-2224.

Schmidt-Bleibtreu, Bruno/ Klein, Franz/ Bethge, Herbert, Bundesverfassungsgerichtsgesetz: BVerfGG Kommentar, 62. EL., Januar 2022, München 2022.

Schoch, Friedrich/ Schneider, Jens-Peter (Hrsg.), Verwaltungsrecht VwGO Band I Kommentar, 43. EL., August 2022, München 2022.

Schönberger, Philipp, Die Klimaziele werden nicht dadurch erreicht, dass man sie abschafft, Verfassungsblog 16.11.2022, abrufbar unter https://verfassungsblog.de/die-klimaziele-werden-nicht-dadurch-erreicht-dass-man-sie-abschafft/.

Schuelken, Tobias/ Sichla, Benedikt, Das Europäische Klimagesetz – Inhalt, Rechtsfragen und Ausblick, UPR 2021, 1-5.

Schulz, Christian M./ Simon, Babette, Anthropozän – Die Überschreitung planetarer Grenzen, in Traidl-Hoffmann, Claudia/ Schulz, Christian M./ Herrmann, Martin/ Simon, Babette (Hrsg.), Planetary Health, Berlin 2021, S. 7-26.

Schwabe, Jürgen, Probleme der Grundrechtsdogmatik, Darmstadt 1977.

Schwerdtfeger, Angela, Rechtsprechungsbericht zum Umwelt- und Klimaschutz seit 2018, Die Verwaltung 2021, 573-603.

Sehl, Markus, Bio-Bauern scheitern mit „Klimaklage", LTO 31.10.2019, abrufbar unter www.lto.de/recht/hintergruende/h/vg-berlin-10-k-412-18-klima-klage-umweltschutz-bauern-greenpeace-bundesregierung/.

Seibert, Max-Jürgen, Klimaschutz und Generationengerechtigkeit – Der Jahrhundert-Beschluss des Bundesverfassungsgerichts, DVBl 2021, 1141-1146.

Shirvani, Foroud/ Mihatsch, Layla, Regelungslücken im föderalen Konzept des Klimaschutzrechts, UPR 2022, 366-372.

Sinner, Wolfgang, Zur Verfassungsmäßigkeit des Umweltrechts der EU und der Bundesrepublik im Lichte der Klimaschutz-Entscheidung des Bundesverfassungsgerichts, UPR 2021, 281-283.

Stäsche, Uta, Beschluss des BVerfG vom 24.3.2021, EnWZ 2021, 193-194.

Steinberg, Rudolf, Verfassungsrechtlicher Umweltschutz durch Grundrechte und Staatszielbestimmung, NJW 1996, 1985-1994.

Stern, Klaus, Die Schutzpflichtenfunktion der Grundrechte: Eine juristische Entdeckung, DÖV 2010, 241-249.

Störring, Lars Peter, Das Untermaßverbot in der Diskussion, Untersuchung einer umstrittenen Rechtsfigur, Berlin 2009.

Stürmlinger, Marie-Christin, Klimaschutz durch Grundrechte – gerichtliche Kontrolle staatlicher Klimaschutzmaßnahmen, EurUP 2020, 169-185.

Traidl-Hoffmann, Claudia/ Schulz, Christian M./ Herrmann, Martin/ Simon, Babette (Hrsg.), Planetary Health, Berlin 2021, S. 51-290.

Uechtritz, Michael, Berücksichtigung globaler Klimaauswirkungen in der straßenrechtlichen Planfeststellung, NVwZ 2022, 1525-1528.

Umweltbundesamt, Klimarahmenkonvention der Vereinten Nationen (UNFCCC), 09.03.2017, abrufbar unter www.umweltbundesamt.de/themen/klima-energie/internationale-eu-klimapolitik/klimarahmenkonvention-der-vereinten-nationen-unfccc.

Umweltbundesamt, Monitoringbericht 2019 zur Deutschen Anpassungsstrategie an den Klimawandel, Stand: November 2019, abrufbar unter www.umweltbundesamt.de/sites/default/files/medien/1410/publikationen/das_monitoringbericht_2019_barrierefrei.pdf.

Umweltbundesamt, Treibhausgasminderungswirkung des Klimaschutzprogramms 2030 (Kurzbericht), Dessau-Roßlau, März 2020, abrufbar unter www.umweltbundesamt.de/sites/default/files/medien/5750/publikationen/2021-03-19_cc_12-2021_treibhausgasminderungswirkungen-klimaschutzprogramm-2030_psz_ix.pdf.

Umweltbundesamt (Hrsg.), Klimawirkungs- und Risikoanalyse 2021 für Deutschland (Kurzfassung) 2021, abrufbar unter www.umweltbundesamt.de/sites/default/files/medien/479/publikationen/kwra2021_teilbericht_zusammenfassung_bf_211027_0.pdf.

Umweltbundesamt, Revision der EU-Klimaschutz-Verordnung, 18.03.2021, abrufbar unter www.umweltbundesamt.de/sites/default/files/medien/1410/publikationen/fkz_3718411130_factsheet_iia-esd-20052028vorfinale_75200-4_clean_final20210802.pdf.

Unruh, Peter, Zur Dogmatik der grundrechtlichen Schutzpflichten, Berlin 1996.

Verheyen, Roda/ Schayani, Kilian, Der globale Klimawandel als Hindernis bei der Vorhabengenehmigung, ZUR 2020, 412-420.

Voland, Thomas, Zur Reichweite von Menschenrechten im Klimaschutz, NVwZ 2019, 114-120.

Volkmann, Uwe, Allgemeine Grundrechtslehren, in Herdegen, Matthias/ Masing, Johannes/ Poscher, Ralf/ Gärditz, Klaus Ferdinand (Hrsg.), Handbuch des Verfassungsrechts, Darstellung in transnationaler Perspektive, § 16, München 2021, S. 1051-1099.

von Hippel, Eike, Urteilsanmerkung zur Entscheidung des BGH zur Haftung der öffentlichen Hand für Waldschäden, NJW 1988, 478-482.

von Hippel, Eike, Keine Entschädigung für Waldsterben?, NJW 1998, 3254-3255.

von Landenberg-Roberg, Michael, Verantwortungsstrukturierung durch Emissionsbudgets, Die Verwaltung 2022, 249-286.

Voßkuhle, Andreas, Umweltschutz und Grundgesetz, NVwZ 2013, 1-8.

Wagner, Gerhard, Klimahaftung vor Gericht, München 2020.

Wahnschaffe, Thies/ Lücke, Felix, Die eingriffsähnliche Vorwirkung auf Freiheitsrechte als Ansatz intertemporaler Freiheitssicherung, DÖV 2021, 1099-1109.

Wegener, Bernhard, Urgenda – Weltrettung per Gerichtsbeschluss?, ZUR 2019, 3-13.

Wegener, Bernhard, Menschenrecht auf Klimaschutz?, NJW 2022, 425-431.

Weidinger, Roman, Bundesverfassungsgericht zur finanziellen Beteiligung an Windkraft, KlimR 2022, 212-216.

Weinrich, Maximilian, Die grundrechtlichen Schutzpflichten nach dem Klimabeschluss des BVerfG, UWP 2021, 238-244.

Weinrich, Maximilian, Die grundrechtlichen Umweltschutzpflichten des Staates, Berlin 2022.

Wersig, Maria, Reproduktion zwischen „Lebensschutz", Selbstbestimmung und Technologie, in Foljanty, Lena/ Lembke, Ulrike (Hrsg.), Feministische Rechtswissenschaft, 2. Aufl., Baden-Baden 2012, S. 197-212.

Wiedmann, Jan-Louis, Klimaziele im föderalen Staat – Zugleich eine Anmerkung zum Beschluss des BVerfG vom 18.1.2022 – 1 BvR 1565/21, ZUR 2022, 358-364.

Wiedmann, Jan-Louis, Vorwärts in die klimapolitische Vergangenheit, Verfassungsblog 30.03.2023, abrufbar unter https://verfassungsblog.de/vorwarts-in-die-klimapolitische-vergangenheit/.

Wieland, Joachim, Die Klimaklagen vor dem Bundesverfassungsgericht als Beispiel für strategische Prozessführung, in Cole, Mark D./ Schiedermair, Stephanie/ Wagner, Eva Ellen (Hrsg.), Die Entfaltung von Freiheit im Rahmen des Rechts, Festschrift für Dieter Dörr zum 70. Geburtstag, Heidelberg 2022, S. 167-177.

Windoffer, Alexander, Nachhaltigkeit und Gesetzesfolgenabschätzung, in Kahl, Wolfgang, Nachhaltigkeit durch Organisation und Verfahren, Tübingen 2016, S. 217-233.

Winkler, Martin, Klimaschutzrecht, Völker-, europa- und verfassungsrechtliche Grundlagen sowie instrumentelle Umsetzung der deutschen Klimaschutzpolitik unter besonderer Berücksichtigung des Emissionshandels, Münster 2005.

Winter, Gerd, Armando Carvalho et alii versus Europäische Union: Rechtsdogmatische und staatstheoretische Probleme einer Klimaklage vor dem Europäischen Gericht, ZUR 2019, 259-271.

Winter, Gerd, Von der Bewahrung zur Bewirtschaftung, ZUR 2022, 215-221.

Wissenschaftlicher Beirat der Bundesregierung Globale Umweltveränderungen (WBGU), Szenario zur Ableitung globaler CO2-Reduktionsziele und Umsetzungsstrategien, Stellungnahme zur ersten Vertragsstaatenkonferenz der Klimarahmenkonvention in Berlin, März 1995, abrufbar unter www.wbgu.de/fileadmin/user_upload/wbgu/publikationen/sondergutachten/sg1995/pdf/wbgu_sn1995.pdf.

Wissenschaftlicher Beirat der Bundesregierung Globale Umweltveränderungen (WBGU), Ziele für den Klimaschutz 1997, Stellungnahme zur dritten Vertragsstaatenkonferenz der Klimarahmenkonvention in Kyoto, September 1997, abrufbar unter www.wbgu.de/fileadmin/user_upload/wbgu/publikationen/sondergutachten/sg1997/pdf/wbgu_sn1997.pdf.

Wobst, Felix/ Ackermann, Julian, Der Zweckveranlasser wird 100 – Ein Grund zum Feiern?, JA 2013, 916-920.

Wolf, Frederik/ Wunderling, Nico, Warum jedes Zehntelgrad zählt: Der Einfluss von Kippelementen, KlimR 2022, 216-219.

Zuffová-Kuncová, Tereza/ Kovalcík, Michal, Czechia´s First Climate Judgment, Verfassungsblog 03.09.2022, abrufbar unter https://verfassungsblog.de/czechias-first-climate-judgment/.

Verzeichnis Klage- und Beschwerdeschriften und Verfassungsbeschwerden

(Alle Schriftsätze wurden, soweit nicht anders angegeben, zuletzt am 05.04.2023 abgerufen)

VG Berlin

- Klageschrift Rechtsanwälte Günther, 25.10.2018, abrufbar unter www.greenpeace.de/publikationen/20182710-greenpeace-guenther-klageschrift-klimaklage.pdf.

OVG Berlin-Brandenburg

- Klageschrift Geulen & Klinger Rechtsanwälte, 11.09.2020, abrufbar unter www.duh.de/fileadmin/user_upload/download/Projektinformation/Verkehr/Klimaklage_Verkehr/200911_KlimaschutzklageVerkehr.pdf.
- Klageschrift Geulen & Klinger Rechtsanwälte, 08.03.2021, abrufbar unter www.duh.de/fileadmin/user_upload/download/Projektinformation/Klimaschutz/Klimaschutzgesetz/OVGBB_Klimaschutzgesetz_-_Sektor%C3%BCbergreifende_Klage_final.pdf.
- Klageschrift Geulen & Klinger Rechtsanwälte, 05.09.2022, abrufbar unter www.duh.de/fileadmin/user_upload/download/Projektinformation/Klimaschutz/Klimaschutzgesetz/Klageschrift_Sofortprogramm_Verkehr.pdf.

Bundesverfassungsgericht – Verfassungsbeschwerden KSG a.F.

- Verfassungsbeschwerde Baumann Rechtsanwälte, 22.11.2018, (Prozessbevollmächtigte: Baumann Rechtsanwälte und Prof. Dr. Felix Ekardt), 1 BvR 2656/18, abrufbar unter http://climatecasechart.com/climate-change-litigation/wp-content/uploads/sites/16/non-us-case-documents/2018/20181122_Not-Available_complaint-1.pdf.
- Verfassungsbeschwerde Baumann Rechtsanwälte, 22.11.2018, Anonymisierte Betroffenheit der 11 persönlichen Einzelkläger, abrufbar unter https://klimaklage.com/wp-content/uploads/2020/02/Klimaklage-Endfassung-Internet.pdf, zuletzt abgerufen am 07.04.2020.

- Ergänzungsschriftsatz zur Verfassungsbeschwerde Baumann Rechtsanwälte, 15.06.2020, abrufbar unter www.sfv.de/media/3293/download/Stellungnahme%20Klimaklage%20Endversion.pdf?v=1&inline=1.
- Verfassungsbeschwerde Geulen & Klinger Rechtsanwälte, 10.01.2020, (Verfahrensbevollmächtigte Dr. Reiner Geulen, Prof. Dr. Remo Klinger und Dr. Caroline Douhaire LLM), abrufbar unter www.duh.de/fileadmin/user_upload/download/Pressemitteilungen/Umweltpolitik/Klimaschutz/Verfassungsbeschwerde_Klimaklage_Yi_Yi_Prue_et_al_final_geschw%C3%A4rzt-Anhang_01.pdf.
- Verfassungsbeschwerde Geulen & Klinger Rechtsanwälte, 13.01.2020, (Verfahrensbevollmächtigte Dr. Reiner Geulen, Prof. Dr. Remo Klinger und Dr. Caroline Douhaire LLM), abrufbar unter www.duh.de/fileadmin/user_upload/download/Pressemitteilungen/Umweltpolitik/Klimaschutz/Verfassungsbeschwerde_Klimaklage_Linus_Steinmetz_et_al_final_geschw%C3%A4rzt-Anhang_01.pdf.
- Verfassungsbeschwerde Rechtsanwälte Günther, 06.02.2020, (Verfahrensbevollmächtigte: Rechtsanwälte Günther Partnerschaft – Rechtsanwältin Dr. Roda Verheyen und Rechtsanwalt Dr. Ulrich Wollenteit), abrufbar unter https://germanwatch.org/sites/germanwatch.org/files/Verfassungsbeschwerde%20FINAL%20f%C3%BCr%20web.PDF.

Bundesverfassungsgericht – Verfassungsbeschwerden Landesebenen

- Verfassungsbeschwerde Geulen & Klinger Rechtsanwälte, 30.06.2021, abrufbar unter www.duh.de/fileadmin/user_upload/download/Pressemitteilungen/Umweltpolitik/Klimaschutz/210705_PK_Klimaklagen_L%C3%A4nder/Verfassungsbeschwerde_BayKlimaG_geschw%C3%A4rzt_scan.pdf, Az. 1 BvR 1566/21.
- Verfassungsbeschwerde Geulen & Klinger Rechtsanwälte, 30.06.2021, abrufbar unter www.duh.de/fileadmin/user_upload/download/Pressemitteilungen/Umweltpolitik/Klimaschutz/210705_PK_Klimaklagen_L%C3%A4nder/Verfassungsbeschwerde_Klimaschutz_Brandenburg.docx_geschw%C3%A4rzt_scan_geschw%C3%A4rzt_0507B_small_geschw%C3%A4rzt.pdf, Az. 1 BvR 1565/21.
- Verfassungsbeschwerde Geulen & Klinger Rechtsanwälte, 15.07.2021, abrufbar unter www.duh.de/fileadmin/user_upload/download/Pressemitteilungen/Umweltpolitik/Klimaschutz/210705_PK_Klimaklagen_L%C3%A4nder/Verfassungsbeschwerde_NRW_final.docx_geschw%C3%A4rzt_scan.pdf, 1 BvR 1669/21.

- Verfassungsbeschwerde Geulen & Klinger Rechtsanwälte, 09.09.2021, abrufbar unter www.duh.de/fileadmin/user_upload/download/Pressemitteilungen/Umweltpolitik/Klimaschutz/210913_PK_L%C3%A4nderklagen/Verfassungsbeschwerde_Klimaschutz_Hessen_final_geschw%C3%A4rzt.pdf, Az. 1 BvR 2055/21.
- Verfassungsbeschwerde Geulen & Klinger Rechtsanwälte, 09.09.2021, abrufbar unter www.duh.de/fileadmin/user_upload/download/Pressemitteilungen/Umweltpolitik/Klimaschutz/210913_PK_L%C3%A4nderklagen/Verfassungsbeschwerde_Klimaschutz_MV_final_geschw%C3%A4rzt.pdf, Az. 1 BvR 2054/21.
- Verfassungsbeschwerde Geulen & Klinger Rechtsanwälte, 09.09.2021, abrufbar unter www.duh.de/fileadmin/user_upload/download/Pressemitteilungen/Umweltpolitik/Klimaschutz/210913_PK_L%C3%A4nderklagen/Verfassungsbeschwerde_Klimaschutz_Sachsen_final_geschw%C3%A4rzt.pdf, Az. 1 BvR 2058/21.
- Verfassungsbeschwerde Geulen & Klinger Rechtsanwälte, 09.09.2021, abrufbar unter www.duh.de/fileadmin/user_upload/download/Pressemitteilungen/Umweltpolitik/Klimaschutz/210913_PK_L%C3%A4nderklagen/Verfassungsbeschwerde_Klimaschutz_Sachsen-Anhalt_final_geschw%C3%A4rzt.pdf, Az. 1 BvR 2056/21.
- Verfassungsbeschwerde Geulen & Klinger Rechtsanwälte, 09.09.2021, abrufbar unter www.duh.de/fileadmin/user_upload/download/Pressemitteilungen/Umweltpolitik/Klimaschutz/210913_PK_L%C3%A4nderklagen/Verfassungsbeschwerde_Klimaschutz_Saarland_final_geschw%C3%A4rzt.pdf, Az. 1 BvR 2057/21.
- Verfassungsbeschwerde Geulen & Klinger Rechtsanwälte, 06.12.2021, abrufbar unter www.duh.de/fileadmin/user_upload/download/Projektinformation/Klimaschutz/VerfassungsbeschwerdeKSGBWfinal_geschw%C3%A4rzt.pdf, Az. 1 BvR 2574/21.
- Verfassungsbeschwerde Geulen & Klinger Rechtsanwälte, 06.12.2021, abrufbar unter www.duh.de/fileadmin/user_upload/download/Projektinformation/Klimaschutz/VerfassungsbeschwerdeNKlimaGfinal_geschw%C3%A4rzt.pdf, Az. 1 BvR 2575/21.

Bundesverfassungsgericht – KSG-Novelle

- Verfassungsbeschwerde Geulen & Klinger Rechtsanwälte, 24.01.2022, (Verfahrensbevollmächtige Rechtsanwälte und Rechtsanwältinnen Dr. Reiner Geulen, Prof. Dr. Remo Klinger, Dr. Caroline Douhaire LLM und Dr. Silvia Ernst), abrufbar unter www.duh.de/fileadmin/user_upload/do

wnload/Pressemitteilungen/Umweltpolitik/Klimaschutz/Verfassungsbeschwerde_II_KSG_Bund_geschw%C3%A4rzt.pdf.

Bundesverfassungsgericht Luftverschmutzung

- Verfassungsbeschwerde Geulen & Klinger Rechtsanwälte, 20.09.2022, abrufbar unter www.duh.de/fileadmin/user_upload/download/Projektinformation/Verkehr/Luftreinhaltung/Luftreinhalte-Verfassungsbeschwerde_Gesundheitsklage/BVerfG_AirPollution_anonymisiert_geschw%C3%A4rzt.pdf.

EuGH People´s Climate Case

- Klageschrift People´s Climate Case, 02.07.2018, Case T-330/18, abrufbar unter https://peoplesclimatecase.caneurope.org/wp-content/uploads/2018/08/application-delivered-to-european-general-court.pdf.

Schweizer KlimaSeniorinnen

- Beschwerde Nr. 53600/20 Verein KlimaSeniorinnen Schweiz und andere gegen Schweiz an den Europäischen Gerichtshof für Menschenrechte, 26.11.2020, abrufbar unter www.klimaseniorinnen.ch/wp-content/uploads/2021/01/2020-11-26-KlimaSeniorinnen-Beschwerde-an-den-EGMR-Deutsch.pdf.

EGMR – Deutsches Klimaschutzgesetz

- *Klinger, Remo*/ Deutsche Umwelthilfe (DUH), EGMR Beschwerdebegründung Zusatzseiten, abrufbar unter www.duh.de/fileadmin/user_upload/download/Projektinformation/Klimaschutz/EGMR_Beschwerdebegr%C3%BCndung.pdf.